Aventuras pela filosofia com meus filhos

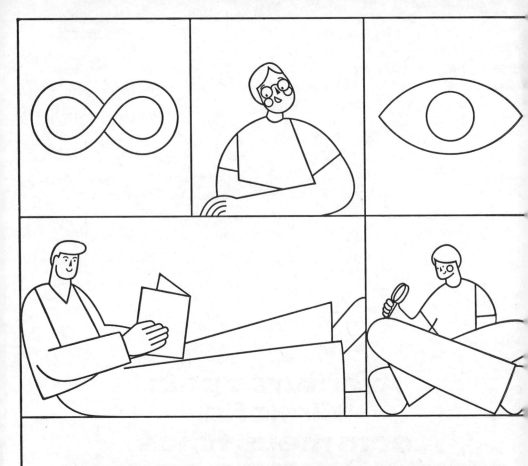

SCOTT HERSHOVITZ

TRADUÇÃO
**ALESSANDRA
BONRRUQUER**

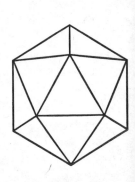

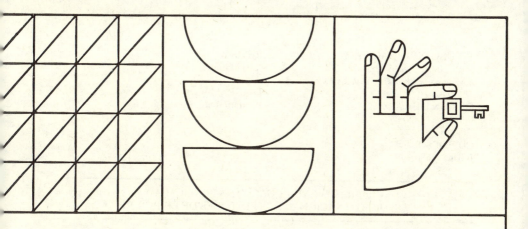

Aventuras pela filosofia com meus filhos

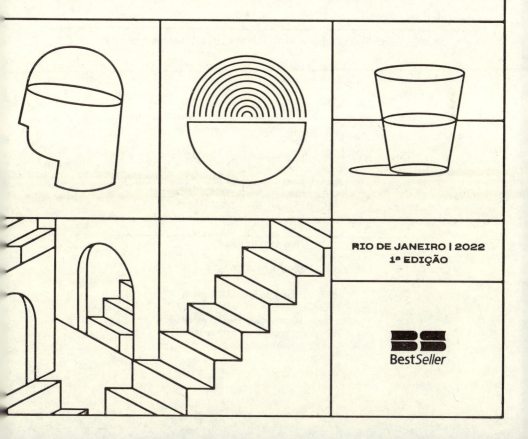

RIO DE JANEIRO | 2022
1ª EDIÇÃO

TÍTULO ORIGINAL
Nasty, Brutish, and Short:
Adventures in Philosophy With My Kids

DESIGN DE CAPA
Fernanda Mello

COPIDESQUE
Juliana Brandt

REVISÃO
Julia Marinho

DIAGRAMAÇÃO
Ilustrarte Design

CIP-BRASIL. CATALOGAÇÃO NA PUBLICAÇÃO
SINDICATO NACIONAL DOS EDITORES DE LIVROS, RJ

H488a   Hershovitz, Scott
        Aventuras pela filosofia com meus filhos / Scott Hershovitz ; tradução Alessandra
Bonrruquer. - 1. ed. - Rio de Janeiro : BestSeller, 2022.
        384 p.

        Tradução de: Nasty, brutish, and short
        ISBN 978-65-5712-137-5

        1. Filosofia - Estudo e ensino. 2. Crianças e filosofia. I. Bonrruquer, Alessandra. II.
Título.

22-77342   CDD: 107
                                    CDU: 101.8

Gabriela Faray Ferreira Lopes - Bibliotecária - CRB-7/6643

Texto revisado segundo o novo Acordo Ortográfico da Língua Portuguesa

Copyright © 2022 by Scott Hershovitz
Copyright da tradução © 2022 by Editora Best Seller Ltda.

Todos os direitos reservados. Proibida a reprodução,
no todo ou em parte, sem autorização prévia por escrito da editora,
sejam quais forem os meios empregados.

Direitos exclusivos de publicação em língua portuguesa para o Brasil
adquiridos pela
Editora Best Seller Ltda.
Rua Argentina, 171, parte, São Cristóvão
Rio de Janeiro, RJ — 20921–380
que se reserva a propriedade literária desta tradução.

Impresso no Brasil

ISBN 978-65-5712-137-5

Seja um leitor preferencial Record.
Cadastre-se e receba informações
sobre nossos lançamentos e nossas promoções.
Atendimento e venda direta ao leitor:
sac@record.com.br

Para Julie, Rex e Hank

SUMÁRIO

Introdução: A arte de pensar 9

PARTE I

ENTENDENDO A MORALIDADE

1. Direitos 31

2. Vingança 53

3. Punição 75

4. Autoridade 97

5. Linguagem 119

PARTE II

ENTENDENDO A NÓS MESMOS

6. Sexo, gênero e esportes 145

7. Raça e responsabilidade 173

PARTE III
ENTENDENDO
O MUNDO

8. Conhecimento 203

9. Verdade 227

10. Mente 253

11. Infinito 277

12. Deus 299

Conclusão: Como criar um filósofo 323

Agradecimentos 331

Apêndice: Fontes sugeridas 335

Notas 339

INTRODUÇÃO

A ARTE
DE PENSAR

— Eu pleciso de um filosofal. — Hank estava seminu no banheiro.

— O quê? — perguntou Julie.

— Eu pleciso de um filosofal.

— Você enxaguou a boca?

— Eu pleciso de um filosofal — repetiu Hank, ficando cada vez mais agitado.

— Você precisa enxaguar a boca. Volte para a pia.

— Eu pleciso de um filosofal! — exigiu Hank.

— Scott! — gritou Julie. — Hank precisa de um filosofal.

Eu sou filósofo. E ninguém jamais precisou de mim. Corri para o banheiro.

— Hank, Hank! Eu sou filósofo. Do que você precisa?

Ele pareceu confuso.

— Você *não é* um filosofal — respondeu ele rispidamente.

— Hank, meu trabalho *é* filosofal. Esse é meu trabalho. Qual é o problema?

Ele abriu a boca, mas nada disse.

— Hank, o que está incomodando você?

— FEM UMA FOISA FLESA NOS MEUS FENTES.

Fio dental. Hank precisava de um daqueles fios dentais com haste de plástico. Pensando bem, faz sentido. Fio dental é algo de que você pode precisar, principalmente se tiver 2 anos e seu propósito na vida for encher os aterros sanitários de pedaços de plástico barato. Um filósofo não é algo de que as pessoas precisem. E elas gostam de nos lembrar disso.

— O QUE OS FILÓSOFOS FAZEM, EXATAMENTE?
— Hum... Nós pensamos, principalmente.
— No que vocês pensam?
— Qualquer coisa. Justiça, equidade, igualdade, religião, leis, linguagem...
— Eu penso sobre essas coisas também. Eu sou um filósofo?
— Pode ser. Você pensa nelas com cuidado?

Não posso contar quantas vezes tive essa conversa. Isso porque nunca a tive. É assim que imagino que ela aconteceria se eu dissesse a um estranho que sou filósofo. Quase sempre digo que sou advogado. A menos que esteja conversando com um advogado; então, digo que sou professor de Direito, a fim de ficar em uma posição superior. Se eu estiver falando com um professor de Direito, definitivamente digo que sou filósofo. Mas, se estiver falando com um filósofo, volto a ser advogado. É um jogo elaborado para confundir, cuidadosamente pensado para me deixar em posição vantajosa em qualquer conversa.

Mas sou filósofo. E ainda acho isso improvável. Não planejei ser. Em meu primeiro semestre na Universidade da Geórgia, eu queria me matricular na turma de introdução à psicologia. Mas ela estava lotada, e introdução à filosofia atendia aos requerimentos do currículo. Se houvesse uma vaga naquela turma, eu poderia ser psicólogo, e este livro estaria cheio de conselhos práticos sobre paternidade. Há alguns conselhos sobre paternidade por aqui, mas a maioria não é muito prática. De fato, meu principal conselho é: converse com seus filhos (e com os filhos das outras pessoas). Eles são muito engraçados — e também excelentes filósofos.

Perdi a primeira aula daquela turma de filosofia porque meu povo — os judeus, não os filósofos — celebra o Ano-Novo em uma época mais ou menos aleatória a cada setembro. Mas fui à segunda aula e, uma hora depois, estava apaixonado. O professor, Clark Wolf, perguntou o que era importante para cada um de nós e, conforme respondíamos, ele as anotava no quadro, ao lado de nossos nomes e dos nomes de filósofos famosos que haviam dito algo similar.

Felicidade: Robyn, Lila, Aristóteles
Prazer: Anne, Aristipo, Epicuro
Fazer a coisa certa: Scott, Neeraj, Kant
Nada: Vijay, Adrian, Nietzsche

Ver meu nome naquele quadro me fez pensar que minhas ideias sobre o que era importante podiam fazer diferença e ser parte de uma conversa que incluía pessoas como Aristóteles, Kant e Nietzsche.

Era loucura imaginar isso, e meus pais não ficaram felizes ao descobrir que eu estava pensando dessa forma. Lembro-me de me sentar em frente a meu pai em um restaurante de galeto assado, contando a ele que planejava me graduar em Filosofia.

— O que é filosofia? — perguntou ele.

Essa é uma boa pergunta. Ele não sabia a resposta porque, quando tinha se matriculado na universidade, havia uma vaga na turma de Psicologia e fora nisso que ele se formara. Mas percebi que tinha um problema: eu tampouco sabia a resposta, e já frequentava uma turma de Filosofia há várias semanas. O que *é* a filosofia, perguntei a mim mesmo, e por que quero estudá-la?

Decidi criar uma situação hipotética, em vez de responder diretamente.

— Estamos sentados à mesa, comendo galeto assado e conversando sobre a faculdade — comecei. — Mas, e se não estivéssemos? E se alguém tivesse roubado nosso cérebro e o colocado em uma cuba, ligado a eletrodos, sendo estimulado, a fim de que pensássemos estar comendo galeto e conversando sobre a faculdade?

— Eles podem fazer isso? — perguntou ele.

— Acho que não, mas não é esse o ponto. O ponto é: como sabemos que eles não fizeram isso? Como sabemos que não somos cérebros em cubas, tendo alucinações sobre galetos?

— É isso o que você quer estudar? — O olhar dele não era muito encorajador.

— Sim. Quero dizer... Você não entende a minha preocupação? Tudo que pensamos saber pode estar errado.

Ele não entendia. E isso foi antes de *Matrix* ser lançado, então não pude apelar à autoridade de Keanu Reeves para estabelecer a urgência da questão. Após alguns minutos murmurando sobre cérebros e cubas, acrescentei:

— O departamento também tem muitas turmas de Lógica.

— Bem — respondeu ele —, espero que você as frequente.

Eu disse ser improvável que eu fosse filósofo. Mas isso não é verdade. O improvável é que eu tenha *continuado a ser* filósofo — que meu pai não tenha colocado um ponto final nessa história, durante aquele jantar ou em algum outro momento. Porque sou filósofo praticamente desde que aprendi a falar, e não estou nessa sozinho. Toda criança — absolutamente toda criança — é filósofa. Elas deixam de ser quando crescem. De fato, parte de crescer implica parar de filosofar e começar a fazer coisas mais práticas. Se isso for verdade, ainda não cresci, o que não é exatamente uma surpresa para os que me conhecem.

E não foi por falta de empenho de meus pais. Lembro-me da primeira vez em que refleti sobre um enigma filosófico. Eu tinha 5 anos, e a questão me ocorreu durante as atividades em grupo no jardim de infância do Centro Comunitário Judaico. Pensei no assunto o dia inteiro e, na hora de ir embora, corri até minha mãe, que era professora da pré-escola em uma sala no fim do corredor.

— Mamãe — disse eu —, eu não sei como é o vermelho para você.

— Óbvio que sabe. É vermelho — respondeu ela.

— Bem... não — gaguejei. — Eu sei como é o vermelho para mim, mas não sei como é para você.

Ela pareceu confusa e, para ser justo, posso não ter sido objetivo. Eu tinha 5 anos. Mas me esforcei imensamente para fazê-la entender o que eu estava dizendo.

— O vermelho é assim — disse ela, apontando para algo vermelho.

— Eu sei que isso é vermelho.

— Então qual é o problema?

— Eu não sei como é o vermelho para você.

— É *daquele jeito* — disse ela, cada vez mais exasperada.

— Tudo bem — retruquei —, mas não sei como é para você. Só sei como é para mim.

— Do mesmo jeito, querido.

— Você não tem como saber disso — insisti.

— Sim, tenho — disse ela, apontando novamente. — Aquilo é vermelho, certo?

Ela não entendeu, mas não desisti.

— Chamamos as mesmas coisas de vermelho — tentei explicar — porque você apontou para coisas vermelhas e disse que elas são vermelhas. Mas, e se eu enxergar o vermelho como você enxerga o azul?

— Você não enxerga. Aquilo ali é vermelho, e não azul, certo?

— Eu sei que nós dois chamamos de vermelho, mas o vermelho poderia ser para você como o azul é para mim.

Não sei quanto tempo ficamos andando em círculos, mas minha mãe nunca entendeu meu argumento. (Mãe, se você estiver lendo isso, fico feliz em tentar explicar de novo.) E eu me lembro distintamente de ela concluir a conversa dizendo:

— Pare de se preocupar com isso. Não importa. Você está enxergando do jeito certo.

Aquela foi a primeira vez em que alguém me disse para parar de filosofar. Não foi a última.

Os FILÓSOFOS CHAMAM o enigma que apresentei à minha mãe de *espectro invertido*. O conceito é normalmente creditado a John Locke, filósofo inglês do século XVII, cujas ideias influenciaram os autores da Constituição dos Estados Unidos. Mas aposto que milhares de crianças em idade pré-escolar pensaram nele antes. (De fato, Daniel Dennett, um proeminente filósofo da mente, relata que muitos de seus alunos se recordam de pensar sobre esse enigma ainda muito novos.) Os pais dessas crianças provavelmente não entenderam o que elas estavam dizendo nem perceberam sua importância. Mas o enigma *é* importante; de fato, é uma porta para alguns dos mais profundos mistérios sobre o mundo e nosso lugar nele.

Eis como Locke o explicou (é mais fácil entender se você ler em voz alta e com sotaque britânico):

> Nem levaria a qualquer Imputação de Falsidade [...] se [...] o mesmo Objeto produzisse nas Mentes de vários Homens Ideias diferentes ao mesmo tempo; por exemplo, se a Ideia a qual uma Violeta produziu na Mente de um Homem através de seus Olhos fosse a mesma que uma Calêndula produz na mente de outro Homem, e vice-versa.

Sei o que você está pensando: aos 5 anos, eu falava inglês melhor que Locke. No mínimo, não escrevi em letra maiúscula feito um maluco. Mas não se preocupe: você não vai precisar se aprofundar em obras escritas por filósofos mortos há séculos. A ideia deste livro é que qualquer um pode filosofar como as crianças fazem. Se uma criancinha no jardim de infância pode filosofar sem ler Locke, nós também podemos.

Mas já que lemos Locke, vamos ver se conseguimos entendê-lo. Do que ele está falando? Há muitos mistérios nessa curta passagem: sobre a natureza das cores, sobre a natureza da consciência e sobre a dificuldade — ou, talvez, impossibilidade — de traduzir algumas das nossas experiências em palavras. Pensaremos sobre alguns desses mistérios mais tarde. Mas o último leva a uma preocupação ainda maior:

que as outras mentes estejam, em um sentido fundamental, fechadas para nós.

As pessoas podem ver o mundo de maneira diferente da nossa, e não somente no sentido metafórico de ter opiniões distintas sobre tópicos controversos. Elas podem literalmente *ver* o mundo de maneira diferente. Se eu entrasse na sua cabeça — visse por meio de seus olhos e usasse seu cérebro —, poderia descobrir que, da minha perspectiva, tudo está de pernas para o ar. As placas de "Pare" podem ser azuis e o céu, vermelho. Ou talvez as distinções sejam mais sutis: de um tom ligeiramente diferente ou um pouquinho mais vibrante. Mas, como não posso entrar na sua cabeça, não posso saber como é o mundo para você — nem mesmo para as pessoas mais próximas de mim: minha esposa e meus filhos.

E esse é um pensamento solitário. Se Locke estiver certo, então estamos, em um sentido importante, presos em nossa cabeça, separados das experiências alheias. Podemos supor como elas são, mas nunca saber de verdade.

Não acho que seja acidental o fato de muitas crianças em idade pré-escolar terem essa ideia. Essa faixa etária tenta ao máximo entender as outras pessoas — para aprender a ler sua mente. Você não irá muito longe na vida se não puder descobrir o que os outros estão pensando. Temos de ser capazes de antecipar suas ações e suas reações a nossas ações. Para fazer isso, as crianças constantemente criam e testam teorias sobre as crenças, as intenções e as motivações das pessoas ao redor. Elas não colocariam as coisas dessa maneira, lógico. Não é algo que façam depois de muita ponderação. Mas elas tampouco refletem ao jogar o copinho da cadeira de alimentação, embora isso também seja um experimento de física e de psicologia. (Ele cai todas as vezes, e alguém sempre o pega.)

Não sei por que eu estava pensando em cores naquele dia no jardim de infância. Mas o que descobri — simplesmente refletindo a respeito — foi um limite da minha capacidade de ler a mente alheia. Eu podia aprender muito sobre as crenças, as motivações e as intenções da minha mãe observando a maneira como ela se comportava. Mas, não importava o que eu fizesse, não podia saber se o vermelho era o mesmo para ela que era para mim.

Retornaremos a esse problema depois. Como eu disse, ele é uma porta para alguns dos mais profundos mistérios sobre o mundo. As crianças espiam através dela o tempo todo. A maioria dos adultos já nem se lembra de que ela existe.

AS PESSOAS SE MOSTRAM céticas quando digo que as crianças espiam através dessa porta. *Lógico*, você *inventou o espectro invertido*, dizem elas. *Mas* você *acabou se tornando filósofo. Isso não é normal para uma criança.* Eu poderia ter acreditado nelas se não tivesse filhos. Tenho dois meninos: Hank, que você já conheceu, e Rex, alguns anos mais velho. Quando Rex tinha 3 anos, ele dizia coisas que implicavam questões filosóficas, mesmo que ainda não conseguisse percebê-las.

Conforme meus filhos cresciam, a filosofia continuava a aparecer em tudo o que diziam. Certo dia, Julie perguntou a Hank (já com 8 anos) o que ele queria para o almoço: uma quesadilla ou os hambúrgueres que haviam sobrado da noite anterior. Hank foi torturado pela escolha — parecia que tínhamos pedido a ele para decidir qual dos pais salvaria da morte certa.* Ele levou algum tempo para responder.

— Quero um hambúrguer — disse ele, décadas depois.

— Já está na mesa — respondeu Julie. Hank *sempre* escolhe hambúrguer, se essa for uma das opções.

Hank *não* ficou feliz com isso. E começou a chorar.

— O que foi, Hank? — perguntei. — Era isso o que você queria.

— A mamãe não me deixou escolher — respondeu ele.

— Lógico que deixou. Você disse que queria hambúrguer e recebeu hambúrguer.

— Não — disse Hank. — Ela antecipou o que eu escolheria.

---

* Na verdade, ele faria essa escolha instantaneamente — e não de um modo favorável para mim.

— É, mas antecipou certo.

— *Mesmo assim, é um absurdo* — insistiu Hank. E o hambúrguer esfriou enquanto ele chorava.

Na semana seguinte, minha turma de filosofia do direito falou sobre *punição antecipada*: a ideia de que podemos punir alguém antes de ele cometer um crime se soubermos, com certeza, que o cometerá. Algumas pessoas duvidam que seja possível prever bem o suficiente para saber. Eu não duvido. Mas há outra objeção à ideia, muito parecida com a de Hank.

É desrespeitoso, alguns dizem, tratar uma pessoa como se ela já tivesse tomado uma decisão quando ainda não a tomou — mesmo que saibamos o que ela decidirá. É a escolha que importa, e a pessoa é livre para seguir por outro caminho até decidir, mesmo que saibamos que não o fará. (Pensando bem, será que ela é livre? O fato de podermos prever o que fará implica ela não possuir livre-arbítrio?) Contei à minha turma sobre Hank, e conversamos sobre ele estar certo ou não em se sentir desrespeitado. Muitos acharam que sim.

Faço muito isso ao dar aulas. Conto uma história sobre meus filhos para ilustrar as questões sobre as quais estamos conversando. Então debato com os meus alunos se meus filhos estavam certos. Também faço isso quando converso com meus colegas, já que meus filhos fornecem exemplos muito bons. A essa altura, Rex e Hank são famosos entre os filósofos do direito.

Durante anos, as pessoas me disseram que meus filhos não eram normais, que estavam filosofando *porque* eram filhos de um filósofo. Não acho que seja o caso. Frequentemente, as ideias deles aparecem do nada; eles não estão dando continuidade a conversas que já tivemos. Certa noite, durante o jantar, Rex, então com 4 anos, começou a se perguntar se estivera sonhando por toda sua vida. Os filósofos fazem essa pergunta há séculos. Mas nenhum deles a apresentou a Rex ou a discutiu perto dele. (Trataremos dela no Capítulo 8, quando pesquisarmos a natureza do conhecimento.) Se há uma diferença entre meus filhos e as outras crianças, acho que ela se resume ao fato de que eu noto quando eles estão filosofando — e os encorajo a continuar.

Minha visão foi confirmada quando descobri a obra de Gareth Matthews, um filósofo que dedicou a maior parte de sua carreira às crianças. Ele faleceu em 2011, quando Rex tinha apenas 1 ano. Jamais o conheci, mas gostaria de ter tido a chance, porque Matthews sabia mais sobre as habilidades filosóficas das crianças que qualquer um.

Seu interesse começou da mesma maneira que o meu. Sua filha Sarah, de 4 anos, disse algo filosófico. A gata deles, Fluffy, estava com pulgas, e ela perguntou como o animal as pegara.

— As pulgas devem ter pulado nela de outro gato — disse Matthews.

— E como *esse* gato pegou pulgas? — perguntou Sarah.

— Elas devem ter vindo de outro gato — respondeu Matthews.

— Mas, papai — insistiu Sarah —, as coisas não podem continuar assim para sempre; a única coisa que continua para sempre são os números!

Na época, Matthews ensinava uma disciplina que incluía o argumento da causa primeira, que pretende demonstrar que Deus existe. Há muitas versões desse argumento, algumas bastante complicadas. Mas a ideia básica é simples: todo evento tem uma causa. Mas essa cadeia não pode regredir indefinidamente. Então deve haver uma causa primeira que, por sua vez, não tem causa. Alguns dizem que essa causa é Deus — entre eles, o mais famoso, Tomás de Aquino.

O argumento tem problemas. Por que a cadeia de causas tem de chegar ao fim? Talvez o universo seja eterno, infinito em ambas as direções. E, mesmo que haja uma causa primeira, por que pensar que se trata de Deus? Mas não importa se o argumento funciona ou não. (Indagaremos se Deus existe no Capítulo 12.) O ponto é simplesmente Sarah ter reproduzido sua lógica. "Lá estava eu ensinando a alunos universitários sobre o argumento da causa primeira", escreveu Matthews, "e minha filha chegou sozinha ao argumento da pulga primeira!"

Isso pegou Matthews de surpresa, já que ele sabia muito pouco sobre psicologia do desenvolvimento. De acordo com Jean Piaget, o psicólogo suíço famoso por sua teoria sobre o desenvolvimento cognitivo,

Sarah deveria estar no *estágio pré-operatório*, assim chamado porque as crianças que estão nele ainda não são capazes de usar a lógica.* Mas a lógica de Sarah era requintada, e muito mais atraente que o argumento da causa primeira. O que quer que você pense sobre uma regressão infinita de causas, é difícil imaginar uma regressão infinita de gatos.

Ok, consigo ouvir você dizer: Matthews é outro filósofo com uma filha filósofa. Isso não nos diz muito sobre as crianças em geral. Mas ele não parou com seus filhos: conversou com pais e mães que não eram filósofos e ouviu muitas histórias similares sobre os filhos deles. Então começou a visitar escolas para conversar com outras crianças pessoalmente. Leu para elas histórias que suscitavam questões filosóficas... e prestou atenção aos debates que se seguiram.

Minha história favorita, recontada por Matthews, é a da mãe de um garotinho chamado Ian. Quando Ian e a mãe estavam em casa, outra família chegou para visitá-los, e as três crianças dessa família monopolizaram a televisão, impedindo que Ian assistisse ao seu programa favorito. Depois que eles foram embora, ele perguntou à mãe: "Por que três pessoas serem egoístas é melhor que uma só?"

Eu adoro essa pergunta. Ela é tão simples — e tão subversiva. Muitos economistas acham que políticas públicas devem maximizar a satisfação das preferências das pessoas. Alguns filósofos também pensam assim. Mas Ian nos convida a perguntar: devemos nos importar com preferências se elas são egoístas? Também há um desafio à democracia escondido na questão. E se a mãe de Ian tivesse posto o que assistir em votação? Levar em conta o voto de crianças egoístas seria uma boa maneira de resolver o problema?

Acho que não. Se Ian fosse meu filho, eu teria explicado que deixamos as visitas escolherem porque são visitas, não porque estão em maioria. É uma maneira de demonstrar hospitalidade; teríamos feito a mesma coisa mesmo se estivéssemos em maior número.

---

* Matthews documenta várias instâncias nas quais Piaget simplesmente não entendeu o que as crianças estavam dizendo e, por isso, não percebeu a sutileza de seus pensamentos. Frequentemente, o problema é que Piaget não era tão criativo quanto as crianças.

E quanto à democracia? Pensaremos nisso mais tarde, já que Rex acha que nossa família deveria adotá-la. Por enquanto, direi somente que a democracia não deveria ser uma maneira de somar preferências egoístas. Os eleitores deveriam ter senso de comunidade e promover o bem comum — e valores importantes como justiça e equidade —, não seus interesses individuais. Não me entenda errado. Eu acredito em democracia, mesmo quando ela não está à altura do ideal. Mas concordo com Ian ao achar que mais pessoas agindo de forma egoísta é só mais egoísmo, e essa não é uma boa maneira de tomar decisões.

A mãe de Ian ficou confusa com a pergunta. Ela não sabia como responder. E suspeito que a maioria dos adultos ficaria igualmente constrangida. Crianças mais novas frequentemente questionam coisas que os adultos dão como certas. Aliás, esse é um dos motivos para serem boas filósofas. "O adulto precisa cultivar a ingenuidade requerida para fazer filosofia", disse Matthews, enquanto que, "para a criança, tal ingenuidade é totalmente natural."

Ao menos para as mais novas. Matthews descobriu que "excursões espontâneas à filosofia" são comuns entre os 3 e os 7 anos. Aos 8 ou 9, as crianças parecem desacelerar, ao menos em público. É difícil dizer por quê. Pode ser que seus interesses mudem ou que elas se sintam pressionadas pelos pais ou por seus amigos a deixar de fazer perguntas infantis. Mesmo assim, Matthews achou fácil iniciar conversas filosóficas com crianças dessa idade e até mesmo mais velhas — e ficou pasmo com a maneira inteligente como raciocinavam. Ele afirmou que, de certa maneira, as crianças são melhores filósofas que os adultos.

Suspeito que isso soe estranho. A própria ideia de desenvolvimento infantil parece pressupor que a mente das crianças amadurece e se torna mais sofisticada conforme ficam mais velhas. Na visão de Matthews, apenas o contrário é verdadeiro, ao menos em relação a cer-

A ARTE DE PENSAR

tas habilidades.* As crianças filosofam com "um frescor e uma inventividade que são difíceis de igualar, mesmo para o mais imaginativo dos adultos". Esse vigor surge do fato de elas acharem o mundo enigmático. Anos atrás, uma psicóloga chamada Michelle Chouinard ouviu gravações de crianças mais novas passando tempo com seus pais. Em mais de duzentas horas, ela ouviu quase 25 mil perguntas. Isso significa mais de duas por minuto. Quase um quarto das perguntas buscava explicações; as crianças queriam saber *como* ou *por quê*.

Mas elas também gostam de deduzir. Em outro estudo, os pesquisadores descobriram que crianças que não recebem respostas às perguntas *como* ou *por que* inventam as próprias explicações. E, mesmo quando recebem respostas, frequentemente não ficam satisfeitas. E perguntam *por que* novamente ou desafiam a explicação fornecida.

Mas ainda não chegamos ao motivo mais importante pelo qual as crianças são boas filósofas: elas não têm medo de parecerem bobas. Não aprenderam que pessoas sérias não passam o tempo todo fazendo perguntas. Como explicou Matthews:

> O filósofo pergunta "O que é o tempo?" quando outros adultos presumem, indubitavelmente, que estão muito além do ponto em que precisariam fazer essa pergunta. Eles podem se perguntar se têm tempo suficiente para fazer as compras da semana ou pegar o jornal. Podem se perguntar que horas são, mas não lhes ocorre perguntar "O que é o tempo?" Santo Agostinho explicou muito bem: "O que, então, é o tempo? Desde que ninguém me pergunte, eu sei. Mas, se tentar explicar a alguém, fico perplexo."

Passei anos tentando responder a uma pergunta que soa igualmente boba: o que é o Direito? Sou professor de Direito, então deveria saber. (Dou aulas na Universidade de Michigan e trabalho nos depar-

---

* Como veremos no Capítulo 10, muitos psicólogos do desenvolvimento agora concordam com Matthews. A mente das crianças é diferente — não melhor ou pior.

tamentos de Direito e Filosofia.) Mas, se formos honestos, a maioria dos advogados é como Santo Agostinho: sabemos o que é o Direito até que alguém nos pergunte, e é quando ficamos perplexos.

A maioria de meus colegas ignora alegremente sua ignorância. Eles têm coisas mais importantes a fazer. E acho que pensam que sou bobo por ficar preso a essa questão. Mas acredito que todos nós deveríamos ser bobos de vez em quando, nos afastar de nossas preocupações práticas e pensar um pouco como as crianças. Essa é uma maneira de reconquistar parte do espanto que elas sentem pelo mundo — e uma maneira de lembrarmos quão pouco compreendemos sobre ele.

NO PRIMEIRO DIA DO terceiro ano, pediram que Rex escrevesse o que ele queria ser quando crescesse. A professora nos enviou uma lista com as ambições profissionais da turma, mas não disse qual criança desejava qual carreira. Mesmo assim, não foi difícil descobrir a resposta de Rex. Havia alguns futuros bombeiros, vários médicos, alguns professores e um número surpreendente de engenheiros. Mas somente um "filósofo da matemática".

Durante o jantar, fiz a Rex a pergunta que eu mesmo ainda não sabia responder:

— A Sra. Kind disse que você quer ser filósofo da matemática. O que é filosofia?

Rex pensou por meio segundo. Então respondeu:

— Filosofia é a arte de pensar.

Telefonei para meu pai.

— Lembra quando jantamos naquele restaurante de galeto, quando vim para casa da universidade pela primeira vez? Eu disse que queria estudar filosofia e você perguntou o que era. Agora eu sei!

Ele não se lembrava, nem se importava muito. Mas Rex estava certo. Filosofia é a arte de pensar. Um enigma filosófico é aquele que requer que pensemos sobre nós mesmos e sobre o mundo em um esforço para a melhor compreensão sobre ambas as coisas.

Adultos e crianças filosofam de maneiras diferentes. Adultos são pensadores mais disciplinados, crianças são mais criativas. Adultos sabem muito sobre o mundo, mas crianças podem ajudá-los a ver quão pouco realmente sabem. Adultos tendem a ser cautelosos e circunspectos, ao passo que crianças são curiosas e corajosas.

David Hills (que dá aulas em Stanford) descreve a filosofia como "a desajeitada tentativa de abordar questões que ocorrem naturalmente às crianças, usando métodos que ocorrem naturalmente aos advogados". Essa é uma ótima descrição da filosofia profissional, mas pressupõe uma divisão de trabalho da qual não necessitamos. Adultos e crianças podem filosofar juntos.

E devem fazer isso. Conversas entre crianças e adultos podem ser colaborativas, já que cada parte traz algo diferente à mesa. E também podem ser divertidas. A filosofia é quase um jogo — com ideias. Sim, deveríamos pensar como as crianças. Mas também deveríamos pensar *com* elas.

ESTE LIVRO FOI INSPIRADO por crianças, mas não é para elas. De fato, as crianças são meu cavalo de Troia. Não estou atrás de mentes jovens. Estou atrás da sua.

Crianças vão filosofar com ou sem você. Espero convencê-lo a tentar novamente. E pretendo fornecer a você a confiança necessária para falar com as crianças sobre esse assunto ao ajudá-lo a ver as questões filosóficas latentes na vida cotidiana — e ensinar um pouquinho sobre elas.

Vou contar histórias, a maioria sobre Rex e Hank. Em algumas delas, meus filhos filosofam. Eles notam um enigma e tentam solucioná-lo. Em outras, dizem ou fazem algo que apresenta um enigma filosófico, mas não o percebem. E certas histórias são somente sobre pais desafortunados: a filosofia fornece alguma perspectiva sobre o que deu errado.

Algumas vezes, pensaremos com os garotos. Em outras vezes, pensaremos sobre os garotos. E em outras ainda pensaremos sozinhos, como adultos, nas questões que eles suscitaram. Mas eles nunca estarão muito longe, já que têm muito a dizer.

Juntos, Rex e Hank nos levarão a um passeio pela filosofia contemporânea. Mas, como muitos dos melhores passeios, este é meio peculiar. Algumas das perguntas que encontraremos são universais. Elas surgem durante a criação de qualquer criança. Nessa categoria, podemos colocar as questões sobre autoridade, punição e Deus. Outras refletem interesses específicos de Rex e Hank, como o tamanho do universo. Cada criança se interessa por diferentes assuntos.

Quando pais ouvem falar deste projeto, eles frequentemente partilham perguntas que seus filhos fizeram. Algumas são *incríveis*. Toda noite, na hora de dormir, durante semanas a fio, uma menininha perguntou à mãe: *Por que os dias continuam passando?* A mãe explicou a rotação da Terra, mas estava nítido que a filha não estava interessada nessa mecânica. Eu poderia ter falado à menininha sobre a *criação contínua*, a ideia (comum entre alguns pensadores cristãos) de que Deus cria o mundo a todo momento, e não somente no início. Mas não sei se isso a teria deixado satisfeita. É possível que sua pergunta viesse de um lugar sombrio, da angústia sobre o mundo e sobre o que ele estava jogando sobre os ombros dela.

Meus filhos não são sombrios — ao menos, ainda não. Mas mostram-se constantemente curiosos, então falaremos sobre muita coisa. Este livro se divide em três partes. A primeira é chamada de "Entendendo a moralidade". Nela, perguntaremos o que são direitos e o que é necessário para justificar desconsiderá-los. Indagaremos como responder às transgressões. Em particular, questionaremos se existe algum caso no qual a vingança seja justificada. E pensaremos sobre punição também — o que ela é e por que a impomos. Então vamos falar sobre autoridade. Perguntaremos se *Porque eu estou mandando* realmente é um bom motivo para uma criança seguir ordens. Finalmente, discutiremos as palavras que não devemos dizer — as partes ruins da linguagem. (Já aviso: eu falo muitos palavrões. Não me julgue severamente. Apresento minha defesa no Capítulo 5.)

Na segunda parte, "Entendendo a nós mesmos", nos voltaremos para as perguntas sobre identidade: o que são sexo, gênero e raça?

Mas não deixaremos a moralidade para trás. Quando pensarmos sobre sexo e gênero, vamos discutir que papel eles devem desempenhar nos esportes. E, quando considerarmos raça, perguntaremos se ela demanda responsabilidades e se reparações são devidas à escravidão e à segregação.

A terceira parte é chamada de "Entendendo o mundo". Ela começa com perguntas sobre o conhecimento. Com Rex, questionaremos se temos sonhado toda a nossa vida. E consideraremos o ceticismo, a preocupação de que nada podemos saber sobre nada. Depois disso, trataremos das perguntas sobre a verdade e pensaremos na Fada do Dente. Então voltaremos nossa mente para si, ao refletirmos sobre a consciência. Também refletiremos sobre o infinito. E, ao fim de nossa jornada, perguntaremos se Deus existe.

Vamos avançar rapidamente, ao menos para filósofos. Você poderia passar a vida inteira estudando qualquer um dos tópicos que abordaremos. O melhor que podemos fazer é destacar os pontos principais. Mas, se tudo correr bem, ao fim deste livro você estará equipado para pensar sobre os enigmas que encontraremos, com uma criança ou por si mesmo. Esta é uma das coisas que adoro na filosofia: é possível praticá-la a qualquer momento, em conversas com outras pessoas ou totalmente sozinho. Você só precisa pensar.

Para esse fim, quero que você leia este livro de uma maneira um pouco diferente. A maioria dos autores de não ficção quer que você acredite nas coisas que eles dizem em seus livros. Eles esperam que você aceite sua autoridade e adote sua maneira de pensar sobre o mundo.

Esse não é, de modo algum, meu objetivo. Óbvio, eu gostaria de persuadi-lo a ver as coisas à minha maneira. Mas a verdade é que fico feliz por você pensar de maneira diferente — desde que com cuidado. De fato, sugiro que aborde com ceticismo os argumentos que apresentarei. Não presuma que estou certo, mas sim que errei em algum momento. Veja se consegue descobrir quando.

Mas faça-me um favor: não discorde, apenas. Se acha que estou errado, determine por quê. Pense sobre o que eu retrucaria. E como você replicaria e o que eu diria de volta. E assim por diante, até você sentir que já não está aprendendo mais nada. Mas não desista rapidamente: quanto mais longe for, mais você entenderá.

É assim que filósofos trabalham (ao menos os adultos). Digo a meus alunos: quando você tem uma objeção à obra de outro filósofo, deve presumir que ele já pensou nela — e a achou tão equivocada que sequer valia a pena mencionar. Então você deve tentar descobrir por quê. Se tentar por muito tempo e não conseguir descobrir onde errou, está na hora de perguntar aos outros. O objetivo é adquirir o hábito de tratar suas ideias tão criticamente quanto trata as dos outros. Esse conselho surge na maneira como converso com os meus filhos. Em nossa casa, ninguém tem "direito de opinião", como os norte-americanos gostam de dizer. É preciso defendê-la. Faço muitas perguntas a meus filhos. Então questiono suas respostas, para que eles pensem criticamente sobre as próprias ideias. Às vezes, isso os deixa irritados, mas acho que essa é uma parte importante de ser pai.

Estamos acostumados a apoiar os interesses das crianças e ajudá-las a descobrir novos. Mostramos a ela a arte, a literatura e a música. Encorajamos a prática de esportes. Cozinhamos com elas e dançamos com elas. Ensinamos sobre ciência e propiciamos o contato com a natureza. Mas há uma tarefa que muitos pais e mães negligenciam, porque não a veem como uma tarefa propriamente dita: apoiar seus filhos como pensadores.

Neste livro, você aprenderá várias maneiras de fazer isso. A mais simples é fazer perguntas — e questionar as respostas. Mas você não precisa bancar o professor. Aliás, é melhor que não o faça.

Jana Mohr Lone dirige o Centro de Filosofia para Crianças da Universidade de Washington. Como Matthews, ela visita escolas para falar sobre filosofia. Mas não a ensina às crianças. Jana filosofa com elas. A diferença é sutil, mas importante. As crianças já sabem filosofar — de certa maneira, melhor que você. Então as trate como colaboradoras. Leve as ideias delas a sério. Tente solucionar os problemas com elas, não para elas. Tratando-se de filosofia, isso não deve ser muito difícil, já que as chances de você tampouco saber a resposta são grandes.

Isso leva ao meu último pedido: deixe sua sensibilidade adulta de lado. A maioria dos adultos é como meu pai. Eles têm pouca paciência para o tipo de enigma sobre o qual os filósofos ponderam, e que é o oposto de prático. Preocupar-se porque o mundo talvez não seja o que parece ser não lavará a roupa suja. Mas espero que eu e os garotos possamos mudar esse roteiro, ao menos por algum tempo. Por que lavar roupa se o mundo pode não ser o que parece?

ULTIMAMENTE, REX E HANK têm se perguntado por que em inglês este livro se chama *Nasty, Brutish and Short* [Sujos, brutos e baixinhos, em tradução livre]. Você pode já ter ouvido uma expressão semelhante. Ela foi criada por Thomas Hobbes, que viveu aproximadamente na mesma época que Locke. Hobbes queria saber como seria a vida sem governo, uma condição que os filósofos chamam de *estado de natureza*. Ele achava que seria horrível. De fato, achava que envolveria uma "guerra de todos contra todos". "No estado natural", disse Hobbes, "a vida seria 'solitária, miserável, sórdida, brutal e curta'."*

Não sei quanto ao estado de natureza. Mas uma "guerra de todos contra todos" é uma boa descrição de uma casa com crianças mais novas.

Nós temos sorte. Nossa vida não é solitária nem pobre. Mas nossos filhos são sujos, brutos e baixinhos.**

Também são fofos e gentis. Na verdade, temos sorte nisso também. Rex e Hank são muito fofos e gentis. Mas, às vezes, todas as crianças

---

* HOBBES, T. Leviatã. São Paulo: Martins Fontes, 2008.
** Em referência à obra *Leviatã*, o autor utiliza "nasty, brutish and short", passagem do livro de Hobbes e título deste livro na edição original, fazendo um jogo de palavras em referência às crianças. Dessa forma, o termo original "short" significa tanto "curto" como "baixo", mas para se referir a uma criança é preferível a segunda definição, assim como "sujo" em vez de "sórdido" e "brutos" no lugar de "brutais". [*N. do E.*]

são sujas e brutas. É por isso que vamos pensar sobre vingança e nos perguntar se a punição pode ser usada para formar criaturas melhores.

Meus filhos estão dispostos a aceitar essa caracterização, ao menos em parte.

— Você é sujo e bruto? — perguntei a Hank.

— Posso ser sujo — disse ele —, mas sou americano, não isso aí que você falou.

Rex queria outro título. Ele queria que o livro se chamasse *Nem sujos nem brutos, só baixinhos*. Tendo perdido essa batalha, ele está implorando para eu criar um blog com esse nome. Então cuidado. Ele pode estar se aproximando de você através da internet.

Por enquanto, porém, ele é o astro deste show, juntamente com seu irmão mais novo, Hank. Eles são dois dos melhores filósofos que conheço. Estão entre os mais engraçados e também, os mais divertidos.

PARTE I

ENTENDENDO A MORALIDADE

1

DIREITOS

Adoro preparar banhos de banheira. Não para mim mesmo, lógico. Sou um homem heterossexual socializado no último século, então não tomo banhos de banheira. Nem sou de expressar muito minhas emoções. Mas meus filhos tomam banho de banheira, e alguém tem de prepará-lo. Na maioria das noites, dou um jeito de ser esse alguém.

Por quê? Porque o banheiro fica no andar *de cima*. E o andar *de baixo* é um caos. Quando as crianças estão cansadas, sua energia cinética aumenta e seu autocontrole desaparece. O nível de ruído equivale ao de um show de rock. Alguém está gritando porque está na hora de praticar piano ou porque não dá tempo de praticar piano. Ou porque não tivemos sobremesa, ou porque tivemos sobremesa, mas ela caiu na camiseta. Ou simplesmente porque quer gritar. Gritar é a constante cosmológica.

Então eu fujo. "Vou preparar o banho de Hank", digo, subindo as escadas a caminho da melhor parte do dia. Fecho a porta, abro as torneiras e ajusto a temperatura. Nem quente demais, nem fria demais. Primeiro uma torneira, depois a outra, como se eu pudesse acertar. Mas não se engane: a água estará quente demais. Ou fria demais. Ou ambos, porque as crianças rejeitam o princípio da não contradição. Sei que vou falhar, mas estou em paz, porque a banheira abafa os gritos. Lá, sozinho no chão do banheiro, eu me sento com meus pensamentos (e com "pensamentos", quero dizer "telefone"), absorvendo toda aquela solidão.

Minha esposa já entendeu a situação, então, às vezes, ela anuncia primeiro. "Vou preparar o banho de Hank", diz ela, destruindo meu espírito. Mas ela é uma mulher heterossexual socializada no último século, então desperdiça a oportunidade. Ela abre as torneiras, mas, em vez de mexer no telefone enquanto a banheira enche, ela faz algo razoável, como colocar a roupa suja na máquina de lavar. Ou algo inexplicável, como retornar ao cômodo em que estão as crianças para... agir como mãe?! Sei que deveria me sentir mal. E me sinto. Mas não pelo motivo certo. A solidão é o maior luxo que podemos nos permitir. Alguém deveria aproveitá-la. Seria melhor se fosse Julie. Mas, se não for ela, então definitivamente eu aproveitarei.

Então aqui estou, sentado no chão do banheiro, vagamente consciente de que o andar de baixo está mais caótico que o normal. Hank (5 anos) está gritando a plenos pulmões, então deve ser algo sério (e com *sério*, quero dizer *trivial*). Quando a banheira enche, fecho as torneiras e me despeço de minha serenidade.

— Hank, o banho está pronto! — grito para o andar de baixo.

Não há resposta.

— HANK, HORA DO BANHO! — grito acima dos gritos dele.

— HANK, HORA DO BANHO! — repete Rex com grande satisfação.

— HANK, HORA DO BANHO! — repete Julie com grande irritação.

E então os soluços vêm em minha direção. Lentamente. Um. Passo. De. Cada. Vez. Até que Hank se aproxima, sem fôlego e totalmente fora de controle. Tento acalmá-lo.

— Hank, qual é o problema? — pergunto baixinho.

Não há resposta.

— Hank — pergunto ainda mais suavemente —, o que está incomodando você?

Ele ainda não consegue se controlar. Começo a despi-lo enquanto ele tenta recuperar o fôlego. Finalmente ele está dentro da banheira, e eu tento novamente.

— Hank, o que está incomodando você?

— Eu não... Eu não tenho...

— O que você não tem, Hank?

DIREITOS

— EU NÃO TENHO NENHUM DIREITO! — grita ele, voltando a chorar.

— Hank — digo baixinho, ainda tentando acalmá-lo, mas agora curioso também —, o que são direitos?

— Não sei — choraminga ele. — Mas eu não tenho nenhum.

DAQUELA VEZ, HANK REALMENTE precisava de um filósofo. E, para sorte dele, havia um por perto.

— Hank, você tem direitos.

Isso chamou a atenção dele. As lágrimas diminuíram um pouco.

— Hank, você tem direitos. Muitos direitos.

— Tenho? — perguntou ele, enquanto tentava recuperar o fôlego.

— Sim, você tem. Quer saber quais são?

Ele assentiu.

— Bom, vamos falar sobre o Tigue.

Se Hank fosse Calvin, Tigue seria Haroldo, um tigre branco que é seu companheiro desde que nasceu.

— As pessoas podem tirar o Tigue de você?

— Não — respondeu ele.

— As pessoas podem brincar com o Tigue sem te pedir primeiro?

— Não — repetiu ele. — O Tiguc é meu.

As lágrimas haviam quase cessado.

— Isso mesmo. O Tigue é seu. E isso significa que você tem direito sobre ele. Ninguém pode pegar o Tigue ou brincar com ele sem você autorizar.

— Mas alguém *poderia* pegar o Tigue — objetou Hank, retornando à beira das lágrimas.

— Poderia — concordei. — Alguém *poderia* pegar o Tigue. Mas isso seria certo? Ou errado?

— Seria errado — respondeu ele.

— Exatamente. É isso que significa ter direitos. Se seria errado alguém pegar o Tigue, então você tem o direito de que ninguém o pegue.

O rosto de Hank se iluminou.

— Eu tenho direito a todos os meus aminais! — disse ele, trocando o *n* e o *m* (um dos erros de pronúncia que mais gosto).

— Isso mesmo! Você tem! É isso que significa eles serem seus.

— Eu tenho direito a todos os meus brinquedos! — disse Hank.

— Sim, você tem!

E então seu belo rosto desabou. Soluços e lágrimas novamente.

— Hank, por que você está triste?

— *Eu não tenho direito ao Rex.*

E essa fora a fonte do caos no andar de baixo. Hank queria brincar com Rex. Rex queria ler. E Hank, de fato, não tinha direito ao Rex.

— Não, você não tem direito ao Rex — expliquei. — Ele pode decidir se quer ou não brincar. Não temos direito às outras pessoas, a menos que elas façam uma promessa.

Isso é uma simplificação. Às vezes, podemos reivindicar coisas dos outros mesmo que eles nada tenham prometido. Mas decidi deixar uma conversa mais detalhada para quando meu aluno estivesse menos angustiado. Em vez disso, conversamos sobre o que Hank poderia fazer quando Rex quisesse ler.

À BEIRA DAS LÁGRIMAS, Hank fizera uma aguçada observação sobre direitos.

Eu começara perguntando se alguém podia pegar o Tigue sem sua permissão. Ele dissera que não. Mas, um segundo depois, pensara melhor. Sim, alguém poderia pegar o Tigue sem sua permissão. De fato, Hank havia feito a mesma coisa com Rex. O Tigue de Rex se chamava Giafa. (Antes que você critique os nomes escolhidos por meus filhos, saiba que eu fui ainda menos criativo: nomeei meus companheiros de Macaco e Girafa.) Quando Hank aprendeu a engatinhar, ele entrava no quarto de Rex sempre que podia, colocava a Giafa sob o queixo e ia embora se arrastando o mais rapidamente possível. Rex tinha direito à Giafa, do mesmo modo que Hank tinha direito ao Tigue. Mas Hank podia pegar, e de fato pegara, a Giafa.

O que isso nos diz sobre os direitos? Bem, o direito de Hank ao Tigue protege sua posse. Mas a proteção que o direito fornece não é física. Não há um campo de força em torno do Tigue impedindo que outros o peguem. A proteção que o direito fornece é, em jargão filosófico, *normativa*. Ou seja, ela é gerada por normas ou padrões que governam o bom comportamento. Alguém que pretenda agir bem não pode pegar o Tigue sem permissão de Hank (ao menos não sem um motivo realmente bom — falaremos disso novamente). Mas nem todo mundo pretende agir bem. A proteção que o direito fornece depende da disposição alheia de reconhecê-lo e respeitá-lo.

ANTES DE SEGUIRMOS EM FRENTE, uma breve nota sobre a linguagem e sobre as pessoas que são pedantes a respeito dela. Perguntei a Hank se alguém poderia pegar o Tigue sem sua permissão e ele respondeu que não. Então pensou melhor e disse que sim. Ele estava certo da primeira vez. E da segunda.

Espere, o quê? Como assim? Palavras como *poderia* são superflexíveis. Eis uma rápida história para demonstrar o que quero dizer.

Quando eu estudava em Oxford, um amigo me levou a um bar perto da faculdade. Ele pediu duas cervejas.

— Desculpe, amigo, não posso. Estamos fechados — disse o cara cuidando do bar.

Meu amigo olhou para o relógio. Eram 23h01; o bar fechava às 23 horas.

— Poxa, vamos lá. Só duas cervejas.

— Sinto muito, não posso. São as regras.

— Bem, você *poderiiiiia* — disse meu amigo.

Pausa na história. Meu amigo indicou que o cara cuidando do bar estava confuso sobre o significado da palavra *poderia*? Não. Havia um sentido no qual ele não poderia nos vender bebidas. E um sentido no qual poderia. E a maneira peculiar e arrastada como meu amigo disse *poderia* era uma tentativa de chamar a atenção para esse segundo sentido. O bartender estava nos dizendo que não tinha *permissão* para nos vender cerveja; meu amigo estava indicando que isso era *possível*. Não havia ninguém lá, então ele não seria pego.* A provocação funcionou: o cara nos serviu duas cervejas, mesmo não podendo (sem ter permissão), porque podia (sem consequências).

Hank fez o mesmo tipo de salto de sentido no meio de nossa conversa. Ele entendeu que eu estava perguntando se alguém poderia (permissão) pegar o Tigue, e respondeu (corretamente) que não. Mas então temeu que alguém pudesse (possiblidade) pegá-lo, e seus olhos se encheram de lágrimas.

Por que estamos perdendo tempo com isso? Bem, é isso que os filósofos fazem; nós prestamos muita atenção à maneira como as palavras funcionam. Além disso, certamente há alguém em sua vida que acha o máximo da espirituosidade produzir o seguinte diálogo quando você muito polidamente pede uma xícara de chá:

— *Posso tomar uma xícara de chá?*

— *Eu não sei. Você pode?*

Esse alguém acha que você deveria ter perguntado "*Você pode me oferecer uma xícara de chá?*" E ele é um idiota. Corte-o de sua vida. E, quando fizer isso, diga que ele não só poderia como deveria ter aulas com uma criança de 5 anos, já que não domina a língua tão bem quanto ela.

Mas voltando aos direitos. O que são eles, exatamente? É difícil dizer. Hank e eu conversamos sobre isso um dia. Ele tinha 8 anos e passara a tarde arrumando o quarto. Então me chamou para avaliar seu progresso.

— Uau, isso está muito bom — disse eu.

— Obrigado! Eu guardei quase tudo.

— E onde guardou seus direitos?

— Como assim?

— Seus direitos, como seu direito sobre o Tigue. Onde eles estão?

---

* Era possível também em outro sentido. O bartender tinha cerveja, copos e mãos, então era capaz de servir duas cervejas. Como sugerido aqui, o sentido da palavra *possível* também muda com o contexto.

— Eu não os guardei — respondeu Hank. — Eles estão dentro de mim.

— Mesmo? Onde? Na sua barriga?

— Não — respondeu Hank. — Não estão em um lugar certo. Estão dentro de mim.

— Por que você não os põe para fora para não ter de carregar esse peso?

— Não é o tipo de coisa que você possa botar para fora. Não dá nem para segurar.

— Será que dá para arrotar? — perguntei.

— Não — respondeu Hank. — Eles são *inarrotáveis*.

E então ele foi embora. Assim, jamais definimos o que são direitos, para além do fato de que não podem ser arrotados.

Mas posso terminar a tarefa. Hank estava quase certo. Direitos não são o tipo de coisa que você possa segurar. Mas tampouco estão dentro de você. Direitos são relacionamentos.

Deixe-me demonstrar o que quero dizer. Suponha que você tenha o direito de receber mil dólares de mim. Seu direito é a reivindicação desse dinheiro. Essa reivindicação é válida em relação a mim e, se eu for a única pessoa que lhe deve dinheiro, somente em relação a mim. Mas, às vezes, detemos direitos relacionados a várias pessoas (talvez eu e Julie lhe devamos dinheiro). E, às vezes, detemos direitos válidos em relação a todo mundo. Por exemplo, você tem o direito de não levar um soco. Se *qualquer um* propuser lhe dar um soco, você pode lembrá-lo de que ele tem a obrigação de não fazer isso.

Como a última frase indica, quando você tem um direito, alguém tem uma obrigação. É por isso que eu disse que direitos são relacionamentos. Ao menos duas pessoas participam: o detentor do direito e o detentor da obrigação. Direitos e responsabilidades andam juntos. Eles são o mesmo relacionamento, descrito de lados diferentes.

Qual é a natureza desse relacionamento? Aqui podemos obter ajuda de uma de minhas filósofas favoritas, Judith Jarvis Thomson. Thomson era especialista em ética. Ela possuía o dom de inventar experimentos mentais, as historinhas curtas usadas pelos filósofos para testar ideias. (Veremos algumas dessas histórias daqui a pouco.) Thomson também era famosa por sua teoria dos direitos.

Quando você tem um direito, disse Thomson, você está envolvido em um complexo relacionamento com a pessoa que tem a obrigação correspondente. Esse relacionamento tem muitas características. Para citar algumas: se eu lhe devo mil dólares a serem pagos na próxima terça-feira, devo avisá-lo se não for conseguir pagar dentro do prazo. Se chegar o dia e eu não pagar, devo pedir desculpas e tentar recompensá-lo de alguma maneira. Mas eis o mais importante: em igualdade de circunstâncias, devo lhe pagar mil dólares na próxima terça-feira.

O que significa *em igualdade de circunstâncias?* Essa é uma expressão filosófica que tenta dar sentido ao fato de que, às vezes, coisas acontecem. Eu lhe devo mil dólares, a serem pagos na próxima terça-feira. Mas a terça-feira chegou e eu preciso desse dinheiro para pagar o aluguel, ou minha família será jogada na rua. Devo pagar o que lhe devo? Depende. Por exemplo, você poderá ficar em uma situação ainda pior se eu não pagar. Mas, se nada tão sério estiver em jogo para você, pagarei meu aluguel, pedirei desculpas por minha falha em pagá-lo e tentarei recompensá-lo assim que puder.

Uma das mais urgentes questões da filosofia moral é a seguinte: quanta coisa precisa acontecer para um direito ser superado? Uma resposta é: não muita. Talvez devêssemos ignorar os direitos das pessoas sempre que os resultados advindos disso forem melhores do que quando os respeitamos. Nessa visão, você deveria me dar um soco se o bem resultante dessa ação fosse maior que o mal.

Para algumas pessoas, isso parece razoável. Mas note que isso torna os direitos irrelevantes. Em vez de nos preocupar com quem tem direitos, poderíamos somente perguntar: a ação que estamos planejando terá consequências boas ou ruins? Se boas, vamos em frente. Se ruins, vamos parar por aqui. Os direitos não fazem diferença na decisão sobre o que fazer.

Há um nome para esse tipo de visão. Ela é chamada de *consequencialismo*, já que insiste que o status moral de um ato depende de suas consequências. A mais famosa versão do consequencialismo é o *utilita-*

DIREITOS

rismo, que sugere que devemos tentar maximizar o *bem-estar* ou a *utilidade*, como às vezes é chamada. O que é isso? Há muitas maneiras de defini-la. Em uma visão geral, ela é o equilíbrio entre prazer e dor no universo. Se você quisesse saber se deve me dar um soco na cara, um utilitarista (de certo tipo) o encorajaria a se perguntar se o prazer que as pessoas experimentariam como resultado do soco superaria a dor que ele causaria. Os direitos não entrariam de modo algum na equação.

Ronald Dworkin não gostava desse modo de pensar sobre a moralidade. Ele escreveu um livro chamado *Levando os direitos a sério*, no qual argumentou que devemos, bem... levar os direitos a sério. (Dworkin era um filósofo do direito, provavelmente o mais influente das últimas décadas. Minha obra filosófica é, de certa maneira, uma extensão da dele.) Dworkin pegou emprestado a ideia de certos jogos de baralho, como o bridge, para explicar a relevância dos direitos. Em um debate moral, disse ele, os direitos *triunfam* sobre as preocupações com o bem-estar.

Para entender o que Dworkin tinha em mente, considere a seguinte história, comumente chamada de *Transplante*: você trabalha em um hospital, e as coisas estão difíceis. Você tem cinco pacientes que precisam desesperadamente de um transplante. Cada um deles precisa de um órgão diferente. E todos os cinco morrerão se não fizerem o transplante imediatamente. Nesse momento, um homem entra na emergência. Ele tem um braço quebrado. Não corre risco de vida. Mas você pensa: se eu matá-lo, posso retirar seus órgãos e salvar os outros cinco. Você pergunta se ele se incomodaria e ele diz que sim, e muito.

Você deveria matá-lo mesmo assim? Possivelmente o bem-estar geral melhoraria se somente uma vida fosse perdida, em vez de cinco.* Mas e daí? O homem tem direito à vida. E seu direito triunfa sobre o bem-estar dos outros pacientes.

---

* Dito *possivelmente* porque poderia haver efeitos secundários. Se as pessoas começassem a ter medo de serem assassinadas nas emergências para que seus órgãos fossem removidos, elas evitariam hospitais sempre que pudessem. E isso levaria ao declínio do bem-estar geral. Os filósofos tentam limitar efeitos secundários como esse acrescentando características à história. Em *Transplante*, por exemplo, podemos supor que o assassinato seria cometido em segredo, sem que ninguém jamais ficasse sabendo. Isso ajuda a destacar a questão relevante: se o assassinato é errado mesmo quando aumenta o bem-estar geral.

Mas será que triunfa mesmo? Chegamos ao limiar do mais famoso enigma da filosofia contemporânea. Ele é conhecido como *Dilema do Bonde*. Para entender qual é o problema, precisamos de novas histórias — aliás, precisamos das histórias de Thomson. Ela chamou a primeira de *Observador na alavanca*, que diz o seguinte:

> Um bonde desgovernado percorre os trilhos em alta velocidade. Ele segue em direção a cinco trabalhadores, que estão fazendo reparos na linha. Se o bonde continuar nessa direção, matará todos eles. No entanto, eis a boa notícia: você está perto de uma alavanca que pode desviar o bonde! Infelizmente, também há más notícias: há um trabalhador no segundo trilho; somente um, mas ele certamente morrerá se você desviar o bonde.

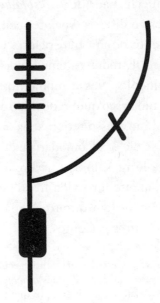

O que você faria?

A maioria das pessoas diz que puxaria a alavanca, para que o bonde matasse somente uma pessoa, em vez de cinco.

Mas espere! Não acabamos de dizer que o cara em *Transplante* tem direito à vida, mesmo que matá-lo pudesse salvar cinco pessoas? Por que o trabalhador solitário nos trilhos não tem o mesmo direito?

Recentemente, falei sobre o Dilema do Bonde durante uma aula. Os alunos se reuniram em minha casa para que meus filhos pudessem participar. Eles reconstruíram *Observador na alavanca* usando peças de um trem de brinquedo. Conforme discutíamos variações da história, eles ajustavam o modelo.

A versão favorita deles vem de outra história contada por Thomson. Ela é chamada de *Homem Gordo*. (Não, o nome não é muito bom, mas a corpulência do homem é essencial para o caso.) Ela diz que o bonde está novamente fora de controle, percorrendo os trilhos na direção de cinco trabalhadores. Mas, dessa vez, você não está perto da alavanca. Você está em uma ponte, observando a cena de cima. Então nota que, bem a seu lado, um homem gordo está inclinado sobre o parapeito. Com apenas um empurrãozinho seu, ele cairá nos trilhos. Sua corpulência irá parar o trem, salvando os trabalhadores. Mas o impacto do bonde o matará, se a queda não o fizer primeiro.

O que você faria? Empurraria o homem para a morte e salvaria os trabalhadores? Ou deixaria o bonde esmagar os cinco?

A maioria das pessoas diz que *não* empurraria o homem gordo. Elas deixariam os outros cinco morrerem.

Mas por quê? O cálculo moral — deixar cinco pessoas morrerem ou matar uma — é o mesmo em todos os casos que consideramos. Em *Observador na alavanca*, a maioria das pessoas acha que é correto matar. Em *Homem Gordo* e *Transplante*, a maioria acha que não.

Por quê? Qual é a diferença? Esse é o Dilema do Bonde.

O dilema do bonde requer que repensemos o que dissemos em *Transplante*. Dissemos que era errado matar o paciente por causa de seu direito à vida. Mas o trabalhador sozinho nos trilhos também tem direito à vida, e a maioria das pessoas se sente confortável em matá--lo em *Observador na alavanca*. Parece que, às vezes, o direito à vida é ignorado se muitas outras estiverem em jogo. Assim, precisamos de uma nova explicação para entender por que, em *Transplante* e *Homem Gordo*, não é permitido matar.

O que esperamos encontrar é um direito violado em *Transplante* e *Homem Gordo*, mas não em *Observador na alavanca*.

Será que ele existe? Talvez. Para encontrar inspiração, alguns se voltam para Immanuel Kant.

Kant viveu na Alemanha no século XVIII. E ele está na curta lista dos filósofos mais influentes de todos os tempos, ao lado de Platão e Aristóteles. Kant vivia de maneira bastante rígida; diz-se que era tão consistente em seus horários que os vizinhos marcavam a hora tendo como referência suas caminhadas.

Kant insistia que não devemos tratar as pessoas *meramente como meios* para atingir nossos fins. Devemos tratar as pessoas *como pessoas*. Isso requer que reconheçamos e respeitemos sua humanidade, o que as difere dos objetos comuns (que *são* apropriadamente usados como meios para atingir fins). O que difere as pessoas dos objetos? Bem, as pessoas têm a capacidade de estabelecer fins para si, argumentar sobre quais devem ser esses fins, descobrir como atingi-los e assim por diante. Para tratar pessoas *como pessoas*, temos de respeitar essas capacidades.

É importante dizer que, às vezes, Kant não via problema em usar as pessoas como meios. Quando uma aluna me pede uma carta de recomendação, está me usando como meio para atingir um fim: ajudá--la a conseguir um emprego. Mas ela não está *somente* me usando, da maneira que usaria um computador para enviar seu currículo. Ao pedir que eu escreva a carta, ela me engaja ao processo como pessoa, me deixa decidir se quero adotar seu fim como meu. O computador não tem escolha. Eu tenho.

Será que Kant pode nos ajudar a solucionar o Dilema do Bonde? Alguns acham que sim. O direito relevante, sugerem eles, é aquele de ser tratado como pessoa, não meramente como meio para um fim.

Vamos considerar nossos casos novamente. Em *Transplante*, você obviamente infringiria esse direito se matasse o cara com o braço quebrado. Você perguntou se ele se sacrificaria pelos outros, e ele disse que não. Se, mesmo assim, você o matar, isso significará tratá-lo como um saco de membros e órgãos, não como pessoa com o direito de tomar as próprias decisões.

O mesmo acontecerá em *Homem Gordo*. Se empurrá-lo sobre o parapeito, você o tratará como objeto, não como pessoa. Tudo o que importa para você é que ele tem o tamanho certo para o serviço.

E quanto a *Observador na alavanca*? À primeira vista, parece ruim, porque você não pede permissão pessoalmente ao trabalhador — não há tempo para isso. Mas você tampouco o usa como meio para um fim. Ele não faz parte do plano. Se ele não estivesse lá, você ainda assim desviaria o bonde. A morte dele é somente um subproduto infeliz de seu plano para salvar os cinco trabalhadores ao desviar o bonde para um trilho diferente. Se ele conseguisse fugir de alguma maneira, você ficaria maravilhado.

Isso faz com que esse caso seja muito diferente de *Homem Gordo* e *Transplante*. Naqueles casos, a fuga frustraria seus planos. Assim, parece que talvez, e somente talvez, tenhamos encontrado a solução para o Dilema do Bonde.

Ou talvez não.

Thomson estudou Kant, óbvio. E ela pensou na solução que acabamos de encontrar. Mas a rejeitou.

Por quê? Bem, Thomson tinha outra história para contar.

Essa é chamada de *Circuito*. E é como *Observador na alavanca*, exceto que, dessa vez, há um circuito fechado. O bonde vai em direção aos cinco trabalhadores. Se você puxar a alavanca, desviará o bonde para trilhos diferentes, onde há apenas um trabalhador. Mas o desvio volta a se conectar aos trilhos principais. Se o trabalhador solitário não estivesse lá, o bonde passaria pelo desvio e atingiria os cinco pelo outro lado, mas o trabalhador é corpulento o bastante para parar o bonde. Só que morrerá na colisão.

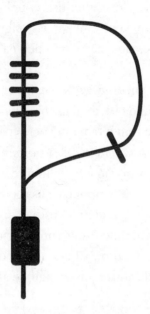

É admissível desviar o bonde? Note que, dessa vez, você *está* tratando o trabalhador como meio para um fim. Se ele não estivesse lá (se fugisse de algum modo), seu plano para salvar os cinco seria em vão. Novamente, você precisa da corpulência dele para parar o bonde; de outro modo, os cinco trabalhadores morrerão. Isso torna *Circuito* muito parecido com *Homem Gordo*.

E, mesmo assim, Thomson concluiu que *é* admissível desviar o bonde em *Circuito*. Ela não imaginou como acrescentar alguns metros de trilhos atrás do trabalhador faria alguma diferença moral. Em sua visão, *Circuito* é exatamente igual a *Alavanca*. Os trilhos extras são irrelevantes. O bonde sequer os tocaria!

Se Thomson estiver certa, então a solução kantiana — que repousa sobre o direito de ser tratado como pessoa, e não meramente como meio para um fim — não soluciona o Dilema do Bonde.

ALGUNS FILÓSOFOS ACHAM QUE Thomson está certa. Rex é um deles. Conversamos sobre *Circuito* recentemente:

— Você puxaria a alavanca? — perguntei.

— Sim, é igual ao primeiro caso — respondeu. Ele estava se referindo ao *Observador na alavanca*. — Os trilhos são mais longos, mas isso não muda nada.

— Bem, algo mudou — retruquei. Então expliquei que, com o circuito fechado, usamos o corpo do trabalhador para parar o bonde. — Isso torna o caso parecido com *Homem Gordo*.

— Parece um pouco com *Homem Gordo* — disse Rex. — Mas é diferente.

— Como?

Ele hesitou.

— Você está usando o cara, mas não está.

— Como assim?

— Ele já está nos trilhos. Em *Homem Gordo*, você tem que colocar ele lá. Tem que empurrar ele. Eu acho que é diferente.

Rex tem razão. É diferente. A questão é: essa diferença importa? Alguns filósofos acham que sim. Em *Transplante* e *Homem Gordo*, você faz contato físico com as pessoas que pretende matar. Isso é, no mínimo, repulsivo.

Mas será que isso importa moralmente? Para testar essa ideia, vamos tentar mais um caso. Nós o chamaremos de *Homem gordo no alçapão*. Ele começa igual a *Homem Gordo*: bonde descontrolado, cinco trabalhadores e um homem gordo em uma ponte. Mas ele está em pé sobre um alçapão que fica bem acima dos trilhos. Se você puxar uma alavanca, ele cairá nos trilhos abaixo, parando o bonde e salvando os cinco trabalhadores. Ele também morrerá, mas você não precisará encostar um dedo nele.

Será que isso redime o protagonista dessa história? Acho que não. Pode parecer menos repulsivo puxar uma alavanca que empurrar o homem. Porém, você o lançará para a morte da mesma maneira. O mecanismo dificilmente importa.

AVENTURAS PELA FILOSOFIA COM MEUS FILHOS

A literatura sobre o Dilema do Bonde é vasta.* Ela concentra uma vertiginosa variedade de casos. E eles rapidamente se tornam mais complexos. Passam a envolver avalanches, bombas, um segundo bonde e plataformas giratórias que desviam trilhos.

Esse canto da filosofia às vezes é chamado de Bondologia. O nome é parcialmente pejorativo, um sinal de que algo deu errado. Começamos com questões morais sérias — sobre o escopo e os limites de nossos direitos — e, de algum modo, acabamos em argumentos intermináveis sobre bondes em histórias fictícias.

Para os observadores externos, isso parece loucura. De fato, minha crítica favorita à Bondologia foi escrita por um engenheiro ferroviário chamado Derek Wilson. Ele enviou a seguinte carta ao jornal *Globe and Mail*:

> Os dilemas éticos envolvendo um bonde descontrolado ilustram as situações desinformadas que fazem com que os olhos das pessoas fiquem vidrados nas aulas de filosofia. É improvável que bondes e trens se descontrolem, porque são equipados com um "pedal do homem morto" que aciona os freios se o motorista estiver incapacitado.
>
> O futuro salvador não teria a opção de "puxar a alavanca", porque elas são travadas a fim de evitar vandalismo. E sua resposta dependeria da velocidade do bonde. Se ela fosse menor que 15 km/h, ele poderia pular no bonde, tocar o sino e salvar as cinco vidas. Se a velocidade fosse inferior a 30 km/h, ele (com uma chave para destravar a alavanca) poderia puxar a alavanca e matar somente uma pessoa no desvio.

---

* Talvez o mais surpreendente seja a última palavra de Thomson sobre o assunto. Perto do fim da vida, ela mudou de ideia. Thomson decidiu que não era admissível desviar o bonde em *Observador na alavanca*. Ela chegou à mesma conclusão em relação a *Transplante* e *Homem Gordo*. Se Thomson estiver certa, isso significa que não há Dilema do Bonde para solucionar, já que o problema sempre foi alinhar nossos julgamentos sobre esses casos. A maioria das pessoas, no entanto, continua a achar admissível desviar o bonde em *Observador na alavanca*, mantendo o Dilema do Bonde intacto.

DIREITOS 47

Se o bonde estivesse se movendo a mais de 30 km/h, puxar a alavanca faria com que o bonde saísse dos trilhos, o que feriria ou mataria os passageiros, mas salvaria os cinco trabalhadores. Assim, a melhor escolha é permitir que o bonde permaneça nos trilhos e, infelizmente, mate os cinco trabalhadores.

Eu amo essa carta por dois motivos. O primeiro: ela lembra que o mundo real nunca é tão simples quanto as hipóteses de um filósofo.

Às vezes, ele é mais simples. É assim que Wilson o vê. Ele acha que, se você sabe alguma coisa sobre bondes, verá que o Dilema do Bonde é fácil de solucionar.

Ao mesmo tempo, Wilson nos mostra que o mundo real é mais complicado que os casos que os filósofos contam. Olhe quanta coisa deixamos de fora: o pedal do homem morto, a velocidade do bonde, o fato de a alavanca provavelmente estar travada.

Problemas reais com bondes não se parecem em nada com o Dilema do Bonde! E, mesmo assim, os filósofos têm um bom motivo para contarem histórias simplificadas. Estamos tentando isolar um problema, quando o mundo real tem o péssimo hábito de apresentar vários ao mesmo tempo.

O segundo motivo pelo qual amo a carta de Wilson: mesmo ao criticar os filósofos, ele está fazendo filosofia. Seus instintos são utilitaristas — salve o maior número possível —, então ele puxa a alavanca e mata uma pessoa se o bonde estiver a menos de 30 km/h. Mas, se o bonde estiver indo mais depressa, ele sacrifica as cinco, a fim de evitar que as pessoas no bonde (provavelmente em maior número) morram quando ele descarrilar.

Wilson acha óbvio que é isso que devemos fazer, tão óbvio que não requer argumento. Mas a resposta está longe de ser óbvia. Se Wilson estivesse em uma de minhas turmas, eu perguntaria a ele o que achava de *Transplante*. Gostaria de saber se, já que mataria um trabalhador para salvar cinco (se o bonde estivesse a uma velocidade entre 15 e 30 km/h), ele também tiraria uma vida em *Transplante*. Se ele dissesse que não, começaríamos tudo de novo, trabalhando com o tipo de história que tanto o irrita.

QUAL É A RESPOSTA para o Dilema do Bonde? Hank faz essa pergunta o tempo todo. Ele está acostumado a ouvir sobre casos legais, já que converso com ele sobre os que discuto em classe.

— Conta outro caso, papai — pede ele quando está entediado.

Ele sabe que, depois de uma conversa sobre como ele acha que o caso deveria ser solucionado, contarei qual foi a decisão do tribunal. Assim, desde a primeira vez em que conversamos sobre o Dilema do Bonde, ele pergunta "O que o juiz disse?". E não aceita minhas tentativas de explicar que a história não é real. Ele está desesperado para saber a resposta.

Eu também. Mas, em filosofia, não há resposta pronta. Você tem de descobrir as coisas sozinho, da melhor maneira que puder. Se você me der uma tarde e uma lousa, tentarei convencê-lo de que Rex está errado sobre o *Circuito* — assim como Thomson. Argumentarei que aquele pedacinho extra de trilho faz toda diferença. Escreverei novos casos na lousa. E defenderei uma versão da ideia kantiana de que não temos permissão para usar uma pessoa para salvar cinco.

Depois de fazer tudo isso, mostrarei minha perplexidade. De uma maneira convoluta, nossa coleção de casos nos ajuda a debater sobre o aborto. Se o Estado força uma mulher a continuar uma gravidez, ele está usando o corpo dela como meio para um fim. Isso não é admissível, mesmo quando uma vida está em jogo. (Esse será meu argumento final. Como eu disse, levaremos algum tempo para chegar a ele.)

Ao defender meu argumento, fecharei o circuito sobre o Dilema do Bonde. Bondes foram introduzidos na filosofia por uma filósofa inglesa chamada Philippa Foot — em um artigo sobre aborto. Thomson tornou os bondes famosos ao refinar a história de Foot e introduzir outras. Mas o ponto jamais foi determinar o que Derek Wilson — ou qualquer um trabalhando com bondes — deveria fazer se um deles estivesse fora de controle.

Para os filósofos, bondes são ferramentas para pensar sobre a estrutura da moralidade, para pensar sobre os direitos que temos e quando eles perdem a precedência para as necessidades de outras pessoas. Eles são ferramentas para pensar sobre questões sérias, como abortos e... as leis da guerra.

Imagine por um momento que você é Harry Truman, tentando decidir se deve lançar uma bomba atômica (chamada Homem Gordo) sobre a cidade de Nagasaki. A bomba matará dezenas de milhares de pessoas. Mas acabará mais rapidamente com a guerra, salvando muitas vidas.*

Quando você consegue a permissão para matar algumas pessoas a fim de salvar outras? *Essa* é a pergunta importante. E o Dilema do Bonde nos ajuda a pensar sobre ela. Se o dilema parece tolo para os observadores externos, é porque os bondes passaram para a cultura popular sem levar consigo as questões sérias que tentavam solucionar.

Bondes podem não ser muito importantes. Mas direitos são.

PRINCIPALMENTE QUANDO VOCÊ VIVE com crianças mais novas. Hank não sabia o que eram direitos quando ficou aborrecido por não ter nenhum, mas já era bom em afirmá-los. Todas as vezes em que ele dizia "é meu" como maneira de afastar uma criança que queria brincar com um brinquedo, estava reivindicando aquele objeto — e o direito de excluir os outros, ainda que apenas por um instante.

Quando você traz seu primeiro bebê para casa do hospital, sua principal tarefa é mantê-lo vivo. Trata-se de custódia: alimentar, fazer arrotar, dar banho e trocar uma sucessão infinita de fraldas. Então acordar e fazer tudo de novo, presumindo-se que você tenha dormido. A tarefa seguinte — mais de um ano depois — é integrar a criança à comunida-

---

* Ao menos é nisso que você acredita. Você pode estar errado, e há outra questão moral aqui: como você pode tomar decisões se não tem certeza sobre os resultados?

de. Para fazer isso, você tem de apresentá-la à ideia de direitos e responsabilidades, mesmo que ainda não use essas palavras. Quando Hank sequestrava a Giafa, explicávamos que ele tinha de pedir antes, porque a Giafa pertencia a Rex. Também ensinamos a Hank o que pertencia a ele — e em relação ao que Rex tinha de pedir sua permissão.

Esses primeiros ensinamentos sobre propriedade foram suplementadas por ensinamentos sobre promessas, privacidade e espaço pessoal. Às vezes, parecia que estávamos dirigindo uma escolinha de Direito com alunos que não conheciam seus direitos e responsabilidades. Nas aulas sobre contratos, os garotos aprenderam a manter suas promessas; nas sobre delitos, a não pegar as coisas alheias e a bater antes de abrir a porta; nas de direito criminal, entenderam as consequências do mau comportamento.

Há mais na moralidade que direitos e responsabilidades. De fato, uma das mais importantes lições que a criança pode aprender é que não deve impor seus direitos sempre. Ela deve partilhar suas coisas, ao menos parte do tempo, mesmo que tenha o direito de excluir os outros. Isso é gentil e afetuoso e, quando as crianças adquirem essas virtudes, os direitos têm menos proeminência. Mas os primeiros anos são principalmente sobre moralidade, de uma forma ou de outra. É por isso que começamos nossa jornada com questões sobre direitos — e em breve passaremos para vingança, punição e autoridade, tópicos que, cada um à sua maneira, estão conectados aos direitos.

QUANDO OS MEUS FILHOS aprenderam sobre direitos, eles se tornaram advogados, prontos para afirmarem os próprios e (como veremos no Capítulo 3) se defenderem das alegações de terem violado direitos alheios. Aliás, assim que Hank aprendeu o que eram direitos, ele passou a vê-los por toda parte.

Certa noite, levamos os garotos para comer tacos. Hank (então com 6 anos) notou as latas de Fanta no expositor de bebidas. E perguntou, umas mil vezes, se poderia beber uma. Dissemos que não, e nos

DIREITOS

sentamos para comer. Hank não estava feliz, e iniciou um protesto, declarando que estávamos violando seus direitos.

— Qual direito? — perguntei.

— Meu direito de decidir o que beber.

— E você tem esse direito?

— Sim! — respondeu ele, enfaticamente.

— Por quê?

Esse é um de meus truques favoritos como pai. As crianças usam *por que* como arma. Frequentemente, elas perguntam por curiosidade, então é bom oferecer explicações sempre que possível. Mas não existem explicações completas. Toda explicação deixa muita coisa por dizer. Isso significa que as crianças podem perguntar "por que" novamente. E novamente. E novamente, *ad nauseam*.

No início, elas fazem isso para se divertir, para ver quantas explicações você tem a oferecer. Mas, ao ficarem mais velhas, elas começam a perceber que um *por que* bem colocado pode expor as trêmulas fundações de sua autoridade. Ou apenas deixar você maluco.

Mas os adultos podem virar o jogo: perguntar *por que* e deixar a criança construir seu argumento. E foi isso que fiz com Hank. Perguntei:

— Por que você tem o direito de decidir o que beber?

— Não sei — respondeu ele, dando de ombros. — Eu tenho e pronto.

— Não funciona assim. Se você diz ter um direito, tem de apresentar o motivo.

As engrenagens na cabeça dele começaram a girar e, rapidamente, ele me deu um motivo. Dois, na verdade.

— Se você decidir o que tenho que beber — disse Hank —, você pode me obrigar a beber uma coisa que eu não gosto.

Vamos chamar isso de *argumento do autoconhecimento*. A isso, ele acrescentou:

— *Você* decide o que *você* bebe, então *eu* também posso decidir o que *eu* bebo.

Chamaremos isso de *argumento da igualdade*.

Esses argumentos são bons? Não, nem um pouco.

Comecemos com o argumento do autoconhecimento. Há uma chance mínima de que eu exija que Hank beba algo de que não gosta. Na maioria das noites, ele só tem duas opções: leite ou água. Ele gosta de leite e, embora não se possa dizer que gosta de água, ele tampouco a odeia.

Além disso, o argumento do autoconhecimento presume que é importante Hank gostar do que bebe. E talvez seja. Mas há algo mais importante: Hank precisa de uma alimentação saudável. É por isso que oferecemos água e leite. Bebidas com muito açúcar são para dias especiais. Se pudesse escolher o que beber, Hank desenvolveria diabetes em uma semana.

E quanto ao argumento de igualdade? Estes são convincentes quando as pessoas estão similarmente situadas. Mas eu e Hank não estamos. Eu sei muito mais que ele. Por exemplo, sei sobre diabetes e como as pessoas a desenvolvem. Também tenho uma capacidade de autocontrole que ele ainda não desenvolveu. E, o mais importante, tenho em relação a ele uma responsabilidade que ele não tem em relação a mim. Hank inevitavelmente crescerá, mas é minha tarefa garantir que ele se torne um adulto, e não uma criança grande. Para fazer isso, preciso estabelecer limites, ao menos em relação a quanto refrigerante ele pode beber.

Esses são todos motivos para concluir que, na verdade, Hank não tem o direito de decidir o que beber e que eu tenho o direito de decidir o que ele pode beber (ou melhor, Julie e eu podemos fazer isso, como pai e mãe dele).

Expliquei parte disso a Hank. E o lembrei de que, quando ele crescer, poderá fazer as próprias escolhas. Mas, por enquanto, tem de nos aguentar.

Mas fiz um acordo. Queria que a guerra chegasse ao fim.

— Se você parar de discutir — disse eu —, pode tomar um refrigerante quando nossos amigos nos visitarem no sábado à noite.

— Você promete? — perguntou ele.

— Prometo.

— Ok.

O sábado chegou e, com ele, nossos amigos. Hank correu para estabelecer seus direitos assim que eles chegaram. E anunciou:

— Eu tenho direito a um refrigerante.

2

VINGANÇA

Hank passou o dia em casa, então fiz o mesmo. Estávamos no meio de uma de nossas atividades favoritas: eu o arremessava sobre a cama enquanto ele ria sem parar.

Então, subitamente, Hank ficou em silêncio.

— O que foi, Hank? Você está bem?

— Ontem — começou ele —, Caden me chamou de *floofer doofer*,* e aí Kelly veio conversar comigo.

Esta sentença pode suscitar muitas perguntas. E algumas são fáceis de responder. Caden era um colega de classe da Sala Figueira na escolinha que Hank começara a frequentar um pouco antes de seu aniversário de 4 anos.** Kelly era a professora. Como eu já sabia de tudo isso, só restava uma coisa a perguntar:

— O que é um *floofer doofer*?

— É uma coisa ruim, pai.

— Você tem certeza? Talvez *floofer doofers* sejam uma coisa legal. Vamos procurar no Google?

— Pai! *Floofer doofers não são* legais.

Discutimos o assunto por alguns instantes, porque é engraçado dizer *floofer doofer* e ainda mais engraçado ouvir Hank dizendo isso. Mas, é lógico, ele estava certo. É horrível ser um *floofer doofer*, mesmo que ninguém saiba que porra é essa. É tão ruim quanto ser um *fuckface*

---

* Coisinha peluda e macia, em tradução livre. [*N. da T.*]

** Falando nisso, o nome de Caden não é Caden. Mudei o nome das crianças, com exceção de meus filhos, para proteger os inocentes — e Caden.

[cara de cu, em tradução livre]. (Para constar, ninguém sabe o que é um *fuckface*. Insultos são estranhos assim mesmo.)

De qualquer modo, era sobre a segunda parte da história que Hank queria conversar. A parte na qual Kelly foi falar com ele.

— Kelly conversou com Caden também?
— Não — respondeu Hank, indignado. — Ela só falou comigo.
— Por quê? Você contou a ela do que Caden o chamou?
— Só depois.
— Depois do quê?

Nesse momento, a testemunha decidiu ficar em silêncio.

— Hank, você fez alguma coisa com o Caden?

Silêncio.

— Hank, você fez alguma coisa com o Caden?
— Kelly já falou comigo.
— Sobre o quê, Hank?

A testemunha não cedeu sob pressão. E eu respeito isso. Então mudei de tática.

— Hank, você achou que podia fazer algo ruim ao Caden porque ele disse algo ruim a você?

— *Óbvio* — respondeu Hank, como se eu fosse burro. — *Ele me chamou de* floofer doofer!

NESSE MOMENTO, UM BOM pai teria ensinado ao seu filho o clássico do Motown "Two Wrongs Don't Make a Right" [Dois erros não fazem um acerto, em tradução livre],* que está logo atrás de "The Golden Rule"** no chart de Moralidade Pop da revista *Billboard*.

Infelizmente, não sou um bom pai. Sou um *excelente* pai. Assim, passamos os vinte minutos seguintes ouvindo músicas sobre vingança, começando com o funk de 1973 de James Brown "The Payback"

---

* Estou falando sério. Berry Gordy Jr. e Smokey Robinson escreveram uma música chamada "Two Wrongs Don't Make a Right", que foi gravada por Barrett Strong em 1961 e por Mary Wells em 1963.
** A regra áurea, em tradução livre, referindo-se à ética da reciprocidade. [*N. da T.*]

[A retaliação, em tradução livre]. ("Vingança! Estou furioso! Preciso retribuir! Preciso de alguma revanche! Retaliação!")

Na verdade, não sou tão excelente. Pelo menos não ao vivo. Então, não toquei James Brown *nem* ensinei a Hank que dois erros não fazem um acerto. E me arrependo de não ter tocado Brown, porque levei anos para aprender que as crianças acham as letras dele hilárias. E realmente são. ("Uh! Ha! Deus do céu! Bom demais!") Elas também amam sua música. Como realmente devem amar. (Só tenha cuidado com as músicas que escolhe, ou terá uma repetição da conversa que eu e Hank tivemos sobre máquinas do sexo.)

Mas você sabe do que não me arrependo? Perder a chance de ensinar a Hank que dois erros não fazem um acerto. Essa é a peça de propaganda parental de que menos gosto, porque dois erros *podem* fazer um acerto. Ou, melhor, o segundo erro pode acertar as coisas. E estamos mentindo para nossos filhos — e talvez para nós mesmos — quando dizemos que não.

Por que somos tão rápidos em rejeitar a vingança? Bem, para começar, ela é arriscada. Se tentar machucar alguém, você pode acabar se ferindo. Mas, pior ainda, a vingança pode levar a uma represália, e então a outra vingança, que levará a outra revanche e depois a outra vingança. E você pode se encontrar em um ciclo infinito de violência.

Mas o risco não é o único motivo para rejeitar a vingança. A violência parece sem sentido para muitas pessoas. Evoquemos a fórmula do Antigo Testamento, *olho por olho*, e amplifiquemos o ataque de Caden. Vamos supor que ele tenha arrancado o olho de Hank. Como, exatamente, Hank arrancar o olho de Caden melhoraria as coisas? Hank não conseguiria seu olho de volta. A única coisa que teríamos seria mais uma criança tendo de aprender a viver com um único olho.

Então por que buscamos nos vingar, se a vingança não tem sentido?

Uma possibilidade é que somos programados para querê-la sempre que alguém nos prejudica. De fato, há evidências de que crianças mais novas, em particular, tendem a buscar vingança. Em um estudo, crianças de 4 a 8 anos foram convidadas a jogar um jogo de computador no qual os outros participantes (controlados pelos pesquisadores) roubavam suas figurinhas adesivas ou lhes davam outras de presente. Quando as crianças tinham a chance, elas se vingavam dos ladrões de figurinhas, roubando muito mais deles que dos outros participantes. Mas não demonstravam a mesma reciprocidade quando se tratava da gentileza. Uma criança que recebera um presente não tinha maior inclinação a dar um presente a quem a presenteou que aos outros participantes. Parece que a vingança ocorre mais naturalmente que a retribuição.

E há mais evidências para a hipótese da vingança programada. Os cientistas dizem que os insultos surgem do apetite por vingança, em um sentido bastante literal. Eles ativam a mesma parte do cérebro (o córtex pré-frontal esquerdo) que usamos quando buscamos satisfazer a fome e outros desejos. Assim, Homero tinha razão, ou quase isso, quando sugeriu que a vingança é doce. E ele pode ter sido sutil. Certa vez, vi uma camiseta que dizia que vingança é melhor que sexo. E Josef Stalin elevou isso à décima potência, dizendo que a vingança é o maior prazer da vida.*

Não sei se concordo. Sexo pode ser muito bom. E Stalin era um sociopata. Mas a vingança certamente pode ser satisfatória, e o prazer que obtemos com ela pode muito bem ser função de algum circuito profundo em nosso cérebro. Mas, mesmo que estejamos predispostos a buscar vingança por algum instinto animal, ainda podemos perguntar a que propósito ela serve — e se, pensando bem, devemos seguir esse impulso ou reprimi-lo. Ou seja, podemos perguntar se a vingança é realmente tão sem sentido quanto parece.

* * *

---

* Simon Sebag Montefiore conta a história: "Durante um jantar regado a álcool, Kamenev perguntou a todos à mesa qual era o maior prazer da vida. [...] Stalin respondeu: 'Meu maior prazer é escolher minha vítima, fazer planos muito detalhados, obter uma vingança implacável e então ir para a cama. Não há nada mais doce no mundo.'"

VINGANÇA

WILLIAM IAN MILLER é meu colega mais engraçado. Ele é um dos maiores especialistas do mundo em vingança e nas culturas que a praticam. As histórias que ele conhece e a maneira como vê o mundo são tão divertidas quanto se possa imaginar. Miller certa vez me disse que fez um seguro de vida muito baixo *de propósito*. "Não quero que minha família fique na miséria se eu morrer", disse ele, "mas quero me assegurar de que sentirão minha falta." Ele perguntou como era meu seguro, e eu disse que era razoável. Ele me aconselhou a tomar cuidado. (Rex ainda tinha 1 ou 2 anos na época dessa conversa.)

Miller não tem a menor paciência com aqueles que acham que a vingança é irracional. O olho de Caden não é útil para Hank. Mas arrancá-lo certamente é. Se as pessoas acreditam que Hank reagirá, elas pensarão duas vezes antes de atacá-lo. A reputação de ser vingativo é uma apólice de seguro que o protege contra ferimentos. E é ainda melhor que o seguro de verdade, já que evita inteiramente os ferimentos, em vez de lhe dar dinheiro para ajudar a lidar com eles.

Assim, a vingança pode ser racional. Mas o cálculo frio não pode responder pelo prazer que as pessoas sentem. Ou pelo fato de que estamos dispostos a nos vingar para além do ponto em que é racional. Parece que o prazer é uma espécie de *schadenfreude*, a alegria com o sofrimento alheio, principalmente com aqueles que nos fizeram sofrer.

Mas por que sentir prazer com isso? Uma resposta comum é: ele mereceu. De fato, alguns acham que existe uma forma especial de justiça — *justiça retributiva* — que exige que aqueles que (injustamente) fizeram outros sofrerem devem sofrer. A menos e até que esse sofrimento seja infligido, alguma conta cósmica não bate. O prazer, nesse cenário, é o de ver a justiça sendo feita.

Mas isso soa meio impessoal. Aqueles que buscam vingança querem infligir o sofrimento por conta própria, e não somente garantir que ele seja imposto. Não se trata de uma conta cósmica, e sim interpessoal. Dizemos que *está na hora de acertar as contas. Ele vai pagar pelo que fez*. Essas são metáforas contábeis e inconsistentes, já que invertem os papéis de credor e devedor. Mas isso não importa. O ponto é que as coisas não estão equilibradas, então está na hora de *acertá-las*.

DEVEMOS LEVAR ESSE TIPO de expressão a sério? Durante o curso da história humana, muitas pessoas levaram, talvez a maioria. Assim, reluto em dizer que não devemos. Mas tenho sérias ressalvas. Não sei onde o livro de contas do cosmos é mantido ou por que deveríamos nos importar com o que está nele. Se o livro pertence a Deus, ele certamente acertará as contas. ("Minha é a vingança", diz o Senhor.) E acho que precisamos de mais que uma metáfora para podermos sair por aí arrancando olhos.

Alguns filósofos rejeitam a ideia de justiça retributiva. Eles acham que ela se resume a metáforas equivocadas e que devemos superá-la. Acho que podemos redimi-la. Mas só tentaremos no próximo capítulo, quando falarmos de punição. Por agora, quero me concentrar em um tipo diferente de justiça. Aliás, falemos de duas.

Há muito tempo, Aristóteles começou a escrever sobre a distinção entre a *justiça distributiva* e a *justiça corretiva*. Quando nos preocupamos com a desigualdade, estamos nos preocupando com a justiça distributiva: temos uma torta e planejamos como dividi-la. Se a sua fatia for maior que a minha, posso reclamar que não a repartimos igualmente. Agora suponha que cada um de nós tenha uma fatia, qualquer que seja seu tamanho, e que você roube a minha. Eu a quero de volta. Aristóteles diz que a *justiça corretiva* exige que você a devolva. Ela exige que você compense minha perda.

A vingança é uma maneira de fazer justiça corretiva? Parece que sim. *Olho por olho* não está longe de *devolva minha fatia de torta*. Se Hank arrancar o olho de Caden, ele pegará de volta o que perdeu: um olho. Mas ele não terá *exatamente* o que perdeu, e isso é importante. O olho de Caden não tem muita utilidade para Hank, já que meu filho não pode usá-lo para enxergar.

Mesmo assim, diz Miller, olho por olho é uma maneira muito inteligente de fazer justiça corretiva. A chave é compreender que a compensação nem sempre precisa ser paga em espécie. Às vezes, você devolve minha fatia de torta. Às vezes, você me dá o valor correspondente. O mesmo acontece com olhos.

O objetivo do olho por olho, diz Miller, não é arrancar mais olhos. Em vez disso, a *lei de talião* (o nome chique da regra exemplificada pelo "olho por olho") dá às vítimas certo poder sobre as pessoas que as prejudicaram. Se Caden e Hank vivessem em tempos bíblicos (e fossem adultos), assim que Caden arrancasse o olho de Hank, a lei bíblica transformaria Hank no dono de um dos olhos de Caden. Ele poderia arrancá-lo, se quisesse. E faria questão de convencer Caden de que o faria. Mas as chances são de que não fosse realmente arrancá-lo, porque Caden o *compraria de volta*. O preço que pagaria para manter seu olho compensaria Hank por perder o seu.

Em outras palavras, a perspectiva de perder o próprio olho levaria Caden a satisfazer as demandas da justiça corretiva ao compensar Hank pelo olho perdido. De uma maneira engraçada, a lei de talião é uma questão de empatia. É uma maneira de nos forçar a sentir a dor alheia. Se ferir alguém, você será sujeitado a exatamente o mesmo ferimento que infligiu. Isso lhe dá razões para imaginar como seria esse ferimento antes de machucar alguém. A esperança é que isso o detenha, de modo que ninguém seja ferido. Mas, se a tentativa não funcionar, a lei de talião lhe fornece motivos para compensar os ferimentos que causou, já que os sofrerá você mesmo se não pagar.

— Ei, Rex, posso contar uma história sobre vingança? — perguntei certo dia durante o almoço. Ele tinha 10 anos.
— Vai ser nojenta? — perguntou ele.
— Não — garanti.
— Ok.
— Bom, talvez um pouquinho — admiti.
— Você precisa me contar?
— Sim, realmente preciso.
— Você está escrevendo sobre vingança, não está?
O garoto me pegou no flagra.
— Sim, estou.

— Ok, tudo bem.

A história que contei a Rex vem de uma narrativa islandesa, *A saga de Guðmundur, o Valoroso*.

— Havia um cara chamado Skæring — comecei —, e ele estava no porto, tratando com alguns mercadores noruegueses. Mas a negociação deu errado e os mercadores cortaram fora a mão dele.

— Pai! Isso é nojento! Muito nojento.

— Sim, eu sei. Mas é a única parte nojenta, prometo. Você quer saber o que aconteceu em seguida?

— Sim — disse Rex.

— Skæring pediu ajuda a um parente, um cara chamado Guðmundur. O parente reuniu um grupo de homens e eles cavalgaram até o porto para confrontar os noruegueses. O que você acha que eles fizeram ao chegar lá?

— Mataram todo mundo.

— Não. Guðmundur exigiu que os noruegueses compensassem Skæring pela perda da sua mão. Você sabe o que isso significa?

— Não.

— Significa que ele queria que os noruegueses pagassem algum dinheiro a Skæring, para fazer com que ele se sentisse melhor sobre ter perdido a mão.

— Ok. Eles pagaram?

— Eles disseram que pagariam qualquer preço que Guðmundur achasse justo. Mas Guðmundur estabeleceu um preço alto. Muito, muito alto.

— De quanto?

— 3000.

— Isso é muito?

— A saga diz que sim. Ela diz que era isso que as pessoas esperavam pagar por matar alguém como Skæring, não por decepar sua mão.

— Eles pagaram?

— Não. Eles ficaram furiosos com Guðmundur. Acharam que ele estava pedindo demais.

— O que Guðmundur fez?

— Adivinhe.
— Ele os matou — disse Rex, com seriedade.
— Não.
— Ele cortou fora a mão deles!
— Não, mas você está chegando perto. Guðmundur era muito inteligente. O que você acha que ele faria antes de cortar fora qualquer coisa?
— Ele diria a eles que faria isso se eles não pagassem!
— Exatamente! Guðmundur disse que pagaria os 3000 a Skæring do próprio bolso. Então escolheria um norueguês e cortaria fora sua mão. E os noruegueses podiam oferecer a esse cara a compensação mais barata que quisessem.
— E funcionou? — perguntou Rex.
— O que você acha?
— Aposto que eles pagaram.
— Sim, eles pagaram os 3000.
— Guðmundur era *esperto* — disse Rex.

GUÐMUNDUR REALMENTE ERA ESPERTO. E a lei de talião também. Os noruegueses pagaram porque Guðmundur modificou o significado do pagamento. Aquele já não era o que valia a mão de Skæring, mas o preço para que mantivessem as próprias mãos. E, como observa Miller, a maioria das pessoas "está disposta a pagar mais para salvar as próprias mãos do que estaria disposta a desembolsar para decepar a mão de outrem". O que faz sentido. Mãos são mais úteis quando estão ligadas a seus donos originais.

Guðmundur também foi esperto de outra maneira. Ele não somente fez com que os noruegueses pagassem, como os humilhou no processo, ao sugerir que eram sovinas. Eles tentaram fazer um grande gesto ao permitir que Guðmundur estabelecesse o preço pela mão de Skæring. Mas voltaram atrás quando foram informados do valor, permitindo que Guðmundur fizesse o próprio grande gesto ao se oferecer para pagar a Skæring o altíssimo preço que pedira. Finalmente,

Guðmundur fez com que os noruegueses parecessem covardes, já que sua disposição em pagar aumentou imediatamente quando as próprias mãos ficaram em perigo.

Ao fazer tudo isso, Guðmundur fez crescer sua honra. Mas o que é isso? E por que é importante? A honra desafia as definições simples. Ela era a qualidade abstrata que definia o lugar de uma pessoa na hierarquia social. E era importantíssima em sociedades como a da Islândia da época. Como explica Miller:

> A honra era o que fornecia a base para que você fosse considerado importante para alguma coisa, para que fosse ouvido, para que as pessoas pensassem duas vezes antes de tomar suas terras ou violentar a sua filha. Ela até mesmo governava a maneira como você falava, quão alto e com qual frequência, quando e para quem, e se era ouvido quando falava; ela determinava sua postura, o quão eretas ficavam suas costas — literal e não figurativamente — e por quanto tempo você podia olhar para alguém ou mesmo ousar encarar quem quer que fosse.

Em resumo, a honra era a medida de seu valor aos olhos dos outros. Falarei sobre isso mais tarde. Mas, antes de deixarmos Guðmundur para trás, quero comparar a maneira como ele respondeu à reivindicação de Skæring com a forma como os tribunais funcionam atualmente.

JÁ NÃO SEGUIMOS A lei de talião. Mas os tribunais ainda tentam fazer justiça corretiva. Se você se machucar, pode processar a pessoa que causou o ferimento. E, se demonstrar que ele foi resultado de uma ação errônea, o tribunal lhe concederá compensação.

Oficialmente, os tribunais determinam a compensação sem qualquer apelo à emoção, à empatia ou qualquer outro sentimento. O júri é instruído a conceder compensação justa e razoável pelos sofrimentos do requerente. Na prática, no entanto, os advogados do requerente tentam conquistar sua simpatia. Eles descrevem os ferimentos nos mais sombrios detalhes, fazendo com que soem da pior maneira possível a fim de aumentar o valor da reparação.

Mas a simpatia é menos poderosa que a empatia. Eu ensino a meus alunos o caso de Kay Kenton. Ela estava no lobby do Hotel Hyatt Regency quando dois corredores suspensos mal projetados, pesando mais de 15 toneladas, desabaram sobre os hóspedes. Mais de cem pessoas morreram. Kay sobreviveu. Mas sofreu ferimentos devastadores: pescoço quebrado, perda da sensibilidade em todo o corpo, dificuldade para respirar, mau funcionamento da bexiga e dos intestinos, imensa dor e trauma psicológico, entre outros muitos problemas.

O júri concedeu a ela US$4 milhões. Parece muito. Ao menos até você pensar no que esse valor estava cobrindo. As despesas médicas dela foram estimadas em mais de US$1 milhão. Na época do acidente, Kay estava matriculada na faculdade de Direito. As evidências sugeriam que jamais trabalharia novamente, em qualquer emprego, quem dirá como advogada. Sua perda estimada era de US$2 milhões ao longo da carreira. Finalmente, o júri foi convidado a colocar um preço em sua dor: a subtração sugere que eles a avaliaram em US$1 milhão.

Vista dessa maneira, a compensação não parece tão generosa (e é ainda menos generosa do que parece, já que o advogado dela provavelmente ficou com um quarto desse valor, ou talvez mais). Você concordaria em passar pelo sofrimento de Kay se alguém pagasse pelos custos e acrescentasse US$1 milhão pela dor e pelo sofrimento? Eu não concordaria. De jeito nenhum.

E, no entanto, o hotel teve a audácia de pedir ao tribunal para reduzir a compensação pela metade, alegando que era excessiva. O tribunal não concordou. Mas pergunte a si: quanto o hotel estaria disposto a pagar para evitar que alguém de sua diretoria sofresse os mesmos ferimentos de Kay? Se seguíssemos a lei de talião, ela teria o direito de derrubar um corredor suspenso (ou um objeto similarmente pesado) sobre o presidente do hotel; quanto a empresa pagaria para evitar que ela fizesse isso?

Se você acha que seria muito mais que US$4 milhões, tenho certeza de que acertou. Eu consigo imaginá-los pagando US$40 milhões. Ou mais. Talvez *muito* mais. Esse é o poder da empatia. E o poder do talião está em sua habilidade de usá-la.

Estou certo de que os jurados se sentiram mal por Kay e simpatizaram com sua situação. Mas duvido que tenham sentido sua dor. Os executivos do hotel a teriam sentido, se temessem passar pela mesma situação.

A EMPATIA NÃO É a única atração do olho por olho. Ela estabelece um limite à vingança, já que também significa *não mais que* um olho por um olho.

A evolução parece ter nos dotado de apetite pela vingança. Mas os apetites podem sair de controle. Pense com qual frequência você come demais. (Talvez eu esteja projetando algo em você. Rex diz que *Eu como demais* é o lema dos homens da família Hershovitz.)

Algumas pessoas querem mais que olho por olho. Elas se supervalorizam. Ou subvalorizam os outros. Ou simplesmente ficam enlouquecidas de raiva à menor provocação.

As culturas de vingança não toleravam esse tipo de pessoa, já que havia pouca possibilidade de paz em sua presença. O olho por olho ajudava a controlá-las ao estabelecer o que contava como compensação razoável. O mesmo faziam personagens chamados de *oddmen* ["homens ímpares"], que intervinham para solucionar disputas quando as pessoas não conseguiam chegar a um acordo. Eles eram *ímpares* porque representavam a terceira parte nas disputas. Como disse Miller, "era preciso um número ímpar para acertas as coisas".

Os júris descendem dos *oddmen*. Fazem o mesmo trabalho. Representam a comunidade e decidem o que conta como compensação razoável. Mas eles o fazem de uma maneira diferente. Os *oddmen* impunham o olho por olho. Eles não vendiam membros e órgãos a preço de liquidação, como os júris tendem a fazer.

VINGANÇA

Suspeito que isso soe meio estranho. Na imaginação popular, os júris norte-americanos estão fora de controle: eles concedem compensações altas — e não baixas — demais. Mas não vejo as coisas dessa maneira. Os tribunais rotineiramente estabelecem a reparação bem abaixo do que qualquer um aceitaria para suportar um ferimento, se consultado antecipadamente. Às vezes, pergunto a meus alunos o que eles pediriam para receber os mesmos ferimentos de Kay Kenton. A maioria diz que não faria isso por preço algum. Alguns dizem que centenas de milhões de dólares poderiam atraí-los; eles estariam dispostos a se sacrificar por suas famílias. Mas nunca tive um único aluno que aceitaria sofrer o que ela sofreu pelos US$4 milhões que ela recebeu.

Gostamos de pensar que somos superiores àqueles que tinham a vingança como parte rotineira da vida. Imaginamos que a vida era "barata, suja e brutal entre almas tão violentas". Mas isso é um erro, diz Miller. A vida custava caro nas comunidades comprometidas com a lei de talião. Pegue o do outro e pague com o seu. Somos nós que damos pouco valor à vida e à integridade corporal.*

Isso dito, eu não gostaria de viver pela lei de talião. Grande parte da vida moderna é possível porque deixamos os júris venderem corpos a preços de liquidação. Como diz Miller, não dirigiríamos carros se "toda fatalidade nas estradas desse aos familiares da vítima o direito de matar". E não é somente dos carros que teríamos de desistir, mas de todo o maquinário da vida moderna: aviões, trens, caminhões, ferramentas elétricas, praticamente qualquer coisa com um motor. Tudo isso foi tornado possível por nossa disposição de abandonar o olho por olho e aceitar compensações menores.

---

* Ao menos nos tribunais, onde a questão é como responder ao delito. Como indica Miller, gastamos muito dinheiro com assistência médica, principalmente no fim da vida. Mas isso fala "menos de nossa virtude que de nosso vício, menos de nosso compromisso com a dignidade humana que com a ausência dela. Temos tanto medo da morte e da dor que levamos a geração de nossos netos à falência para acrescentar mais anos inúteis ao fim de nossos dias". Acho que Miller está errado quanto ao dinheiro: nossos netos não irão à falência por causa do plano de saúde. Mas devemos nos perguntar o que a justaposição que ele observa diz sobre nossos valores.

Mas a conveniência da vida moderna não é, nem de longe, o único motivo para rejeitarmos a cultura da vingança. Mais cedo, sugeri que Caden poderia comprar de volta de Hank o seu olho. Mas ele precisaria de dinheiro para isso. Se não tivesse, teria de desistir do olho. Ou deixar que Hank ficasse com outra coisa valiosa — provavelmente seu trabalho, como escravizado por dívida, até que pagasse o custo do olho. Assim, o olho por olho não era realmente uma receita para a igualdade.

E a escravidão não era a única característica repugnante das sociedades que aderiam ao olho por olho. A própria ideia de honra era outra. Lembra quando eu disse que Guðmundur cobrou pela mão de Skæring mais ou menos o que as pessoas esperavam pagar por matar alguém como Skæring? O valor das pessoas — e seus membros — variava com sua honra. Algumas pessoas (mulheres, servos, escravizados) não importavam, ou só contavam porque pertenciam a alguém relevante. E todo mundo respeitável competia constantemente para aumentar sua honra ou evitar que ela fosse capturada por outrem.

Isso soa exaustivo. Devemos ser gratos por viver em uma sociedade na qual o valor de uma pessoa é medido por algo realmente meritório, como o número de curtidas de seu último post no Facebook.

Não, espere. Eu quis dizer que devemos ser gratos por viver em uma sociedade que valoriza todo mundo igualmente.

Merda. Ainda não é isso. Devemos ser gratos por viver em uma sociedade que *diz* que valoriza todo mundo igualmente.

E estou falando sério. Estamos muito longe desse ideal. Mas, ao menos, esse *é* nosso ideal. E isso, por si só, é uma conquista moral, já que poucas sociedades partilharam dessa ambição. É lógico que seria muitíssimo melhor se realmente conseguíssemos construir uma sociedade que valorizasse todo mundo da mesma forma.

A questão aqui é que rejeitamos a cultura da vingança, mas, mesmo assim, reconhecemos que o olho por olho foi, em sua época, uma maneira genial de fazer justiça.

VINGANÇA

MAS CRIANÇAS MAIS NOVAS nada sabem sobre essa genialidade e, mesmo assim, buscam justiça. Por quê? Hank não explicou muito bem seus motivos. Quando pressionado, ele repetidamente se referiu a um fato já mencionado — que Caden o chamara de *floofer doofer* —, como se isso fosse uma boa explicação.

Não é. Mas não é difícil saber por que Hank quis se vingar. Ele estava se defendendo. Mas o que isso significa? E por que ele precisava fazer isso?

Pelos motivos que já vimos, é do interesse de Hank assegurar-se de que as outras crianças não o considerem um alvo fácil, ou seja, desenvolver a reputação de ser alguém que se vinga. Hank não seria capaz de articular essa estratégia, é óbvio. Mas pode ter sentido isso. Aliás, se somos programados para buscar vingança, esse provavelmente é o motivo.

Mas acho que há mais que isso. Acredito que Hank pensou em algo mais que somente sua segurança futura. Aqui, podemos pedir ajuda à filósofa que modelou meu modo de pensar sobre esses temas e foi consultora da série de streaming *The Good Place* (inclusive, fez uma participação no último episódio): Pamela Hieronymi. Ela é uma observadora perspicaz de nossa vida moral e está interessada na maneira como respondemos às transgressões — em particular, nas mensagens que a transgressão envia e nas razões que temos para responder a elas.

Suponha que Caden empurre Hank. Hank pode se machucar. Ou não. Mas o empurrão é incômodo, porque envia uma mensagem. Ele diz que Hank é o tipo de criança que Caden pode empurrar.

Hank tem motivos para resistir a essa mensagem. Hieronymi diz que o *autorrespeito* dele está em jogo. Meu filho não quer ser o tipo de criança que pode ser empurrada. E, além de tudo isso, seu *status social* está em jogo. Hank não quer que os outros o vejam como alguém que pode ser tratado dessa maneira.

Para defender seu status social — e restaurar seu autorrespeito —, Hank tem de responder de alguma forma ao empurrão. Se ele deixar para lá — e ninguém fizer nada —, corre o risco de as pessoas concluírem que Caden pode empurrá-lo. Ele mesmo pode chegar a essa conclusão. Frequentemente, as pessoas se acostumam ao abuso e começam a vê-lo como algo com o qual precisam viver — ou, pior ainda, algo que merecem.

Como Hank deveria responder? Hieronymi sugere que ele deveria sentir raiva e ressentimento. Essas emoções não são atraentes, e muitas pessoas as rejeitam por reflexo. Mas Hieronymi pertence a uma antiga tradição filosófica que vê o ressentimento como uma questão de autorrespeito. O ressentimento é um protesto contra a mensagem implícita na transgressão. Se Hank se ressente contra Caden, ele insiste, mesmo que para si, que não é certo ser empurrado.

Mas o ressentimento é somente o primeiro passo. O segundo é tornar o protesto público. É isso que você faz quando se defende. E Hank poderia ter feito isso de várias maneiras. Para começar, poderia simplesmente ter dito a Caden: *Você não pode me empurrar*. Mas só dizer isso talvez não fosse suficiente. Se Caden não sofresse consequências por empurrar Hank, ele poderia ter continuado a pensar que podia fazer isso, independentemente do que Hank tivesse a dizer. E as outras crianças teriam, talvez, a mesma impressão.

Então Hank tem um motivo para fazer com que Caden sofra consequências. Como? Ele empurra Caden. Essa é uma maneira de dizer *Você não pode me empurrar*. Mais que isso, é uma maneira de dizer *Eu sou seu igual. Se você pode me empurrar, eu posso empurrar você.*

Caden não empurrou Hank. Ele o chamou de *floofer doofer*. Mas isso só significa que a mensagem foi ainda mais explícita.

Caden nomeou o baixo status que Hank tinha a seus olhos. Hank era um *floofer doofer*. Ou, ao menos, um garoto que podia ser chamado assim. E ele comunicou isso a Hank e a todas as crianças que ouviram o insulto.

Não sei o que Hank fez em resposta. Não pode ter sido algo muito ruim, porque não fomos chamados pela professora. Acho que ele devolveu o insulto, dizendo que Caden é que era o *floofer doofer* ou algo ridículo assim. Mas o que quer que Hank tenha feito, ele estava se defendendo — dizendo a Caden e a todas as outras crianças que o ouviram: *Eu não sou o tipo de garoto que pode ser chamado de* floofer doofer.

SUPONHA QUE VOCÊ ESTIVESSE assistindo à briga da primeira fila. Você chamaria Hank e diria que dois erros não fazem um acerto? Eu não faria isso. De fato, eu me sentiria em paz ao saber que ele vai se sair bem no mundo.

Lá no começo, eu disse que o segundo erro pode acertar as coisas, e acredito nisso. Os dois erros não têm o mesmo significado simbólico. Ao chamar Hank de *floofer doofer*, Caden esperava demonstrar que era superior. Ao retornar o insulto, Hank queria deixar evidente que era igual a Caden.

Se tenho alguma ressalva sobre o slogan *o segundo erro pode acertar as coisas* é o fato de que não se trata de um erro, desde que você não o leve longe demais. A qualidade moral de um ato é parcialmente função do que ele comunica. Há um mundo de diferença entre se defender e insultar alguém, mesmo que você use as mesmas palavras.

— VOCÊS JÁ SE vingaram? — perguntei recentemente aos garotos. (Hank não se lembra do caso *Floofer Doofer*.)

— Sim — respondeu Rex. — Quando Hank bate na minha bunda, eu bato na bunda dele.

— Eu também — disse Hank, orgulhosíssimo. — Quando Rex bate na minha bunda, eu bato na bunda dele.

— E isso é certo? — perguntei.

— Sim, somos irmãos, podemos bater na bunda um do outro — respondeu Hank, sem entender do que eu estava falando.

— Vocês já se vingaram de alguém na escola?

— Não — respondeu Rex. — Dois erros não fazem um acerto.

— Por que você diz isso?

— Se alguém faz algo errado e então você faz algo errado em resposta, você é tão ruim quanto ele — disse Rex.

— Você tem certeza?

— Sim.

— Bem, e se a primeira pessoa estivesse sendo malvada e a segunda pessoa se defendesse?

— Ah, entendi — respondeu Rex. — Acho que daí não é tão ruim. Mas não é bom.

— Por quê?

— Bem, sempre dá para tentar outra coisa.

Há verdade nisso. Você não precisa agredir para se defender. Você pode *usar palavras*, como dizemos às crianças bem pequenas. E também pedir que outros o defendam. A professora Kelly, por exemplo, poderia ter deixado explícito que Caden não devia chamar Hank de *floofer doofer*. E provavelmente faria isso, se Hank tivesse pedido sua ajuda.

Mas não partilho do otimismo de Rex sobre sempre haver outra maneira de responder. Hank provavelmente poderia contar com Kelly para corrigir Caden. Mas os professores nem sempre podem resgatá-lo. E, às vezes, você parece fraco quando pede ajuda. Se você depende de Kelly para sua proteção, o que fará quando ela não estiver por perto? Não quero que meu filho machuque outras crianças. Mas quero que ele seja capaz de se defender, ao menos quando se tratar dos insultos cotidianos.

Também quero que meu filho defenda os outros. O ressentimento e a vingança são maneiras de as vítimas resistirem às mensagens implícitas nas transgressões. Mas os observadores podem desempenhar um papel ao também rejeitarem essas mensagens. Quando fazem isso, elas poupam as vítimas desse trabalho e asseguram que nem todo mundo as vê da mesma maneira que os transgressores. Certa noite, quando Hank estava no jardim de infância, ele nos contou que já não brincava com alguns de seus amiguinhos, porque eles maltratavam um menino no playground. Ele não queria fazer parte daquilo. E queria saber como podia fazer com que eles parassem. Ficamos felizes, porque ele estava fazendo tudo que podia para defender seu amigo e sabia quando pedir ajuda.

ADULTOS TAMBÉM PRECISAM DE ajuda para responder às transgressões. Eles não podem pedir ajuda a seus pais e professores, como fazem as crianças. Mas podem se voltar para os tribunais. Anteriormente, eu disse que os tribunais tentam fazer justiça corretiva em resposta às transgressões. Eles não têm muito sucesso, ao menos não no sentido aristotélico. O hotel tirou muito de Kay Kenton: sua habilidade de trabalhar, de ser independente, de viver sem dor e muito mais. O dinheiro que ela recebeu pode tê-la ajudado a lidar com isso. Mas não devolveu tudo o que ela perdeu. E a vingança tampouco teria feito isso. Ferir um executivo do hotel não faria sumir os ferimentos dela.

Mas há outra maneira de pensar sobre a justiça corretiva. Muito frequentemente, não podemos reparar os danos. Mas podemos corrigir as mensagens que a transgressão enviou. Quando foi ao tribunal, Kay pediu que sua comunidade rejeitasse a mensagem implícita na má conduta do hotel. A seu pedido, o tribunal deixou explícito que o hotel tinha o dever de cuidar da segurança dela e de todos os outros hóspedes, evidenciando que a falha do hotel em cuidar de Kay importava — e não seria tolerada.

Acho que é isso que muitas pessoas querem quando vão aos tribunais: vindicação, tanto quanto compensação. Elas querem que o tribunal afirme que elas foram prejudicadas e que têm o direito de não serem tratadas como foram. E esperam que o tribunal deixe nítido que o fato de terem sido maltratadas importa.

Quando defendo esse argumento junto a meus alunos, eu falo a eles sobre Taylor Swift. Em 2013, um radialista chamado David Mueller apalpou a bunda dela enquanto eles posavam para uma foto. Ela reclamou, e ele perdeu o emprego. Ele a processou por difamação, dizendo que jamais a apalpara. Swift respondeu processando-o por lesão corporal. Ela pediu um único dólar como compensação, e ganhou.

Qual é a questão aqui? Taylor não precisava daquele dólar. Mas o dinheiro não era o ponto-chave da ação. Ela a iniciou para deixar explícito que seu corpo não era propriedade pública, disponível para qualquer homem que quisesse tocá-lo. Em outras palavras, ela pediu que o tribunal rejeitasse a mensagem que o radialista mandara ao apalpar sua bunda. O veredito disse a Mueller — e a todos os outros homens — que ninguém tem direito ao corpo de Swift além dela mesma. E, como o tribunal aplicou os princípios gerais da lei de lesão corporal, enviou uma mensagem em relação à bunda de todo mundo: tire a mão daí.

O litígio tem má fama. Mas os tribunais nos dão uma chance de pedir à comunidade que rejeite as mensagens enviadas pela transgressão. *Isso* é justiça corretiva. E ela é a melhor substituta para a vingança.

●━━━●

EU SERIA NEGLIGENTE SE não mencionasse a outra propaganda parental do chart de Moralidade Pop da revista *Billboard*: "Paus e pedras podem quebrar meus ossos, mas palavras não irão me ferir."

Minha mãe adorava essa frase. Sempre que uma criança dizia algo malvado para mim, ela a repetia — e tentava me persuadir a adotá-la. Mas já naquela época eu sabia que isso não era verdade. Algumas palavras machucam. Muito mais que ossos quebrados.

Não ensinarei "Sticks and Stones" [pedras e paus, em tradução livre.] a meus filhos, porque quero que eles se sintam à vontade para admitir que palavras machucam. Mas acho que há algo a aprender com o ditado. No melhor dos casos, trata-se de um blefe sutil. As palavras podem machucar, mas, às vezes, é melhor agir como se não tivessem esse poder.

Um garoto que o chama de *floofer doofer* espera obter uma reação. Então é melhor não reagir, mesmo que você tenha se sentido incomodado com o que ele disse. E é ainda melhor se você comunicar que não há nada que ele possa dizer que o faça se sentir insultado. Essa é uma maneira de virar a mesa. Ignorar o garoto sinaliza que ele é tão insignificante que você não se importa com o que ele diz. É difícil fazer isso. Mas, se você conseguir, essa é a melhor maneira de fazê-lo parar.

Ensinei isso a Hank certa noite, quando conversávamos sobre um garoto que o ofendera. Eu disse que podia ensinar a ele a frase mais poderosa que ele poderia dizer.

VINGANÇA

— Você está pronto? — perguntei.

— Sim.

— Tem certeza? A frase é realmente poderosa.

— Estou pronto — insistiu ele.

— Quando alguém disser algo ofensivo, você pode dizer: "Eu não ligo para o que você pensa."

— O papai não liga para o que eu penso — gritou Hank, tentando atrair a atenção da mãe.

— Não, seu bobão. Eu ligo para o que você pensa. É isso que você pode dizer quando alguém quiser ofendê-lo. Quer praticar?

— Sim.

— Você é tão baixinho que até as formigas te olham de cima.

Ele riu. E então disse:

— Eu não me importo com o que você pensa.

— Essas são suas sobrancelhas ou tem um par de taturanas no seu rosto?

Mais risadas.

— Eu não me importo com o que você pensa.

— Você escovou os dentes? Pelo seu bafo parece que sua boca soltou um pum.

Risos desvairados. Então:

— Eu não me importo com o que você pensa.

Continuamos por algum tempo, até eu ficar sem insultos adequados para crianças. Então terminamos o exercício e eu disse o que sempre digo antes de irmos dormir:

— Boa noite, Hank. Eu amo você.

— Eu não me importo com o que você pensa.

Mas que *floofer doofer*!

3

PUNIÇÃO

AIEEEEEEEE!

— Fique quieto, Rex. Está na hora de comer.

— AIEEEEEEEEEEEEEEEEEE!

Rex acabara de fazer 2 anos e estava descobrindo sua voz. Ou melhor, descobrindo quão alta ela podia soar. E ele não parava.

Finalmente, Julie perdeu a paciência.

— Você precisa de um tempinho — disse ela, tirando Rex da cadeira de alimentação e o levando no colo até a sala. Aquele foi o primeiro castigo dele. Mas não havia chance de ele ficar lá sozinho, então Julie se sentou com ele no colo.

— Vamos dar um tempinho porque você está fazendo barulho demais — disse ela.

— Pur que dando um tempinho? — balbuciou Rex.

— Estamos dando um tempinho porque você está fazendo barulho demais — repetiu Julie.

— Tamos dando um tempinho! — disse Rex, com entusiasmo demais para uma criança que deveria estar sofrendo.

Um castigo, costuma dizer minha esposa (ela é assistente social) deve durar mais ou menos a idade da criança. Assim, dois minutos depois, estava de volta à mesa com Rex.

— Quero tempinho — disse Rex quando ela o prendeu novamente à cadeira de alimentação.

— Está na hora de comer, Rex.

— Quero mais tempinho!

— Não, Rex, está na hora de comer.
— AIEEEEEEEEEEEEEEEEEEEEEEEEEEE!

Aquela abordagem não deu certo, e não é difícil descobrir por quê. A punição deve ser desagradável. Mas Rex achou seu castigo engraçado; era uma quebra de rotina, e ele certamente não se importava de ficar sentado no colo da mãe. Se quiséssemos realmente puni-lo, teríamos de ser mais severos.

Mas espere um minuto. Por que seríamos severos com uma criança? Ou melhor ainda: por que seríamos severos com *qualquer um*? Qual é a justificativa para a punição?

A resposta padrão é *retribuição*. Essa é a ideia que encontramos no último capítulo: a de que algumas pessoas merecem sofrer, por causa das transgressões que cometeram. Por quê? É difícil dizer, e alguns retributivistas se recusam a fazê-lo. A eles, parece óbvio que os moralmente iníquos devem sofrer por seus pecados. Outros oferecem metáforas, como aquelas as quais fomos apresentados no último capítulo. Os transgressores têm um débito com a sociedade, dizem eles. Precisam pagar pelo que fizeram.

Como eu já disse, precisamos de mais do que uma metáfora para explicar por que infligimos sofrimento a qualquer pessoa, mesmo àquelas que agem de maneira errada. E certamente precisamos de mais do que a forte sensação de que devemos fazer isso. Precisamos saber o que alcançamos — que bem fazemos — se quisermos justificar o mal que nitidamente vem com a punição.

Mais tarde, tentarei redimir a ideia de retribuição ao explicar por que pode fazer sentido impingir sofrimento a algumas pessoas. Mas vamos deixar isso de lado por um momento, já que podemos ter certeza de que a retribuição *não* ajuda a explicar por que deveríamos ser severos com uma criança de 2 anos. Talvez aceitemos a ideia de que alguns adultos precisam sofrer. Mas é difícil imaginar que uma criança precise, principalmente uma tão nova quanto Rex.

PUNIÇÃO

Então o que estávamos tentando fazer com aquele castigo? Bem, queríamos desesperadamente que ele parasse de gritar. E se alimentasse. Mas, principalmente, queríamos que parasse de gritar para que nós pudéssemos almoçar. O objetivo imediato do castigo era simplesmente fazer com que ele calasse a boca, ao mostrar que não era de seu interesse gritar.

A resposta fácil para o que tentávamos fazer é *dissuasão*. Trata-se da mesma ideia que a vingança. As pessoas respondem a incentivos, inclusive crianças. Rex estava se divertindo com seus gritos. Para que ele parasse, precisávamos tornar os gritos *não tão divertidos*. Infelizmente para nós, Rex achou seu castigo mais divertido que o comportamento que o motivara, então passou a gritar ainda mais alto.

Aos 2 anos, a distração teria sido uma estratégia melhor que a dissuasão. E, se não funcionasse, ignorar os gritos provavelmente funcionaria melhor que a punição. Ao menos, essa foi a lição que aprendi com a adestradora de nossa cadelinha Bailey. Ela é uma minúscula mistura de golden retriever com poodle que também gosta de fazer barulho. E de pular nas pessoas. E de morder mãos (de leve). A adestradora nos ensinou um jogo chamado Cão Invisível. Não poderia ser mais fácil. Quando Bailey pula ou morde, nós a ignoramos completamente, agindo como se ela não estivesse presente. O jogo termina no segundo em que ela recua. Então a elogiamos muito e oferecemos petiscos. O objetivo é ensinar a ela que coisas boas acontecem quando ela não pula nem morde. Em outras palavras, nós a educamos com incentivos positivos, e não negativos.

E funciona. Inacreditavelmente bem. Se eu pudesse voltar no tempo, colocaria uma coleira em Rex e o levaria para a adestradora. Ela sabe o que está fazendo, muito mais que nós. E não está sozinha. Os adestradores são excelentes em extinguir comportamentos ruins e encorajar os bons. E, na maior parte do tempo, sem punir o animal. Pelo menos é o que fazem, se sabem o que estão fazendo.

Então por que punimos pessoas? Por que não as treinamos da mesma maneira que treinamos animais? Essa é uma boa pergunta. Em 2006, o *New York Times* publicou um artigo da escritora Amy Sutherland. Ela estava trabalhando em um livro sobre uma escola para adestradores. E, conforme os observava trabalhar, teve uma inspiração: ela podia treinar seu marido, Scott.

Ao menos na época, ele tinha muitos hábitos terríveis: deixava suas roupas no chão; perdia as chaves — pior ainda, ficava furioso quando isso acontecia. Essas são coisas que nunca fiz. Ao menos não nos últimos dois dias. Assim, não foi um problema para mim quando minha esposa leu o artigo de Sutherland.

Na verdade, foi um grande problema, e eu sabia que seria assim que vi o artigo. Joguei fora a cópia impressa. E decidi jamais mencionar o que lera. Infelizmente, não pude sumir com a internet e, inevitavelmente, Julie também leu o artigo de Sutherland. Eis o que ela descobriu. O artigo era intitulado "O que Shamu me ensinou sobre um casamento feliz". Nele, a autora explica que, antes de começar seu estudo, ela reclamava com o marido a respeito dos defeitos dele. Isso não funcionava. De fato, piorava as coisas. Os adestradores ensinaram a ela outro caminho.

"A principal lição que aprendi com os adestradores de animais exóticos", relatou Sutherland, "é que eu deveria recompensar o comportamento do qual gostava e ignorar aquele que me incomodava. Afinal, você não faz com que um leão-marinho balance uma bola na ponta do nariz reclamando com ele." No SeaWorld, uma adestradora de golfinhos contou a ela sobre a *síndrome do menor reforço*. Se um golfinho fazia algo errado, ela ignorava completamente. Ela sequer olhava para o animal, já que comportamentos que não geram resposta tendem a desaparecer. Sutherland também aprendeu sobre uma técnica chamada *aproximação*, que recompensa o menor passo na direção do comportamento que está sendo encorajado. E, depois dele, o próximo pequeno passo. E então o próximo. E assim por diante, até que o leão-marinho balance a bola na ponta do nariz.

Em casa, ela colocou suas novas habilidades em prática. Agradecia ao marido quando ele colocava as roupas sujas no cesto. E ignorava as que não chegavam até lá. As pilhas no chão começaram a diminuir. E, em pouco tempo, o leão-marinho que ela tinha em casa começou a equilibrar a bola no nariz.

Algum tempo depois, notei que Julie conduzia o mesmo experimento em casa. Subitamente, suas queixas sobre minhas roupas pararam. Eu recolhia algumas e ela agradecia com entusiasmo excessivo. A mesma cena se repetia na cozinha, sempre que eu colocava os pratos sujos na lava-louças, em vez de deixá-los na pia. Comecei a fazer pequenos testes e, de fato, o menor passo na direção certa gerava reforço positivo.

— Você está me adestrando? — perguntei.

— Merda — respondeu ela. — Você leu?

— Todo mundo leu. Foi um dos artigos mais compartilhados por e-mail de todos os tempos.

— Bem, funciona — disse ela, com um sorriso que rapidamente desapareceu quando percebeu que também poderia ter um problema.

— Você está me adestrando? — perguntou ela.

Não respondi. E continuo em silêncio.

Rimos sobre o fato de ambos terem tentado manter o artigo em segredo. Então negociamos um cessar-fogo. Concordamos em não adestrar um ao outro. Mas a verdade é que ela ainda faz isso. Eu a ignoro completamente. O que, pensando bem, é uma grande tática de adestramento. Se algum dia Julie parar com isso, darei um petisco a ela.

Essa situação o incomoda? Eu dando um petisco a Julie para induzir seu bom comportamento? Deveria. E o reverso também. É uma maneira errada de cônjuges se relacionarem. Aliás, é uma maneira errada de *pessoas* se relacionarem. E entender por que nos ajudará a encontrar uma maneira diferente de pensar na punição.

Peter Strawson foi professor de filosofia metafísica em Oxford. Ele escreveu um dos mais influentes artigos da filosofia do século XX, intitulado "Liberdade e ressentimento". Nele, Strawson descreve duas maneiras diferentes de olhar para as pessoas. Podemos vê-las como objetos, sujeitas às leis de causa e efeito — como coisas que podemos manipular ou controlar. Olhar para as pessoas dessa maneira é vê-las mais ou menos como encaramos nossos eletrodomésticos. Ajustamos o termostato para a temperatura que queremos. Alteramos as configurações do micro-ondas para que ele aqueça a comida sem queimá-la. Trocamos o filtro do aquecedor para que ele funcione do modo mais eficiente. Em tudo isso, ajustamos os *inputs* para afetar os *outputs*. E era exatamente isso que Sutherland estava fazendo com o marido.

Ver uma pessoa como objeto, disse Strawson, é considerá-la como algo "a ser administrado, manejado, solucionado ou treinado". Sutherland não escondia que via seu marido dessa maneira. Ao explicar seu experimento, ela disse que queria "empurrá-lo um pouquinho mais para perto da perfeição" e "transformá-lo em um parceiro que me irrite um pouquinho menos". Note os verbos: ela queria *empurrá-lo* em uma nova direção para *transformá-lo* em algo melhor do que era. Seu marido era, em todos os sentidos, o objeto de seu projeto — uma coisa a ser manipulada com suas recém-adquiridas habilidades.

Strawson chamou a atitude de Sutherland em relação ao marido de *objetiva* (já que o envolvia como objeto), opondo-a às atitudes que temos nos relacionamentos comuns, que chamou de *reativas*. Essas são atitudes como raiva, ressentimento e gratidão. Quando nos relacionamos com alguém — cônjuges, colegas, amigos ou qualquer ser humano —, temos expectativas em relação a como a outra pessoa deve se comportar. Mais fundamentalmente, esperamos que elas nos tratem com boa vontade. Quando vão além disso, ficamos gratos. Mas, quando ficam aquém — quando nos tratam mal —, sentimos raiva e ressentimento.

Strawson disse que as atitudes reativas são centrais para vermos uns aos outros como *pessoas*, e não objetos. As pessoas são responsáveis pelas coisas que fazem, de uma maneira que meros objetos não são. Eu não fico com raiva quando meu termostato quebra. Ou, se eu ficar, não tenho raiva *do* termostato. Posso ter raiva das pessoas que o fabricaram, da pessoa que o instalou ou de mim mesmo, por não ter comprado um termostato melhor. A raiva só faz sentido quando é dirigida a uma pessoa que é (ou ao menos deveria ser) responsável. Isso porque a raiva expressa um julgamento: a pessoa deveria ter agido melhor.

Sei o que você está pensando: às vezes, você fica com raiva de objetos. Eu também. Já xinguei meu computador por travar em mais de uma ocasião. Mas, quando temos raiva de um objeto, é porque o estamos antropomorfizando, tratando-o como se fosse uma pessoa, responsável pelo que faz, embora saibamos que não é.

Sutherland fez o oposto: ela passou a tratar uma pessoa como objeto. E, na verdade, isso faz mais sentido, porque pessoas *são* objetos, sujeitos à manipulação e ao controle. Mas não somos *somente* objetos. Também somos responsáveis pelo que fazemos. Ou, ao menos, podemos ser. E atitudes reativas, como a raiva, são uma das maneiras pelas quais responsabilizamos uns aos outros.

— O QUE É PUNIÇÃO? — perguntei aos meus filhos durante o jantar.

— É algo ruim — respondeu Hank. — Podemos não falar nisso enquanto comemos?

Hank não gosta de falar sobre nada desagradável — na verdade, sobre nada, ponto final — quando está comendo. Mas Rex respondeu:

— É algo ruim que alguém faz a você — disse ele. — Ou algo que você não quer fazer, mas eles te obrigam.

— Então, se eu disser que você precisa ter aulas de piano quando você está com vontade de brincar lá fora, eu o estou punindo? — perguntei.

— Não — respondeu Rex.

— Por que não?

— Porque eu não fiz nada errado.

— Então a punição é uma resposta a algo errado?

— Sim! — disse Rex. — É quando alguém faz algo ruim a você *porque* você fez algo ruim.

— Podemos NÃO falar disso enquanto eu estou comendo?!

HANK INTERROMPEU A CONVERSA prematuramente. Mas Rex forneceu uma boa definição da punição. De fato, antes de Joel Feinberg, era comum definir a punição da maneira como fez Rex: tratamento severo infligido por uma autoridade em resposta a uma transgressão. (Ou, como disse Rex, algo ruim feito a você porque você fez algo ruim.)

Feinberg ensinava filosofia na Universidade do Arizona. Um de seus alunos, Clark Wolf, foi meu primeiro professor de filosofia. Outro, Jules Coleman, foi meu orientador na faculdade de Direito. Assim, Feinberg é meio que meu avô, ao menos em termos acadêmicos. E ele também foi um dos grandes pensadores do direito criminal, autor de livros magistrais sobre seu escopo e propósitos adequados.

Feinberg viu um problema na definição geral de punição. E também podemos vê-lo, se pensarmos sobre as penalidades por interferência no passe do futebol americano. A penalidade por interferência — uma descida no lugar da falta — é severa. Às vezes, o resultado do jogo está indefinido. E a penalidade é imposta por uma autoridade (o juiz), por uma coisa errada (interferência de passe). Assim, o pênalti é punição se a definição de Rex estiver correta. Mas algo parece errado. Interferência de passe é motivo para um pênalti, sem dúvida. Mas não *punimos* os jogadores por isso.

Eis outro exemplo. Você se esquece de guardar o seu carro na garagem durante uma nevasca e ele é guinchado quando os limpa-neves tentam passar. Novamente, esse é um tratamento severo. Você terá de pegar carona até o depósito e pagar para tirar seu carro de lá. Mas, novamente, parece que você foi penalizado, mas não punido. De fato, se a multa é limitada ao custo de guinchar e guardar seu carro, não está evidente se você sequer sofreu uma penalidade; você só foi obrigado a pagar pelos custos que seu erro gerou.

O que está faltando na definição de Rex, de acordo com Feinberg, é o significado simbólico da punição. A punição expressa atitudes reativas, como ressentimento e indignação. Quando o Estado rotula alguém de criminoso e o manda para a prisão, está condenando o que ele fez. "Não somente o criminoso sente a franca hostilidade de seus guardas e do mundo externo", explicou Feinberg, "como essa hostilidade é santimonial", já que parece ser a resposta adequada à transgressão.

Se a punição for o que Feinberg diz ser — uma maneira de expressar atitudes reativas —, duas coisas se seguem. A primeira é que Julie não puniu Rex quando o deixou de castigo. Ela estava somente tentando fazer com que ele parasse de gritar — não pretendia condenar o que ele fez. Da perspectiva de Feinberg, Julie penalizou Rex (e não muito bem). Então talvez nossa metáfora esportiva estivesse errada. Não devemos fazer com que nossos filhos passem um tempinho no banco de reservas; devemos colocá-los na cabine de pênalti.

A segunda, e mais séria, é que o fato de a punição expressar atitudes reativas restringe quem podemos punir adequadamente. Atitudes reativas, como já vimos, são maneiras de responsabilizar as pessoas pelo que fazem. Assim, só devemos punir aqueles que *são* responsáveis pelo que fazem. É por isso que o direito criminal está repleto de doutrinas que visam a determinar se o réu realmente é responsável pelo que fez. Não punimos pessoas com problemas psicológicos ou incompetentes (ao menos não oficialmente).* Não punimos pessoas coagidas a cometerem um crime. Só punimos pessoas que sabiam estar agindo errado e escolheram fazer isso.

Por que as pessoas são responsáveis pelo que fazem? Essa é uma pergunta difícil, e não posso elaborar uma resposta complexa aqui. Mas é possível dar uma resposta rápida. As pessoas são capazes de reconhecer e responder a motivos, de uma maneira que meros objetos — e mesmo animais sofisticados — não são. Nossa adestradora gosta de dizer que Bailey fará o que for necessário para conseguir o

---

* Os parênteses aqui são para enfatizar que nossas práticas criminais reais não são bem--sucedidas nesse quesito. Há na prisão muitas pessoas com doenças psicológicas cuja responsabilidade moral deveria ser questionada.

que quer. Se morder der a atenção que ela procura, ela continuará mordendo. Se não conseguir, ela tentará outra coisa. É lógico que ela consegue restringir seus impulsos, ao menos por algum tempo. Ela aprendeu a se sentar e esperar pelo petisco. Mas só os restringe quando acha que é de seu interesse.

Como as pessoas são diferentes disso? Bem, sempre há aquelas que suspeitamos não serem. Todos conhecemos alguém que tem dificuldade para levar em consideração qualquer outra coisa que não seus impulsos imediatos. Mas as pessoas podem levar os motivos em consideração. O que são motivos? Essa é outra pergunta complicada, para a qual só posso dar uma resposta rápida. Mas, grosso modo, o motivo significa *deveria*, e não *gostaria*. *Você estar com fome* é um motivo para que eu o alimente, mesmo que eu deseje que você morra de fome. *Você sentir dor* é um motivo para que eu pare de pisar em seu pé, mesmo eu que queira permanecer nessa posição. *Eu ter prometido* é um motivo para fazer o que eu disse que faria, mesmo tendo mudado de ideia.*

Alguns negam que exista diferença aqui. David Hume, o principal filósofo do Iluminismo escocês, disse que "a razão é, e deveria somente ser, escrava das paixões, e jamais pode pretender qualquer outra função que não a de servir e obedecer a elas". A ideia é que somos todos mais parecidos com Bailey do que queremos admitir. Sim, posso parar de pisar no seu pé, mesmo que queira ficar nessa posição. Mas só farei isso, acreditava Hume, a serviço de outro desejo — como o desejo de não levar um soco na cara. A razão, de acordo com Hume, nos ajuda a descobrir como satisfazer nossos desejos. Ela não compete com eles.

Hume tem seus fãs, mas não sou um deles. Acho que a razão e o desejo operam de modo independente. Nossos desejos nem sempre geram motivos. (O fato de Hitler querer exterminar os judeus *não era* motivo para fazer isso.) E nossos motivos não são sempre — ou mes-

---

* Dizer que essas coisas são motivos não significa dizer que são motivos *conclusivos*. O fato de Hank estar com fome é um motivo para eu alimentá-lo, mas, como ele descobre frequentemente, motivos rivais podem vencer. Por exemplo, se o jantar estiver próximo, faremos com que ele espere, já que queremos comer juntos sempre que possível.

mo tipicamente — baseados em desejos. (Devo pagar minhas dívidas, mesmo que não queira fazer isso — e não somente porque sofrerei se não fizer.) Aliás, eu iria ainda mais longe: acho que nossa humanidade jaz parcialmente em nossa capacidade de distinguir o que devemos do que queremos fazer.

Não é possível argumentar com Bailey. A única maneira de modelar o comportamento dela é ajustar os incentivos. Mas podemos argumentar uns com os outros. Quando fica com raiva de alguém, você está dizendo que ele deveria ter se comportado melhor. Ele não achará isso agradável. Mas, ao menos, você o está tratando como uma pessoa, responsável pelo que faz, e não como um objeto ou um animal.

E AGORA PODEMOS PERCEBER o que é tão preocupante no experimento de Amy Sutherland. Quando decidiu adestrar o marido, ela parou de vê-lo como pessoa e começou a encará-lo como objeto que ela tinha o direito de manipular e controlar. (Espero que você esteja ouvindo aqui os ecos da ideia kantiana que encontramos no Capítulo 1: devemos tratar as pessoas *como pessoas*, não como objetos.) Ela parou de *argumentar* com ele e começou a *modelá-lo*. Ou, ao menos, fez isso na medida em que tentou adestrá-lo. Estou certo de que, de outras maneiras e em outros momentos, Sutherland via o marido como pessoa. E não quero ser severo demais com ela. Mais tarde, sugerirei que, às vezes, devemos assumir uma atitude objetiva em relação às pessoas, mesmo com aquelas que amamos. Ainda assim, insisto: você não deve adestrar seu cônjuge.

E QUANTO A SEUS FILHOS? Devemos fazer isso com eles? Pode apostar que sim. O dia inteiro, todos os dias. Ao menos enquanto são mais novos. Porque crianças pequenas *não são pessoas*. Ao menos não no sentido relevante. Você não pode argumentar com uma criança de 2

anos sobre direitos e transgressões. Às vezes, você diz palavras e ela as repete. E realmente parece que você está argumentando com ela. Mas garanto: não está. Porque ela não consegue compreender a diferença entre o que ela quer e o que ela deveria fazer.

Não sei dizer quantas de minhas conversas com crianças pequenas seguiram mais ou menos o seguinte roteiro:

— Por que você [pegou isso / bateu no seu amiguinho / tirou as calças em público]?

— Porque eu queria.

— Sim, mas por que você queria?

— Eu só queria.

— Eu sei, mas *por quê*? O que você esperava conseguir?

— Eu só queria.

— Quantas vezes preciso repetir? Desejos não são razões para a ação.

— Ok, boomer.* Eu li Hume.

— O quê? Nunca fui boomer. Sou da geração X.

— A razão é escrava da minha paixão, xoomer.

Estou brincando. Mais ou menos. Mas há um argumento sério aqui: crianças mais novas não são responsáveis pelo que fazem. Não sabem distinguir o certo do errado. E, mesmo quando sabem, nem sempre são capazes de regular seu comportamento. Elas não possuem as capacidades relevantes. E isso não é culpa delas. É quem elas são.

O resultado é que você não pode ficar com raiva de uma criança pequena. É lógico que você fica com raiva mesmo assim. Fiquei zangado com Rex praticamente desde o dia em que ele chegou do hospital. No começo, ele mal dormia. E Julie teve um parto difícil, então cuidei de tudo, com exceção da amamentação, durante várias noites. Enquanto ele chorava em meu colo por horas a fio, passei por muitas emoções, incluindo raiva *dele*. Mas ela não durava, porque não era culpa dele. Não podia ser. Rex não era o tipo de criatura da qual se pode ter raiva, já que ele não era responsável pelo que estava fazendo.

---

* *Boomer* é uma expressão utilizada para se referir às pessoas da geração de 1945-
-1965. [*N. do E.*]

É preciso adotar uma atitude objetiva em relação às crianças mais novas. E elas são novas, no sentido relevante, por mais tempo do que se possa imaginar, até ao menos os 4 ou 5 anos. Sendo sincero, é por volta dos 6 ou 7 anos que começam a se tornar pessoas de verdade. Antes disso, são animais. Animais inacreditavelmente fofos. Que se parecem — meio que soam — como pessoas. Mas definitivamente não são pessoas. Crianças pequenas são coisas "a serem administradas, manejadas, solucionadas ou treinadas".

E FAÇA ISSO DIREITO, por favor. Quando Hank era pequeno, eu o levava para brincar no Gym America. Ele adorava uma passarela que levava a uma piscina de bolinhas. Hank corria a toda velocidade pela passarela, parava de supetão e, então, pulava cuidadosamente na piscina. (As crianças Hershovitz são cautelosas.) Ele não era o único a adorar aquela passarela, então era um caos para organizar algo que parecesse uma fila. Mas as regras eram estritas: você só podia sair correndo depois que a criança antes de você tivesse saído da piscina.

Certa vez, eu estava inclinado na borda da piscina, ajudando as crianças a sair. Na lateral, havia um garotinho (de 3 ou 4 anos) que não queria ficar na fila. Ele se jogava continuamente na piscina. Por um triz não atingiu os coleguinhas que pulavam ao mesmo tempo. Mas, mais de uma vez, aterrissou sobre uma criança enquanto esta saía da piscina. Olhei para a mãe dele em busca de ajuda, mas ela só deu de ombros:

— Esse é o jeito dele. Ele é selvagem.

Sim, ele é. E seu trabalho, como eu definitivamente não disse a ela, é fazer com que ele não seja assim; que seja melhor.

Com adultos, às vezes dizemos que a *reabilitação* é um dos propósitos da punição. Quando se trata de crianças, o *re-* está fora de questão. Aquele garoto precisava ser habilitado — tornado adequado para a vida entre nós — pela primeira vez.

O que a mãe dele deveria ter feito? Bem, para começar, deveria ter impedido o filho de pular. A *incapacitação* é outro objetivo da punição. Uma das vantagens de prender um incendiário é que ele não vai poder queimar nada enquanto estiver na prisão. Se aquele garotinho fosse meu filho, eu o teria agarrado pela camiseta e o segurado, a fim de que ele não machucasse outras crianças. Então eu me abaixaria, olharia em seus olhos e... o antropomorfizaria.

Estou falando sério. Acabei de dizer que crianças pequenas não são pessoas. Mas você tem de tratá-las como se fossem. Você precisa fornecer razões às crianças, mesmo que elas tenham dificuldade para segui--las. Você precisa explicar: "Você não pode pular na piscina *porque vai machucar alguém*." E também mostrar uma atitude reativa. A raiva não é a atitude certa, já que o garoto não o ofendeu. Em vez disso, você precisa dizer a ele que está desapontado e triste com o que ele fez. Se, depois de tudo isso, ele continuar a se jogar na piscina, está na hora da cabine de pênalti. Ou talvez o fim prematuro da visita ao parquinho.

Quando se trata de punição, a tarefa primária dos pais é criar uma criança com a qual o restante de nós possa se ressentir. Eu fiquei irritado com aquele garoto e temi que ele pudesse machucar alguém. Mas não fiquei com raiva dele. O que ele estava fazendo não era culpa dele, pois ainda não era o tipo de criatura da qual se espera que reconheça razões e aja de acordo com elas. A tarefa dos pais dele era torná--lo esse tipo de criatura. Para fazer isso, eles precisavam introduzi-lo às razões e às atitudes reativas.

TENDO DITO TUDO ISSO, uma nota de cautela: as crianças precisam experimentar atitudes reativas, mas é fácil exagerar. Se estiver com raiva — com muita raiva —, quem precisa de um tempinho é você.

Julie e eu dispensamos um ao outro regularmente. Ela me ouve gritar, sente que estou com muita raiva e me dispensa: "Eu cuido disso. Faça uma pausa." Então conversa calmamente com a criança a respeito do que ela está fazendo errado. Eu faço o mesmo por ela, mas com muito menos frequência. Há vantagens em ser parceiro de uma assistente social.

Mas, mesmo no estado de espírito certo, é preciso ter cuidado com o que diz. Você não quer que as crianças sintam vergonha, que pensem que são pessoas ruins. O conselho padrão é conversar com elas sobre suas ações, não seu caráter. Mas isso não é totalmente verdade. Quando uma criança faz algo bom, você deve elogiar suas ações como reflexo de seu caráter: "Uau, foi tão bacana você dividir aquele brinquedo. Você é uma pessoa realmente gentil que quer incluir todo mundo." Quando uma criança faz algo ruim, você deve criticar a ação como inconsistente com seu caráter: "Pegar aquele brinquedo não foi bacana. E isso me deixa triste, porque você é uma pessoa gentil que gosta de dividir." O ponto é ajudar a criança a construir um senso positivo de *self*. Você quer que ela veja o bom comportamento como algo inerente a quem ela é e o mau comportamento como uma aberração que pode ser corrigida.

A combinação entre a experiência de Julie como assistente social e pura sorte nos ajudou a seguir essas estratégias quando nossos filhos eram pequenos. Mas, como descobri depois, há muita pesquisa que as sustentam. Se você elogia os traços positivos de caráter e trata as crianças como se fossem responsáveis, há uma boa chance de que termine com crianças responsáveis. Você não tem total controle sobre o temperamento de seus filhos. Mas, em certa extensão, pode modelar quem eles são. É por isso que vale a pena adestrá-los.

NÃO EXISTE UM MOMENTO mágico no qual a criancinha se torna um adulto responsável. Isso acontece lentamente, conforme ela adquire novas capacidades cognitivas. No início — pense em Rex em sua primeira noite em casa —, você vê seus filhos através de uma lente puramente objetiva. Mas, conforme eles crescem, você começa a se identificar com eles como pessoas, e se vê sentindo raiva, ressentimento e gratidão pela maneira como agem. Um dia, você está fingindo sentir essas emoções; fingindo estar zangado mesmo enquanto se esforça para conter o riso. No dia seguinte, você está realmente zangado, já que acha que a criança poderia ter agido melhor. E então volta ao início, porque o desenvolvimento infantil é um caminho cheio de voltas.

Rex deu um passo à frente quando Hank aprendeu a andar. Ele tinha 4 anos e costumava correr pela casa como se não houvesse amanhã. Isso não foi problema enquanto Hank permaneceu imóvel, já que era fácil evitá-lo. Mas, quando Hank passou a se mover por conta própria, Rex começou a derrubá-lo, quase sempre por acidente. Ele colidia com Hank. Hank chorava. E Rex imediatamente iniciava sua defesa legal.

— Foi sem querer! — dizia ele se um de nós visse o ocorrido.

Ele achava que isso o inocentava inteiramente. Mas logo aprendeu que era somente uma defesa contra a pior acusação que poderia enfrentar: lesão corporal. Assim, eu o apresentei à ideia de negligência. Expliquei que ele tinha de ser cuidadoso quando estivesse perto de Hank. E repassei a ele o que aprendi com uma colega na faculdade de Direito, Margo Schlanger:

— Estou feliz porque você fez sem querer. Mas você precisa querer *não* fazer isso.

Essa é uma lição que Rex absorveu rapidamente. Ele ainda trombava com Hank. E Hank ainda chorava. Mas Rex tinha uma nova teoria:

— Eu estava tentando ser cuidadoso!

Assim, dei a ele mais algumas aulas sobre negligência. As leis sobre danos não se importam se você estava tentando ser cuidadoso. Elas só se importam se você *foi* cuidadoso. As leis estão interessadas em sua conduta, não em seu estado mental. Há muitas razões para isso, incluindo o fato de ser fácil fingir que você estava tentando ser cuidadoso quando não estava, como frequentemente era o caso de Rex.

— Estou feliz por você estar tentando — dizia eu. — Mas tentar não é suficiente. Você precisa *ser* cuidadoso.

Então eu o colocava de castigo.

Foram as primeiras punições severas de Rex — para nós e para ele. Foram severas para nós porque o estávamos punindo de verdade, em vez de fingir. Queríamos condenar o que ele fizera e mostrar que devia se comportar melhor. Mas havia mais que isso. Sentíamos que era nosso dever proteger Hank e deixar evidente que Rex tinha de tomar cuidado com ele.

E também foram severas para Rex, já que ele sentia que estávamos realmente zangados. Ele viu que esperávamos que ele agisse melhor, e passou a se sentir terrível a respeito. Às vezes, ele se jogava no chão, incapaz de suportar o peso da culpa.

Ao vindicar o direito de Hank ao cuidado de Rex, estávamos fazendo um pouco de justiça corretiva. Rex agia como se não precisasse tomar cuidado com Hank. Deixamos explícito que precisava. E não nos limitamos a dizer isso. Tornamos sua falta de cuidado muito custosa.

Também estávamos fazendo um pouquinho de justiça retributiva.

O que é isso? Evitamos essa questão por algum tempo, mas finalmente estamos em posição de respondê-la e entender por que, às vezes, faz sentido infligir sofrimento. Se a justiça corretiva trata da vindicação das vítimas, a justiça retributiva trata da condenação dos transgressores. Ela requer que reduzamos seu status social, ao menos temporariamente, como maneira de rejeitar o que fizeram. A punição assinala que eles perderam status, na medida em que estão sujeitos a um tratamento severo que, ordinariamente, teriam o direito de não sofrer.

É mais fácil perceber isso com adultos. Então, vamos pensar sobre a sentença imposta a Brock Turner por agredir sexualmente a escritora Chanel Miller durante uma festa na Universidade de Stanford. O promotor pediu uma pena de seis anos, mas o juiz deu a Turner somente seis meses de prisão. A sentença gerou ultraje, e com razão. Mas quero perguntar: o que havia de errado com a sentença? Ela era falha porque não equilibrava as contas em algum livro de contabilidade cósmico? Se sim, quanto sofrimento seria necessário para que isso acontecesse? E como traduzimos isso em anos?

Acho que a sentença era falha por questões mais prosaicas. Ela enviou a mensagem errada sobre Miller e Turner. A sentença foi curta demais para vindicar Miller. Ela parecia indicar que o que acontecera a ela não importava muito — ou, pior ainda, que *ela* não importava muito. (Na Califórnia, você pode ser sentenciado a seis meses de prisão por roubar algo equivalente a menos de US$950.) Essa é uma falha da justiça corretiva. E a sentença tampouco fez justiça retributiva. Ela sugeria que Turner não agira tão mal assim e deveria ser aceito novamente pela sociedade após um breve período.

Encarceramos uma porcentagem chocante da nossa população: mais pessoas *per capita* que qualquer outro país. Não é motivo para nos orgulhar. Deveríamos confinar muito menos pessoas. Mas eu não aboliria totalmente as prisões. Quando as pessoas agridem outras, devemos responsabilizá-las, e o confinamento pode ser uma boa maneira de fazer isso. Colocar uma pessoa na prisão sinaliza que, por enquanto, ela não está apta a viver em sociedade. Sinaliza que não confiamos nela, que precisamos de um tempo. Para alguns crimes, essa é uma punição adequada.

Ou seria, se nossas prisões não fossem lugares horríveis. Às vezes, temos motivos para separar algumas pessoas da comunidade. Mas não há justificativa para amontoá-las em prisões superlotadas, onde enfrentam sério risco de violência por parte dos prisioneiros e dos guardas, suas necessidades médicas são ignoradas e onde são tratadas de maneiras desumanizantes. Uma pessoa que agiu mal, mesmo que seja de maneira abjeta, ainda é uma pessoa. Quando falhamos em respeitar a humanidade de um transgressor, falhamos em respeitar a nossa, implicando se tratar de algo facilmente a ser perdido.

Além disso, devemos lembrar que, em quase todos os casos, conviveremos novamente com as pessoas que confinamos. A punição deveria não só esperar como também promover a possibilidade de fazermos isso harmoniosamente. Se tratamos as pessoas de maneira desumana, não podemos nos surpreender quando elas nos respondem na mesma moeda. Mas o inverso também é verdadeiro: se tratamos as pessoas com respeito, temos maior probabilidade de obter respeito em troca. Às vezes, a punição é merecida, mesmo que severa, como na separação dos amigos e da família. Mas podemos condenar as pessoas sem sentenciá-las a uma vida perigosa e desolada que é a norma em nossas prisões.

Mesmo assim, você pode se perguntar: se as mensagens que transmitimos são o que mais importa — e se as prisões tendem a ser lugares horríveis —, por que não podemos simplesmente condenar os transgressores com palavras? Por que temos de prendê-los? A resposta é: as palavras não podem enviar todas as mensagens. As ações falam mais alto, como dizemos frequentemente. Você acreditaria em uma pessoa que dissesse que o ama, mas jamais agisse de acordo? Duvido, e a desaprovação funciona da mesma maneira. Você pode dizer que está zangado sobre algo que alguém fez, mas, se isso não afeta a maneira como trata esse alguém, ele não levará suas palavras a sério.

Por que punimos? Vimos muitos motivos: dissuasão, reabilitação e incapacitação. Mas o motivo principal *é* a retribuição. Punimos para comunicar condenação. E a justiça retributiva a exige sempre que a condenação é merecida.

MAS ISSO NÃO SIGNIFICA que sempre temos de fazer isso. Às vezes, podemos — em certas ocasiões devemos — deixar a justiça de lado.

Fui oficial de justiça da juíza da Suprema Corte Ruth Bader Ginsburg. Aprendi muito sobre direito com ela, como também muito sobre a vida. A juíza tinha um casamento famosamente bem-sucedido com o advogado tributarista, Marty. Assim, as pessoas frequentemente lhe pediam conselhos matrimoniais. Ela passava adiante a orientação que sua sogra lhe dera logo antes de seu casamento: "Em todo bom casamento é útil ser meio surda."

Ela queria dizer que você não precisa levar toda ofensa a sério. Na verdade, sua vida será mais fácil se você ignorar algumas. Mudar para uma perspectiva objetiva pode ajudar. Amy Sutherland descobriu isso ao adestrar o marido. "Eu costumava levar os defeitos dele para o lado pessoal", explicou ela. "As roupas sujas no chão eram uma afronta, um símbolo de como ele não se importava o suficiente comigo." Mas, quando olhou para ele através de uma lente objetiva, ela percebeu que não se tratava dela. Alguns hábitos são simplesmente "arraigados demais, instintivos demais para serem eliminados pelo treinamento".

Strawson não teria ficado surpreso ao saber que a atitude objetiva ajudou Sutherland a se livrar do ressentimento. É perigoso agir de maneira objetiva em relação aos outros o tempo todo, pois isso ameaça a humanidade deles e a nossa. Se você não vê os outros como responsáveis, não pode ver a si mesmo como portador de direitos, já que esses são dois lados da mesma moeda. Mas mesmo Strawson achava que a atitude objetiva podia ser ocasionalmente útil. Podemos adotá-la, disse ele, "como refúgio para a tensão do envolvimento; como auxílio às políticas; ou simplesmente por curiosidade intelectual".

Mantenho o que disse antes: você não deve adestrar seu cônjuge. Mas há muitas vantagens em ocasionalmente adotar uma atitude objetiva. Não somos criaturas inteiramente racionais. Podemos reconhecer motivos e agir em função deles, ou mesmo de todos que reconhecemos. Mas não podemos reconhecer todos. Devemos fazer nosso melhor para abrir espaço — e encontrar clemência — para os traços de personalidade que são profundamente arraigados e difíceis de mudar.

Esse não é um problema real com crianças, já que elas não têm hábitos arraigados. Mas exaustão, fome e estresse também podem comprometer nossa habilidade de responder à razão. Isso é real para adultos também. (Não fique no caminho de Julie quando ela estiver faminta.) E não poderia ser mais verdadeiro para crianças. Elas exibem seu pior comportamento quando estão cansadas ou esfomeadas. Isso já causou certa tensão em nossa casa. Julie frequentemente se mostrava disposta a ignorar o mau comportamento. "Vamos só colocá-lo na cama", dizia ela. Eu queria retrucar, para que meus filhos não achassem que exaustão era desculpa para tudo. Analisando agora, acho que estávamos ambos certos. Ou melhor, a juíza estava. É possível dar uma folga às crianças. Às vezes.

Podemos ampliar o escopo dessas observações. Nossa sociedade é extraordinariamente punitiva. Prendemos muitas pessoas que cometeram delitos leves quando estavam cansadas, famintas ou estressadas. Precisamos resolver o mundo fora da prisão a fim de que menos pessoas cheguem a esse ponto. Mas, enquanto trabalhamos nisso, devemos nos lembrar de que não precisamos condenar todas as transgressões. Podemos deixá-las passar. Às vezes. De fato, deixar algumas coisas passarem pode ser uma maneira de fazer um tipo diferente e mais profundo de justiça.

DE VEZ EM QUANDO, deitamos todos juntos em nossa cama para ler até a hora de dormir dos meninos. Certa noite, quando Hank tinha 8 anos, ele estava lendo um livro sobre *Minecraft*. E não quis parar de ler quando chegou a hora de apagar a luz para dormir.

— Hank, está na hora de fechar seu livro — disse Julie, depois de lembrá-lo repetidamente que chegara o momento de ir para a cama.

— Não — retrucou ele, rispidamente.

— Não foi um pedido, Hank. Está tarde e você precisa dormir.

— Não vou parar — disse ele, virando a página.

— Se você não parar, não vai jogar *Minecraft* amanhã.

Essa era uma ameaça séria. Estávamos no meio da pandemia e *Minecraft* era a principal forma de contato social de Hank.

— Você não pode me mandar parar — disse Hank. — Eu não tenho de fazer o que você diz.

— Sim, você tem — disse Julie, tirando o livro das mãos dele. — E é melhor você parar de falar comigo dessa maneira.

— Eu falo do jeito que quiser — replicou Hank.

Foi uma péssima jogada. O *Minecraft* do dia seguinte foi imediatamente cancelado.

Entrei no quarto de Hank alguns minutos mais tarde para dizer boa noite, depois de Julie ajeitá-lo na cama. Ele estava angustiado, enrodilhado em posição fetal, virado para a parede e chorando.

Sentei-me ao lado dele.

— Parece que você teve dificuldades para ser respeitoso esta noite.

— Eu tive — lamentou ele —, e não posso acreditar que vocês estão me culpando por isso.

— Bem, você foi desrespeitoso.

— Eu sei. Mas não é justo me culpar. *Eu estava tendo dificuldades.*

Engoli o riso. Hank é um bom advogado, constantemente em busca de desculpas. Mas eu não podia conceder crédito àquela. O desrespeito fora descarado demais para ignorar, mesmo que ele realmente estivesse com dificuldades.

Mas eu o abracei mesmo assim. E disse que o amava. E fiz piadinhas tolas até ele sorrir.

Hank entendeu a mensagem enviada por "nada de *Minecraft*". Ele sabia que agira mal. Mas eu não queria que essa fosse a última mensagem que ele ouviria naquela noite. Ele é um de nós, e sempre será, não importando quão mal possa agir.

4

AUTORIDADE

— Você não manda em mim — disse Rex.
— Sim, eu mando.
— Não manda.
— Vá se foder.

•—~—•

É ISSO. Essa é toda a história. Mas eu não disse "Vá se foder" em voz alta. Só em minha cabeça. E em meus sonhos. Porque *nada* é mais frustrante que uma criança que não põe os sapatos quando está na hora de sair de casa.

— Calce os sapatos.

Silêncio.

— Calce os sapatos.

Silêncio enlouquecedor.

— Rex, você precisa dos sapatos.

— Nada de sapatos.

— Rex, você vai usar sapatos. Calce-os agora.

— Nada de sapatos.

— *Calce os sapatos.*

— Por quê?

Porque eles protegem seus pés. Porque eles os mantêm limpos. Porque o mundo inteiro tem placas dizendo "Clientes descalços não serão servidos".

Mas também *porque eu estou mandando*.
— Nada de sapatos.
— *Ótimo*. Você vai calçá-los quando chegarmos lá.
Quando essa conversa aconteceu? Não sei. Quando ela *não* aconteceu?

Rex aprendeu o *Você não manda em mim* na pré-escola. Ele tinha 3 ou 4 anos. Mas viveu sob esse mantra por muito mais tempo. Esse é o credo das crianças mais novas.

Elas podem fazer o que você manda. Mas só quando querem.

EU MANDAVA EM REX? Depende do que você quer dizer com mandar.

Eu mandava nele no sentido de que dizia a ele o que fazer. Mas, como a história sugere, nem sempre tinha sucesso.

Os filósofos estabelecem uma distinção entre poder e autoridade. *Poder* é a habilidade de dobrar o mundo à sua vontade, de fazer com que ele seja do jeito que você quer. Você tem poder sobre uma pessoa quando pode obrigá-la a fazer o que você quer.

E eu tinha poder sobre Rex. Na pior situação, poderia simplesmente calçar os sapatos nele à força. E foi o que fiz. Mas havia outras maneiras de impor minha vontade. Eu podia negar o que ele queria até que ele fizesse o que eu estava mandando. Ou podia recompensá-lo. Ou persuadi-lo. (Na verdade, não.) Ou, melhor ainda, enganá-lo. (Um *Não calce os sapatos de jeito nenhum* bem colocado foi, durante muito tempo, a maneira mais rápida de fazer com que ele os calçasse.)

Rex também tinha poder sobre mim. Aliás, em comparação, seria difícil dizer quem tinha mais sucesso em dobrar o outro à sua vontade. Rex não podia mandar em mim. Mas podia se jogar no chão, fazer corpo mole ou resistir até conseguir o que queria. Ele também podia ser fofo em um esforço calculado para me controlar. Isso funcionava frequentemente. E há uma lição aqui: mesmo nos relacionamentos mais assimétricos, o poder raramente é unilateral.

Mas a autoridade, tipicamente, é. Em diferentes níveis, Rex e eu tínhamos poder um sobre o outro. Mas somente eu tinha autoridade sobre ele. O que é autoridade? É um tipo de poder. Mas não é poder sobre uma pessoa, ao menos não diretamente. *Autoridade* é o poder sobre os direitos e as responsabilidades de uma pessoa. Você tem autoridade sobre outra pessoa quando pode *obrigá-la* a fazer algo simplesmente mandando nela. Isso não significa que ela obedecerá. As pessoas nem sempre fazem aquilo que são obrigadas a fazer, mas isso significa que ela não terá cumprido com o seu dever.

Quando digo a Rex para calçar os sapatos ou, mais recentemente, para lavar a louça, estou transformando isso em responsabilidade. Até que eu diga a ele para lavar a louça, não é tarefa dele fazer isso. Seria incrível se ele lavasse! Mas não estou em posição de ficar zangado se não lavar. Depois que digo a ele para lavar a louça, a história muda. Já não é incrível que ele a lave, é esperado. E ficarei zangado se ele não o fizer.

Os filósofos ilustram a diferença entre poder e autoridade com um assalto. Você está andando pela calçada quando um cara com uma arma exige todo o seu dinheiro. Ele tem poder sobre você. Com certeza você entregará o dinheiro a ele. Mas ele tem autoridade? Não. Você não era obrigado a dar o seu dinheiro antes de ele exigir e não é obrigado a fazer isso agora. Aliás, seria direito seu dizer a ele para dar o fora (embora eu recomende que não faça isso).

Compare o assalto aos impostos de cada ano. O governo também exige dinheiro. E mandará você para a prisão se não conseguir o que quer. Então, ele tem poder. Ele tem autoridade? Bem, certamente diz ter. Na visão do governo, você é obrigado a pagar impostos. Mas você realmente é obrigado? Em uma democracia, muitas pessoas acham que, sim, você é obrigado a pagar o que o governo diz que você deve.

MAS NÃO ROBERT PAUL WOLFF. Ele não acha que o governo possa obrigá-lo a fazer algo. Aliás, ele duvida que qualquer um possa obrigá-lo a fazer alguma coisa simplesmente dizendo que "você tem de fazer".

Durante sua carreira (que começou na década de 1960), Wolff lecionou nas universidades de Harvard, Chicago, Colúmbia e Massachussets, um impressionante conjunto de instituições para um anarquista declarado. Isso porque Wolff não é o tipo de anarquista que sai por aí arrumando encrenca e causando confusão. (Ao menos, não acho que seja.) Wolff é um *anarquista filosófico*, o que é apenas uma maneira elegante de dizer que ele é cético sobre todas as alegações de autoridade.

Por quê? Wolff argumenta que nossa habilidade de raciocinar nos torna responsáveis pelo que fazemos. Mais que isso, somos obrigados a *assumir a responsabilidade* pelo que fazemos, refletindo a respeito. De acordo com Wolff, uma pessoa responsável visa agir *autonomamente*, ou seja, de acordo com as decisões que toma e como resultado das próprias deliberações. Essa pessoa não se acha livre para fazer o que quiser e reconhece que tem responsabilidades para com os outros. Mas insiste que ela, e somente ela, é a juíza dessas responsabilidades.

Wolff argumenta que autonomia e autoridade são incompatíveis. Para ser autônomo, você precisa tomar as próprias decisões, e não se submeter às decisões de outrem. Mas a submissão é exatamente o que a autoridade exige.

Não há problema em fazer algo que outra pessoa lhe disse para fazer. Mas você jamais deve fazer algo somente porque lhe disseram. Você só deve agir do modo ordenado se achar que essa é a coisa certa a se fazer.

A CONCLUSÃO DE WOLFF é mais radical do que parece. Ele não está apenas dizendo que você deve pensar antes de seguir as ordens das autoridades. Segundo ele, essas ordens não fazem diferença, que ninguém pode exigir que você faça algo simplesmente dizendo que deve fazer — nem a polícia, nem seus pais, nem seu coach, nem seu chefe, ninguém.*

---

* Ao menos se você for adulto. Wolff diz que as crianças têm responsabilidades na proporção de sua capacidade de raciocínio.

Isso é surpreendente. E não demorou muito para que os filósofos notassem o problema com o argumento de Wolff. O principal crítico foi Joseph Raz, que, durante muito tempo, foi professor de filosofia do Direito na Universidade de Oxford.

Raz argumentou que Wolff deixara passar uma coisa importante sobre a maneira como o raciocínio funciona. Às vezes, quando pensa sobre o que deve fazer, você descobre que há motivo para se submeter a outra pessoa e fazer o que ela disse, em vez de decidir por si.

Para entender o que Raz quer dizer, suponha que você quer aprender a fazer bolos, então se matricula em um curso. Sua professora é uma confeiteira de mão cheia. E agora ela está metralhando ordens. *Calcule isso, misture aquilo. Bata a massa. Não bata demais.* Você deve fazer o que ela manda?

Wolff teria lhe dito para questionar cada ordem. A cada uma delas, você teria de perguntar: *realmente* é isso que preciso fazer? Mas como *você* poderia responder? Você não sabe nada sobre bolos! É por isso que está fazendo o curso! Sua ignorância é um bom motivo para fazer o que lhe mandam fazer.

E você não perde autonomia ao fazer isso. Sim, você está seguindo as orientações de outra pessoa. Mas só porque *você* decidiu que deve se submeter ao julgamento dela. É lógico que, se fizer isso várias vezes, sua autonomia será comprometida. Mas ceder ocasionalmente — quando você acha que é a coisa certa a fazer — é consistente com governar a si.

Meu pai se diverte muito com Rex e Hank desafiando minha autoridade, já que vê isso como um castigo merecido.

Minha mãe tinha tendências nitidamente ditatoriais. Ela gostava de mandar. E eu não gostava de obedecer. Estivemos em combate desde que eu era muito novo.

Ela dava uma ordem e eu imediatamente queria saber:

— Por quê?

— Porque eu estou mandando — dizia ela.
— *Isso não é motivo* — insistia eu, um anarquista filosófico de 4 anos.
— É todo motivo de que você precisa — retrucava ela. Minha mãe era teimosa, então estava certa.

Sempre que eu pedia ajuda a meu pai, ele dizia:
— Faça sua mãe feliz.

Eu achava essa frase tão absurda quanto "porque eu estou mandando".

— Por que vivemos sob a tirania dessa mulher? — eu me perguntava. Bem, não aos 4 anos. Mas certamente aos 14.

Agora sou aquele que diz *porque eu estou mandando*.

Não gosto de dizer isso. E essa raramente é minha primeira resposta. Gosto de explicar no que estou pensando quando os garotos perguntam por quê. Mas nem sempre há tempo para isso. E nem sempre estou disposto a conversar — em parte porque eles discutem a mesma questão infinitas vezes.

Mas também porque, mesmo que eu me explique, eles podem não ver as coisas do meu jeito. E tudo bem. Eles podem tentar me persuadir. Às vezes, conseguem. Mas, se não conseguirem, minha visão vencerá. O que significa que *porque eu estou mandando* frequentemente é o último motivo que ofereço, mesmo que não seja o primeiro.

MAS SEJAMOS HONESTOS: *porque eu estou mandando* não é um motivo *de verdade*. É só o que os pais dizem quando não têm motivos reais. Ou não querem fornecê-los. Eu estava certo aos 4 anos.

Exceto que não estava. Joseph Raz ajudou as pessoas a verem que *porque eu estou mandando* pode ser, de certa maneira, um motivo — aliás, um motivo conclusivo. Nas circunstâncias certas, uma pessoa *pode* determinar o que outra deve fazer, simplesmente mandando que faça.

Quando? Explorando histórias como a do curso para confeiteiros, Raz argumentou que você é obrigado a seguir as ordens de outra pes-

AUTORIDADE

soa sempre que isso ajudá-lo a fazer melhor o que quer que esteja fazendo. Caso esteja preparando um bolo e há um confeiteiro experiente disponível, você deve obedecer ao que ele mandar; do contrário, não conseguirá preparar um bolo tão bom quanto poderia. Se está jogando basquete e seu técnico ordena uma jogada, você deve fazer sua parte; caso não o obedeça, estará fora de sincronia com os seus colegas de time.

Na visão de Raz, o objetivo da autoridade é fornecer um serviço a seus subordinados. Ele chamou essa visão de *concepção da autoridade como serviço*. Uma autoridade, disse ele, deve considerar os motivos de todos os seus subordinados. E, então, dar ordens que os ajudem a fazer o que esses motivos exigem. Se os subordinados podem fazer um trabalho melhor seguindo as ordens do que fariam decidindo sozinhos, então as ordens são vinculatórias, e os subordinados são obrigados a segui-las.

Há muitas maneiras pelas quais uma autoridade pode fornecer esse tipo de serviço, e já vimos duas.

Primeira, uma autoridade pode saber mais que seus subordinados. Ou seja, ter mais experiência. A confeiteira de mão cheia que ministra o curso tem autoridade por esse motivo. O mesmo ocorre com a cirurgiã experiente que diz ao médico residente o que fazer. A experiência que acumulou significa que ela pode fazer julgamentos melhores sobre o que precisa ser feito.

Segunda, uma autoridade pode ser capaz de ajudar um grupo a alcançar um objetivo que os envolvidos não atingiriam individualmente. Normalmente, uma autoridade faz isso tornando o grupo mais colaborativo entre si. Os filósofos chamam essas situações de *problemas de coordenação*. O exemplo clássico são nossos carros. Precisamos todos dirigir do mesmo lado da estrada; do contrário, colidiremos uns com os outros. Mas isso não significa que temos de dirigir na faixa esquerda ou na direita; só significa que temos de escolher um lado. Ao estabelecer as regras das estradas, a autoridade de tráfego coordena a conduta de todos, ajudando-nos a evitar o caos que encontraríamos se cada um decidisse por si.

A questão sobre em que lado da estrada dirigir é um *problema puro de coordenação*, já que a resposta não importa: você só precisa escolher um lado. Mas nem todos os problemas de coordenação são puros, uma vez que, às vezes, algumas soluções são melhores que outras. Pense novamente no basquete. As jogadas do time são importantes, já que algumas têm maior probabilidade de sucesso que outras. Mas é muito mais importante que todos os jogadores participem da mesma jogada, mesmo que possa haver uma jogada melhor.

A necessidade de fazer todos os jogadores atuarem juntos é parte do que justifica a autoridade da técnica responsável por treinar e coordenar o time. Se ela puder colocar os jogadores em sincronia, *porque eu estou mandando* é um motivo para os jogadores fazerem o que ela diz. Depois do jogo, eles podem questionar as decisões que ela tomou. Mas, se não seguirem suas instruções durante o jogo, quase que certamente jogarão pior do que teriam jogado se as tivessem seguido.

Mas é importante entender que *porque eu estou mandando* é um motivo para os jogadores, não para a técnica. Ela deve ser capaz de explicar por que fez as escolhas que fez. Sua autoridade não lhe dá o direito de agir por capricho. Deve tentar fazer com que seja executada a melhor jogada possível. Seu trabalho é ajudar os jogadores a fazer o que *eles* têm motivo para fazer: presumivelmente, vencer o jogo. E sua autoridade repousa sobre sua habilidade de fazer isso bem.*

Raz diria o mesmo sobre os pais. Se eles têm o direito de mandar nos filhos, é porque podem ajudá-los a se sair melhor do que se sairiam sozinhos. Como responsáveis que tomam decisões, os pais têm muitas vantagens. Para começar, sabem de coisas que os filhos não sabem. Por exemplo, eu sei de quantas horas de sono as crianças precisam, e o que acontece quando elas dormem pouco. (Há filmes de terror menos assustadores.) Assim, tenho maior probabilidade de estabelecer um bom horário de dormir para meus filhos do que eles estabeleceriam para si.

---

* Ela pode cometer erros, é óbvio. Todo técnico tem uma noite ruim. Para Raz, o ponto é saber se as ordens dela, no todo, ajudam os jogadores a se sair melhor do que se sairiam sozinhos. Uma noite ruim aqui e ali não colocará isso em questão. Mas muitas delas, sim.

AUTORIDADE

Mas o conhecimento não é o único motivo para os pais tomarem decisões melhores que os filhos. A maioria dos pais têm mais autocontrole que seus filhos pequenos. Seria difícil ter menos. As crianças tendem a se importar com o que está acontecendo agora, agora, agora. Mas os pais podem ver mais longe, o que frequentemente resulta em benefícios para os filhos.

Além disso, os pais podem solucionar problemas de coordenação para os filhos. Por exemplo, criando uma rotina para as aulas de piano, de modo a garantir que cada filho pratique um pouco antes da hora de dormir. Ou dizendo a Hank para guardar os pratos, para que a lava-louças esteja vazia quando Rex chegar com os pratos sujos. As coisas nem sempre funcionam, é lógico. Mas, a princípio, poderiam funcionar. Então continuamos tentando.

Dessas e de outras maneiras, os pais podem ajudar seus filhos a se sair melhor do que se sairiam sozinhos. E isso significa que *porque eu estou mandando* pode ser um motivo para os filhos. É óbvio que sempre há razões ocultas — os motivos dos pais para tomarem as decisões que tomam. E era isso que eu queria desesperadamente ouvir quando era mais novo. Eu queria que minha mãe me dissesse por que tomara determinada decisão, a fim de poder argumentar com ela.

Ela não me dava ouvidos. Eu sou um pouquinho mais flexível. Quero que meus filhos aprendam a tomar decisões, para que eu não fique preso a essa tarefa. Também quero que eles sejam o tipo de pessoa que reflete para solucionar seus problemas. Assim, partilho meus motivos sempre que posso. Mas pode haver bons motivos para dizer *porque eu estou mandando*. Dizer isso pode encerrar uma conversa sem fim. Ou, o que é ainda melhor, evitar que ela comece.

É um equilíbrio delicado, e nem sempre o atinjo. É enlouquecedor quando uma criança não obedece e as coisas precisam ser feitas rapidamente. Às vezes, ouço as frases da minha mãe saindo da minha boca. "Você não precisa perguntar por quê. Só precisa obedecer." Mas tento lembrar a mim mesmo que é razoável que eles queiram entender o porquê. De fato, eles merecem explicações, se não agora, mais tarde. Mas também quero que eles aprendam que, às vezes, você precisa aceitar que outra pessoa tenha a autoridade de decidir a questão.

Raz talvez seja a autoridade mundial em autoridade. Muitas pessoas são favoráveis à sua ideia de que as autoridades devem servir seus subordinados. E sua influência vai muito além disso. Ele também modelou a maneira como gerações de filósofos pensaram sobre leis e moralidade. Mas o maior impacto de Raz em minha vida não veio através de sua obra, mas através de uma gentileza.

Fui para Oxford como bolsista. Depois de ganhar a bolsa, você precisa se candidatar a um programa de pós-graduação. Enviei minha inscrição à faculdade de Filosofia e ela foi prontamente rejeitada. Os professores achavam que eu devia estudar Política. Eu não estava interessado, então me candidatei à faculdade de Direito, achando que meus estudos sobre a lei um dia me transformariam em um advogado de renome internacional.

Mas não pude abandonar a filosofia. Quando entrei em Oxford, comecei a assistir as aulas de filosofia paralelamente às de direito. Gostava das aulas de Raz. Ele era aterrorizante. Mas sua disciplina combinava meus dois interesses. A turma era de filosofia do direito. E é possível fazer doutorado nessa disciplina em Oxford. Então perguntei se poderia trocar de curso. Disseram que não. Era tarde demais. Eu não era qualificado. Esses motivos eram verdadeiros. Mas então pedi a Raz. E ele disse que sim. Melhor ainda, ele me aceitou como seu orientando. Isso foi muito generoso — significava mais trabalho para ele —, e eu sou grato até hoje.

Como retribuí? Bem, lembra daquele traço rebelde que eu tinha quando criança? Eu o levei para minha carreira acadêmica. Assim que me tornei orientando de Raz, comecei a tentar explicar que sua obra sobre autoridade estava errada. E não um pouquinho errada, do tipo "vamos mudar algumas coisas". Totalmente errada, do tipo "temos de começar do zero".

AUTORIDADE

Raz não se importou. Ou, se sim, não me disse. Mas duvido que tenha se importado. Porque é assim que a filosofia funciona. Você diz algo e o mundo imediatamente tenta provar que você está errado. Isso pode ser frustrante, mas é muito pior quando as pessoas ignoram seu trabalho. Se você não escreveu algo digno de crítica, não produziu algo digno de atenção.

Gordon Ramsay — o chef de cozinha rude e muito famoso — pode nos ajudar a ver o problema com a ideia de autoridade de Raz. Anos atrás, ele tinha um programa de reality show culinário chamado *Kitchen Nightmares* [Pesadelos de cozinha, em tradução livre]. A cada episódio, Ramsay tentava fazer um restaurante fracassado funcionar. Em algum momento, ele ia até a cozinha e observava algum coitado cozinhar mal. Ramsay ficava ainda mais vermelho de raiva e, quando explodia, gritava ordens, dizendo às pessoas para fazerem as coisas direito. A situação toda era muito perturbadora, porque não havia motivo para ele ser tão brusco. Mas também era muito satisfatória, já que, de certa maneira, ele estava com raiva de cada prato que já fora servido em um lugar que simplesmente não se dava ao trabalho de cozinhar direito.

Os cozinheiros eram obrigados a seguir as ordens de Ramsay? Ele é dono de restaurantes com estrelas Michelin, então é certo dizer que é um bom chef de cozinha. Certamente, espera-se que seja mais talentoso que os cozinheiros daqueles restaurantes fracassados. Assim, se Raz estiver certo, aqueles cozinheiros deviam fazer exatamente o que Ramsay lhes dizia para fazer. Eles falhariam em seus deveres se não o fizessem.

Agora modifiquemos só um pouco a história. Esqueça o reality show. Imagine que Ramsay sai para jantar com a família, um cliente comum em um restaurante comum, sem câmeras ou equipes de produção. Ele experimenta uma sopa e ela é horrível. Imediatamente, ele se levanta e invade a cozinha, gritando ordens como se estivesse em seu programa de TV. Os cozinheiros ficam pasmos. Mas um deles o reconhece.

— É Gordon Ramsay — sussurra ele para os colegas confusos.

Agora todo mundo sabe que o cara gritando ordens *não é* maluco. Na verdade, ele é o melhor cozinheiro no recinto. Todos são obrigados a fazer o que ele manda? Ou têm a liberdade de dizer "Dê o fora daqui, Gordon"?

Eu estou no grupo que diz que sim, eles têm essa liberdade. O fato de Ramsay ser um chef melhor não dá a ele o direito de mandar nos outros. Em *Kitchen Nightmares*, os cozinheiros concordaram em participar do programa, então poderiam ser obrigados a seguir essa premissa. Mas, se eram obrigados, é porque concordaram em participar, não porque Ramsay cozinhava melhor que eles. O talento de Ramsay não lhe dá o direito de invadir cozinhas e gritar ordens.*

Isso significa que Raz estava errado; o fato de alguém poder ajudá-lo a se sair melhor do que você se sairia sozinho *não dá* a esse alguém o direito de mandar em você. É lógico que pode ser inteligente dar ouvidos a ele, já que você se sairá melhor. Mas você não é *obrigado* a fazer isso. Em muitas questões, você é livre para cometer os próprios erros. Se quiser preparar uma sopa ruim em sua cozinha, isso é problema seu. Gordon Ramsay não tem o direito de exigir que sua sopa seja igual à dele.

•〜•

ENTÃO PRECISAMOS DE UMA nova abordagem sobre autoridade e, como de costume, Hank pode ajudar.

Sua primeira incursão na filosofia política ocorreu aos 7 anos, logo depois de assistirmos uma versão musical de *Enrolados*, a adaptação cinematográfica da Disney do conto de fadas *Rapunzel*. Ele estava tentando entender a ideia de que o rei podia mandar nas pessoas.

— Só porque você é chamado de *rei*, não significa que está no comando — arriscou ele.

---

* Ramsay provavelmente estaria cometendo delito de invasão se entrasse em uma cozinha aleatória, mas não é esse o motivo pelo qual ele não tem autoridade. Se estivesse no balcão de uma lanchonete gritando ordens para o cozinheiro comandando a chapa, ainda assim estaria errado. Não cabe a ele mandar em ninguém.

— Em muitos países — expliquei —, o rei era a pessoa no comando. Mas as pessoas não gostavam disso, então alguns países se livraram de seus reis. E alguns os mantiveram, mas eles já não estão no comando.

— Mas a palavra *rei* não significa nada — insistiu Hank. — Só porque as pessoas o chamam de *rei*, isso não significa que você pode mandar em alguém. É só uma palavra.

— É verdade. *Rei* é somente uma palavra. Em alguns países, eles têm outras palavras para a pessoa no comando. Como *imperador* ou *czar*.

— Mas não importa do que as pessoas o chamam — insistiu Hank. — Seu nome não significa que você está no comando.

— Sim, mas *rei* não é o nome de uma pessoa. É o nome de um emprego. É ter esse emprego que o coloca no comando.

— Rei é um emprego?

— Sim. É como ser técnico. A técnica Bridgette está no comando do time de futebol porque ela se chama Bridgette ou porque ela é a técnica?

— Porque ela é a técnica. Técnicos têm muitos nomes.

— Sim. O mesmo acontece com os reis. É o emprego que importa, não o nome que as pessoas dão a esse emprego.

Nessa conversa, eu e Hank começamos a desenvolver uma teoria melhor sobre a autoridade. Algumas posições de poder colocam as pessoas nesse lugar. Elas são fáceis de nomear: chefe, pai e mãe, técnico, guarda de trânsito e assim por diante. As pessoas nessas posições afirmam ser capazes de obrigar os outros (ao menos alguns) a agirem simplesmente mandando que ajam. Para decidir se elas têm esse poder, devemos nos perguntar se seus papéis valem a pena, se os queremos em nossa vida e se as pessoas deveriam ter o poder associado a eles. Mas não devemos pensar nesse poder isoladamente. Devemos pensar nele em relação ao contexto do papel que desempenha.

Deixe-me demonstrar o que quero dizer. Ser pai é ocupar um papel com muitas características. Se quisesse explicar esse papel para alguém, seria natural começar com as responsabilidades da paternidade. Você precisa alimentar seu filho, mantê-lo seguro e assim por diante. E é sua obrigação fazer com que ele se torne um adulto competente. O que significa que você precisa ensinar a ele como pensar e agir em muitos contextos.

Seria difícil fazer tudo isso se você não tivesse o direito de pedir que seu filho fizesse alguma coisa. Por exemplo, pedimos que nossos filhos façam tarefas, em parte para que sejam capazes de se virar sozinhos algum dia. Também queremos que eles vejam como responsabilidade própria colaborar nos projetos coletivos, como manter a casa limpa. Além disso, estabelecemos horários de dormir, a fim de que desfrutem de horas suficientes de sono.

Por que os pais têm autoridade sobre os filhos? Porque são responsáveis por eles. Direitos parentais e responsabilidades parentais caminham juntos. Poderíamos cuidar de crianças de diferentes maneiras. Poderíamos fazer com que um vilarejo cuidasse delas, em vez dos pais. E, indiretamente, fazemos isso. Mas há bons motivos para atribuir aos pais a responsabilidade direta, entre elas o fato de ser provável que eles tenham um laço especial com os filhos.

Você provavelmente já ouviu falar do princípio de Peter Parker: *Com grandes poderes, vêm grandes responsabilidades.* Ofereço aqui o princípio Parker Peter: *Com grandes responsabilidades, vêm grandes poderes.* Esse princípio nem sempre é verdadeiro. Mas se aplica à autoridade parental. Você pode mandar em seus filhos *porque* é seu trabalho cuidar deles.

Note como essa história é diferente da história de Raz. Na situação criada por ele, a mãe tem autoridade por causa de sua competência para comandar o filho. Mas há muitas pessoas que podem comandar crianças de maneira competente na nossa história. Quando meus filhos eram pequenos, praticamente todo adulto que eles encontravam podia tomar decisões melhores que aquelas que eles podiam tomar sozinhos. (Lembre-se de que Rex sequer queria usar sapatos.) Mas nenhum desses adultos tinha autoridade para comandar meus filhos, a menos que ocupassem algum papel de autoridade em relação a eles.*

O ensinamento aqui é que a autoridade está ligada a papéis exercidos, não a pessoas. Posso criar regras para meus filhos porque sou pai deles, não porque sou bom em criar regras. Dito isso, se eu fosse realmente ruim no papel de pai, deveria perdê-lo. A competência é importante. Mas não confere autoridade. Ela faz parte do pacote da paternidade.

E QUANTO ÀS OUTRAS autoridades? Podemos contar histórias similares a respeito delas? Talvez, embora devamos esperar diferentes histórias para diferentes papéis. Professores, por exemplo, têm uma autoridade sobre as crianças muito mais limitada que a dos pais, e isso restringe o escopo dela. Eles são responsáveis pelo bem-estar dos alunos enquanto estão na escola e, de modo geral, por sua educação. Podem dar ordens para que as crianças cumpram com essas responsabilidades. Mas não podem decidir sobre as refeições das crianças quando estão em casa, ou por quanto tempo assistem TV. Se os professores têm opiniões sobre essas questões, eles fazem sugestões aos pais, mas não dão ordens.

Mas nem toda autoridade é baseada na responsabilidade. Empregados são, na maior parte, adultos. Empregadores não são pais. Então por que podem mandar nos outros funcionários? Chefes têm responsabilidades — para com os próprios chefes, os clientes, os acionistas etc. —, e a cadeia decisória hierárquica os ajuda a cumpri-las. Em al-

---

* Isso está simplificado demais. A maioria das pessoas que podem mandar em meus filhos ocupa papel de autoridade em relação a eles, como técnicos do time, professores e babás. Mas quando nossos filhos vão à casa de outras crianças, os pais presentes têm o direito de mandar um pouquinho neles. Parte de sua autoridade é baseada na localização: o dono da casa decide o que pode ser feito dentro dela. (Ser dono é exercer um papel de autoridade sobre uma propriedade e sobre as relações dos outros com ela.) Mas parte se deve ao fato de que esses pais estão, por algum tempo, ocupando nosso lugar, temporariamente exercendo o papel que exerceríamos se estivéssemos presentes. (A lei diz que eles agem *in loco parentis*, ou seja, no lugar dos pais.) Assim que chego, essa pequena porção de autoridade volta para mim.

guns aspectos, um chefe é similar a um técnico de basquete, ajudando a coordenar a conduta para que o grupo possa realizar coisas que nenhum indivíduo poderia sozinho. O fato de que é útil para um chefe dar ordens às pessoas não pode explicar por que ele pode fazer isso. Afinal, o chefe não pode mandar em qualquer um, mas somente em sua equipe de funcionários.

Por quê? Bem, os funcionários se candidataram ao cargo. Isso parece importante. E poderiam pedir demissão, se quisessem. Isso também parece importante. Podemos resumir a questão dizendo que os funcionários consentiram em receber ordens. É algo que escolheram, presumivelmente porque gostam do salário que resulta disso.

O problema com essa história é que ela tem pouca base na realidade. A maioria dos funcionários trabalha por necessidade econômica. Eles precisam de seu salário para alimentação, moradia e uma longa lista de outros itens essenciais. Isso significa que eles *não são* livres para deixar seu emprego, pelo menos não até encontrarem outro. No melhor dos casos, eles podem escolher seu chefe, mas não podem escolher ser totalmente livres dele. E, quando os empregos são escassos, eles têm poucas opções para escolher seu chefe.

Pior ainda, nos Estados Unidos, damos aos chefes poderes quase ditatoriais. A maioria dos chefes demite à vontade, por qualquer motivo, ou nenhum.* Isso lhes dá um controle quase ilimitado sobre a vida de seus funcionários. Seu chefe pode demiti-lo por colocar uma placa com um slogan político em seu jardim. Ou por não usar o cabelo do jeito que ele gosta. Ou por fazer um trabalho tão bom que se destaque mais que ele.

Se você tem a impressão de que eu acho que isso é ruim, é porque acho mesmo. Como professor com estabilidade profissional, sou um dos poucos norte-americanos protegidos dos caprichos de um chefe. Só posso ser demitido por justa causa, o que me dá a liberdade de dizer o que quiser. E não preciso me perguntar se ainda terei emprego ano que vem. Meu emprego é meu até que eu não o queira mais.

---

* A grande exceção é a lei antidiscriminação. Você não pode demitir uma pessoa por causa de raça, religião, sexo e assim por diante.

AUTORIDADE

Algumas pessoas acham que eu não deveria ter essa proteção; elas gostariam que a estabilidade profissional chegasse ao fim. Por que professores devem ter um acordo tão bom quando o restante dos Estados Unidos vive em uma insegurança econômica? Eu acho que é melhor inverter a pergunta: por que permitimos que tantos norte-americanos vivam na insegurança econômica e toleramos o poder que ela confere aos empregadores?

Se você está interessado nessa questão — e eu espero que esteja, seja chefe, funcionário ou ambos —, tenho uma filósofa para indicar. Minha colega na Universidade de Michigan, Elizabeth Anderson, que é uma das mais importantes pensadoras atualmente. Ela está forçando as pessoas a ver que a maioria dos governos opressivos com os quais a grande parte das pessoas interage não está associada a qualquer autoridade política, mas sim aos empregadores.

As lojas de varejo rotineiramente fazem buscas nos pertences dos funcionários sem mandato judicial, quem dirá qualquer motivo para pensar que eles agiram errado. Eles determinam turnos com pouquíssima antecedência, criam regras para cabelo e maquiagem. Funcionários de depósitos e fábricas são constantemente vigiados; até mesmo suas idas ao banheiro são reguladas. Se você tem a sorte de ter um emprego em um escritório, provavelmente não sofre esse tipo de intrusão. Mas também pode ser demitido a qualquer momento, e isso o deixa seriamente inseguro.

O livro de Anderson, *Private Government: How Employers Rule Our Lives (and Why We Don't Talk about It)* [Governo privado: como os empregadores governam nossas vidas (e por que não falamos sobre isso), em tradução livre] investiga como passamos a aceitar essa situação — e o que podemos fazer a respeito. A mudança não será fácil, mas há muitas maneiras de melhorar as coisas. Podemos limitar a demissão arbitrária. Podemos dar aos trabalhadores um papel na chefia do local de trabalho, a fim de que seus interesses sejam levados em consideração. Podemos mudar o contexto no qual trabalhamos ao garantir uma renda básica e assistência médica, a fim de que ninguém se sinta forçado a trabalhar para um empregador abusivo.

De algum modo, muitos norte-americanos estão convencidos de que as "esmolas" do governo limitam a liberdade. A verdade é que atender às necessidades básicas das pessoas promove a liberdade, pois permite que elas digam "não" a um chefe que as tratam mal.

Alguns temem que as reformas trabalhistas que estou sugerindo reduzam o dinamismo da economia norte-americana. Duvido. Mas é válido perguntar: quem se beneficia desse dinamismo? Se os lucros corporativos aumentam ao manter os trabalhadores inseguros, esse é um acordo que estamos dispostos a fazer?

Os norte-americanos falam muito sobre liberdade. Adoramos nossos direitos constitucionais. Mas, se você se importa com a liberdade, o ambiente profissional dos Estados Unidos deveria incomodá-lo seriamente. O governo é poderoso, mas seu empregador também é. Do jeito que as coisas estão agora, você não tem quase nenhum direito nesse relacionamento.

Para me fazer entender, não estou dizendo que deveríamos ser insubordinados no trabalho. Frequentemente é de nosso interesse colaborar. E, se o trabalho é importante — se, digamos, a saúde e a segurança das pessoas estão em jogo —, você pode ser obrigado a seguir ordens enquanto está no trabalho.

Mas não defenderei os papéis de empregador e empregado, ao menos não como são atualmente. Para aqueles nos degraus inferiores da escada econômica, esses papéis são relações de poder, não de autoridade legítima. Mas podemos — e devemos — mudar isso.

SE LIMITAR A AUTORIDADE dos empregadores parece radical, o mesmo já se aplicou ao governo limitado. Há pouco tempo, reis e rainhas alegavam deter autoridade absoluta (ditadores ainda fazem isso, é óbvio). E tinham o apoio de filósofos proeminentes, incluindo o xará do tigre mais legal de todos os tempos: Thomas Hobbes [Carinhosamente mudado para Haroldo no Brasil — sim, o tigre do Calvin!].

Conhecemos Hobbes na introdução deste livro. Ele viveu em um século tumultuoso que incluiu, entre outros conflitos, a Guerra

AUTORIDADE

Civil inglesa. Aliás, ele passou vários anos exilado na França. A instabilidade política de seu tempo pode ter contribuído para seu interesse no assunto — e o preço a ser pago para garantir a estabilidade política.

Como vimos anteriormente, Hobbes acreditava que, sem alguma forma de governo, a sociedade se transformaria em uma "guerra de todos contra todos". Por quê? De acordo com ele, a maioria de nós é egoísta. Assim, tendemos ao conflito, principalmente quando os recursos são escassos. No estado natural, ninguém se sentiria seguro, porque todos estariam vulneráveis. "O mais fraco tem força suficiente para matar o mais forte, seja através de maquinações secretas ou da confederação com outros", disse Hobbes.

Como estaríamos em guerra, também viveríamos sem dinheiro. Não trabalharíamos muito, já que não poderíamos esperar até que nosso trabalho gerasse frutos. Não existiriam máquinas, edifícios ou cultura, e haveria pouco conhecimento. No estado natural, a vida seria "solitária, miserável, sórdida, brutal e curta".

Mas Hobbes viu uma maneira de escapar disso. Ele argumentou que todos deveriam concordar em obedecer a um soberano, como um rei, que forneceria proteção. Para que funcionasse, eles teriam de ceder ao soberano todos os seus direitos. Como resultado, ele teria autoridade absoluta. Ninguém poderia contestar suas ações. E não haveria limite para o que ele poderia fazer. Qualquer tentativa de restringir o soberano, argumentou Hobbes, levaria a um conflito pelo poder. E conflito significaria guerra (como a que ele conheceu). E essa era a situação a ser evitada.

A história provou que Hobbes estava errado, ao menos sobre a última parte.

John Locke também tinha ideias sobre o tipo de governo que as pessoas deveriam instituir para escapar do estado natural. Mas ele não achava que a monarquia absoluta fosse necessária ou até mesmo aconselhável. Ele defendeu a separação dos poderes (não exatamente nosso legislativo, executivo e judiciário, mas quase isso). E também apoiou a representação do povo na legislatura (ao menos alguma).

As ideias de Locke ajudaram a moldar muitas das democracias constitucionais do mundo. Os autores da Constituição norte-americana dividiram os poderes do governo em três, acreditando que essa era a melhor maneira de controlá-los. Também adotaram uma Carta de Direitos, a *Bill of Rights*, limitando o poder do governo e dando às pessoas direitos vinculatórios contra ele. Esse modelo foi copiado por muitas das democracias constitucionais ao redor do globo. E, embora elas estejam longe de ser perfeitas, seu sucesso demonstra que podemos escapar do estado natural sem conceder a um único indivíduo autoridade absoluta sobre nossa vida.

— TODA CRIANÇA QUER uma democracia — costuma dizer Rex —, mas os adultos querem ditaduras.

Ele está falando sobre famílias, é óbvio. Rex quer que as reuniões à mesa da cozinha sejam do tipo "uma pessoa, um voto". Não sei como ele propõe solucionar os empates.

— O que é tão bom na democracia? — perguntei durante uma dessas reuniões.

Ele tinha 10 anos.

— Se muitas pessoas opinam, é possível tomar decisões melhores — respondeu ele.

— E se as pessoas estiverem confusas? Ou simplesmente erradas?

— Então haverá decisões ruins.

— Então temos decisões boas e ruins. Há outros motivos para querermos democracia?

— Bom, se alguma coisa pode te afetar, você deve poder participar das decisões sobre essa coisa — respondeu Rex. Ele ilustrou seu argumento com uma convoluta história a respeito de uma companhia de energia elétrica querendo passar cabos de luz por nosso jardim. — Você não gostaria de participar dessa decisão?

— É lógico — respondi.

— Além disso, a democracia é justa. É igual. Todo mundo tem o mesmo peso nas decisões.

Essa é uma defesa bastante sucinta da democracia. Ela dá às pessoas a oportunidade de participar de decisões importantes. E as trata como iguais. Aliás, a democracia *constitui* as pessoas como iguais ao criar um sentido no qual elas realmente são: uma pessoa, um voto.

Mas nossa família *não é* uma democracia, e jamais será, não importa quantas vezes Rex peça. Eu já expliquei os motivos. Somos responsáveis por nossos filhos e, para fazer nosso trabalho, frequentemente tomamos decisões das quais eles não gostam. Nós *não somos* iguais. Ainda não. E adotar procedimentos que nos constituíssem como iguais seria um erro terrível — para nós e para eles.

Mas tento lembrar que é difícil ser criança, constantemente ouvindo o que fazer de algum adulto. Isso faz com que elas se sintam fora de controle, em um sentido bastante literal. Então eu tento* ser paciente quando as crianças buscam obter esse controle. Mas nunca é o bastante.

— Eu declaro independência — disse Hank.

Ele tinha 7 anos. Estávamos passeando em um parque. Ou melhor: eu estava passeando em um parque. Ele estava sendo arrastado pela trilha enquanto protestava contra a ideia de que precisávamos fazer exercício.

— Ok — retruquei. — Onde você planeja morar?

— Em casa.

— Que casa?

— Nossa casa.

— Você não tem casa.

Ele me olhou com ar confuso.

— Eu tenho casa — disse ele. — Lá onde moramos.

— Não, Hank. Eu tenho casa. E a mamãe e o Rex também. Mas você acabou de declarar independência. Você não tem mais uma casa.

---

* E quase nunca consigo.

Silêncio.

— Ok, então não tenho casa — concordou ele de má vontade.

— Você pode pagar aluguel.

— Quanto custa o aluguel?

— Quanto você pode pagar?

— Um dólar.

— Ok. Você pode ficar.*

---

* Nunca cobrei o dólar. Quando chegamos em casa, ofereci a Hank um pouco de sorvete em troca de sua independência. E ele aceitou, o que foi bom. Ele ainda não estava pronto para se virar sozinho.

5

LINGUAGEM

Rex estava sozinho em seu quarto lendo *Astrofísica para apressados*, de Neil deGrasse Tyson. Isso era uma transgressão de nosso sagrado ritual da hora de dormir, que envolvia a mim ou Julie deitado na cama, lendo com ele. Meu filho fora acampar pela primeira vez e, aos 9 anos, estava reivindicando alguma independência. Mas eu não conseguia desistir do ritual, então também estava lendo — sozinho, no quarto de hóspedes.

Então Rex entrou, parecendo animado.

— Diz aqui que há um experimento que podemos fazer. Vamos tentar?

— Com certeza — respondi.

Ele leu em voz alta:

— Para uma simples demonstração da atração constante da gravidade, feche este livro, eleve-o a alguns centímetros da mesa mais próxima e solte-o. Isso é a gravidade em funcionamento. (Se o livro não cair, por favor, encontre o astrofísico mais próximo e relate essa emergência cósmica.)

Rex fechou o livro, estendeu o braço e contou:

— 3... 2... 1.

O livro caiu no chão.

— Que foda! — gritou Rex, sacudindo os punhos.

Então ele olhou para mim com um sorriso malicioso. Ele estava orgulhoso de si.

Eu também estava orgulhoso dele.

Rex voltou confuso do acampamento de verão — e ligeiramente escandalizado — pela frequência com que seus colegas falavam palavrão. Fora de casa, Rex é invariavelmente bem-comportado. Ele aprendera vários palavrões ao ir para o acampamento, e ocasionalmente perguntava o que eles significavam. Mas raramente usava algum.

Quando criança, eu era muito como Rex: invariavelmente bem-comportado, ao menos fora de casa. Mas palavrões eram uma forma comum de comunicação na minha família. Aliás, minha primeira lembrança pode ser uma sucessão deles emitida por meu pai enquanto tentava montar um móvel: *filhodaputadocaralho*. Aos 4 anos, achei que se tratava de uma única palavra.

Quando Julie estava grávida de Rex, temi dar a ele uma educação similar. Mas, assim que ele nasceu, algo mudou e parei de falar palavrão, ao menos perto dele. Julie teve mais dificuldade, mas conseguiu parar antes que Rex começasse a falar, de modo que os garotos tiveram de aprender seus palavrões na escola.

Ou no acampamento. Fomos buscar Rex, esperando ouvir relatos de suas aventuras. Mas, primeiro, ele queria falar sobre palavrões.

— Os garotos falam *tantos*, e os adultos não ligam — relatou ele.

— E quanto a você?

— Eu falei alguns. Mas não tanto quanto os outros.

— Tudo bem. O acampamento é o tipo de lugar em que se pode fazer isso.

— Alguns garotos falam palavrão o tempo todo.

— É isso o que garotos fazem em acampamentos. Mas lembre-se de que há ocasiões e lugares para isso. No acampamento, tudo bem. Na escola, não.

— E em casa? — perguntou Rex.

— Um pouquinho, desde que você não os diga de maneira desrespeitosa ou malvada.

Alguns dias depois, Rex disse seu primeiro *foda*, em resposta à tentativa fracassada de causar uma catástrofe cósmica. E foi um excelente *foda*. No momento exato. Como eu disse, fiquei orgulhoso.

Por que algumas palavras são ruins? A ideia de que podiam ser assim me incomodava quando criança. Palavras são sucessões de sons. Como sons podem ser ruins?

Mas, lógico, palavras não são *somente* sucessões de sons; atribuímos significados a elas. E, no entanto, tampouco é o significado das palavras que as torna ruins. Pense nesta lista: *cocô, porcaria, estrume, esterco, fezes, excremento*. É tudo a mesma merda. Mas só somos proibidos de dizer *merda*.

Por quê? É foda, não sei.

Há palavras que são tabus em todo idioma — diferentes palavras em diferentes lugares. Mas há temas comuns. Algumas se relacionam a tópicos que são tabus — como sexo, defecação ou doença. Outras são quase blasfêmias. Mas podemos falar sobre esses tópicos sem falar palavrão, então é um mistério por que certas palavras não podem ser ditas.

Rebecca Roache sugere que o som dos palavrões pode ter algo a ver com isso. Ela é filósofa da linguagem (entre outras coisas) e estuda palavrões. Eles tendem a ser um pouco grosseiros como as emoções que expressam. E ela não acha que isso seja acidental. Palavras de som suave, como *whiffy* [fedorento] e *slush* [pieguice], não podem expressar raiva. Xingar com elas seria como "tentar bater uma porta equipada com dobradiças pneumáticas".

Mas Roache diz que a história não pode se resumir aos sons. E ela está certa. Há uma série de palavras curtas e um pouco grosseiras que ninguém achava ofensivas, como *cat* [gato], *cut* [corte] e kit. E alguns palavrões têm homônimos que podem ser ditos sem problemas, como *prick* [pênis e alfinetada], *cock* [pênis e galo] e *Dick* [pênis e apelido para Richard]. (Estou percebendo certo tema padrão aqui.) Além disso, as palavras ofensivas mudam com o tempo, sugerindo que precisamos de uma explicação social.

Roache argumenta que palavrões nascem através de um processo que ela chama de *escalada da ofensa*. Se, por qualquer motivo, as pessoas não gostam da palavra *merda*, elas tendem a ficar incomodadas quando outros a pronunciam. Se essa aversão se tornar disseminada e conhecida, dizer *merda* parecerá uma ofensa. E, conforme o ciclo se repete, a ofensa aumenta. Quando se estabelece que uma palavra é ofensiva, parece ainda mais ofensivo dizê-la.

Mas a história da ofensa tampouco pode ser toda a explicação, já que as pessoas têm aversão por todo tipo de palavra. Eu não suporto a palavra *losango*. E agora você sabe disso. Então, se disser para mim *losango* repetidamente, ficarei irritado. Mas *losango* certamente não se tornará um palavrão, já que essa aversão é uma idiossincrasia minha.

Roache sugere que os palavrões tendem a estar relacionados a tópicos que são tabu, porque sabemos que causarão desconforto, principalmente se discutidos de maneira desfavorável. Por exemplo, sei que posso deixá-lo irritado ao chamá-lo de *bundão*, mesmo que jamais o tenha encontrado. Também posso ser capaz de aborrecê-lo chamando--o de vulgar ou esnobe. Mas, para isso, preciso saber um pouco sobre você. Talvez você se incomode com essas palavras, talvez não. Mas *bundão*? Essa certamente o incomodará.

A explicação de Roache ainda deixa em aberto a questão sobre como e por que algumas palavras ganham essa conotação negativa. Por que *merda* e não outro termo escatológico? Certamente há uma história por trás disso. Mas não o tipo de história contada por filósofos. (Os historiadores já tentaram.) A pergunta que quero fazer é: realmente é errado falar palavrão?

PERGUNTEI ISSO A REX RECENTEMENTE. Estávamos dando uma caminhada.
— É certo falar palavrão? — perguntei.
— Às vezes — respondeu ele.
— Quando?
— Bem, você não deve ser malvado com as pessoas.
Esse é um bom ponto de partida. E Rex, é óbvio, está certo ao se preocupar com o fato de que palavrões frequentemente são usados

LINGUAGEM

para dizer coisas ruins. Como Roache nos ensinou, eles são ferramentas para fazer exatamente isso. Aliás, se a ideia dela sobre a história da ofensa estiver correta, os palavrões são ruins porque são comumente usados para dizer coisas maldosas.

Mas palavrões não são a única maneira de dizer coisas ruins. E, se suas palavras forem infames ou degradantes, não acho que faça diferença se são comumente usadas para esse propósito ou se você as escolheu para isso. O que está errado é o insulto, não as palavras com as quais ele é proferido.

— É certo xingar quando você não está sendo malvado? — perguntei a Rex. — E se você falar palavrão, mas eles não forem a respeito de ninguém?

— Às vezes, não tem problema; às vezes, tem — respondeu Rex.

— Quando não tem problema?

— Não devemos xingar em locais civilizados.

— O que torna um lugar civilizado?

Ele fez uma pausa.

— Na verdade, não sei o que significa *civilizado*. Só me pareceu uma coisa legal de se dizer.

— Acho que sei o que você quer dizer. A escola é civilizada?

— Sim, na maior parte do tempo.

— E quanto ao acampamento?

— Definitivamente não.

— E quanto à nossa casa?

— Às vezes. Mas não quando eu e Hank tiramos a camiseta para dançar.

Isso é verdade. E tenho vídeos para provar. No melhor desses vídeos, Hank, então com 4 anos e quase sem roupa, pergunta: "Estou mexendo a bunda direito?" Em outro, ele está montado em Rex como se ele fosse um cavalo, cantando "Stayin' Alive" [Sobrevivendo, em tradução livre]. Ambos foram gravados quando Julie viajou a trabalho. Somos extremamente selvagens sem ela.*

---

* Deixei os meus filhos ficarem acordados até tarde no dia daquela dança. Hank gritava sem parar: "Sem mamãe, sem hora de dormir!" Ele estava errado a respeito disso e, em breve, perdeu a animação que sentiu por seu pai solo. Quando o coloquei na cama, ele disse: "Quero que a mamãe volte para casa."

124 AVENTURAS PELA FILOSOFIA COM MEUS FILHOS

Mas de volta a Rex e sua resposta. Por que é errado falar palavrão em lugares civilizados?

É possível desrespeitar um lugar tanto quanto uma pessoa. Se falar palavrão em uma igreja, você estará desrespeitado o lugar. E as pessoas nele. Mas as pessoas ficarão incomodadas, porque aquele não é o lugar para isso. No bar, elas podem falar palavrão com você. Mas a igreja é diferente.

De fato, regras para diferentes lugares ajudam a diferenciá-los. O acampamento não seria o lugar que é se as crianças tivessem de agir como agem na igreja. E a igreja não seria o lugar que é se as crianças tivessem permissão para agir como agem no acampamento. E queremos esses tipos de lugar em nossa vida. Assim, Rex está certo: não há problema em falar palavrão em certos lugares, mas há em outros.

E há uma importante lição sobre moralidade aqui. Algumas coisas erradas são erradas independentemente do que as pessoas pensam a respeito. Assassinato e estupro, por exemplo, não são errados porque achamos que são. São errados porque desrespeitam profundamente a dignidade de seres humanos. Mas certas coisas erradas são erradas porque *achamos* que são. E falar palavrão na igreja é uma delas.*

Ronald Dworkin (que conhecemos mais cedo) chamou isso de *moralidade convencional*. E ele ilustrou a ideia ao falar sobre o que é permitido usar na igreja. Em muitos lugares, é costume que os homens tirem o chapéu quando entram em um local de adoração. Usar chapéu parece desrespeitoso. E, como é visto dessa maneira, *é* desrespeitoso, ao menos quando feito por alguém que sabe como os outros encaram o gesto. Mas o costume poderia facilmente ser o inverso. Aliás, quando vou à sinagoga, eu cubro a cabeça. Porque é assim que meu povo demonstra respeito.

A moralidade convencional frequentemente tem um elemento de arbitrariedade. Não importa se você demonstra respeito ao cobrir ou descobrir a cabeça. O que importa é que a comunidade tem um com-

---

* Ou, ao menos, determinados tipos de palavrão, como os escatológicos. Palavrões blasfemos podem ser errados porque são desrespeitosos em relação a Deus.

binado para demonstrar respeito. De fato, não é possível ter espaço formais, quem dirá sagrados, sem algumas regras que restrinjam o que pode ser feito neles. São essas regras que distinguem um lugar e fazem com que pareça formal ou sagrado.

As regras nem sempre são arbitrárias. Nas bibliotecas, devemos ficar em silêncio ou sussurrar. E isso é útil porque as torna bons lugares para estudar. Mas algumas regras têm pouco propósito além de diferenciar um espaço dos outros. Regras sobre cobrir ou não a cabeça na igreja — ou que palavras você pode dizer quando está lá — são assim. Elas sinalizam que estamos em um lugar especial.

E, na maior parte do tempo, devemos seguir essas regras, a fim de podermos ter lugares especiais. Corrompemos coisas demais em nossa sociedade conforme um ar de informalidade passa a se estender a mais espaços. Às vezes, isso é bom: é melhor andar de avião usando roupas confortáveis que retornar aos dias nos quais a tripulação usava trajes formais. Mas, frequentemente, isso é ruim, porque podemos nos dar demasiada importância ao engrandecer os locais nos quais passamos nosso tempo.

DITO ISSO, NEM SEMPRE devemos nos dar muita importância; também precisamos relaxar. E isso deixa muito espaço para os palavrões. O primeiro *foda* de Rex não foi desrespeitoso — em relação a um lugar ou uma pessoa. Foi engraçado. E muitos palavrões são assim. *Esse tipo* de palavrão é errado? O grau em que muitos pais policiam a linguagem dos filhos sugere que sim. Mas acho que esses pais estão cometendo um erro.

Os palavrões não são o problema em si, mas o que eles sinalizam. Se, em determinada ocasião, eles não sinalizarem nada ruim, não há motivo para não usá-los. É por isso que criamos essas regras para Rex. Não seja maldoso nem desrespeitoso com pessoas ou lugares. Para além disso, o palavrão ocasional está liberado.

Por que somente ocasional? Suponho que se possa temer que, assim como podemos corromper um lugar, possamos corromper a nós.

Se agirmos grosseiramente, poderemos nos tornar grosseiros — para sempre. Mas não tenho esse temor em relação a meus filhos. Eles são mais do que capazes de alternar códigos, agindo de modos diferentes em diferentes contextos. Eu os vejo fazer isso o tempo todo.

Mas tenho uma preocupação prática. Muitas pessoas levam palavrões a sério, mesmo quando não há nada sério em jogo. Isso me deixava louco quando eu era criança. E ainda deixa. Mas, para navegar no mundo, precisamos saber como os outros reagirão, mesmo que achemos sua reação exagerada. E, em nossa sociedade, muitas pessoas não pensarão bem de você se falar palavrão demais.

Mas, espere: se as pessoas acham que palavrões são errados, isso não os torna errados? Não é assim que a moralidade convencional funciona? Não. Para que as visões sobre o que é certo e errado importem, precisa haver um motivo para levá-los a sério. No caso da igreja, o valor de manter um espaço sagrado dá às pessoas o poder de delimitá-lo, em parte ao estabelecer regras sobre o que se pode dizer no recinto. Em contraste, o fato de que alguns enxeridos podem se importar com a maneira como as crianças falam nos acampamentos e nas ruas não lhes dá o poder de estabelecer padrões para a fala delas, já que há pouco valor em policiar a linguagem nesses lugares.

Pais são um caso especial. Como vimos no capítulo anterior, eles têm o poder de estabelecer padrões para seus filhos, ao menos dentro de limites razoáveis. Mas não deveriam usar esse poder para proibir os palavrões, ao menos não completamente. Palavrões são bons. Falar palavrão é uma habilidade que todas as crianças deveriam dominar.

— O QUE HÁ DE BOM NOS PALAVRÕES? — perguntei a Rex durante aquela caminhada.

— Eles fazem você se sentir melhor — respondeu ele.

— Como assim?

— Quando você está irritado, eles fazem com que você se sinta melhor.

— Você fala palavrão quando está irritado? — perguntei. Eu nunca o ouvira fazer isso.

— Sim, bem baixinho. Eu os sussurro para mim mesmo.

Bom para ele! Ele deveria dizê-los em voz alta.

Em um estudo famoso, Richard Stevens pediu que estudantes universitários mergulhassem uma das mãos em um balde de água muito gelada. Duas vezes. Da primeira, eles podiam falar palavrão. Da segunda vez, não. Quando falavam palavrão, eles conseguiam manter as mãos submersas por mais do dobro do tempo, e também sentiam menos dor. Além disso, pesquisas sugeriram depois que falar palavrões fortes (mais para *caralho* que para *merda*) fornece alívio mais substancial. Aposto que pronunciá-los bem alto também, ao menos até certo ponto.

Ainda mais importante: xingar alivia mais que a dor física. Michael Phillip e Laura Lombardo demonstraram que palavrões também ajudam com a dor causada pela exclusão social. Eles fizeram com que as pessoas se lembrassem da primeira vez em que se sentiram excluídas. Algumas foram aconselhadas a falar palavrão, outras falaram palavras comuns. As que xingaram relataram substancialmente menos dor social do que as que não o fizeram. E foi isso que Rex — e todas as outras crianças do mundo — descobriu sozinho.

Encontrei essas pesquisas no livro de Emma Byrne, *Swearing Is Good for You: The Amazing Science of Bad Language* [Xingar é bom para você: a incrível ciência dos palavrões, em tradução livre]. A ciência *é* incrível. (Chimpanzés que aprendem linguagem de sinais inventam os próprios palavrões. Sério.) Byrne faz algumas sugestões sobre por que xingar faz com que nos sintamos melhor; tem algo a ver com as partes do cérebro que processam a linguagem emocionalmente carregada. Mas essa ciência ainda está em desenvolvimento, e os detalhes não são realmente importantes. O importante para nós é que xingar é excelente para aliviar o estresse.

Mas espere, tem mais! Como explica Byrne, xingar pode ser "bom para a formação de vínculos entre os membros de um grupo". Ela fala de sua pesquisa sobre os gracejos leves que facilitam a interação social. Conta casos de pessoas que encontraram aceitação social através dos palavrões. E ilustra as muitas maneiras pelas quais eles ajudam as pessoas a se comunicar efetivamente. A pesquisa é muito legal, mas duvido que você precise lê-la para entender o que Byrne quer. Encontre qualquer grupo cujos membros se deem bem e você quase certamente ouvirá alguns palavrões.

A dimensão social dos palavrões é o motivo pelo qual quero que meus filhos dominem essa habilidade. Não basta saber quando e onde se pode xingar. Xingar é algo em que se pode ser bom. E *não* é fácil. Para começar, você precisa aprender novas maneiras de usar as palavras. *Foder* é um verbo, mas *foda* é um adjetivo. Mas frequentemente não funciona como qualquer parte familiar da fala. Considere a expressão *foda-se*. Meio que parece um comando. Mas não funciona como um. Contraste com "fechar a porta". Posso incluir essa expressão em muitos tipos de frase:

"Favor, fechar a porta."
"Vá fechar a porta."
"Eu disse para fechar a porta."

Mas *foda-se* não funciona assim. As seguintes frases não fazem sentido:

"Por favor, vá se foda."
"Vá se foda."
"Eu disse para você ir se foda."

Isso nos diz que o *foda* em *foda-se* não é um verbo. É um tipo especial de palavra, designada para comunicar desaprovação.*

---

* Essa observação vem de um artigo cujo título não revela seu conteúdo: "Sentenças inglesas sem sujeito gramatical evidente." Na década de 1960, ele circulou como panfleto atribuído a Quang Phuc Dong, do Instituto de Tecnologia de Hanói do Sul. (Vá em frente e descubra o acrônimo: em inglês, South Hanoi Institute for Technology ou SHIT, isso é, "MERDA".) Na verdade, ele foi escrito por um linguista chamado James D. McCawley, que dava aulas na Universidade de Chicago. A obra era séria, o que inspirou mais pesquisas sobre palavrões. Mas zombava dos nomes asiáticos de uma maneira que hoje entendemos ser racista.

LINGUAGEM

Mas as coisas ficam ainda mais estranhas, porque o *foda* em *foda-se* às vezes funciona como verbo:

"Quero que você foda comigo amanhã."
"Não deixe que ele foda com você."

E ainda não acabamos, já que *foda* age de maneira estranha também em outros contextos. Estas duas frases fazem sentido:

"Diminua o som da TV."
"Diminua a TV que está com o som alto."

Mas estas duas não fazem:

"Diminua o som foda da TV."
"Diminua o som alto da TV foda."

No primeiro par, "alto" é um adjetivo. No segundo, parece que *foda* está desempenhando o mesmo papel, mas não está, já que não pode se mover da mesma maneira.

Eu poderia fazer "dar zero fodas" e ficar de bobeira o dia inteiro. Alguns de vocês achariam isso *fodástico*. Mas ninguém acharia *foda--ástico*. Porque há regras que governam a inserção de *foda* nas frases, *e você as conhece*, mesmo que jamais tenha lido o épico artigo de John McCarthy "Estrutura prosódica e afixos expletivos". *Foda* talvez seja a palavra mais versátil da língua. Certamente é a mais divertida, já que permite que você faça coisas que nenhuma outra permite. Mas, quando se trata de xingar, há mais a dominar que somente a gramática. Como explica Byrne, é preciso um modelo sofisticado das emoções das outras pessoas para prever como elas reagirão ao palavrão. Há muitas variações sutis. Você pode dizer "foda-se" de uma maneira que termine uma amizade. Pode dizer "foda-se" de uma maneira que a preserve. Pode dizer de uma maneira engraçada. E pode dizer de uma maneira que é tudo, menos engraçada.

Tudo se resume a contexto, momento e tom de voz. E as normas que governam os bons palavrões estão constantemente mudando, conforme as pessoas os empregam. Assim, sequer tentarei ensinar meus filhos a xingarem bem. Eles aprenderão sozinhos, por tentativa, erro e observação, assim como o restante de nós. Mas darei a eles espaço para praticar. Alguns dias eles agradecerão me dizendo para...

REX MELHOROU MUITO DESDE o seu primeiro "foda". Em apenas um ano, ele se tornou um excelente xingador. Descobrimos na mesma noite em que ensinei a Hank o seu primeiro palavrão.

Eu estava contando aos garotos histórias sobre meus avós maternos. Não eram boas pessoas; eram ruins e egoístas. Meus filhos ficaram chocados ao descobrir que meu avô não gostava de crianças; eles não conseguiam entender o motivo. Para ajudar, disse a eles que me lembrava de uma única ocasião na qual meu avô brincara comigo. Eu tinha 5 anos e meus avós estavam nos visitando. Ele se sentou no chão e me ensinou a *to shoot craps* [jogar dados]. Por quê? Não sei. Não é uma habilidade da qual uma criança precise. Mas pode ter sido a melhor interação que tivemos.

Nesse ponto da história, fiz uma pausa, porque percebi que estava prestes a dizer uma palavra que Hank não conhecia. Avisei que diria um palavrão. Os olhos dele se iluminaram. Então continuei.

Na outra oportunidade em que encontrei meus avós, saímos para jantar. Eu queria jogar dados novamente, então perguntei:

— Quando voltarmos para casa, podemos *shoot the shits* de novo?

Meu avô ficou furioso. Comigo. E com meus pais. Que não conseguiam parar de rir. E resmungou sobre meu linguajar por dias. Mas ele estava me subestimando. *Merda* sequer arranhava a superfície de tudo o que eu sabia. Ele nunca me ouvira gritar a palavra preferida do meu pai: *filhodaputadocaralho*. Se me conhecesse melhor, ele teria me amado.*

Na verdade, não havia a menor chance. E era isso que eu estava tentando dizer aos meus filhos. Como resultado, Hank aprendeu a palavra *merda* [*shit*], que exigiu uma explicação quanto ao seu significado. Eu ensinei que ela era sinônimo de *cocô*, assim como de *bosta* [*crap*, no singular], e era isso que tornava a história engraçada. E disse que ele podia usar essa palavra, desde que seguisse as mesmas regras que havíamos imposto a Rex.

Então Julie sugeriu que Hank tentasse:

— Quando acontecer algo ruim, você pode dizer "Que merda!" — explicou ela. — Quer tentar?

Hank pareceu meio desconfiado. Então disse "Que merda!" tão baixinho que mal conseguimos ouvir.

Nós rimos e ele baixou a cabeça, ligeiramente constrangido. Então empinou o queixo, um pouco mais ousado, e disse, mais alto:

— Que merda!

Agora estávamos rindo de verdade, e ele se animou.

— Que merda! Que merda! QUE MERDA!

Rex estava perdendo a paciência. Ele passara anos protegendo o irmão dos palavrões. Isso fazia parte do que o separava de Hank e o tornava um pouco mais adulto.

Mas eu e Julie estávamos gritando, porque somos bons pais. Nós três estávamos fazendo um coro:

— Que merda! Que merda! QUE MERDA!

Então Julie convidou Rex a participar:

— Vamos, Rex, todo mundo está xingando!

---

* Antes que você me julgue severamente, ou a meus pais, deixe-me dizer que eu não era de modo algum uma aberração. Muitas crianças falam palavrão aos 3 ou 4 anos, algumas ainda mais cedo. E as pesquisas sugerem que, aos 5 ou 6 anos, as crianças já aprenderam um número substancial de palavrões, incluindo muitos que são tabus. Meus filhos é que são aberrações. Nós limitamos os palavrões que falávamos tão efetivamente que eles levaram mais tempo que o normal para aprendê-los. Na verdade, isso me deixou um pouco preocupado — como disse, quero que eles sejam competentes em muitas situações sociais, incluindo as que exigem palavrões. Mas, como a história que estou contando indica, eu não precisava ter me preocupado.

(Eu já mencionei que somos bons pais?)
Rex ficou vermelho e baixou a cabeça. E ficou ali sentado por um instante. Então, quando o coro chegou ao ápice, ele levantou a cabeça e gritou:
— Mas nem fodendo eu vou dizer "Que merda!".

JULIE NUNCA RIU TANTO. E eu fiquei impressionado. Em parte, porque a piada exemplificava uma distinção da qual precisaremos daqui a pouco.
Rex disse que não diria "Que merda". Mas, ao dizer isso, ele disse. Ou meio que disse.
Os filósofos estabelecem uma distinção entre usar uma palavra e mencioná-la. Veja estas duas frases:

1. Estou indo à loja.
2. "Loja" rima com "soja".

A primeira frase usa a palavra "loja" para se referir ao lugar no qual fazemos compras. A segunda menciona a palavra "loja" sem usá-la. Ela invoca a palavra em si, mas não o que ela denota.
Eis outro exemplo:

1. Merda, derramei o leite.
2. Não devemos dizer *merda* na frente das crianças.

A primeira frase usa a palavra *merda*, mas não se refere a ela. Ela usa a palavra para expressar uma emoção. Em contraste, a segunda frase não usa a palavra *merda*. Ela simplesmente a menciona.
A distinção entre usar uma palavra e mencioná-la é fundamental na filosofia. Os filósofos estão interessados no mundo *e* nas palavras que usamos para descrevê-lo. Assim, precisam de uma maneira de sinalizar do que estão falando. A prática padrão é colocar as palavras mencionadas entre aspas. Exemplo:

A palavra "merda" tem cinco letras.

Eu acho que fica muito feio, principalmente se tivermos de fazer isso várias vezes. Então adotei uma prática diferente. Quando menciono palavras, eu as coloco em itálico. É óbvio que corro o risco de causar confusão, porque itálico também significa ênfase. Mas acho que todos conseguem entender.

A piada de Rex explicou a distinção entre uso e menção. Ele disse: "Mas nem fodendo eu vou dizer 'Que merda!'" O que Rex disse não era verdade, de certo modo, porque ele disse. E era verdadeiro, de outro modo, porque ele não usou a expressão, só a mencionou. A tensão é parte do que torna a piada engraçada, juntamente porque a frase que ele usou (*Mas nem fodendo*) é muito mais forte que a expressão que meramente mencionou.

É um senso de humor sofisticado. E é o que eu mais amo sobre a versão atual de Rex.

SOU MUITO MAIS VELHO, e as pessoas ainda policiam meu linguajar. Segundo minha editora, eu digo *foda* demais. Não estou dizendo que escrevi este capítulo por causa disso. Mas tampouco estou dizendo que *não* escrevi. (Oi, Ginny!)

Por que eu falo tanto palavrão? Por dois motivos. O primeiro é que essa é uma maneira de estabelecer intimidade. Diferentes relacionamentos seguem diferentes regras. Quando digo *foda* na sua frente, revelo quais são as regras que adoto para nosso relacionamento. Somos mais amigos que colegas de trabalho ou, pior ainda, estranhos.

O segundo é que quero assinalar algo a respeito da filosofia. Você pode filosofar de maneira meticulosa e formal. Ou de maneira divertida. E eu prefiro a divertida.

Mas a diversão pretende defender um argumento sério. A filosofia deve tratar de todos os aspectos de nossa vida: o sagrado, o profano e até mesmo o mundano. Foi parcialmente por ter essa convicção que decidi escrever este livro. Quero que você veja que as questões filosóficas estão presentes na maioria das experiências prosaicas. E quero que você ache a filosofia divertida. Porque ela pode e deve ser e, quando tratada de maneira correta, é.

Não sou o único filósofo a achar que a profanidade pode ser tema da filosofia. O livro de Harry Frankfurt, *Sobre falar merda*, foi um best-seller improvável. A breve obra pretende explicar que merda é essa e porque estamos nela até os joelhos. O livro é divertido.* Mas prefiro outro best-seller, *Assholes: A Theory* [A teoria dos babacas, em tradução livre], de Aaron James. Ele é o que parece ser: uma tentativa de explicar o que são os babacas e por que os achamos tão irritantes. Acho que essa é uma leitura essencial para nossa era.

Filósofos podem ser chatos. Já ouvi mais de um resmungo sobre Frankfurt, James... e eu mesmo. Só fazemos isso para chocar, dizem eles. Sim, acho que a filosofia deve ser divertida e engraçada. Mas também acho que ela deve nos ajudar a entender a nós mesmos. *Nós* somos sagrados e profanos. A filosofia também pode ser.

Então sou pró-palavrões, ao menos em algumas situações. Mas *há* algumas palavras que não devemos dizer. Em nossa sociedade, insultos são palavras tabu de verdade. Fingimos aceitar a proibição aos palavrões — e então os falamos. Isso porque eles não nos incomodam tanto. Falamos da boca para fora, porque não nos chocamos. Os insultos raciais, no entanto, são um escândalo.

---

* Mas, devo avisar, o livro só fala merda. Frankfurt pretende explicar a essência do disparate. Mas o disparate que ele descreve — falar sem se importar em estar dizendo ou não a verdade — é só um entre muitos. Eis outros: no futebol, simular falta é um disparate. Assim como as más decisões dos juízes. A maioria das reuniões é um disparate. E, mesmo que nos atenhamos à fala, muitos disparates vêm de pessoas que revelam abertamente não estarem dizendo a verdade. Elas estão dizendo disparates, e é um disparate que precisemos dar ouvidos ao que dizem. Proponho que você me pague uma cerveja e nós dois criemos uma teoria melhor sobre os disparates.

LINGUAGEM

Insultos são um tópico muito discutido hoje em dia. Filósofos (e linguistas) debatem a maneira como eles funcionam no nível da linguagem. Por exemplo, não sabemos muito bem o que um insulto *significa*. Considere a seguinte frase:

Um *kike* escreveu este livro.

Isso é verdade? *Kike* é um termo derrogatório para um judeu. E eu sou judeu. Então alguns filósofos diriam que a frase é verdadeira — mas não deveria ser dita, dado o desdém expressado ao se escolher essa palavra, e não um sinônimo menos pejorativo. Outros filósofos diriam que a frase é falsa, insistindo que *kike* não existe. Mas isso suscita a questão sobre o que é um *kike*, se não é apenas um judeu.

Não quero entrar nesse debate, pois é a questão moral que realmente me interessa: quando é certo proferir um insulto. Mas as questões linguísticas e morais estão ligadas. Não se pode responder à questão moral sem entender como os insultos funcionam no nível da linguagem.

Aprendi isso com meu colega Eric Swanson, na Universidade de Michigan. Ele é professor de filosofia e linguística — e excelente piloto de caiaque. De acordo com Swanson, a chave para entender os insultos é apreciar sua conexão com as ideologias. Uma *ideologia* é um conjunto de ideias, atitudes e conceitos entrelaçados que informa a maneira como interagimos com o mundo ou parte dele.

Há ideologias associadas a sistemas econômicos, como capitalismo e socialismo. Há ideologias associadas a diferentes posições no espectro político, como liberal e conservador. Mas há também ideologias associadas a atividades, como esportes ("Vencer não é tudo; é a única coisa") e teatro ("O show tem de continuar"). E há ideologias associadas à opressão: racismo, sexismo, antissemitismo e assim por diante.

Como indica a lista, não há nada bom ou ruim no conceito de ideologia. De fato, o antirracismo é, em si, uma ideologia, estruturada por ideias, conceitos e atitudes que usamos para entender o mundo (pense em supremacia branca, privilégio e encarceramento em massa). Mas algumas ideologias *são* ruins. O racismo americano levou à escravidão, à segregação e ao linchamento, entre muitos outros males. De fato, é impossível imaginar esses males sem alguma ideologia que os suporte — um que retrate pessoas negras como inferiores, merecedoras desse tipo de tratamento.

Swanson argumenta que insultos *evocam* ideologias — eles as trazem à mente e as tornam disponíveis para pensarmos e agirmos de acordo com elas. A diferença entre dizer "Um judeu escreveu este livro" e "Um *kike* escreveu este livro" é que a segunda frase faz pensar na ideologia antissemita. Ela convida você a refletir sobre esses termos, a cogitar a ideia de que judeus são criaturas sujas e avaras que tentam controlar o mundo. Porque essa é a ideologia da qual a palavra *kike* faz parte.

Quando usamos um insulto como *kike*, não nos limitamos a pensar nessas ideias. Também implicamos ser aceitável usar essa palavra — trabalhar com essa ideologia. Convidamos outras pessoas a verem o mundo de uma maneira antissemita. E essa maneira de ver o mundo é danosa. Ela levou ao Holocausto e aos pogroms, e ainda é fonte de muitos crimes de ódio.

Algumas ideologias deveriam ser proibidas. Ninguém deveria evocá-las, ao menos não de maneiras que sugiram que são aceitáveis. E isso significa que há palavras que simplesmente não devem ser ditas.

A MENOS QUE VOCÊ tenha um motivo muito bom. E, às vezes, você tem. Por exemplo, não é possível criticar uma ideologia — ou resistir a ela — sem evocá-la. A palavra *crioulo** [*nigger*, no original] surge em uma carta de James Baldwin a seu sobrinho em *Da próxima vez, o fogo*:

---

* As palavras *nigga* ou *nigger* em inglês, também conhecidas como *n-word* devido à recusa política de pessoas em escrevê-las ou pronunciá-las, são insultos raciais bastante ofensivos e seu uso pejorativo é altamente condenável. Nesta edição, o termo foi traduzido de modo a contextualizar o leitor brasileiro da especificidade de seus usos pela comunidade afro-americana [*N. da E.*].

o racismo nos EUA; em *Carta de uma prisão em Birmingham*, de Martin Luther King Jr.; e na carta de Ta-Nehisi Coates a seu filho em *Entre o mundo e eu*. Em cada um desses casos, a palavra é usada para evocar toda a força da ideologia repleta de ódio que representa. Falar de modo menos direto diminuiria o impacto da mensagem.

Então me deixe ser direto: não estou dizendo que você pode proferir esse insulto sempre que pretender criticar ou resistir à ideologia racista que ele reflete. Se você pode ou não depende, em parte, de quem você é.

Algumas pessoas acham isso estranho, mas não é. Como judeu, posso dizer a palavra *kike*. Quando faço isso, evoco uma ideologia antissemita. Mas ninguém achará que eu adoto essa ideologia ou encorajo outros a adotá-la. Um não judeu que diga *kike* também pode não endossar essa ideologia. Mas pode ser difícil dizer. Assim, faz sentido que não judeus evitem a palavra tanto quanto possível.

Isso significa que eu posso dizer *kike* e você não. (A menos que seja judeu ou tenha um bom motivo, como ensinar a história do antissemitismo.) Mas o fato de que posso dizer *kike* não significa que eu deva, já que ela evoca uma ideologia antissemita, quer eu queira ou não.

Isso é verdade mesmo quando as pessoas usam insultos para comunicar afeto, como fazem às vezes. Grupos oprimidos frequentemente tentam se apoderar dos insultos. *Queer* é o caso de maior sucesso. Ele é adotado, e mesmo preferido, por muitos que outrora seriam seus alvos. Para a maioria, já não evoca uma ideologia antigay, mas o oposto.

Mas muitos projetos de reivindicação são mais limitados. As mulheres que chamam suas amigas de *piranhas* ou *vadias* não anteveem um ponto no qual os homens as chamarão da mesma palavra. No futuro previsível, o uso masculino da palavra continuará a evocar uma ideologia sexista, o que significa que o uso feminino fará o mesmo, ainda que também evoque sua inversão. O mesmo acontece com o uso de *nigger* no inglês (em português, poderíamos pensar também no uso de "preto", "negão", "neguinho" etc.). Entre as pessoas negras, a palavra frequentemente é uma expressão de ternura. Mas evoca uma ideologia racista, juntamente com sua inversão, principalmente quando pode ser ouvida por brancos não empáticos.

Isso não torna a reivindicação errada. Há bons motivos para que grupos oprimidos se apossem de palavras associadas a sua opressão. Isso rouba parte do poder dessas palavras. E não é coincidência que insultos frequentemente se transformam em termos carinhosos. O fato de que uma mulher pode chamar a amiga de *piranha* ou *vadia* assinala quão próximas elas são; tão próximas que podem alterar o significado das palavras.

Os custos da reivindicação superam os benefícios? Não cabe a mim dizer. Não tenho lugar de fala na maioria dessas comunidades, então não estou em posição de avaliar todos os custos e benefícios. (Exceto quando se trata de *kike*. Os antissemitas podem ficar com ela.) Essa é uma pergunta para as pessoas mais afetadas. Só quero que você veja por que, mesmo entre os grupos mais visados, essas questões frequentemente são controversas.

Algumas pessoas acham que os brancos deveriam ter mais liberdade que o sugerido neste livro para proferir termos que se aproximam da injúria racial. (Para ser direto, acho que os brancos tem pouca ou nenhuma liberdade para dizê-la.) Elas indicam a distinção entre uso e menção sobre a qual falamos antes. A ideia é que você não deveria *usar* um insulto ao se referir a alguém, mas não faz mal meramente *mencioná-lo*.

Durante muito tempo, achei que esse era um limite razoável, e continuo achando que ele é moralmente significativo. Quando você usa um insulto, endossa uma ideologia e difama aquele a quem o insulto é dirigido. Quando apenas menciona um insulto, você não faz nenhuma dessas coisas. E isso importa. Usar um insulto pode ser muito errado.* Mencionar um insulto raramente é.

---

* Swanson argumenta que a seriedade moral de um insulto é função do dano causado pela ideologia relevante. É por isso que *crioulo* ou qualquer outra injúria etnico-racial contra minorias é explicitamente pior que *branquelo*, e muito pior que *nerd* e *geek*, já que não são equivalentes.

Mas mencionar um insulto não é totalmente benigno, porque você evoca a ideologia que ele representa ao dizê-lo. É lógico que pode haver bons motivos para mencionar insultos, mesmo os mais ofensivos. Como eu disse, autores como Baldwin, King e Coates não teriam se comunicado tão efetivamente se não os tivessem usado. Não faz mal, quando há um bom motivo para isso. Mas *esparsamente* é a palavra-chave, já que as boas razões são raras.

Swanson pode nos ajudar a ver por que os brancos deveriam evitar o uso dessa terminologia em todos os casos, com exceção dos mais excepcionais. Não se trata do que eles não podem fazer, mas do que podem. Quando você evita uma palavra, demonstra sua oposição a ela e à ideologia que ela representa. Evitar a palavra em vez de dizê-la é um pequeno golpe contra o racismo, pois assinala discordância dele.*

A TEORIA DOS INSULTOS de Swanson também pode nos ajudar a entender por que palavras que não são tabu às vezes mostram-se danosas. Ele relata que, certa vez, uma estranha que o viu tomar conta do filho pequeno comentou: "É ótimo que você ajude a mãe dele." Não há insultos aqui. E, mesmo assim, ao escolher a palavra *ajudar*, a estranha evocou uma ideologia que designa às mães a responsabilidade pelos cuidados com os filhos e que vê os homens como ajudantes, não como pais. Com a sua afirmação, a estranha endossou aquela ideologia e sutilmente encorajou Swanson a também se ver daquela maneira. Sem dúvida, ela achou que estava sendo gentil. E *estava*, mas de uma maneira que sabotava Swanson e sua esposa.

---

* Isso é verdade na maior parte do tempo. Se você falar de maneira indireta muitas vezes, parecerá que está tentando evocar a ideologia racista, e não a antirracista. É possível exagerar na não utilização de uma palavra, assim como em sua menção. A comunicação é complicada. Regras fixas não podem captar as linhas éticas relevantes, que estão constantemente em fluxo, acompanhando as mudanças dos significados sociais.

De fato, a teoria dos insultos de Swanson fala mais do que apenas sobre a linguagem. Ela pode nos ajudar a entender por que nossas ações às vezes são objetáveis, mesmo quando não pretendemos que sejam. Homens abrindo portas para mulheres evoca uma ideologia na qual os homens são fortes e cavalheirescos, em socorro de mulheres fracas e submissas. No fundo, a ação é bem-intencionada. Então, os homens ficam confusos quando as mulheres objetam. Mas as que o fazem buscam um tipo diferente de respeito, enraizado em uma ideologia de igualdade.

Há uma lição aqui: devemos prestar mais atenção às ideologias que modelam aquilo que dizemos e fazemos. Frequentemente, ações bem-intencionadas refletem e apoiam ideologias que deveríamos rejeitar.

— Você sabe algum insulto? — perguntei a Rex enquanto escrevia este capítulo.

— Eu sei um. Você me ensinou.

Eita..., pensei.

— Qual?

— *Peles vermelhas*. Como aquele time de futebol americano, o Redskins.

Fiquei aliviado. Eu me lembrava dessa conversa. Havíamos falado sobre o Atlanta Braves, nosso time de beisebol favorito. Eu disse a Rex que achava que os Braves deviam mudar de nome. O time dizia que seu nome homenageava os nativos norte-americanos, e talvez fosse verdade. Mas o problema não era a intenção dos Braves. Era o que seu nome evocava: uma ideologia que vê os nativos norte-americanos como selvagens, algo que, por muitas décadas, o time adotara em sua imagem. Além disso, há um nome melhor. O time deveria se chamar O Tráfego [O trocadilho faz referência ao trânsito quilométrico em dias de jogos dos Redskins, conhecido até mesmo como "nightmare traffic" — trânsito pesadelo, em tradução livre —, tamanha a sua extensão.]

Então Rex acrescentou:

LINGUAGEM

— Acho que aprendi outro insulto em *A marcha*.

A marcha é uma série de quadrinhos que contam a história de John Lewis, um congressista e super-herói dos direitos civis. Se você tiver um filho pré-adolescente, compre. Ou compre um exemplar para si: eles são ótimos.

— É a palavra que as pessoas brancas chamavam as pessoas negras — disse Rex.

Então ele disse a palavra.

Perguntei o que ele sabia a respeito.

Ele respondeu que era uma coisa muito ruim de se dizer, talvez a pior de todas.

E falamos sobre por que é assim. Ele já aprendera grande parte da história em *A marcha* e em outros livros. Então conversamos sobre por que essa palavra machuca — como ela faz lembrar dessa história e de todas as associações ruins que vêm com ela, e como é desrespeitoso dizê-la, dada sua história.

Por tudo isso, eu disse a Rex para jamais repeti-la novamente.

— Desculpa — disse ele, parecendo preocupado. — Eu não sabia.

— Não se preocupe — respondi. — Eu queria que você soubesse. Foi por isso que perguntei.

PARTE II

ENTENDENDO A NÓS MESMOS

6

SEXO, GÊNERO E ESPORTES

Rex e seu amigo James correram sua primeira maratona de 5 quilômetros no terceiro ano do Ensino Fundamental. Eles a finalizaram em um pouco mais de 34 minutos. Entre os meninos de 8 anos, ficaram em nono e em décimo lugares. Nós os recebemos na linha de chegada, orgulhosos de vê-los correr.

Enquanto celebrávamos, perguntei:

— Vocês viram o que Suzie fez?

Rex, James e Suzie eram inseparáveis no terceiro ano; companheiros dentro e fora da escola.

— Não, o que ela fez? — perguntou Rex.

— Ela chegou em primeiro lugar. E foi tão rápida! Terminou em 25 minutos.

Um pouco menos, na verdade.

— Ela começou antes — disse Rex, como se isso explicasse por que Suzie terminara nove minutos antes.

— Não acho que ela tenha começado *tão* antes assim de vocês.

— Ela começou, sim — disse James. — Nós nem conseguimos vê-la quando começamos.

— Eu consegui vê-la — retruquei. — E há um chip nas placas de identificação que registra a hora em que o corredor partiu. Então não importa quem começou primeiro.

— Eu sei — retrucou Rex —, mas ficamos presos na multidão.
— Durante nove minutos?
— Não estávamos tentando correr depressa — insistiu James de modo desafiador.
— É — concordou Rex. — Estávamos correndo em nosso próprio ritmo.
— Ok — disse eu, irritado porque eles se recusavam a celebrar a vitória de Suzie. — Mas, mesmo que tivessem corrido depressa, vocês não teriam sido tão rápidos quanto Suzie. Ela foi *muito* rápida.

POR QUE OS MENINOS estavam dando desculpas? Porque haviam perdido a corrida para uma menina. E meninos não devem perder para garotas. Isso é ruim para as meninas. Mas também é ruim para os meninos. Na verdade, é ruim para as meninas em parte *porque* é ruim para os meninos.

A ideia de que meninos devem ser melhores nos esportes que meninas é ruim para elas por questões óbvias. É um resquício do discurso de que meninas não são adequadas para os esportes, o que, durante muito tempo, foi uma justificativa para sua total exclusão. Mesmo a mais branda suposição de que meninos deveriam ser melhores limita as oportunidades das meninas. Se as pessoas não esperam que meninas sejam boas nos esportes, elas recebem menos encorajamento e menos chances de jogar. E então isso se torna uma espécie de profecia autorrealizável. Os meninos se saem melhor nos esportes não por serem inerentemente melhores, mas porque investimos mais em seu desempenho atlético.

Por que isso é ruim para eles? A ideia de que deveriam ser melhores que as meninas, torna a masculinidade dependente de sua habilidade atlética. Se um menino perde para uma menina, tende a ser visto como menos viril. E talvez ele acredite nisso, vendo-se como defeituoso.

Isso é ruim para os meninos, mas também para as meninas, porque eles sentem que precisam defender sua masculinidade. Às vezes, eles as excluem, para não correrem o risco de perder para elas. Ou diminuem suas realizações para sentirem-se superiores. Foi isso que achei que Rex e James estavam fazendo após aquela corrida de 5 quilômetros: minimizando a realização de Suzie para que não fosse uma ameaça para eles.

Mas não culpe os meninos. Eles não criaram o sistema. E, embora defendam sua posição dentro dele, ela não é composta unicamente de privilégios. Inclui a pressão para corresponder a um padrão que muitos meninos não podem (ou não querem) seguir. E o fracasso não é só uma questão de passar para a posição menos privilegiada que as meninas já ocupam. Um menino que não se sai bem sendo um menino não é bem-vindo sendo uma menina; ele simplesmente não é bem-vindo, seja por meninos ou meninas.

ESSAS QUESTÕES NÃO SÃO abstratas para mim. Eu era o menor garoto da minha turma, o que é um problema sério quando se trata de esportes. Eu queria poder dizer que compensei isso com coragem, determinação e uma coordenação impressionante, mas eu me mexia como um conjunto de partes do Senhor Cabeça de Batata.

Ao menos quando tentava fazer qualquer coisa atlética. Não sou atrapalhado. Tenho bom equilíbrio e reflexos rápidos. Estou razoavelmente em forma. Mas minha mente não tem controle total sobre meu corpo. É como se os fios da marionete se embolassem, de modo que cada movimento é ligeiramente errado. E quanto mais eu tento, mais embolados os fios ficam.

Passei a infância no limite aceitável do desempenho atlético — ao menos para um menino. Eu era consumido pela ansiedade todas as vezes em que alguém sugeria que escolhêssemos times, já que cada um de nós estava prestes a ser classificado pelos capitães com impiedosa eficiência. (Falando sério, meninos de 7 anos deveriam estar encarregados das admissões na NBA.)

Certa vez, minha mãe me matriculou em um acampamento esportivo de verão de uma semana. E tudo bem. Eu gostava de esportes, só não era bom neles. No último dia, os inspetores dividiram o acampamento em dois times, para um dia inteiro de competições. Na hora do almoço, ouvi dois inspetores conversando sobre como haviam dividido os grupos.

— Você escolheu o Scott? — perguntou um deles, de uma maneira que sugeria que isso era ligeiramente pior que atear fogo ao próprio corpo.

— Bem, era ele ou Fulana.

Fulana era a única menina no acampamento. Mas ela não era como a Suzie. Era maior e mais forte que eu, mas também novata nos esportes. E não era uma atleta nata.

— Escolha difícil — disse o outro cara.

— Bem, eu preferi ficar com ele. Isso deve valer de alguma coisa.

Bum! Veja só meu privilégio. Mas veja também o privilégio dela. Não pode ter sido fácil ser a única menina no acampamento esportivo. E estou certo de que deve ter doído ser escolhida por último. Mas a feminilidade de Fulana não estava em risco. Ninguém a envergonhou por sua falta de habilidades ou sugeriu que ela era menos mulher. Porque uma menina não precisa ser boa nos esportes, nem mesmo no acampamento esportivo.*

Um menino precisa. E eu não era. Mas aquele inspetor me deixou ser um menino, mesmo assim. E eu agradeço por ninguém tê-lo ouvido dizer aquilo. Os outros meninos não teriam sido tão gentis.

REX NÃO SE LEMBRA da conversa sobre a corrida de 5 quilômetros da mesma forma que eu. E a versão dele merece ser ouvida.

---

* Para ser direto, não estou sugerindo que meninas não se sintam pressionadas a serem boas nos esportes. É óbvio que são, em alguns contextos. A diferença é que o fracasso nos esportes não lança dúvidas sobre sua feminilidade. Aliás, elas frequentemente enfrentam a situação contrária. O sucesso nos esportes leva as pessoas a questionarem sua feminilidade. Não notei isso entre crianças mais novas, mas se torna um problema na adolescência e só piora conforma as mulheres ascendem até o topo dos esportes de sua escolha.

SEXO, GÊNERO E ESPORTES

— Não foi assim que aconteceu — disse ele quando conversamos.

— Como você se lembra daquele dia?

— Quando terminamos a corrida, você começou a tirar sarro da nossa cara porque Suzie foi mais rápida — respondeu Rex.

— Você realmente acha que eu zombaria de você por ter perdido para Suzie?

— Você parecia estar.

Sendo muito direto: eu jamais zombaria dos meus filhos por perder para uma menina. (Como você pode ver, essa questão é sensível para mim.)

Mas entendo por que Rex viu a situação dessa forma. Apenas mencionar quão bem Suzie se saíra foi suficiente para aumentar a ansiedade dele. E eu não deixei para lá, porque achei que era importante que ele celebrasse as realizações de Suzie.

Então conversamos a respeito, e comecei da maneira como o fiz aqui: sugeri que os meninos são ensinados a não perder para as meninas.

— Ninguém nos ensina isso — disse Rex.

— Você acha que não?

— Bem, nenhum adulto nunca disse isso — refletiu Rex. — Mas acho que pensamos assim.

— Por que vocês pensam assim?

— Não tenho certeza. Acho que é pelo jeito que as pessoas reagem quando uma menina vence um menino. E a maneira como eles escolhem os times. Acho que todo mundo entende que os meninos devem ser melhores.

— E os meninos são melhores?

— Não — respondeu Rex sem hesitação. — Algumas meninas são realmente boas no futebol.

— Os colegas zombam dos meninos por perderem para as meninas?

— Sim. Meus amigos não tiram sarro de ninguém, mas alguns meninos fazem isso.

— E quanto às meninas?

— Elas também tiram sarro de você por perder para uma menina.

O SEXISMO É COMPLICADO.

Ele é majoritariamente ruim para meninas e mulheres, mas também pode ser ruim para meninos e homens. E, se queremos ajudar as meninas, temos de ajudar também os meninos, porque elas frequentemente sofrem quando eles se sentem ameaçados.

Além disso, impingir o sexismo não é algo que apenas os meninos fazem às meninas. É algo que as meninas fazem aos meninos. E as meninas fazem às meninas. E os meninos fazem aos meninos. Todos nós participamos do sexismo, assim como estamos todos imersos em papéis estruturados por estereótipos sexuais. E todos sofremos com o sexismo, porque somos pressionados a nos conformar com esses papéis.

Retornaremos a eles daqui a pouco. Mas, primeiro, um pouco mais sobre a maratona de 5 quilômetros.

Eu disse a você que Suzie terminou em primeiro. Mas Blake também terminou em primeiro, mesmo que Suzie o tenha vencido por quase um minuto.

Espere, o quê? Como é possível terminar em primeiro lugar quando se termina em segundo?

A resposta é: Blake é um menino. E a corrida era segregada por sexo. Todas as crianças corriam juntas. Mas havia duas corridas acontecendo: uma para as meninas e outra para os meninos.

O que suscita a questão: por que segregamos os sexos nos esportes? Suzie não precisava de ajuda. Ela era tanto a menina como também a pessoa mais rápida da turma inteira, ponto final. E podemos nos perguntar: foi uma boa ideia Blake também ter recebido a medalha de primeiro lugar? Talvez o segundo lugar tivesse ensinado a ele — e a todos os outros meninos — uma lição. Uma menina pode subir no pódio mesmo quando compete com meninos.

Isso soa como uma lição que vale a pena aprender. E, se a corrida não fosse segregada por sexo, os meninos teriam aprendido outra lição no ano seguinte. Suzie duplicou sua vantagem, vencendo o menino mais rápido por quase dois minutos. E ela não foi a única menina a terminar antes dele. Ele chegou em terceiro lugar. E, mesmo assim, foi para casa como campeão — do sexo decididamente mais fraco, ao menos naquela competição.

● ━━━ ●

ENTÃO POR QUE A maratona de 5 quilômetros deve ser segregada por sexo? Honestamente, não sei se deve. Não vejo nenhum motivo para meninos e meninas tão jovens quanto Rex e Suzie não competirem uns contra os outros. Aliás, acho que seria bom para todo mundo ver que as meninas são tão boas — e frequentemente melhores — que os meninos nos eventos atléticos.

Mas essa abordagem tem vida curta. Em breve, os meninos começarão a ultrapassar Suzie. Não os meus, não a maioria, mas alguns. Porque o desempenho atlético dos homens é um pouquinho melhor que o das mulheres na maioria dos esportes.

No topo, a diferença pode ser gritante. Veja a corrida de 100 metros. Florence Griffith Joyner é detentora do recorde mundial feminino, com 10,49 segundos.* O que é muito rápido. E, mesmo assim, é quase um segundo a mais que o recorde masculino estabelecido por Usain Bolt: 9,58 segundos.

Para colocar essa diferença em contexto, um homem que corresse tão rápido quanto Flo Jo seria tão lento, pelos padrões dos homens mais rápidos, que teria terminado a temporada de 2019 em 801º lugar. Na verdade, ele dificilmente ficaria entre os principais atletas; em 2019, mais de 12 meninos com menos de 18 anos correram mais rapidamente que a mulher mais veloz do mundo.

Certamente há esportes nos quais as mulheres vencem os homens mesmo na idade adulta. E veremos alguns exemplos. Mas, do modo

---

* Esse tempo é discutível, pois parece que o anemômetro — que mede a velocidade do vento — estava quebrado no momento da corrida. Ele não registrou nenhum vento. Mas a investigação subsequente sugeriu que o vento presente superava muito o permitido. Se removermos essa corrida do livro dos recordes, Elaine Thompson-Herah terá o melhor tempo, com 10,54 segundos.

como as coisas são agora, eles são poucos. Assim, se não segregássemos os esportes por sexo, as mulheres raramente venceriam as principais competições. Pior ainda: elas estariam ausentes de quase todas, já que dificilmente se qualificariam para competir.

Você pode se perguntar: "E daí?"
Essa não é uma pergunta estúpida. Muitas pessoas são excluídas dos principais esportes. Há jogadores de basquete incríveis que são baixos demais para a NBA. Há jogadores de futebol americano incríveis que são pequenos demais para a NFL. Há jogadores de futebol incríveis que são lentos demais para a liga principal.

Alguns esportes encontraram maneiras de solucionar esses problemas. O irmão mais novo da minha avó foi boxeador na década de 1930. Ele lutava sob o nome Benny "Irlandês" Cohen. Ele não era irlandês, mas seu agente era. E um cara com sobrenome Cohen ser irlandês dobrava o número de ingressos vendidos.

Benny era um excelente boxeador. Em seu auge, foi o terceiro melhor do mundo em sua categoria.

Ele lutava como peso-galo. Tinha um pouco mais de 1,5 m e pesava 53 kg. Eu o olharia de cima, uma situação pela qual eu nunca tinha passado. (No boxe, sou peso superleve, o que parece adequado.) Se Benny tivesse subido no ringue contra um peso pesado, teria sido morto. Mas o boxe divide os participantes em classes de peso precisamente para que boxeadores como Benny possam se destacar.

E o esporte lucra com isso. Os caras mais leves são divertidos de assistir por serem mais rápidos que os grandões, e alguns são tecnicamente melhores. Os fãs do boxe discutem quais são os melhores lutadores *peso por peso*. A expressão assinala que o melhor boxeador em qualquer categoria pode não ser aquele que venceria a luta entre os dois. De fato, muitos veem Sugar Ray Robinson como melhor lutador peso por peso de todos os tempos. Ele foi peso-meio-médio (67 kg) e depois peso-médio (73 kg). Pesos pesados de elite, como Muhammad

Ali, o teriam destruído. Mas as classes de peso permitiram que Robinson estabelecesse o padrão para o esporte.

Alguns defendem argumentos similares em relação à segregação por sexo. Se Wimbledon não tivesse campeonatos separados para homens e mulheres, não teríamos testemunhado o brilhantismo das irmãs Williams.

Essa não é minha opinião, é a de Serena Williams. Quando perguntaram a ela se jogaria uma partida contra Andy Murray, ela respondeu: "Para mim, o tênis masculino e o feminino são esportes quase que totalmente separados. Se eu jogasse contra Andy Murray, perderia de 6–0, 6–0 em cinco minutos, talvez dez [...] Os homens são muito mais rápidos. Eles sacam e rebatem com mais força. É simplesmente um jogo diferente."

É lógico que diferente *não* significa pior. As versões femininas de alguns esportes provavelmente são melhores que as versões masculinas. Alguns fãs de basquete gostam de assistir à WNBA mais que à NBA, porque as mulheres exibem um conjunto diferente de habilidades. Elas se apoiam menos no atletismo individual e trabalham melhor como time, exibindo jogadas ensaiadas e defesas estruturadas. Alguns dizem que a WNBA restaurou a versão mais antiga do jogo, da qual gostam mais que da competição de superastros que é a NBA hoje. (Um adendo: Rex recentemente me perguntou por que ela não é chamada de MNBA, e ele tem razão.)

Descobrir diferentes atletas ou estilos de jogo é, sem dúvida, um dos benefícios da segregação por sexo. Mas essa não pode ser toda a história, ou nem mesmo a parte mais significativa dela. Primeiro, podemos obter esses benefícios de várias maneiras, não somente através da segregação. O boxe prova isso. E poderíamos copiar essa abordagem, adotando classes de altura para o basquete, de velocidade para o futebol ou de força para o tênis. Com cada classe criada, poderíamos descobrir novos atletas ou maneiras de jogar. Mas ninguém quer ver caras de baixa estatura jogando basquete, mesmo que fosse divertido.

E esse não é o único problema com a explicação para a segregação por sexo. Ela não se aplica a todos os esportes. Os homens e as mulheres da liga principal jogam diferentes estilos de basquete. Mas, quando se trata de uma corrida, a segregação não enfatiza maneiras distintas de correr. Correr rápido é correr rápido, independentemente de quem o faz.* Essa é a lição que Suzie poderia ter ensinado aos meninos se a maratona de 5 quilômetros não tivesse sido segregada.

Finalmente, parece que a segregação nos esportes tem algo a ver com igualdade. Não é coincidência ninguém querer ver caras de baixa estatura em quadra, mesmo que sua forma de jogar basquete possa se apoiar mais no trabalho em equipe que na capacidade atlética individual. Não nos parece importante ver atletas baixos jogando, não da mesma maneira como achamos importante ver mulheres participando da competição.

MAS POR QUE ISSO é importante? Para responder a essa pergunta, vamos refletir sobre por que os esportes são importantes. A filósofa Jane English foi uma ótima atleta amadora. Ela morreu muito jovem (aos 31 anos) enquanto escalava a montanha Matterhorn. Logo antes de morrer, publicou um artigo chamado "Sex Equality in Sports" [Igualdade de gênero nos esportes, em tradução livre].

De acordo com English, a participação nos esportes fornece dois tipos de benefícios. O primeiro tipo são os *benefícios básicos*. Eles incluem questões como saúde, respeito próprio e "diversão pura e simples". English argumentou que todos temos direito aos benefícios básicos dos esportes. Ela imaginou um menino chamado Walter, que é um lutador melhor que uma menina chamada Matilda. A superioridade de Walter, disse ela, "não é motivo para negar a Matilda uma chance igual de lutar para obter saúde, respeito próprio e diversão".

---

* Parece haver diferenças biomecânicas na maneira como homens e mulheres correm. Mas são necessários observadores sofisticados para notá-las. E nosso interesse ao ver mulheres correrem não depende das maneiras pelas quais sua biomecânica pode diferir da dos homens.

SEXO, GÊNERO E ESPORTES

Segundo English, seria injusto desencorajar Matilda de lutar simplesmente porque Walter é melhor.

Ela argumentou que devemos tornar o atletismo recreativo "disponível para todas as pessoas independentemente de idade, sexo, nível econômico e habilidade", a fim de que todos possam gozar de seus benefícios básicos. E ela viveu o que pregava. Foi boa nadadora, corredora e jogadora de tênis. Muitos meses antes de sua morte, ela estabeleceu o recorde de seu grupo etário para os 10 quilômetros em uma corrida local.

Ao estabelecer esse recorde, English garantiu um dos *benefícios escassos* dos esportes. Eles incluem questões como fama, fortuna e o pódio. Não podemos todos receber cartas dos fãs, disse English, quem dirá chegar em primeiro lugar na corrida. Quando se trata de benefícios escassos, a habilidade importa.

Mas a igualdade também. English sugeriu que homens e mulheres deveriam ter as mesmas chances de alcançar a fama e a fortuna através dos esportes. Mas insistiu que nenhuma mulher *individualmente* tinha direito à fama, à fortuna ou mesmo a uma competição na qual tivesse chance de vencer. O direito a uma parte igual dos benefícios escassos dos esportes é das mulheres *coletivamente*, porque é importante que elas tenham um papel proeminente nos esportes.

Por quê? Acho que essa pergunta foi mais bem respondida por outra filósofa — que também era uma atleta incrível. Em 1984, Angela Schneider representou o Canadá como remadora nas Olimpíadas. Ela ganhou a medalha de prata na categoria Quatro Sem (quatro remadores sem timoneiro). Depois de se aposentar como remadora, ela se tornou filósofa do esporte — o que é o emprego mais legal do mundo. Schneider escreve sobre tópicos como doping, amadorismo e a relação entre esportes e brincadeiras.

Como ela indica, vivemos em um mundo profundamente desigual. As mulheres são "sistematicamente afastadas das posições de poder e atenção". E suas "aptidões e realizações" frequentemente "não são reconhecidas nem saudadas".

Os esportes são grande parte do problema. Em nossa sociedade, celebramos atletas mais que praticamente qualquer outro profissional. Prestamos atenção a um pequeno grupo de esportes e, acima de tudo, privilegiamos os corpos masculinos. Isso é um problema por dois motivos.

Primeiro, a representação importa. Meninas precisam ver mulheres se destacando. De outro modo, concluem que os esportes não são para elas. E então perdem seus benefícios básicos.

Segundo, concedemos imenso poder e influência às pessoas que se destacam nos esportes. Michael Jordan acumulou uma fortuna, que depois usou para comprar um time da NBA. Recentemente, ele prometeu cem milhões de dólares para a luta contra a desigualdade racial. Colin Kaepernick também faz parte dessa luta. Ele impulsionou o movimento contra a brutalidade policial simplesmente se ajoelhando durante o hino nacional. Kaepernick chamou atenção para o problema de uma maneira que ninguém mais poderia, já que ele monopoliza a atenção das equipes de filmagem da NFL todos os domingos. E ele e Jordan estão longe de serem os únicos atletas trabalhando pela mudança. Muhammad Ali, Magic Johnson, Greg Louganis, Jesse Owens, Jackie Robinson — a lista de atletas que mudaram atitudes no esporte é muito longa.

Graças à segregação por sexo, a lista também inclui muitas mulheres. Nos dias de hoje, Serena Williams, Megan Rapinoe e Maya Moore. Antes delas, Babe Didrikson Zaharias, Martina Navratilova e Billie Jean King.

Essa lista é, por si só, um poderoso argumento em favor da segregação por sexo nos esportes. O mundo seria pior sem a inspiração que essas mulheres — e tantas outras — fornecem. Para as meninas, com certeza. Mas também para o restante de nós.

Não assistimos esportes somente para descobrir quem é mais veloz ou pula mais alto. Como diz Schneider, os esportes "modelam e definem nossas imagens de quem somos e do que é possível para os seres humanos". Os atletas que elevamos nos elevam também; eles são exemplos de força, determinação e perseverança. Eles lutam contra a adversidade; eles vencem; e fracassam, com elegância ou sem.

Aprendemos ao assisti-los, e é importante que nossos olhos vejam tanto mulheres quanto homens.

EMBORA SCHNEIDER DEFENDA A segregação por sexo, ela acha que não precisaríamos dela se o mundo fosse realmente igualitário. Homens e mulheres poderiam competir uns contra os outros em todos os esportes e se sairiam igualmente bem.

Para que isso funcionasse, meninos e meninas teriam de receber o mesmo encorajamento para praticar esportes, e o mesmo apoio à sua carreira. E precisaríamos de uma variedade mais ampla de esportes, a fim de realizar mais integralmente o potencial atlético das mulheres.

Já temos alguns esportes que privilegiam os corpos femininos. A ginástica feminina talvez seja a principal. Os homens não se importam muito com a trave olímpica, mas, se o fizessem, Simone Biles provavelmente os destruiria, já que o aparato recompensa o centro de gravidade mais baixo.

E Biles não é a única mulher capaz de tirar os homens da competição. Você já ouviu falar de Fiona Kolbinger? Em 2019, ela competiu na Corrida Transcontinental, um evento de ciclismo que se estende por mais de 3.000 quilômetros cruzando a Europa. A corrida é extenuante e dura mais de uma semana. Os atletas estão completamente sozinhos. Eles não recebem assistência de ninguém. E o relógio nunca para, então eles precisam planejar quando parar para comer e dormir. Kolbinger arrasou na competição, vencendo o segundo lugar (um homem) por uma vantagem de mais de dez horas.

Jasmin Paris pode ser ainda mais impressionante. Ela estabeleceu o recorde na Montane Spine Race, completando os 418 quilômetros da corrida em pouco mais de 83 horas. *Ela parou para bombear leite ao longo do caminho, a fim de não ter mastite.* E, mesmo assim, terminou 12 horas antes de qualquer homem que já tenha participado da corrida.

O fato de Kolbinger e Paris não serem famosas é uma indicação de injustiça. Como diz Schneider, as realizações das mulheres frequentemente são ignoradas. Mas suas vitórias provam que as mulheres têm ao menos tanto potencial atlético quanto os homens; seu potencial só é diferente.

Os homens são mais velozes. Até que você os faça correr por três dias seguidos. Então Jasmin Paris os ultrapassa.

MEUS FILHOS ADORAM ESPORTES femininos. Porque são esportes. Dê a eles um placar ou um cronômetro e eles assistirão a qualquer competição.

E alguns dos heróis deles são heroínas. Passamos muito tempo vendo a pequenina Rapinoe jogar na Copa do Mundo de Futebol Feminino. E, embora estivéssemos viajando, fizemos todo o possível para conseguir uma televisão e assistir aos jogos.

No meio de uma das partidas, Rex fez uma pergunta que complica a história que eu acabei de contar.

— Uma mulher trans pode jogar futebol feminino?

— Não sei quais são as regras — respondeu Julie. — As pessoas discutem muito sobre isso.

— Por quê?

— Algumas pessoas acham que elas podem ter uma vantagem injusta.

— Elas deveriam poder jogar — disse Rex.

E todos nós concordamos.

Mas muitas pessoas não têm tanta certeza disso. Algumas dizem que permitir que mulheres trans participem de esportes femininos vai contra os propósitos da segregação por sexo.

ACHO QUE ESSAS PESSOAS estão erradas, e gostaria de explicar por quê. Mas, para pensar nitidamente sobre essa questão, precisamos de uma rápida explicação sobre sexo e gênero. (Se você é aluno de estu-

SEXO, GÊNERO E ESPORTES

dos de gênero, agora é hora de ir fazer pipoca ou simplesmente pular essa parte do livro.)

O sexo se relaciona à biologia e é determinado por características físicas dos corpos humanos. E não é tão simples quanto lhe ensinaram quando você era criança, pois não existe nenhuma característica que separe as pessoas nas categorias masculino e feminino. Em vez disso, há agrupamentos de características que tipificam machos (como cromossomos XY, testículos e genitália externa) e agrupamentos que tipificam fêmeas (como cromossomos XX, ovários e genitália interna). Mas algumas pessoas têm características de ambos os agrupamentos. Ou características que não pertencem a nenhum deles. Assim, nem todo mundo é macho ou fêmea; alguns são intersexo.*

Algumas pessoas usam as palavras *sexo* e *gênero* como sinônimos, mas, na verdade, elas não são. Porque o gênero está relacionado a papéis sociais, não a biologia. Uma mulher está sujeita a um conjunto de expectativas sobre a própria aparência, a maneira de se vestir, de caminhar e de falar, o trabalho que vai exercer, o que vai sentir e pensar e assim por diante, *infinitamente*. Os homens estão sujeitos à mesma coisa, com expectativas diferentes. E o mesmo vale para meninos e meninas; eles são versões mais jovens desses papéis.

Para muitos pais, o primeiro contato com esse mundo, ao menos em relação ao próprio filho, é na hora do ultrassom, mais ou menos na 18ª semana de gestação. Eu me lembro bem do primeiro ultrassom de Hank. A ultrassonografista colocou o transdutor na barriga de Julie e o retirou imediatamente.

— Vocês têm certeza de que querem saber? — perguntou ela.

— Temos — respondeu Julie.

— Ok. Porque não é difícil de ver.

Ela reposicionou o transdutor e a imagem entrou em foco. Lá estava Hank, com as pernas bem abertas, como se perguntasse: "Você *viu* meu pênis?"

---

* Quantos? É difícil dizer, já que isso depende de que traços os pesquisadores con tam como intersexo. Nas definições mais estritas, cerca de uma a cada 1.500 pessoas Em definições mais amplas, pode-se chegar a uma a cada cem pessoas.

Escrevemos essa pergunta na imagem do ultrassom e a enviamos para nossa família.

Não, não fizemos isso. Mas contamos que teríamos um menino. Não havíamos contado quando Julie engravidara de Rex, embora também soubéssemos. Não queríamos uma casa cheia de coisas para meninos. Mas perdemos a batalha rapidamente, então contamos na vez de Hank.

Alguns pais e mães agora compartilham a notícia em "chás de revelação". Não sei exatamente como essas festas funcionam, já que não existiam quando meus filhos nasceram. Mas acho que você precisa de um agente de operações especiais. Os pais — que estavam na sala durante o ultrassom — de alguma maneira não ficam sabendo sobre o sexo. Mas a informação é passada a uma amiga. E essa amiga compra um bolo, cuja cobertura esconde se o bolo é azul (menino) ou cor-de-rosa (menina). Durante a festa, a tensão aumenta. Até que chega o momento de os pais cortarem o bolo. A cor é revelada e a multidão comemora como se estivesse extasiada com o resultado — quando na verdade a outra cor teria gerado exatamente a mesma reação.

Ao menos, é assim quando dá certo. Alguns pais ficam tão animados com o gênero que explodem coisas. Ao menos dois começaram incêndios nos Estados Unidos. Uma pessoa foi morta por um canhão durante um chá de revelação, outra por uma bomba caseira. Não gosto de bolo colorido; toda sobremesa deve ser de chocolate. Mas não se engane: bolo azul ou cor-de-rosa é melhor que a pirotecnia.

PERGUNTA RÁPIDA: os chás de revelação do gênero do bebê recebem o nome correto?

A resposta é não. A única informação revelada pelo ultrassom é se o feto tem pênis ou vagina. Ou talvez ovários ou testículos. A tela só mostra as características físicas do futuro bebê.

Assim, na verdade, são chás de revelação do sexo.

Mas dá para entender por que os caras do marketing não quiseram esse nome. Imagine os convites:

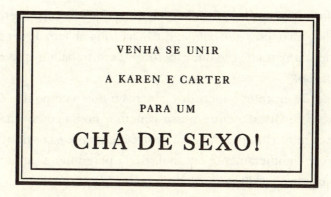

VENHA SE UNIR

A KAREN E CARTER

PARA UM

CHÁ DE SEXO!

A vovó *com certeza* não vai comprar o tipo certo de presente.

Mas, na verdade, essas reuniões não são somente chás de sexo. Elas são também chás de *designação de gênero*.

Assim que o bolo é cortado, todo mundo tacitamente concorda em tratar a criança (que ainda nem nasceu) como se ocupasse certo papel social. Se o bolo for azul, compraremos tacos e bolas de beisebol para o menino. Se for cor-de-rosa, compraremos bonecas e vestidos para a menina — e pagaremos menos a ela para fazer o mesmo trabalho de um menino.

É isso o que a celebração significa.

E as crianças dizem: não há festa tão boa quanto um chá de sexo!

ESTOU FALANDO ASSIM PARA que você ria, mas a questão é séria. Designamos papéis às crianças antes mesmo de conhecê-las, e eles estruturam grande parte da vida delas. Eles também podem ser restritivos. Pense sobre todas as coisas que, através da história, uma mulher não pôde fazer simplesmente por ser mulher.

Para justificar as limitações, as pessoas frequentemente apontavam para o corpo feminino. Elas diziam que esse corpo não era adequado para o esporte ou para os trabalhos que exigem esforço físico, porque [insira qualquer coisa sobre gravidez ou menstruação aqui]. Mas isso é ridículo. Serena Williams poderia estar grávida, com o braço esquerdo

162 AVENTURAS PELA FILOSOFIA COM MEUS FILHOS

quebrado e fortemente gripada, e ainda assim seu corpo seria mais adequado para o tênis que o meu. E não há nada no fato de ser mulher que impeça a participação em esportes ou em trabalhos que exigem esforço físico.

A conexão entre os papéis dos gêneros e nosso corpo não é assim tão forte. E a conexão entre nosso gênero e nosso cérebro também não parece muito intensa. A ligação entre meninas e o cor-de-rosa, por exemplo, é completamente cultural. Basta perguntar a um artigo de 1918 do clássico pasquim *Earnshaw's Infants' Department*:

> A regra geralmente aceita é a de cor-de-rosa para meninos e azul para meninas. O motivo é que, por ser uma cor mais decidida e forte, a cor-de-rosa é mais indicada para os meninos, ao passo que o azul, uma cor mais delicada e graciosa, fica mais bonito em meninas.

Quer mexer com a cabeça das pessoas? Em seu próximo chá de atribuição de gênero, siga as regras do *Earnshaw's Infants*.

Não quero dizer que não existe conexão entre corpos, cérebros e gêneros. Certamente, como pais e mães, vimos nossos filhos desenvolverem interesses estereotipados com pouco encorajamento de nossa parte. Mas é realmente difícil saber quais sinais você dá a seus filhos. Ou o que eles aprendem com os amigos. E a ciência também é problemática aqui, já que não é possível realizar experimentos controlados nos quais as crianças sejam sistematicamente apresentadas a diferentes normas de gênero. Mas podemos ao menos dizer que o ritmo acelerado da mudança social nas últimas décadas sugere que a cultura desempenha um papel muito maior na formação dos papéis de gênero que quaisquer fatos sobre cérebros ou corpos.

E, por esse motivo, algumas feministas há muito defendem o relaxamento desses papéis ou sua completa abolição. O esforço para relaxá-los tem sido enormemente bem-sucedido, como atesta a lista de incríveis atletas femininas. A mudança não se limitou ao esporte: as mulheres agora são líderes em todos os campos aos quais ocupam.

Elas ainda enfrentam obstáculos, é óbvio. E não são líderes em números. Mas esses obstáculos são sociais, não biológicos.

A PERGUNTA DE REX sobre mulheres trans indica outra preocupação sobre a atribuição de rígidos papéis de gênero às crianças. Algumas crianças não se identificam com o papel que atribuímos a elas — e até mesmo se sentem alienadas das características do próprio corpo que nos levaram a lhes atribuir esses papéis.* À medida que envelhecem, algumas crianças fazem a transição, suscitando a pergunta de Rex: em um mundo que segrega os esportes, onde se encaixam os atletas trans?

Poucas pessoas se preocupam com homens trans praticando esportes masculinos, embora alguns tenham sido bem-sucedidos em discutir o assunto. Mas há muita polêmica sobre mulheres trans praticando esportes femininos, em parte porque as pessoas temem que elas tenham uma vantagem.

E podem ter. Joanna Harper é uma cientista que estuda o desempenho de atletas trans. Ela acredita que as mulheres trans têm vantagem em alguns esportes — a menos e até que façam terapia hormonal. O problema é a testosterona. Os homens geralmente têm mais que as mulheres, e alguns acreditam que a diferença pode ser responsável por grande parte da vantagem que eles têm em termos de força e velocidade.

Harper pode falar sobre a questão por experiência própria, já que é uma atleta trans. Por mais de três décadas, ela correu maratonas masculinas. Então, fez a transição, iniciou a terapia hormonal e começou a competir em maratonas femininas. Harper relata que os medicamentos reduziram sua velocidade em 12 por cento. Mas suas novas competidoras também eram mais lentas, então ela permaneceu mais ou menos no mesmo lugar. Harper reuniu dados que sugerem que sua

---

* Em uma pesquisa Gallup recente, 1,8 por cento da geração Z (nascida entre 1997 e 2002) se identificou como trans. Entre a geração X (1965–1980) e os *baby boomers* (1946–1964), somente 0,2 por cento o fizeram. Assim, houve um aumento substancial.

164 AVENTURAS PELA FILOSOFIA COM MEUS FILHOS

experiência não é atípica. Mas seu estudo é controverso, pois a amostragem é muito pequena e outros fatores, como idade e treinamento, podem ter afetado os resultados.

A ciência é mais obscura do que você imagina. Para os leigos, parece que a testosterona deve ser muito importante, pois sabemos que atletas que se dopam com esse hormônio geralmente obtêm ganhos significativos. Mas, como Rebecca M. Jordan-Young e Katrina Karkazis explicam em seu livro *Testosterone: An Unauthorized Biography* [Testosterona: uma biografia não autorizada, em tradução livre], não há relação consistente entre testosterona e desempenho atlético. De fato, atletas masculinos de sucesso às vezes têm baixos níveis de testosterona. E o fato de que o doping com testosterona melhora o desempenho não implica o mesmo padrão para o hormônio produzido naturalmente, já que o corpo do atleta pode estar acostumado a ele.

Ainda assim, muitos suspeitam que a testosterona possa conferir vantagem às mulheres trans, ao menos em alguns contextos. E, como se acredita que a testosterona é o problema, a questão não se limita a essas mulheres. Algumas mulheres intersexuais também têm níveis de testosterona mais típicos de homens. E sua participação nos esportes femininos também se tornou controversa.

As autoridades esportivas não lidaram bem com essa discussão. Ao longo dos anos, elas estigmatizaram os atletas ao questionar seu sexo e gênero. E os submeteram a exames físicos degradantes. Não detalharei o que fizeram, porque acho vergonhoso. E, pelo mesmo motivo, não citarei os atletas submetidos ao escrutínio.

Mas eis minha pergunta: suponha que mulheres trans e intersexo tenham vantagem. Isso importa? Harper diz que sim e, presumivelmente, as autoridades esportivas concordam, ou não examinariam o corpo dessas atletas.

Mas por que isso importa? Harper diz que o objetivo dos esportes femininos é "proporcionar às mulheres uma competição significativa". Em sua opinião, as mulheres trans e intersexuais devem ser autorizadas a participar apenas se "não alterarem indevidamente o campo de jogo para as outras mulheres". E os dirigentes esportivos parecem

SEXO, GÊNERO E ESPORTES

concordar, já que estão se movimentando na direção do sistema sugerido por Harper, que liga a elegibilidade das atletas a seus níveis de testosterona.

A testosterona pode ser verificada com um simples exame de sangue, então essa é uma abordagem melhor que aquela que requer exames invasivos. Mas ainda acho que é uma péssima ideia. Algumas mulheres serão excluídas e estigmatizadas. Pior ainda, algumas se sentirão pressionadas a tomar medicamentos que de outra forma não escolheriam apenas para baixar seus níveis de testosterona. E esses medicamentos não são inócuos. Como indicam Jordan-Young e Karkazis, a redução da testosterona pode causar "depressão, fadiga, osteoporose, fraqueza muscular, baixa libido e problemas metabólicos".

Além disso, devemos nos lembrar do que aprendemos com Jane English. Quando se trata dos benefícios escassos do esporte, nenhum atleta individualmente tem direito a uma competição significativa ou um campo de jogo nivelado. Tenho certeza de que os homens que competiam com Usain Bolt sentiam não ter muitas chances. Duvido que aqueles que nadaram contra Michael Phelps no auge de sua carreira sentissem algo diferente. E, mesmo assim, ninguém sugeriu que Bolt ou Phelps se aposentasse para que o restante dos homens pudesse ter chances significativas.

Para atletas amadores, a competição significativa *é* importante. Se você está perpetuamente atrás do grupo, não vai se divertir e pode nem sequer desenvolver suas habilidades. Para obter os benefícios básicos dos esportes, você realmente precisa competir com pessoas do seu nível. Mas nenhum atleta de elite pode insistir nisso. Esse foi um argumento apresentado por Veronica Ivy. Ela é uma mulher trans — e campeã mundial de ciclismo. Nos últimos anos, Ivy deteve o recorde mundial de seu grupo etário nas corridas de curta distância. E... ela é filósofa.

Ivy observa que há muita variação no corpo dos atletas — em altura, peso, musculatura etc. A mulher que terminou em primeiro lugar no salto com vara nas Olimpíadas de 2016 era 20 cm mais alta que a mulher que terminou em décimo. Certamente isso lhe deu uma vantagem. Mas ninguém pensou em concorrência desleal por esse motivo. Por que tratar as diferenças do corpo trans de modo diferente?

Ivy também indica que mulheres trans muitas vezes não são elegíveis para competir em esportes masculinos, principalmente depois de sua transição ter recebido reconhecimento legal. Excluí-las do esporte feminino é excluí-las inteiramente do esporte. Isso é ruim pelos motivos que English nos mostrou. Todos devem obter os benefícios básicos dos esportes. E é ruim pelos motivos que Schneider nos mostrou: atletas trans devem ter acesso ao poder e à influência que os esportes proporcionam.

Acho que devemos parar de nos preocupar com as características físicas do corpo das pessoas e segregar os esportes por gênero, não por sexo. Se uma pessoa se vê como mulher, ela deve ser elegível para participar de esportes femininos.*

MAS, ESPERE: se é possível competir como mulher simplesmente se dizendo mulher, os homens não fingirão ser mulheres somente para alcançar glória atlética? Não. Homens não podem capturar a glória atlética na qual estão interessados competindo como mulheres. A história tem alguns casos suspeitos. Mas, em retrospecto, parece provável que os atletas envolvidos fossem intersexuais. Homens disfarçados de mulheres para ganhar medalhas simplesmente não existem.

A menos que seja assim que você vê mulheres trans e intersexuais: como homens fingindo serem mulheres. E, infelizmente, é assim que muitas pessoas as veem. Tentarei explicar por que isso está errado.

---

* Eu manteria essa visão se as mulheres trans dominassem os esportes femininos? Acho essa preocupação extravagante, e por isso a confinei a uma nota de rodapé. Existem pouquíssimos motivos para achar que as mulheres trans ultrapassarão as mulheres cisgênero nos esportes; elas já participam, e as cis estão se garantindo. Mas e se eu estiver errado? Acho que isso seria um problema, pois sugeriria que o sucesso nos esportes está reservado a pessoas que nasceram com certos órgãos. Essa é uma ideia que estamos tentando deixar para trás. Se as mulheres trans ultrapassarem as cis, precisaremos de novas maneiras de incluir todo mundo nos esportes. Mas duvido que isso se torne um problema.

SEXO, GÊNERO E ESPORTES

Há uma diferença entre desempenhar um papel e identificar-se com ele. No videoclipe da música "The Man", Taylor Swift se apresenta como um homem. Ela está vestida como um homem, anda como um homem e até fica de perna aberta no metrô como um homem. Mas está *apenas* interpretando um papel. Ela não se identifica com ele.

Eu também exibo masculinidade todos os dias, na maneira como me visto, ando, falo, e assim por diante, infinitamente. (Mas não da maneira como me sento no metrô. Não faço isso.) A diferença é que, para mim, não se trata *apenas* de uma performance. Eu me identifico com o papel. Eu me vejo como homem, não como pessoa interpretando um homem.

Mulheres trans e intersexuais não estão interpretando um papel. Elas se identificam com ele. Elas se veem como mulheres. E devemos vê-las do mesmo modo.

Certamente é possível reservar a palavra *mulher* para pessoas nascidas com certos órgãos. Mas, quando usa a palavra dessa maneira, você limita as possibilidades das pessoas ao insistir que elas se conformem aos papéis que foram selecionados para elas (não por elas) simplesmente com base em seu corpo. Isso é sexista. E o fato de a palavra *mulher* ser usada há muito tempo dessa maneira não é motivo para continuar fazendo isso.

Robin Dembroff me ajudou a resolver isso. Dembroff leciona no curso de Filosofia em Yale. Elu escreve sobre gênero — o que é e como funciona. Dembroff diz que as conversas sobre gênero são confusas muitas vezes. Muitas pessoas assumem que a palavra *mulher* tem um único significado — e forçam sua visão a ela. Na verdade, existem muitas maneiras de destacar essa categoria, uma vez que existem muitas concepções do que é uma mulher.

Depois de perceber isso, você pode fazer uma nova pergunta. Em vez de perguntar o que é uma mulher, você pode perguntar qual concepção da categoria devemos usar. Uma que rastreia partes do corpo no nascimento? Ou uma que adia a autoidentificação?

Há um campo na filosofia conhecido como *ética conceitual*. Ele pergunta quais categorias devemos usar para dar sentido ao mundo. Pense, por um momento, sobre o casamento. É comum ouvir de opositores do casamento entre pessoas do mesmo sexo que o casamento é a união entre um homem e uma mulher. E, com certeza, essa é uma maneira de pensar sobre o assunto — e que foi, durante muito tempo, dominante. Mas há outra forma de interpretar essa categoria, e ela é mais acolhedora. Você pode ver o casamento como um compromisso entre duas pessoas.

Depois de conhecer as opções, você pode perguntar: qual concepção de casamento devemos usar? A resposta pode não ser a mesma em todos os contextos. Em uma comunidade política comprometida com a igualdade entre os sexos, há motivos para preferir a visão acolhedora. Isso permite que as pessoas escolham parceiros sem limitações baseadas no sexo. Em contraste, uma igreja pode ter questões religiosas para preferir a visão mais tradicional.

Se discutirmos sobre o que é o casamento, apenas um lado pode estar certo. Mas, se reformulamos o debate — para que o argumento seja sobre que conceito usar —, é possível satisfazer ambos os lados. Imagine, por exemplo, uma comunidade política comprometida com a igualdade de sexos e a liberdade religiosa (ou seja, a nossa). Ela pode insistir que, para efeitos legais, o casamento será entendido da maneira acolhedora. Ao mesmo tempo, pode permitir que as comunidades religiosas interpretem o casamento como quiserem, em relação aos próprios rituais.

E as *mulheres*? Novamente, há uma maneira acolhedora e uma maneira restritiva de interpretar essa categoria. Poderíamos perguntar o que uma mulher realmente *é*. Mas essa pergunta erra o alvo, porque gênero é aquilo que dizemos ser. É uma categoria social, não biológica. Então a melhor pergunta é: que concepção de mulher devemos usar?

Acho que devemos usar a concepção acolhedora. Se adiarmos a autoidentificação, mais pessoas terão a chance de viver vidas que sentem ser autênticas e menos pessoas viverão vidas que parecem forçadas.

Você provavelmente já ouviu a frase "Mulheres trans são mulheres". Se usar a palavra *mulher* de forma acolhedora, esse slogan afirma um fato. Mas ele também é um convite para que as pessoas que ainda não têm certeza usem a palavra dessa maneira.

Devemos aceitar o convite, nos esportes e fora deles.

Precisamos complicar essa história uma última vez. Estamos conversando sobre esportes masculinos e femininos. Mas nem todos se identificam como homem ou mulher. Principalmente entre os jovens, há um grupo pequeno, mas crescente, de pessoas que renunciam aos papéis tradicionais de gênero. Eles chamam a si mesmos de não-binários.*

As pessoas têm diferentes motivos para adotarem esse rótulo. Muitas não consideram os papéis masculinos ou femininos adequados. Algumas, como Dembroff, têm um motivo adicional: elas adotam a identidade como afirmação política. Dembroff se opõe à maneira como os papéis de gênero estruturam nossa vida. Ao se recusar a reivindicar um gênero, elu espera diminuir a influência desses papéis sobre nós.

O projeto de Dembroff pode nos ajudar a entender por que modificar os papéis de gênero é uma fonte de desconforto. Há muitos motivos, é óbvio, incluindo hostilidade contra aqueles que são diferentes. Mas mesmo as pessoas bem-intencionadas ficam confusas com a maneira como o gênero se tornou complicado. Acho que isso tem muito a ver com a forma como os papéis estruturam nossa vida.

Há papéis sociais em todos os lugares. E não funcionaríamos sem eles, pois definem quem fará o que em diferentes contextos. Também estabelecem o roteiro de nossas interações. Quando entro em um restaurante, procuro pelo garçom. Essa é a pessoa que pode me ajudar a conseguir uma mesa. Quando entro em uma sala de aula, identifico o professor. Esse é o responsável. Se vir alguém se debatendo em uma piscina, informo ao salva-vidas. Essa é a pessoa treinada para ajudar.

Os papéis de gênero desempenham as mesmas funções. Imagine que você está em uma festa e conhece alguém. Como o gênero afeta suas suposições sobre as responsabilidades familiares dessa pessoa,

---

* Em uma pesquisa de 2015 conduzida pelo Centro Nacional de Igualdade para os Transgêneros, somente um terço dos que se identificaram como trans chamaram a si de não-binários.

sua vida profissional, seus interesses ou mesmo a experiência que ela está vivendo naquele momento? O gênero não é um guia perfeito. Mas ajuda a pintar um retrato antes mesmo de você falar.

E o gênero também tem efeitos mais sutis na maneira como interagimos. Como Julie gosta de enfatizar, minha voz é mais suave com as mulheres, mais profunda com os homens e ainda mais profunda com estranhos ao telefone (uma prática que iniciei quando era pré-adolescente porque odiava ser confundido com minha mãe). Eu também posiciono meu corpo de maneira diferente perante homens e mulheres. Com homens, tendo a defender meu terreno, literal e figurativamente. Não gosto de ser empurrado. Dou mais espaço às mulheres, principalmente se não as conheço. Preocupo-me com os sinais que daria se chegasse perto demais.

Quando não consegue ler o gênero de alguém, você encontra um empecilho. É um pouco mais difícil interagir, já que algumas das dicas padrão não estão presentes. Dembroff *quer* que encontremos esse empecilho, façamos uma pausa e questionemos se o gênero deve desempenhar o papel que desempenha na organização das relações sociais. Seria melhor, pensa elu, nos relacionar uns com os outros como pessoas, e não como homens ou mulheres.

E quanto aos esportes? Devemos competir como pessoas e não como homens ou mulheres? Acho que não, ainda não. Vivemos em um mundo estruturado por gênero, e continuaremos assim no futuro próximo. Como aprendemos, precisamos de esportes femininos para que as mulheres possam obter os benefícios do esporte.

Mas e os atletas não-binários? Onde eles se encaixam? Essa é uma pergunta difícil. Poderíamos deixá-los escolher em que competição entrar. Mas isso exigiria que escolhessem um gênero, e seu objetivo é evitar isso. Poderíamos ter uma categoria de gênero neutro. Mas, por enquanto, não há atletas suficientes para ocupá-la.

Não sei se existe uma boa solução — ainda. Mas estou confiante de que nossos filhos a encontrarão. Em questões de gênero, *a sociedade* está fazendo a transição, conforme aprendemos a ver novas possibilidades. Os mais jovens têm mais facilidade para fazer isso, já que ainda não têm hábitos tão arraigados. Acredito que eles tornarão o mundo mais justo e inclusivo — nos esportes e fora dele.

Hank estava lendo ao meu lado enquanto eu terminava este capítulo.
— Sobre o que você está escrevendo? — perguntou ele.
— Meninos, meninas e esportes.
Ele pareceu intrigado.
— Esportes? Achei que fosse um livro de filosofia.
— E é. Há filosofia em tudo. Estou escrevendo sobre se meninos e meninas devem praticar esportes juntos. O que você acha?
— Acho que devem — respondeu Hank. — Por que você está demorando tanto?
— Não sei como terminar o capítulo.
— Eu sei como terminar um capítulo.
— Ah, sabe?
— Sei. Você diz algo realmente interessante e então escreve "E então...", mas não diz mais nada e as pessoas têm de virar a página.
E então...

7

RAÇA E RESPONSABILIDADE

O Museu Henry Ford em Dearborn, Michigan, é incrível. A menos que você tenha 3 anos, aí ele é insanamente incrível. Só que também é chato. Porque está cheio de carros, caminhões, aviões e trens, mas você não pode tocar em nenhum deles. Exceto — por questões que não consigo entender — no ônibus no qual Rosa Parks realizou seu lendário protesto. Você pode não só tocar naquele ônibus, como entrar e se sentar nele. Na verdade, você pode se sentar no assento em que Rosa Parks se sentou. E, se tiver 3 anos, você se sentará nesse lugar e em todos os outros. Então, no caminho para casa, você se sentará em sua cadeirinha e fará perguntas.

— Por que Rosa Parks não vai para a parte de trás do ônibus?

— Por que Rosa Parks não faz o que o motorista pede?

— Por que Rosa Parks fica no meio do ônibus?

Seu pai explicará que Rosa Parks estava se defendendo... e defendendo todas as pessoas negras. Isso levará a mais perguntas.

— Por que Rosa Parks fica em pé no ônibus?*

— Por que Rosa Parks não se senta?

— Por que Rosa Parks anda de ônibus?

---

* Há aqui um trocadilho intraduzível. *To stand up* significa tanto "defender" como "ficar em pé". [*N. da T.*]

À medida que você ficar com sono, suas perguntas começarão a parecer existenciais.
— Por que Rosa Parks?
— Por que Rosa?
— Por quê?

Nesse ponto, seu pai irá parar em uma livraria e comprar o livro infantil *I Am Rosa Parks* [Eu sou Rosa Parks, em tradução livre]. Porque é importante conversar com as crianças sobre raça. E não tivemos um bom começo.

REX GOSTOU DO LIVRO. Então compramos *I Am Martin Luther King Jr.* [Eu sou Martin Luther King Jr., em tradução livre] E depois *I am Jackie Robinson* [Eu sou Jackie Robinson, em tradução livre]. E então *When Jackie and Hank Met* [Quando Jackie e Hank se conheceram, em tradução livre]. Esse último aborda racismo *e* antissemitismo. No beisebol. É um livraço.

Esses livros nos colocaram no caminho certo. Rex aprendeu sobre a história do racismo nos Estados Unidos e os heróis que lutaram contra ele. As lições foram oportunas. A renovada atenção à brutalidade policial trouxe à tona o movimento Black Lives Matter, e Rex vislumbrou protestos no jornal e nas notícias. Então aprendeu que os heróis ainda não venceram. Ainda precisamos deles.

Tudo isso nos levou a um café da manhã muitos meses depois, quando Rex fez um grande anúncio.

— Eu queria ser negro — disse ele.

Perguntei por quê.

— Porque os brancos fazem muitas coisas ruins contra os negros. E isso me deixa triste.

— Há muito com o que ficar triste — concordei.

— Queria que a gente não fizesse essas coisas.

O ANÚNCIO DE REX não me surpreendeu. Estávamos lendo livros com heróis negros e vilões brancos. Então ele queria ser negro. Também queria ser um gato. Ele tinha muitos desejos que não se realizariam.

Mas a última parte do que ele disse foi surpreendente: *queria que a gente não fizesse essas coisas.*

É uma frase simples. E um sentimento simples. Mas observe o sujeito: *a gente.*

Assim, Rex sinalizou que se via como parte responsável pelos erros sobre os quais lemos, como escravidão e segregação.

Muitas pessoas brancas não diriam *a gente* a respeito desses erros. Elas diriam "Eu queria que *eles* não fizessem essas coisas". Se dissessem algo. Mas não assumiriam a responsabilidade como parte do problema. Os erros foram cometidos por outras pessoas, com a implicação de que é responsabilidade delas reparar os danos. Só que essas pessoas estão mortas. Então, sinto muito, nada será reparado.

Rex, em contrapartida, se viu como parte do grupo que agiu mal. E o mais impressionante é que ele tinha apenas 4 anos. Se alguém pudesse afirmar ter uma ficha moral limpa, esse alguém era Rex.

Mas ele não viu dessa forma. Sua branquitude estava corrompida. Tão corrompida que ele desejava não ser branco.

REX ESTÁ CERTO? A branquitude está corrompida?

Essa é uma pergunta difícil. Para responder, temos de descobrir o que *é* a branquitude. Rex é branco, não negro. Mas o que significa ser branco? Ou ser negro? O que é raça? Todos temos uma compreensão intuitiva que empregamos todos os dias, mas é difícil dizer o que é raça. Com efeito, alguns acham que ela não existe.

E, em algumas concepções, ela realmente não existe. Muitas pessoas pensam que raça é uma questão de biologia. E isso até faz sentido, já que as características físicas das pessoas muitas vezes são a forma como identificamos sua raça. Olhamos para pele, cabelo e certas características faciais. Sabemos que esses traços são, em grande parte, herdados. E, por muito tempo, as pessoas imaginaram que essas diferenças superficiais sinalizavam diferenças mais profundas — que você poderia olhar para a cor da pele de alguém, por exemplo, e inferir algo sobre sua capacidade cognitiva ou seu caráter. Mais que isso, elas imaginaram que essas diferenças mais profundas seriam impulsionadas pela biologia, em vez de, digamos... pelas circunstâncias sociais.

Mas a biologia não funciona assim. Há pouca correlação entre os significantes superficiais de raça — pele, cabelo, traços faciais — e outras características. A história está repleta de tentativas de provar o contrário, mas é tudo bobagem. Como Craig Venter, líder do Projeto Genoma Humano, certa vez declarou, "não há base na ciência ou no código genético humano para a ideia de que a cor da pele é preditiva da inteligência". Pode-se dizer o mesmo do caráter, é lógico.

E, de fato, podemos dizer algo mais impactante. A raça não classifica as pessoas em subespécies biologicamente significativas. Algumas características são mais comuns entre algumas raças que entre outras. Mas dentro de um grupo racial também há muita diversidade. Com efeito, quando se trata de genes, há quase tanta variação no interior dos grupos raciais quanto na humanidade como um todo.

Somos todos parte da mesma família — ou, ao menos, da mesma árvore genealógica. Pesquisas sugerem que todos os seres humanos vivos têm um ancestral comum que viveu há alguns poucos milhares de anos. Se isso soa estranho, vale a pena passar algum tempo pensando em como funciona a ancestralidade. Você tem um pai e uma mãe, quatro avós, oito bisavós e assim por diante. Você pode continuar essa regressão, mas logo encontrará um problema. O número cresce exponencialmente. Se você voltar, digamos, 33 gerações (aproximadamente de oitocentos a mil anos), a matemática diz que você terá mais de oito bilhões de ancestrais. Mas não havia oito bilhões de pessoas naquela época; não há oito bilhões de pessoas hoje!

O quebra-cabeça é simples de resolver: muitas pessoas ocupam múltiplas posições em sua árvore genealógica. No início, a árvore se expande. Mas, em pouco tempo, precisa se contrair. Como explica o geneticista Adam Rutherford, "sua tataratataratataratataravó pode ter sido também sua tataratataratataratataratia-avó". Se você rastrear a árvore genealógica de todo mundo, chegará a um ponto em que todos compartilham todos os ancestrais.

Isso não deveria ser surpresa. Somos todos descendentes de uma única população que viveu na África Oriental há cerca de cem mil anos. Mas você não precisa voltar tão longe para chegar ao ponto em que todos os seres vivos de hoje compartilham os ancestrais. Na verdade, os estatísticos acham que o *isoponto genético*, como chamam, foi há sete mil anos, talvez menos.

Nos anos seguintes, nos espalhamos pelo mundo, vivendo em comunidades que nem sempre se misturavam. Como resultado, os cientistas veem populações nas quais algumas características se agrupam. Mas, quando estudam nossa espécie, não veem nada como uma divisão rígida em um pequeno número de raças que diferem entre si da maneira como as pessoas imaginaram.

Os grupos que se destacam como cientificamente significativos não combinam com nosso entendimento comum da raça. Meu povo — os judeus asquenazes — é conhecido pelos conselheiros genéticos, uma vez que certas enfermidades, como a doença de Tay-Sachs, ocorrem em taxas mais altas no interior de nossa comunidade. Mas não nos consideramos uma raça separada por esse motivo. A maioria de nós é branca, uma designação que engloba também os amish e os irlandeses, dois grupos que os geneticistas consideram populações distintas. Então por que os agrupamos? A ciência não tem resposta para essa pergunta. As designações raciais não indicam diferenças biológicas significativas.

Isso significa que raça não existe? Em certo sentido, sim. Se sua ideia de raça pressupõe que os seres humanos podem ser divididos em um punhado de grupos biologicamente distintos que diferem de maneiras socialmente significativas, você está muito enganado. Quando os filósofos descobrem que uma categoria está vazia, eles dizem que

178 AVENTURAS PELA FILOSOFIA COM MEUS FILHOS

devemos ser *teóricos do erro*. Essa é uma maneira elegante de dizer "Ops, foi tudo um engano", e então eles tentam explicar como esse erro foi cometido. Quando se trata da raça como conceito biológico, um *ops* seria a ordem do dia — se a ideia não gerasse consequências tão devastadoras.

Mas elas existem. E essas consequências indicam uma maneira diferente de pensar sobre raça. Em vez de vê-la como conceito biológico, podemos vê-la como conceito social — em particular, como conceito que estrutura a hierarquia entre grupos de pessoas. Ser negro, nessa maneira de pensar, é ocupar certa posição social e estar sujeito a algumas formas de dominação. Pense em escravidão, segregação, encarceramento em massa etc. Isso foi explicado de maneira muito concisa por W. E. B. Du Bois. "O homem negro", disse ele, "é uma pessoa que tem de se virar com as leis de Jim Crow na Geórgia."*

Se esses são os negros, quem são os brancos? São as pessoas que não precisam passar por isso. Ou talvez as pessoas que obrigam os negros a passarem por isso. A branquitude é, nesse retrato, o negativo fotográfico da negritude. Na verdade, poderíamos dizer que a branquitude existe por causa da negritude. O tráfico de escravizados trouxe pessoas de partes diferentes da África para as Américas. Essas pessoas não tinham nenhuma identidade comum antes de chegarem. Mas receberam uma aqui. Eram negras. E sua identidade exigia uma outra em oposição a ela. Tornando-as negras, outras pessoas se tornaram brancas. E esse não foi um processo pacífico. Nas palavras de James Baldwin: "Ninguém era branco antes de vir para os Estados Unidos. Foram necessárias gerações e muita coerção para que este se tornasse um país branco."

A natureza social dessas categorias é ilustrada pela maneira como elas mudam. Os imigrantes europeus nem sempre foram vistos como brancos, ao menos não imediatamente. Os imigrantes italianos, por exemplo, eram vistos sob um conceito semelhante aos negros, princi-

---

* As leis de Jim Crow eram leis de segregação racial institucionalizadas no estado da Geórgia, Estados Unidos. [*N. do E.*]

palmente se viessem do sul da Itália. De fato, às vezes eram linchados por questões racistas. A criação do feriado do Dia de Colombo foi parte de um esforço para inscrever os italianos na história norte-americana de uma forma que lhes permitisse serem vistos como brancos. E funcionou. Hoje, nos Estados Unidos, os imigrantes italianos e seus descendentes são, sem dúvida, brancos.

É lógico que as dinâmicas sociais são muito mais complicadas que o indicado nessa breve história. E não falei sobre nativos americanos, asiáticos, ilhéus do Pacífico ou qualquer outro grupo que possa contar como raça distinta nos Estados Unidos.* Mas não precisamos da história completa para entender o argumento principal. A ideia biológica de raça está falida. Mas isso não impede a raça de desempenhar papel significativo em nossas relações sociais.

ÀS VEZES, AS PESSOAS tentam se utilizar desse fato dizendo que a raça é *socialmente construída*. Essa é uma ideia complicada, porque todos os conceitos são, em certo sentido, construções sociais, mesmo os científicos. Pense em Plutão. Quando eu era criança, Plutão era um planeta. Então, de repente, deixou de ser. O que mudou? Não foi Plutão. Ele é a mesma bola de gelo e pedra que sempre foi, com 1/6 da massa da Lua. O que mudou foi algo sobre *nós*. Decidimos conceber os planetas de uma forma que exclui Plutão.

Por quê? Bem, depois de darmos uma boa observada, vimos que existem outros objetos do tamanho de Plutão nos arredores de nosso sistema solar. Isso nos deixou com uma escolha. Poderíamos considerá-los planetas, e então haveria muitos mais do que se pensava anteriormente. Ou poderíamos rever nosso entendimento sobre o que é um

---

* Também me mantive em silêncio sobre a forma como a raça funciona em outras partes do mundo. Como diz o filósofo Michael Root: "A raça não viaja. Alguns homens que hoje são negros em Nova Orleans teriam sido *octoroons* há alguns anos ou brancos no Brasil atual. Sócrates não tinha raça na antiga Atenas, embora fosse um homem branco em Minnesota." O fato de a raça não viajar ressalta quão arbitrária ela é — e que, em sua raiz, representa um fenômeno social, e não científico.

planeta. Os cientistas escolheram a última solução, rotulando Plutão e seus companheiros de planetas anões. Eles fizeram isso em parte para preservar a ideia de que planetas são objetos significativos no Sistema Solar. Agora, para se qualificar como planeta, um corpo celeste precisa "limpar a vizinhança" em torno de sua órbita. E Plutão não faz isso. Há muitas rochas em torno dele, e elas que orbitam o Sol, não Plutão.

A ideia de planeta foi construída por nós. E à medida que aprendemos mais sobre nosso Sistema Solar, nós a reconstruímos. Mas não se engane. Planetas são reais. Nós não os inventamos. Criamos a categoria. Mas as coisas que se encaixam nela existem independentemente de nós.

A raça é diferente. Quando as pessoas dizem que ela é socialmente construída, isso significa que não existiria se nunca a tivéssemos inventado. Mas isso não é tudo que elas querem dizer, porque isso é verdade quando se trata de bolas de basquete, cerveja e pontes — elas existem independentemente de nós. O que torna a raça diferente é que ela é *apenas* uma construção social.

Isso significa que a raça não é real? Não. A raça definitivamente é real. Compare-a com uma dívida. Você pode ter uma hipoteca ou um financiamento do carro. São construções sociais. Nossa dívida não existe independentemente de nós; se deixássemos de existir, ela também deixaria. A dívida é uma ideia que organiza nossas relações. E ela é real. Na verdade, pode ser devastadora.

O mesmo acontece com a raça. É uma forma de organizar nossas relações sociais. E como a dívida, pode ser devastadora.

Então vale perguntar: devemos desistir desse conceito?

MUITAS PESSOAS ACHAM QUE SIM. De fato, alguns já deixaram o conceito de lado.

"Eu não vejo cor", dizem elas.

Mas todos sabemos que não é verdade. Até as crianças muito novas veem cores. E muitas vezes respondem a isso de maneiras que deixam seu pai e sua mãe constrangidos.

RAÇA E RESPONSABILIDADE

— Aquele homem é escuro — disse Hank mais de uma vez quando era pequeno. E Rex fez o mesmo. A pele é uma característica que se destaca no corpo dos seres humanos. Seria difícil não notar que ela tem muitos tons. E Rex e Hank conviveram com muitas pessoas de pele clara quando eram mais novos, já que dividiam seu tempo entre nossa casa e a creche do Centro Comunitário Judaico. Por algum tempo, ver alguém com uma cor de pele diferente foi uma novidade. Então eles comentavam essa novidade. É isso o que as crianças fazem.*

E quando nossos filhos fizeram, nós lhes ensinamos várias lições. Primeiro, a pele vem em muitas cores. Gostaríamos que esse fato falasse por si só. Mas os rótulos causaram alguma confusão.

— Minha pele não é branca de verdade — disse Hank, como se tivéssemos cometido um erro. — É meio rosa, com um pouco de marrom.

Segundo, ensinamos que a cor não importa. Todos temos o corpo diferente. Alguns são grandes, outros pequenos. Alguns são baixos, outros altos. Temos olhos diferentes, cabelo diferente, pele diferente. Mas nunca tratamos uma pessoa de maneira diferente por causa dessas diferenças.

Terceiro, ensinamos que a cor importa, e *muito*. Quando dizemos que a cor não importa, queremos dizer que não importa moralmente. Mas com certeza importa socialmente.

Deixe-me mencionar alguns fatos.

As famílias negras têm em média menos de 15 por cento da riqueza das famílias brancas nos Estados Unidos. A taxa de desemprego dos trabalhadores negros é duas vezes maior que a dos trabalhadores brancos, e eles são menos propensos a terem um emprego que corresponda às suas habilidades.

---

* Quando essas conversas começaram, ainda não tínhamos lido o livro de Beverly Daniel Tatum, o clássico *Why Are All the Black Kids Sitting Together in the Cafeteria* [Por que todas as crianças negras se sentam juntas no refeitório?, em tradução livre]. Gostaria que tivéssemos lido antes, pois há um capítulo chamado "Os primeiros anos" [também em tradução livre] que antecipa esse tipo de conversa e fornece modelos úteis para ela.

Gastamos mais para ensinar as crianças nas escolas em municípios predominantemente brancos, cerca de 2.200 dólares a mais por aluno anualmente.

As pessoas brancas vivem mais que as negras — cerca de 3,6 anos a mais na última contagem nos Estados Unidos. E também recebem tratamentos de saúde melhores.

Finalmente, os homens negros têm uma propensão muito maior de passar algum tempo na prisão que os brancos. Em 2015, 9,1 por cento dos jovens negros estavam presos nos Estados Unidos, contra somente 1,6 por cento dos jovens brancos.

Todos esses fatos estão relacionados. Na verdade, eles se reforçam mutuamente. Mas também refletem uma longa e vergonhosa história, que começou com a escravidão, e que não terminou nela.

Por exemplo, a diferença econômica é resultado da discriminação que limitava a capacidade dos negros norte-americanos de acumular riqueza por meio da casa própria. Ela reflete violência, como o Massacre de Tulsa (que destruiu um distrito comercial conhecido como "Wall Street negra"). E também a discriminação cotidiana.

As disparidades no sistema de justiça criminal refletem decisões deliberadas de policiar e punir pessoas negras com mais severidade que pessoas brancas. Para citar somente um exemplo, pessoas brancas e negras usam drogas em taxas semelhantes. Mas as pessoas negras são quase quatro vezes mais propensas a serem presas por tráfico de drogas.

Não compartilhamos essas estatísticas com nossos filhos quando eles eram pequenos. Mas dissemos a eles que nossa sociedade tem um longo histórico de tratar mal as pessoas negras.* E dissemos que

---

* Se você acha que não tem uma visão límpida sobre a história racial norte-americana para além do básico — escravidão e segregação —, um lugar para começar é o artigo de Ta-Nehisi Coates, "The Case for Reparations" [Em defesa das reparações, em tradução livre], publicado na revista *The Atlantic*, em 2014. (Falaremos sobre as reparações em breve, então o artigo terá dupla função.) Ele mostra o peso de nossa história — e a maneira como ela esmaga os negros norte-americanos — de forma mais eficaz que qualquer coisa que já tenham ensinado nas escolas públicas da Geórgia. Quando meus filhos forem capazes de lê-lo, vou mostrar o artigo a eles.

esse tratamento horrível não faz parte apenas da história passada, mas também de nosso presente.

Podemos superar a raça? Talvez. Mas não é tão simples quanto dizer que já superamos. Se quisermos viver em um mundo no qual a raça não importe, teremos de acabar com as disparidades. Não podemos simplesmente declarar que não vemos cores.

Devemos superar a raça? Com certeza precisamos acabar com as disparidades. Mas alguns veem valor na raça, apesar de sua história sórdida.

Chike Jeffers é um filósofo que estuda raça e também acredita que ela tem suas origens na opressão. Sem a escravidão, talvez não tivéssemos rotulado as pessoas como negras ou brancas. Mas isso não significa que esses rótulos sejam significativos apenas no contexto da opressão. Nos Estados Unidos, os negros aguentam "estigmatização, discriminação, marginalização e desvantagens". Mas Jeffers nos lembra: "Também há alegria na negritude."

A alegria está presente na cultura negra: na arte, na música e na literatura. Ela impregna tradições e rituais religiosos. Mostra-se nas maneiras negras de falar, vestir-se e dançar. Ser negro conecta uma pessoa a uma rica e distinta herança cultural. A identidade tem suas raízes na opressão, mas seu significado vai muito além.

Kathryn Sophia Belle insiste nesse ponto. Ela é diretora e fundadora do Colegiado de Filósofas Negras, uma organização que visa dar voz a um grupo radicalmente sub-representado na filosofia. Como Jeffers, Belle sustenta que "a raça não é apenas uma categoria usada para fins de opressão e exploração". Para pessoas negras, também é uma "categoria positiva que engloba um sentido de afiliação ou pertencimento, memória de luta e superação e a motivação para avançar e buscar novos ideais e conquistas".

Jeffers e Belle querem o fim do racismo, mas também ver a cultura negra sobreviver e prosperar. Relacionar-se como iguais, argumentam eles, não requer descartar identidades raciais.

E a branquitude? Há algo de bom nela? Queremos ver a cultura branca sobreviver e prosperar? Acho que não. E quero explicar por quê.

A beleza da cultura negra é parcialmente em função da maneira como ela responde à opressão — e a transcende. A história negra nos trouxe o jazz e o hip-hop; Maya Angelou e James Baldwin; Sojourner Truth, Martin Luther King Jr. e muito mais. Quando celebramos autores e ativistas negros e formas de expressão artística negra, nós os conectamos a essa história — à luta e à superação, como diz Belle.

A cultura branca não tem essa beleza. Ela nasceu do outro lado da opressão.

Podemos, sem dúvida, celebrar pessoas brancas. E fazemos isso com autores, artistas, atletas e assim por diante. Em suas histórias individuais, há grandes lutas e conquistas. Também podemos comemorar a cultura de comunidades que por acaso são brancas — irlandesas, italianas, alemãs, judaicas etc. Mas a ideia de celebrá-las *como brancas* é atroz.

A branquitude foi forjada pela dor de outras pessoas. E tem pouca vida para além disso. É uma fonte de privilégio, com certeza, mas não uma fonte de significado.

Algumas pessoas pensam diferente. Elas se orgulham de sua branquitude. Mas estão cometendo um erro. São o pior da branquitude *porque a abraçam*.

A branquitude está corrompida. E vemos aqui uma maneira importante pela qual isso ocorre. Ao contrário da negritude, ela não pode superar suas origens.

Ainda estamos muito longe, mas devemos esperar pelo dia em que ser branco não será parte significativa da identidade de ninguém.

Rex não entendeu tudo isso quando tinha 4 anos. Ele tinha uma linha de raciocínio simples, fluindo das histórias sobre direitos civis

RAÇA E RESPONSABILIDADE

que lemos. Os personagens negros eram bons. Os brancos, na maioria, eram ruins.* Então ele queria ser negro.

Como eu disse, isso não me surpreendeu. Foi a segunda parte do que Rex falou que chamou minha atenção: "Queria que a gente não fizesse essas coisas." Ao dizer isso, Rex sinalizou que se via como parte da multidão que agiu mal e expressou arrependimento pelo que fora feito.

Isso faz sentido? Como eu disse no início, muitos brancos não usam *a gente* desse jeito. Se expressam arrependimento pelos erros sobre os quais falamos — escravidão e segregação —, fazem isso na terceira pessoa. E é fácil entender por quê. Esses erros foram cometidos há muito tempo, e essas pessoas não estavam diretamente envolvidas.

Óbvio, muitos brancos têm os próprios pecados pelos quais responder. O racismo não ficou no passado, mesmo que muitas de suas manifestações mais terríveis estejam. Ainda há uma enorme quantidade de discriminação em nossa sociedade, e eu não pretendo minimizar isso. As pessoas são responsáveis pelas próprias ações.

Mas quero perguntar: as pessoas brancas de hoje são responsáveis por erros passados, como escravidão e segregação, simplesmente em virtude de sua branquitude? São responsáveis pela discriminação atual, mesmo que não estejam diretamente envolvidas? Em outras palavras: a raça em si é uma base de responsabilização?

Eis um argumento mostrando que não:

A responsabilidade moral é um assunto pessoal. Cada um de nós é responsável pelos próprios pecados, não pelos pecados cometidos por outros. Como mencionei no Capítulo 5, minha avó materna não era uma boa pessoa. Ela tratou seus filhos e seus irmãos muito mal. Herdei os genes dela, mas não os seus erros. Não faria sentido me culpar pela maneira como ela agia. Culpamos as pessoas quando suas

---

* Em *Why Are All the Black Kids Sitting Together in the Cafeteria?* (p. 119–20), Tatum enfatiza a importância de fornecer exemplos positivos de pessoas brancas para as crianças no contexto das conversas raciais. Para nós, o primeiro modelo foi Hank Greenberg, que protagoniza, ao lado de Jackie Robinson, o livro que mencionei anteriormente, *When Jackie and Hank Met*. Voltaremos a esse assunto.

ações revelam defeitos em seu caráter. E as ações dela não revelam nada sobre o meu.

O mesmo é verdade quando pensamos em erros históricos, como a escravidão e a segregação. Eles diminuem as pessoas que participaram. Mas suas ações não podem servir de base para culpar nenhuma outra pessoa — incluindo os brancos de hoje.

Acho que esse argumento funciona até certo ponto. Mas não podemos parar nosso inquérito nele, uma vez que a responsabilidade não é apenas um assunto pessoal. Às vezes, culpamos grupos separados dos indivíduos que os compõem. Pense na Boeing. A empresa cortou custos no projeto de seus aviões 737 Max. Dois caíram, matando centenas de pessoas. Podemos culpar a Boeing por isso. A empresa deveria garantir que seus aviões fossem seguros. Ela falhou. E sua falha revelou um defeito em seu caráter: ela coloca o lucro acima das pessoas.

Por que deveríamos culpar a Boeing em vez de, digamos, os indivíduos que tomaram as decisões importantes? Se conseguirmos identificar os indivíduos responsáveis, podemos e devemos culpá-los também. Mas a Boeing é mais do que a soma de suas partes: ela pode construir aviões 737s (nenhum indivíduo pode fazer isso), e a Boeing pode garantir que seus aviões sejam seguros (nenhum funcionário pode fazer isso).

Tenho certeza de que a rua em que moro tem mais filósofos do direito (*per capita*) que qualquer outra rua do mundo. Há nove residentes permanentes, e três são filósofos do direito em tempo integral (sem contar Rex e Hank, que juntos podem somar mais um). Will Thomas é um desses filósofos. Ele mora do outro lado da rua. Os meninos sempre querem que ele esteja pronto para jogar o que eles chamam de "futebol-golfe". Mas também tem outro emprego: Thomas leciona na Escola de Negócios da Universidade de Michigan e estuda as maneiras como punimos as corporações.

Por muito tempo, não fizemos isso. No início da história norte-americana, era possível punir os funcionários, mas não a própria empresa.

Isso mudou perto do fim do século XIX. Por quê? Thomas diz que as corporações mudaram. Elas se organizaram internamente de novas formas, o que as tornou mais complexas que antes. Se uma mercearia familiar trapaceia na declaração dos impostos, é provável que a mãe ou o pai sejam o problema. Mas a Boeing emprega mais de cem mil pessoas e distribui a responsabilidade por tarefas complicadas, como projetar e testar aviões, entre centenas delas.

Como as tarefas são distribuídas, as falhas da Boeing podem não remontar às falhas de qualquer funcionário em particular. Elas podem ser resultado de muitos erros, cada um dos quais, por si só, não teria sido significante se outros funcionários tivessem feito seu trabalho direito. Você pode até imaginar casos extremos nos quais a empresa age mal mesmo que nenhum indivíduo o faça. O problema pode estar na forma como a empresa é composta ou organizada. Em casos como esse, diz Thomas, apenas a empresa será culpada, não as pessoas que trabalham para ela.

Mas, mesmo quando os funcionários agem mal, a empresa ainda pode ser culpada. Isso porque ela é um agente moral independente. A Boeing é capaz de responder por suas ações, e podemos julgar seu caráter de acordo com quão bem ela faz isso.

Podemos culpar os brancos *como grupo* da mesma maneira que culpamos a Boeing? Não. Quando falamos de pessoas brancas, estamos falando de uma coleção de indivíduos, não de uma corporação. Os grupos raciais não são mais que a soma de suas partes. Eles não têm uma organização interna que permita que tomem decisões coletivas. Pessoas brancas são responsáveis pelo que fazem individualmente. Mas o grupo não tem responsabilidade separada da responsabilidade de seus membros.

SOME TUDO ISSO E a resposta à nossa pergunta será não, a raça não é um fundamento para a responsabilização. Não somos culpados por atos alheios simplesmente porque somos membros do mesmo grupo

188 AVENTURAS PELA FILOSOFIA COM MEUS FILHOS

racial. E isso significa que poucas pessoas brancas vivas hoje são responsáveis por erros passados, como escravidão e segregação.

Mas deveriam *assumir* a responsabilidade por eles.

Há uma diferença entre *ser* responsável e *assumir* a responsabilidade. Certamente você conhece alguém que agiu mal, mas se recusou a reconhecer o erro ou fazer algo a respeito. Essa pessoa não estava assumindo a responsabilidade pelo que fez, o que é um tipo separado de falha.* É por isso que ensinamos a nossos filhos: quando você está errado, tem de assumir que fez algo errado e corrigir da melhor maneira possível. Caso contrário, estará cometendo outro erro.

Na maioria das vezes, você deve assumir a responsabilidade quando *é* responsável. Mas é possível assumir a responsabilidade quando você *não é* responsável e, às vezes, devemos fazer isso.

Ou é isso que diz David Enoque. Ele é outro filósofo do direito e leciona na Universidade Hebraica, então não mora na nossa rua. Mas eu gostaria que morasse, porque ele é uma das pessoas com quem mais gosto de discutir. Discordamos sobre quase tudo, e muitas vezes ele me deixa com receio de estar errado. Isso é o melhor que se pode pedir a um oponente intelectual.

Mas Enoque está certo sobre esse assunto. (Não diga a ele que eu disse isso.) Você pode assumir a responsabilidade mesmo quando não é responsável e, às vezes, deve fazer isso. Os pais muitas vezes se encontram nessa posição. Suponha que seu filho esteja brincando na casa de outra criança e quebre alguma coisa. É possível que seja sua culpa. Talvez você não tenha ensinado seu filho a ter cuidado com as coisas dos outros. É mais provável que você não tenha feito nada de errado. Não importa quão bom pai você seja, as crianças nem sempre são cuidadosas. Mesmo assim, você pode achar que precisa se desculpar e se oferecer para consertar o que o seu filho quebrou. Ou seja,

---

* *Assumir a responsabilidade* significa algo diferente aqui do que quando consideramos as objeções de Robert Paul Wolff à autoridade. Ele queria que as pessoas assumissem a responsabilidade antes de agir, considerando os motivos e decidindo o que fazer. Aqui, estamos falando sobre assumir a responsabilidade depois de agir, ou seja, admitir seus erros.

você pode pensar que deve assumir a responsabilidade, mesmo não sendo responsável.

Por quê? Essa é uma pergunta interessante. Como pai, você não quer que seu filho seja um problema para as outras pessoas. Em parte, isso é pragmático. Você quer que seu filho seja convidado para brincar, a fim de que você possa ficar sozinho em casa. (Ou para que ele tenha amigos. Tanto faz.) Se não consertar o que ele quebrou, ou ao menos se oferecer para fazer isso, ele pode não ser mais convidado. Mas não acho que se trate apenas de interesse próprio. Na verdade, acho que tem alguma coisa errada com um pai que se recusa a assumir a responsabilidade pelos problemas causados pelo filho.

Mas não sei exatamente como explicar isso. Aqui está meu melhor palpite: não queremos que a generosidade de outras pessoas seja (inesperadamente) custosa para elas. Você está assumindo um fardo quando concorda em cuidar do meu filho, e essa é uma coisa legal de se fazer. Eu precisarei retribuir em algum momento. Mas, se isso for surpreendentemente custoso para você — digamos, porque meu filho quebrou alguma coisa —, então apenas retribuir não restabelecerá o equilíbrio entre nós. Ao assumir a responsabilidade, estou garantindo que você não acabe com mais do que aquilo a que se propôs.*

Esse fenômeno — assumir a responsabilidade quando você não é responsável — não se limita aos pais e mães. De fato, Enoque indica um caso instrutivo quando pensamos em raça. Ele imagina uma pessoa que se sente desencorajada por algo que seu país fez — talvez

---

* A situação fica ainda mais complicada, porque você provavelmente deve recusar minha oferta de retribuição. Entre amigos, as transferências de dinheiro são constrangedoras. De fato, uma maneira de saber que se está entre amigos é não manter um registro rigoroso de quem deve o que a quem. Se o item que meu filho quebrou for barato, você deve me dizer para não me preocupar com isso, ao menos se quiser manter nossa amizade (ou iniciar uma). Acho que a situação é diferente se o item for caro ou se substituí-lo representar uma dificuldade para você. (Mas então você pode assumir a própria responsabilidade, já que deixou o objeto ao alcance das crianças.) Acho esse tipo de caso — no qual uma pessoa é obrigada a fazer uma oferta e outra pessoa é obrigada a recusá-la — fascinante, pois ele mostra quão sutis são nossos relacionamentos. Eu tenho de tentar assumir a responsabilidade por algo pelo que não sou responsável e você tem de recusar — tudo para que possamos mostrar que temos o tipo certo de atitude um em relação ao outro.

iniciado uma guerra que ela considera injustificada. Pode não ser culpa dela. Talvez ela tenha votado contra os responsáveis. Talvez tenha protestado contra a guerra. Ainda assim, ela deve assumir a responsabilidade. Isso pode envolver pedir desculpas pela guerra ou trabalhar para mitigar seus efeitos. Haverá alguma coisa errada, diz ele, se ela lavar as mãos porque não apoiou a guerra.

Acho que as pessoas brancas estão em uma situação semelhante. Não importa se não participamos diretamente da segregação, se protestamos contra ela ou se sequer tínhamos nascido quando ela ocorreu. Não podemos lavar as mãos só porque não somos os responsáveis. Devemos assumir a responsabilidade.

Por quê? Existe uma antiga lei do *common law*: *qui sentit commodum, sentire debet et onus*, ou seja, *aquele que goza do benefício também deve suportar o fardo*. Ela é usada para resolver certos tipos de disputa de propriedade. Mas acho que a ideia principal também se aplica aqui. Pessoas brancas ocupam uma posição de privilégio, no topo de uma hierarquia social que não deveria existir. Elas devem fazer sua parte para acabar com ela.

O outro motivo é mais simples e se aplica a todos, independentemente da raça. Ele é explicado por Isabel Wilkerson em seu livro mais recente *Caste: The Origins of Our Discontents* [Casta: as origens de nosso descontentamento, em tradução livre]. Wilkerson imagina os Estados Unidos como uma casa. Ela parece linda por fora, mas tem problemas internos. Há "rachaduras, paredes arqueadas e fissuras na fundação".

Isso não é culpa do atual morador. Como observa Wilkerson, "muitas pessoas podem dizer, com razão, 'Eu não tive nada a ver com a maneira como tudo isso começou. Nada tenho a ver com os pecados do passado. Meus ancestrais nunca atacaram indígenas ou tiveram escravos'". Elas não estão erradas. Mas não importa. Herdamos a casa e "somos os herdeiros do que é certo ou errado. Não erguemos os pilares ou as vigas irregulares, mas temos de lidar com eles".

Podemos deixar a casa desmoronar. Ou... podemos consertá-la.

O QUE DEVEMOS FAZER se quisermos consertá-la? Não há resposta simples para essa pergunta. Mas uma das coisas mais poderosas que podemos fazer é conversar sobre isso com os nossos filhos. Aqueles de nós que são brancos precisam ensinar aos filhos sobre o racismo — e não somente o passado, mas também o atual. Quando os meninos viram pela primeira vez os protestos do movimento Black Lives Matter no noticiário, falamos sobre o fato de que a polícia às vezes mata negros sem um bom motivo ou por motivo nenhum.

Essa lição foi difícil de ensinar — e de aprender. Hank, principalmente, teve problemas para entender que os policiais podem ser os vilões.

— Se os policiais fazem algo ruim — disse ele —, outros policiais prendem eles.

Foi tanto uma pergunta como uma afirmação.

— Um policial que mata negros raramente é punido — disse eu. E pude vê-lo perder um pouco de sua inocência.

Os mocinhos são bons. Os bandidos são punidos. É assim que as histórias acontecem. Mas não no mundo fora delas.

Por mais difíceis que sejam essas conversas, elas não se comparam aos desafios que os pais negros enfrentam ao conversar com seus filhos sobre raça. Quando Hank pede garantias de que a polícia não irá machucá-lo, posso fornecê-las. Pais negros não podem. Eles têm de ensinar a seus filhos a se manterem seguros. E sabem que não há nada que possam dizer que seja capaz de afastar todos os riscos.

Recentemente conversei com meu amigo Ekow Yankah. Ele é outro filósofo do direito — um especialista, entre outras coisas, em policiamento e punição. Tivemos uma conversa sobre os desafios que enfrentamos — como um pai branco e um pai negro, respectivamente — ao conversar com nossos filhos sobre raça. Para mim, a principal tarefa é fazer com que meus filhos vejam os privilégios que vêm com a branquitude — que é injusto terem esses privilégios —, a fim de entenderem como é sua a responsabilidade de tornar o mundo mais justo.

Para Yankah, os desafios são muito mais urgentes. Ele tem de preparar os filhos para a hostilidade que enfrentarão. Precisa ajudá-los a

192 AVENTURAS PELA FILOSOFIA COM MEUS FILHOS

lidar com o fato de isso não ser justo e a pensar sobre tudo isso — para dar sentido a algo que realmente não tem nenhum.

Uma questão ocupa grande parte de sua atenção: como as pessoas negras devem se relacionar com um país que as tratou tão mal por tanto tempo?

Algumas respostas são óbvias: tristeza e raiva. A rejeição também pode ser merecida. Mas Yankah não pensa assim, e não quer isso para os seus filhos. A história dos Estados Unidos ainda está sendo escrita, diz ele. Tem sido uma história ruim para os negros norte--americanos, ao menos até agora — séculos de uma opressão que muda de forma, mas nunca termina. Mas *há* avanços — e a esperança de algo melhor.

Yankah se inspira no famoso discurso de Frederick Douglass, "O significado do 4 de julho para o negro". No início do discurso, Douglass celebra os Estados Unidos — os pais fundadores — de maneiras que são surpreendentes para um ex-escravizado:

> Os signatários da Declaração de Independência eram homens corajosos. Eram grandes homens [...] estadistas, patriotas e heróis e, pelo bem que eles fizeram e os princípios pelos quais lutaram, eu me unirei a vocês para honrar sua memória.*

E Douglass é sincero: ele exalta longamente as virtudes desses homens e sua luta pela liberdade.

Mas o país, declara, não se mostrou à altura de seus ideais fundacionais. "A rica herança de justiça, liberdade, prosperidade e independência legada por seus pais é compartilhada por vocês, mas não por mim."

Douglass não mede palavras. Ele chama a escravidão de "o grande pecado e a grande vergonha dos Estados Unidos". E responde à pergunta que dá título a seu discurso com uma acusação:

---

* FANTON, M.; MAIA, T.V. "O significado do 4 de julho para o negro." Disponível em: https://www.scielo.br/j/civitas/a/gDacHnj4yB56TW7n9xtWVhG/?lang=pt.

RAÇA E RESPONSABILIDADE

O que, para o escravo americano, é o seu 4 de julho? Eu respondo: um dia que lhe revela, mais do que todos os outros dias do ano, a injustiça e a crueldade grosseiras de cuja mentira ele é a vítima constante. Para ele, sua celebração é uma farsa; sua liberdade vangloriada, uma licença profana; sua grandeza nacional, uma vaidade inchada; seus sons de regozijo são vazios e sem coração; suas denúncias a tiranos, imprudências de fachada; seus gritos de liberdade e igualdade, zombarias ocas; suas orações e hinos, seus sermões e ações de graças, com todo o seu desfile religioso e solenidade, são, para ele, meros alardes, fraudes, enganos, impiedade e hipocrisia — um fino véu para encobrir crimes que desgraçariam uma nação de selvagens.

Ao fim do discurso, Douglass diz: "Não me desespero por este país." Por que não? Douglass invoca os "grandes princípios" contidos na Declaração de Independência, e mantém aberta a possibilidade de que os Estados Unidos ainda possam viver de acordo com esses princípios.

Quando Yankah fala com seus filhos, ele tenta seguir a linha de Douglass. Não mede palavras. Não esconde a enormidade da injustiça ou tenta suavizar o golpe. Mas também quer que os filhos saibam que o progresso é possível. A ideia de igualdade não é estranha aos Estados Unidos. Ela está inscrita em nossos documentos fundacionais. Nós não vivemos de acordo com o padrão que eles definiram. Mas a história — e a luta — ainda não acabou.

Perguntei a Yankah o que ele queria que meus filhos aprendessem. "Isso é fácil", respondeu ele. "Ser legal não é suficiente." É importante, lógico, sermos legais uns com os outros. Mas, se deixarmos nossos filhos acharem que essa é sua única tarefa, a maioria dos problemas permanecerá do mesmo jeito. Ser legal não melhorará o acesso à assistência médica, não reduzirá a diferença econômica, nem equalizará o financiamento das escolas. E ser legal não permitirá que pais negros tranquilizem seus filhos da maneira como tranquilizei Hank quando ele ficou com medo da polícia.

A maneira como agimos em relação aos outros importa. Mas a forma como agimos como comunidade importa muito mais. Se queremos resolver nossos problemas, temos de pressionar nosso país a assumir a responsabilidade por seus erros — e corrigi-los.

Os Estados Unidos são um agente moral independente de seus cidadãos — pelos mesmos motivos da Boeing. Um país não é apenas uma coleção de pessoas. Nosso governo está organizado de uma forma que lhe permite responder à razão, e isso o torna responsável pelo que faz. Na questão racial, seu histórico é terrível. Os Estados Unidos são responsáveis pela escravidão, pela segregação e pela discriminação de o indivíduo negro ter a própria terra, pelo encarceramento em massa e por muito mais. E nunca assumiram a responsabilidade, por pouca que fosse. Todos devemos usar qualquer influência que tenhamos para exigir que isso aconteça.

Como seria isso? Recentemente, tem havido muito interesse nas reparações. Em 2014, Ta-Nehisi Coates publicou um artigo na revista *The Atlantic* chamado "The Case for Reparations" [Em defesa das reparações, em tradução livre]. O artigo fala um pouco sobre escravidão, mas aborda especialmente o que veio depois; ele se concentra, especialmente, nos pecados do século XX. Coates explica como funcionava a discriminação de o negro ter a própria terra e mostra, em detalhes, como a política impactou determinadas pessoas — e o faz até hoje, em crises de execução hipotecária centradas em bairros segregados.

É difícil ler Coates sem pensar: temos de corrigir esses erros. Eles são nosso presente tanto como nosso passado, e serão nosso futuro se não assumirmos a responsabilidade agora. Como? Um pedido de desculpas ajudaria. Devemos repudiar nossos erros. Mas um pedido de desculpas soaria vazio se não fosse acompanhado do esforço para reparar o dano causado.*

---

* Esse é o inverso da ideia de que tratar o outro severamente deve fazer parte da punição para enviar a mensagem correta sobre a má conduta do infrator. Novamente, ações falam mais alto que palavras.

Não há como desfazer tudo. Muitas das pessoas mais afetadas não estão mais conosco. Mas podemos construir uma sociedade que trate as pessoas igualmente.

É disso que tratam as reparações. Daniel Fryer é o terceiro filósofo do direito que mora em minha rua. Ele estuda reparações e justiça racial de forma geral. E rejeita a ideia de que as reparações devam ter por objetivo colocar pessoas negras na posição em que estariam se a escravidão e a segregação não tivessem acontecido. Isso não é possível. Não há como voltar atrás, para como as coisas eram ou teriam sido. Mas esse não é o objetivo, de qualquer maneira. Reparações, argumenta ele, devem ter como objetivo consertar nossos relacionamentos. O objetivo deve ser construir uma sociedade em que negros sejam tratados como iguais e tenham as mesmas liberdades que brancos.

Como? Essa é uma pergunta difícil. O dinheiro tem um papel a desempenhar. Pagamentos em espécie podem reduzir a diferença da questão econômica, que torna muitas oportunidades inalcançáveis. Também podemos gastar dinheiro para melhorar as escolas e aumentar o acesso à assistência médica. Mas o dinheiro não pode nos livrar de todos os problemas. O dinheiro não vai resolver o encarceramento em massa, a brutalidade policial ou a supressão de eleitores. As reparações devem erradicar todas as maneiras pelas quais nossa sociedade trata os negros como cidadãos de segunda classe. É um projeto, não um pagamento. Não será fácil. E não vamos poder dizer que tivemos sucesso até construirmos o que Frederick Douglass exigiu: uma sociedade que esteja à altura de seus ideais de fundação.

ANTERIORMENTE, MENCIONEI O LIVRO *When Jackie and Hank Met*. Ele conta a história de Jackie Robinson e Hank Greenberg, dois dos melhores jogadores de beisebol de todos os tempos. Mas sofreram discriminação espantosa — Greenberg porque era judeu e Robinson por ser negro.

Greenberg chegou à liga principal antes de Robinson. Ele era mais velho. E o beisebol era segregado. Robinson jogou na liga negra antes de Branch Rickey contratá-lo para os Brooklyn Dodgers. Ele estreou em 1947. A essa altura, Greenberg estava no crepúsculo de sua carreira, jogando pelo Pittsburgh Pirates.

Quando os times se encontraram pela primeira vez, os homens cruzaram caminho — literalmente. Em sua primeira jogada, Robinson usou um *bunt* [um tipo de rebatida]. Um arremesso ruim tirou Greenberg da primeira base. Ele colidiu com Robinson, derrubando-o.

No tempo seguinte, Greenberg andou. Quando chegou à primeira base, perguntou a Robinson se ele havia se machucado. Robinson respondeu que não, e Greenberg disse que não quisera derrubá-lo. Acrescentou: "Olhe, não preste atenção nesses caras que tentam dificultar as coisas para você. Aguente firme. Você está indo bem." E convidou Robinson para jantar. Esse foi o primeiro encorajamento que Robinson recebeu de um jogador adversário, e ele deixou evidente o quanto aquilo significou para ele.

Rex adorava essa história. Nós a lemos várias vezes. E ele me pediu para lê-la para sua turma na pré-escola. Mas teve dificuldade para entendê-la, assim como todos os seus colegas no Centro Comunitário Judaico. Eles tinham muitas perguntas.

— Por que as pessoas não gostam de judeus?

— Por que as pessoas não gostam de negros?

— O que é um *bunt*?

Fiquei entusiasmado com a terceira pergunta, mas tive problemas com as duas primeiras.

— Algumas pessoas não gostam de quem é diferente delas — respondi.

O que é simples demais. Mas também é verdade.

When Jackie and Hank Met ficou em nossas prateleiras, mesmo depois que os meninos deixaram os livros ilustrados para trás. Ele desempenhou um papel muito importante em nossa vida para nos desfazermos dele. O livro foi a porta de entrada dos meninos para a ideia de que algumas pessoas não gostam de judeus.

RAÇA E RESPONSABILIDADE

Só aprendi essa lição no primeiro ano. Eu era o único garoto judeu da escola (e foi assim até o fim do Ensino Fundamental). Gostava da garota que se sentava ao meu lado, e achava que ela também gostava de mim. Ela me mostrara o umbigo uma vez, o que parecia ser um bom sinal. Então fiquei animado quando, certo dia, ela se virou para falar comigo. Ela disse:

— Os judeus mataram Jesus.

Eu não tinha a menor ideia do que ela estava falando, mas queria defender meu povo. Só tinha uma vaga noção de quem era Jesus, então não podia discutir o mérito do caso. Em vez disso, apresentei evidências de caráter.

— Acho que não — retruquei. — Somos pessoas muito legais.

— Minha mãe disse que vocês fizeram isso.

(Pare por um minuto e pense sobre esse *vocês* no contexto do que aprendemos sobre responsabilidade do grupo.)

A mãe dela estava errada. Os judeus não mataram Jesus. Os romanos mataram. Mas a acusação subscreve muito antissemitismo, e tem sido assim há séculos.

Então os judeus brincam sobre isso, em parte para destacar o absurdo de responsabilizar as pessoas por algo que se diz que elas fizeram (mas não fizeram) há dois mil anos.

A piada mais famosa vem do comediante Lenny Bruce: "Sim, nós fizemos isso. Eu fiz isso. Minha família fez. Eu encontrei um bilhete em meu porão: 'Nós o matamos.' Assinado, Morty."

A mais engraçada, da atriz e comediante Sarah Silverman: "Todo mundo culpa os judeus por matarem Jesus Cristo. E os judeus tentam jogar a culpa para os romanos. Sou uma das poucas pessoas que acreditam que foram as pessoas negras."

A piada de Silverman destaca algo importante sobre o status social dos judeus nos Estados Unidos. É uma mistura estranha de privilégio e precariedade. O privilégio decorre do fato de a maioria dos judeus ser branca. Isso influencia a maneira como somos tratados. Não somos seguidos nas lojas. Não temos dificuldade para conseguir um táxi. Não esperamos que a polícia nos assedie, muito menos que nos machuque.

198 AVENTURAS PELA FILOSOFIA COM MEUS FILHOS

E assim por diante. No entanto, tampouco somos membros integrais do clube dos brancos. Os supremacistas brancos que marcharam em Charlottesville gritavam: "Os judeus não vão nos substituir." E reviveram antigos slogans nazistas — um lembrete gritante de que as coisas podem dar errado, mesmo em uma sociedade que parece nos aceitar.

Alguns judeus respondem à precariedade tentando reforçar sua branquitude. E poucas atitudes são mais brancas que culpar os negros por coisas que eles não fizeram. Daí a piada de Silverman. Que é engraçada por ser absurda. Mas também é trágica, porque indica algo real. Na disputa por status social, os grupos marginalizados muitas vezes atacam uns aos outros. No caso de judeus e negros norte-americanos, isso funciona em ambos os lados. Há judeus racistas e negros antissemitas. Isso não é apenas posicionamento social. O ódio tem muitas servas.* Mas desempenha um papel.

Porém, há outro caminho a seguir: o caminho da parábola. Quando Jackie conheceu Hank, eles se solidarizaram — no jogo e além dele. Greenberg se tornou gerente-geral do Cleveland Indians e se recusou a permitir que seu time ficasse em hotéis que não admitiam jogadores negros. Ele integrou a Liga do Texas.

Robinson se tornou abertamente um oponente do antissemitismo, principalmente na comunidade negra. Ele repreendeu outros líderes negros por não apoiarem um empresário judeu que fora objeto de protestos antissemitas. Em sua autobiografia, se perguntou: "Como podemos nos opor ao preconceito contra os negros se estamos dispostos a praticar ou tolerar a intolerância?"

A solidariedade é a mensagem central de *When Jackie and Hank Met*. A luta de Jackie não era a de Hank. E a luta de Hank não era a de Jackie. As coisas eram muito piores para Jackie, e Hank sabia disso. Mas ambos entendiam que tinham mais a ganhar ajudando que

---

* E, às vezes, o ressentimento é merecido. Todo judeu nos Estados Unidos deveria ler o ensaio "Negroes Are Anti-Semitic Because They're Anti-White" [Os negros são antissemitas porque são antibrancos, em tradução livre], escrito por James Baldwin em 1967.

odiando um ao outro. E eles também acharam que essa era a coisa certa a fazer.

Quero que meus filhos vejam as coisas da mesma maneira. Quero que fiquem ao lado das pessoas oprimidas, que defendam as pessoas injustiçadas. Na verdade, se alguém me disser que meus filhos fizeram isso, não precisarei saber nenhuma outra coisa sobre eles para sentir que tive sucesso como pai.

PARTE III

ENTENDENDO O MUNDO

8

CONHECIMENTO

— Eu me pergunto se sonhei minha vida toda — disse Rex. Ele tinha 4 anos e já era um bom filósofo, então a pergunta não me chocou. Estávamos jantando, e o inquérito pode ter sido uma estratégia de evasão vegetal. Se foi, funcionou. Rex conhecia bem o seu público.

— Que ideia legal, Rex! Um cara chamado Descartes se perguntou a mesma coisa. Você acha que está sonhando?

— Não sei. Pode ser.

— Se está sonhando, onde você acha que realmente está agora?

— Talvez eu ainda esteja na barriga da mamãe. Talvez ainda não tenha nascido.

Isso não me convenceu.

— Bebês que ainda não nasceram sabem falar?

— Não.

— Então você acha que eles sonham com conversas como essa?

— Não — admitiu ele.

Mas não foi difícil tornar o argumento mais plausível.

— E se você estiver sonhando apenas hoje? — perguntei. — E se não acordou desde que foi dormir ontem à noite? Você saberia dizer a diferença?

— Não! — respondeu ele, feliz com a ideia de que poderia estar alucinando.

•~•

Todos somos céticos às vezes. Um amigo compartilha notícias, mas você não acredita. Ou começa a duvidar de algo que achava saber.

A hipótese que Rex apresentou — a de que estava sonhando sua vida toda — é uma receita para o ceticismo radical, para duvidar de quase tudo.

Descartes não foi o primeiro cético dos sonhos. A ideia surgiu na Antiguidade, e foi dita muitas vezes. Minha formulação favorita vem do *Zhuangzi*, um texto taoista escrito há mais de dois mil anos:

> Uma vez Zhuang Zhou sonhou que era uma borboleta, uma borboleta volteando e voejando, feliz consigo mesma e fazendo o que bem queria. Ela não sabia que era Zhuang Zhou. De repente, ele acordou e lá estava, sólido e inconfundivelmente Zhuang Zhou. Mas não sabia se era Zhuang Zhou que sonhara ser uma borboleta ou se era uma borboleta que sonhava ser Zhuang Zhou.

Perguntei a Hank (8 anos) se havia uma maneira de Zhuang Zhou descobrir. Ele pensou muito e perguntou:

— Ele está cansado? Se não estiver cansado e acabou de acordar, então ele sonhou que era uma borboleta.

Isso é inteligente, mas não é o suficiente. Como Hank mais tarde admitiria, você pode sonhar que acordou se sentindo revigorado. Ele só não achou isso provável. E, lógico, não é provável que você esteja sonhando sua vida — seja como bebê na barriga de sua mãe ou como borboleta. O motivo para levar o ceticismo dos sonhos a sério não é o fato de ele ser uma preocupação séria. É o que ele nos mostra sobre o estado de nosso conhecimento — e nosso relacionamento com o mundo a nosso redor.

Era nisso que Descartes pensava quando sonhou o ceticismo dos sonhos. René Descartes viveu nos anos 1600 e permanece sendo um dos pensadores mais influentes de todos os tempos. Isso se deve, em parte, à sua obra matemática, em particular a análise algébrica da geometria. (Flashback do sexto ano: escreva $y = x + 2$ em coordenadas cartesianas. Estou esperando.) Mas tem mais a ver com seus esforços para se libertar de falsas crenças.

Em vez de duvidar disso ou daquilo, Descartes começou a duvidar de tudo. Por quê? Ele queria que seu conhecimento tivesse bases firmes. E decidiu que a melhor maneira de fazer isso era duvidar de tudo que achava saber. Se alguma coisa sobrasse — se ele encontrasse algo de que não pudesse duvidar —, ele teria uma base firme sobre a qual reconstruir seu conhecimento.

O ceticismo dos sonhos foi uma poderosa fonte de dúvida para Descartes. A possibilidade de que estivesse sonhando — naquele momento ou durante toda a vida — colocou em dúvida o que ele achava saber. Por quê? Faça a si algumas perguntas simples: onde você está? O que está fazendo agora?

Quando Descartes escreveu sobre o ceticismo dos sonhos, ele estava sentado diante da lareira, vestido e segurando um pedaço de papel. Será que estava? Ele começou a se perguntar se poderia estar dormindo, deitado na cama. Não parecia estar. Na verdade, ele não achava que qualquer sonho pudesse ser tão vívido quanto sua experiência no momento. Mas então ele se lembrou de que muitas vezes um sonho o iludira a pensar que estava acordado. E não havia nenhum marcador seguro para dizer, sem falhas, se ele estava acordado ou sonhando.

Você está em uma posição semelhante. Tenho certeza de que parece que está acordado. Mas, como Descartes, aposto que você às vezes se surpreende — e até fica aliviado — ao descobrir que estava sonhando. Isso torna difícil ter a certeza de que, nesse exato momento, você não está sonhando. E, se não pode ter certeza de que está acordado, por que pensar que pode ter certeza sobre qualquer coisa que já viveu? Lógico, você se lembra daquela vez em que [preencha com a sua lembrança favorita]. Mas você tem certeza de que não sonhou tudo?

Se você acha isso desorientador, pode se consolar com o fato de que parte do conhecimento é imune ao ceticismo dos sonhos. Como observou Descartes, algumas coisas são verdadeiras, estejamos acordados ou dormindo. Um quadrado tem quatro lados mesmo em um sonho. E dormir não muda o fato de que 2 + 3 = 5. Então você pode se apegar a essas verdades, mesmo que não consiga se apegar ao resto.

Mas não se apegue muito, porque Descartes deu um jeito de questionar também esses fatos. Quando descobriu os limites do ceticismo dos sonhos, ele aventou uma hipótese cética ainda mais forte, a mais poderosa que alguém já criou. Descartes imaginou que um gênio do mal — vamos chamá-lo de Dr. Doofenshmirtz, em homenagem ao vilão favorito dos meus filhos — poderia estar controlando seus pensamentos.* De fato, Doofenshmirtz pode ter decidido enganar Descartes para que sua mente se enchesse de falsidades.

Por quê? Descartes nunca explicou por que Doofenshmirtz queria enganá-lo e, para ser honesto, essa não parece uma maneira muito genial de passar o tempo. Mas a mera possibilidade de que Doofenshmirtz o estivesse enganando representava um problema para Descartes, pois significava que ele não podia confiar em qualquer coisa que acreditasse, nem mesmo nos fatos exatos da matemática. Doofenshmirtz podia muito bem estar enganando-o.

E também pode estar enganando você. Talvez Doofenshmirtz tenha removido e posto seu cérebro em uma cuba, conectando-o a eletrodos a fim de simular todas as experiências que você já teve. Você sequer desconfiaria.

Eu sei. Você acha que está vestido, sentado ou deitado na cama, lendo este livro. Mas você não está fazendo nenhuma dessas coisas. Você não está vestido. Mas tampouco está nu. Você não tem um corpo, é apenas um cérebro. E, embora possa parecer que está lendo um livro, não há livro para ler. Está tudo na sua cabeça.

Ou melhor, pode ser assim. E você não pode descartar isso. Até onde você sabe, o mundo externo é uma elaborada ilusão. Ele pareceria igual para você, quer existisse ou não.

---

* Se não entendeu a referência, use uma criança como desculpa e mergulhe no desenho *Phineas e Ferb*. Hank recomenda enfaticamente.

Depois que Hank e eu conversamos sobre Zhuang Zhou, falamos sobre Descartes e Doofenshmirtz.

— Existe alguma coisa que Descartes possa saber com certeza, mesmo que Doofenshmirtz esteja tentando enganá-lo? — perguntei.

Hank entendeu imediatamente.

— Ele sabe que está pensando.

— Por que Doofenshmirtz não pode enganá-lo sobre isso?

— Bem, Doofenshmirtz pode fazer ele pensar coisas — respondeu Hank —, mas, se ele pensa que está pensando, então ele está.

Isso mesmo. E Descartes também entendeu isso. Há um limite até mesmo para o mais extremado ceticismo. *Estou pensando*, pensou Descartes, *e não posso ser confundido quanto a isso*. E esse pensamento o levou a outro que não podia ser uma enganação de Doofenshmirtz: *eu existo*.

Essa cadeia de raciocínio é chamada de *cogito*, em razão de sua formulação em latim: *cogito ergo sum*. Em português: *penso, logo existo*.

Quando tudo mais estava em dúvida, ao menos Descartes tinha isso. Ele sabia que existia.

Ok, esse é um raciocínio legal — vindo de Hank, talvez mais que de Descartes. Mas o *cogito* é realmente tudo o que você sabe?

Ninguém age como se fosse. Considere as seguintes perguntas:

Você sabe a que horas começa o filme?
Você sabe como chegar a High Street?
Você sabe se tem macarrão na despensa?

Fazemos perguntas assim constantemente. E ninguém nunca responde que não tem como saber se tem macarrão na despensa porque poderia ter sonhado sua presença ou sido enganado por algum tipo de demônio.

Mas eu sonho em dar esse tipo de resposta a meus filhos.
— Você sabe onde estão minhas meias? — pergunta um deles.
— Alguém realmente sabe de alguma coisa? — retruco.
— Pai!
— Acho que vi umas meias. Mas como ter certeza? Deve ter sido um sonho.
— Onde você viu?!
— Tem certeza de que as meias são reais? Talvez você esteja atrás de uma alucinação.

Isso seria divertido. Mas iria enlouquecê-los, porque ninguém supõe que o ceticismo cartesiano exclua o conhecimento em nossa vida cotidiana.

Então Descartes estava errado sobre o que é preciso para saber alguma coisa? Ou estamos sistematicamente confusos, pensando que sabemos quando, na verdade, não sabemos?

A RESPOSTA DEPENDE DO que é conhecimento. Por muito tempo, pensamos saber. Mas acontece que não sabemos.

Perguntei isso a Rex recentemente.
— Quando você sabe alguma coisa?
— Como assim?
— Bem, sabemos que a mamãe está na loja agora. Mas o que queremos dizer quando falamos que sabemos disso?
— Isso está na nossa cabeça — disse Rex.
— Você sabe tudo o que está na sua cabeça?
— Não. Tem que ser uma coisa certa. Se a mamãe não estivesse na loja, não saberíamos que ela estava.
— Então, se está na sua cabeça e está certo, você sabe?
— Acho que sim.
— Não tenho certeza. Imagine que você ache que vai chover amanhã. E suponha que *vai* chover amanhã. Mas você não analisou o clima, só acha que vai chover porque amanhã é terça-feira e você acha

que chove toda terça-feira. Mas isso não é verdade. Aliás, é uma coisa boba. Você sabe que vai chover amanhã?

— Não — disse Rex, após verificar a história. — Seu motivo para pensar que vai chover tem que ser confiável, ou você não sabe.

Minha última pergunta foi meio indutora, mas consegui levar Rex aonde eu queria. Em apenas alguns passos, ele recriou a visão tradicional do conhecimento. Conhecer algo, pensaram os filósofos por muito tempo, é ter uma *crença verdadeira justificada* sobre esse algo.

Vamos analisar isso de trás para a frente. Primeiro, para saber algo, esse algo tem de estar na sua cabeça, como diz Rex. Mas tem de estar lá da maneira certa. Não funciona *querer* que algo seja verdadeiro. Você tem de *acreditar* que é.

Em segundo lugar, você não pode saber o que não é. Sua crença tem de ser verdadeira.

E, terceiro, ela deve ser justificada. Ou seja, você precisa ter evidências adequadas. Apenas adivinhar não funciona, nem confiar em informações nitidamente errôneas, como a ideia de que chove toda terça-feira.

Essa explicação do conhecimento — crença verdadeira justificada (ou CVJ, para abreviar) — foi considerada verdadeira até que um cara chamado Edmund Gettier teve um problema.

Gettier lecionava na Universidade Estadual Wayne e era elegível para professor titular. Mas não tinha escrito nada, então não tinha a menor chance de conseguir a vaga. Publique ou pereça, como se diz por aqui. Seus colegas disseram que ele tinha de fazer alguma coisa ou perderia o emprego. Então ele escreveu sobre a única ideia que tinha. O artigo, publicado em 1963, tinha apenas três páginas. O título perguntava: "A crença verdadeira justificada é conhecimento?"

Gettier disse que não e deu dois contraexemplos rápidos. Eles eram complicados, então vou fornecer um mais simples, inspirado nos dele. Você acha que tem um exemplar do livro *Joy of Cooking* [Alegria de cozinhar, em tradução livre] em sua casa. Você o comprou anos atrás e o usou muitas vezes desde então. E é verdade: tem um exemplar na sua casa. Mas não aquele que você comprou. Sua parceira emprestou seu exemplar para um amigo e ele não o devolveu. Por acaso, uma amiga lhe deu o livro de aniversário, sem saber que você já o tinha. Está embrulhado em sua sala, esperando ser aberto.

Você sabe que há um exemplar de *Joy of Cooking* em sua casa? Você acredita que há, e sua crença é verdadeira. Além disso, é justificado que você acredite ter um exemplar: você o comprou por conta própria e o usou com frequência. Então, se a definição de conhecimento do CJV estiver certa, você sabe que tem um exemplar. Mas Gettier diz que isso está errado, e quase todo mundo que encontra esse tipo de caso concorda. Você tem sorte por haver um exemplar em sua casa. Não é algo que você saiba.

O artigo de Gettier chocou os filósofos e mostrou que eles não sabiam o que era conhecimento. E desencadeou um esforço frenético para complementar a definição CJV — para dizer o que mais é necessário para o conhecimento —, a fim de evitar o que veio a ser chamado de Problema de Gettier.* Filósofos propuseram dezenas de soluções. Mas nenhuma delas funcionou.

E isso não foi coincidência, diz Linda Zagzebski. Ela destruiu muitas das esperanças de se encontrar uma solução para o Problema de Gettier. Zagzebski argumenta que, quando parte da premissa (razoável) de que pode ser justificado acreditar em algo falso, você sempre pode criar casos Gettier, não importando como complemente a definição CJV. De fato, ela escreveu uma receita para obtê-los.

Para começar, você conta uma história sobre uma crença justificada. Então adiciona um pouco de azar, o que resulta em a crença ser falsa. Mas não para aí! Para finalizar, você adiciona um pouco de sorte, então a crença se torna verdadeira novamente.

---

* O outro problema de Gettier — obter estabilidade no cargo na universidade — desapareceu com a publicação do artigo.

Uma das histórias de Zagzebski é mais ou menos assim: Mary acredita que o marido está na sala. Por quê? Ela acabou de passar e o viu por lá. Mas, que azar! Mary está errada. Na verdade, ela não viu o marido. Ela viu seu irmão gêmeo que estava desaparecido há muito tempo e que retornou inesperadamente. Mas, que sorte! Seu marido também está na sala; ele estava sentado fora do campo de visão quando Mary passou por lá.

Mary sabe que o marido está na sala? Bem, ela acredita que ele está lá, e é verdade, ele está. Ela está justificada ao acreditar nisso? Sim. Ela passou e viu uma pessoa que se parecia exatamente com seu marido. Agora, se Mary sabe que seu marido tem um irmão gêmeo (ela pode não saber), ela saberá que há, ao menos, uma pessoa que se parece com ele. Mas ela não tem motivo nenhum para esperar que o gêmeo esteja lá naquela noite, já que ele desapareceu há muito tempo. Então Mary tem uma crença verdadeira justificada de que o marido está na sala de estar. No entanto, ela não sabe que ele está lá. Ela estar certa é só um golpe de sorte.

As pessoas ainda propõem soluções para o Problema de Gettier. Não vamos explorá-las aqui, uma vez que elas podem ser bastante complicadas. Mas muitos filósofos chegaram a pensar que Zagzebski estava certa: o problema nunca será resolvido. E alguns desses filósofos sugeriram que é um erro tentar analisar o conhecimento em termos de ideias mais simples, como justificação, crença e verdade.

Nem sempre podemos dividir as ideias em ideias mais simples.

Responda rápido: o que é uma cadeira?

Se disse "É algo em que podemos sentar", sua cama gostaria de bater um papo com você. Assim como muitas pedras grandes. E se agora está pensando: "Com pernas! Tem que ter pernas", pesquise "cadeiras sem pernas" no Google. Você verá muitos contraexemplos.

E, ainda assim, você não tem problemas para identificar cadeiras, mesmo que não possa explicar o que elas são. O mesmo acontece, pensam alguns, com o conhecimento.

O que Gettier achava? Como ele resolveria seu problema? Não sabemos. Edmund Gettier foi um dos filósofos mais célebres do século

XX e é conhecido por todos que entram no campo da filosofia. Mas também foi um prodígio de uma obra só. Ele lecionou durante décadas depois que seu artigo foi publicado, mas nunca mais escreveu uma palavra.

Por quê? Simples. Ele não tinha "mais nada a dizer".

ESSA PODE SER A melhor tirada de todos os tempos.

Mas vou contar um segredo. Gettier não foi o primeiro a identificar esse problema.

No século VIII, um filósofo indiano chamado Dharmottara contou a seguinte história: você está andando no deserto e precisa de uma bebida. Vê água lá na frente. Ah, é uma miragem. Mas, quando chega lá, você encontra água debaixo de uma pedra. Você sabia que havia água antes de chegar? Dharmottara diz que não, você apenas teve sorte.

Gettier não roubou a ideia de Dharmottara. Ele apenas teve a mesma ideia 1.200 anos depois. Nesse ínterim, um filósofo italiano, Pedro de Mântua, também teve a mesma ideia. Ele viveu no século XIV. Mas Gettier tampouco sabia disso. Textos antigos nem sempre são traduzidos, e as pessoas deixam de saber o seu conteúdo.

Esse é um problema para a filosofia. Ou melhor, são vários problemas em um. Filósofos de tempos e lugares distantes são frequentemente ignorados. E não são os únicos. Por muito tempo, o campo excluiu também as mulheres. Anteriormente, creditei a Descartes a ideia de que um gênio do mal podia ter enchido sua cabeça de falsidades. Estudos recentes sugerem que ele foi influenciado pela obra de uma freira espanhola, Teresa de Ávila, que usou os demônios para um propósito diferente em seus próprios textos sobre o conhecimento.*
Mas, enquanto Descartes é analisado por todos os alunos, Teresa não é estudada por quase ninguém.

---

* Os demônios de Teresa tornavam as falsas crenças extremamente atraentes, lembrando-a dos prazeres terrenos e tentando dissuadi-la de continuar seu caminho meditativo em direção ao conhecimento de si e de Deus.

Uma nova geração de filósofos trabalha para remediar isso. Eles estão à procura de novas ideias em antigas tradições de todo o mundo. Como resultado, os filósofos de língua inglesa agora conhecem Dharmottara. E há um esforço conjunto para trazer à tona e celebrar obras femininas que foram excluídas da história da filosofia ou receberam menos destaque do que mereciam. Teresa, ao que parece, não foi a única mulher a influenciar Descartes e as ideias filosóficas de sua era. Mais tarde, conheceremos uma princesa que discutiu com ele sobre a consciência.

Expandir o âmbito da filosofia é difícil, principalmente quando olhamos para o passado. Muita coisa se perdeu para sempre. Mas podemos nos assegurar de não cometer o mesmo erro novamente, ouvindo uma gama mais ampla de filósofos hoje.

COM ISSO EM MENTE, é hora de deixar Descartes para trás. E eu conheço a mulher que pode nos ajudar com isso. Como Gettier, Gail Stine deu aulas na Universidade Estadual Wayne. Ela morreu jovem, com apenas 37 anos, em 1977. Era epistemóloga, uma filósofa que estuda o conhecimento: o que ele é e como é adquirido.

Stine ficou intrigada com a discrepância que notamos anteriormente. Nas conversas cotidianas, nossa suposição padrão é que sabemos muito. Mas, quando falamos de filosofia, parece que nosso conhecimento começa a se esvair. Quando lemos Descartes, não temos certeza de saber qualquer coisa.

O que está acontecendo?

Stine teve uma ideia simples, mas poderosa. O significado de algumas palavras muda dependendo do contexto. Muitas vezes, é fácil perceber isso. Eu sou alto em casa, mas não no trabalho. Por quê? A classe de comparação muda. Os meus filhos são mais baixos que eu, assim como Julie, então sou alto em relação a eles. Mas sou mais baixo que o norte-americano médio, então ninguém me acha alto no trabalho.

Com quase dois metros, meu amigo JJ é alto — no trabalho. Mas não é alto para o basquete profissional. E mesmo o cara mais alto do mundo não é alto em todos os contextos. Coloque-o ao lado de uma girafa e ele será baixo.

É óbvio que *baixo* e *alto* mudam de significado. O mesmo acontece com *grande* e *pequeno*. Mas algumas palavras são surpreendentemente sensíveis ao contexto. Por exemplo: *vazio*.

Se eu disser "A geladeira está vazia" em um dia qualquer, quero dizer "Não temos comida para o jantar". Se olhar dentro da geladeira, você encontrará todo tipo de coisa: refrigerantes, condimentos e assim por diante. Mas, se estamos coordenados no contexto da conversa, você concordará que ela está vazia, já que não há nada nela para preparar uma refeição.

Agora mude o contexto: o caminhão de mudança está chegando e estamos correndo para deixar tudo pronto. Eu pergunto se a geladeira está vazia. *Vazia* tem um novo significado agora. Se o refrigerante ainda estiver lá, ela não estará vazia. Não podemos ter coisas chacoalhando dentro da geladeira, ou encontraremos uma bagunça quando chegarmos na casa nova.

É tentador pensar que isso é o que realmente significa *vazia* — sem comida ou bebida — e que era um modo de dizer no primeiro caso. Mas devemos resistir a essa tentação, porque mesmo uma geladeira sem comida ou bebida não estaria vazia em todos os contextos. Se estivermos realizando um experimento e precisarmos criar vácuo dentro da geladeira, ela não ficará vazia até que todo o ar tenha sido removido. Mas, na maioria dos contextos, *vazio* não significa desprovido de toda matéria. Significa o que precisa significar, e isso muda com a situação.

Stine sugeriu que a palavra *saber* é sensível ao contexto, mais ou menos como *vazio*. Em diferentes situações, diferentes padrões determinam se as pessoas sabem coisas. Os padrões, disse Stine, dependem das *alternativas relevantes*, que mudam de acordo com as situações.

Um exemplo padrão funciona assim: você está no zoológico de San Diego e vê animais listrados de preto e branco. "Lá estão as zebras!",

CONHECIMENTO

diz você, e corre para vê-las. Você sabe que está vendo zebras? Óbvio que sim. Assumindo que seja um dia de sol e sua visão seja boa, seria difícil confundir zebras com qualquer outro animal do zoológico.

Mas... você pode descartar a possibilidade de estar olhando para burros inteligentemente disfarçados? De onde você está, não. Você teria de chegar muito mais perto para avaliar se o que parece ser uma zebra é, na verdade, um burro que contratou um estilista. Mas, diz Stine, você não precisa descartar essa ideia para saber que está olhando para uma zebra, já que o burro disfarçado não é uma alternativa relevante. Você não tem motivo para achar que o zoológico disfarça burros de zebras.

Há lugares onde você teria de se preocupar com isso. Em Tijuana, no México, burros com listras pintadas são uma atração turística há muito tempo. Então, se vir uma zebra, você deve desconfiar. Você não saberá que viu uma zebra até ter dito que não se tratava de um burro disfarçado.*

Como isso nos ajuda a vencer o ceticismo? Bem, imagine que você acabou de voltar do zoológico e conta para uma amiga que gostou de ver as zebras.

— Você não sabe se viu zebras — diz ela.

— Lógico que sei — retruca você.

— Poderiam ser burros habilmente disfarçados — explica ela, sinalizando que é louca... ou epistemóloga.

Nesse ponto, diz Stine, você pode seguir um de dois caminhos: insistir que sabe que viu zebras, já que não há motivo para pensar que burros disfarçados sejam uma alternativa relevante, ou pode permitir que sua amiga mude o contexto conversacional, de modo que burros disfarçados sejam relevantes. O que os colocaria em jogo? Se sua amiga não tiver provas de que zoológicos estão disfarçando burros, ela está jogando o jogo do cético — buscando fontes de dúvida. E esse é um

---

* Um fato divertido: os burros disfarçados de Tijuana são chamados de *zonkeys* [*zebras + donkeys* — zebras + burros, em português]. Outro fato divertido: eles não são *zonkeys*. Um *zonkey* é um animal híbrido, o filhote de uma zebra e um burro. *Zonkeys* se parecem com burros com pernas de zebra. E são *incríveis*.

bom jogo! Ele nos ensina algo sobre os limites que enfrentamos em nossos esforços para coletar informações sobre o mundo. Mas você não precisa jogar com ela.

Grosso modo, a ideia de Stine é esta: o cético está certo, não sabemos de nada — *quando falamos à maneira do cético*. Mas, fora da filosofia, não temos motivos para falar assim. De fato, na vida cotidiana, seria tolice falarmos como céticos. Conhecemos muitas coisas pelos padrões comuns, e precisamos ser capazes de comunicar isso.

VOCÊ TEM DE ESTAR atento às pessoas que jogam o jogo do cético. Elas são mais comuns do que você imagina. E, embora o jogo seja divertido na filosofia, pode ser uma cilada fora dela.

N. Ángel Pinillos recentemente demonstrou isso no contexto das mudanças climáticas. Ele é outro epistemólogo interessado nas maneiras pelas quais as pessoas semeiam dúvidas sobre a ciência.

As evidências de que nossas emissões de carbono são responsáveis pelas mudanças climáticas são esmagadoras. Estamos destruindo o mundo em câmera lenta e sem tomar medidas suficientes para impedir isso. Por quê? Há muitos motivos. Mas grande parte da resposta é que algumas pessoas lucram lançando carbono na atmosfera, e não querem parar. Elas não dizem isso diretamente, é óbvio. Não seria bom para as vendas. Em vez disso, argumentam que não sabemos o suficiente para agir.

Alguns políticos adotam a mesma estratégia. Em 2017, um eleitor perguntou ao governador de New Hampshire, Chris Sununu, se as emissões de carbono causavam alterações climáticas. A resposta dele:

> Não tenho certeza. Eu estudei isso no MIT. Estudei ciências da terra e ciências atmosféricas com alguns dos melhores do mundo. Examinei os dados [...] e acho que devemos continuar analisando. Temos de continuar estudando, entender todos os impactos, sejam eles sobre o meio ambiente, so-

ciais, econômicos ou outros que possam entrar em cena. O carbono é o principal motivo pelo qual a Terra esquentou de modo praticamente contínuo nos últimos 150 anos? Não tenho certeza. Pode ser.

Isso soa razoável. Sununu estudou a questão. As emissões de carbono podem ser as responsáveis. Ele não está descartando isso. Só não quer saber.

Mas observe como ele desliza na expressão *tenho certeza* para estabelecer um alto padrão de conhecimento. Temos certeza de que as emissões de carbono causam as alterações climáticas? Talvez não. Mas aqui está outra coisa que não *temos certeza*: que não estamos sonhando. A pergunta é: por que precisamos *ter certeza*? As consequências de não agir podem ser devastadoras. E estamos bem perto da certeza, ainda que não tenhamos chegado completamente a ela.

Essa é uma estratégia deliberada e antiga. Na década de 1980, a petrolífera Exxon decidiu que "enfatizaria a incerteza nas conclusões científicas", embora seus cientistas estivessem convencidos de que as mudanças climáticas provocadas pelo homem representavam uma ameaça real. Mas eles não criaram essa estratégia. As empresas de tabaco o fizeram, questionando a ligação entre o fumo e o câncer mesmo depois que seus cientistas a confirmaram. Um memorando interno da empresa de tabaco Brown & Williamson declarava: "A dúvida é nosso produto."

O que devemos fazer com os que gostam de suscitar dúvida? Essa é uma pergunta complicada. Como filósofo, estou profissionalmente comprometido com a dúvida, mais ou menos como Descartes.* Acho importante questionar o que sabemos para procurar maneiras pelas quais podemos estar errados. Os cientistas partilham dessa inclinação,

---

* Mas não exatamente da mesma maneira. Descartes duvidou de tudo ao mesmo tempo. Não acho que sejamos capazes de fazer isso ou que isso possa nos levar a algum lugar. Tudo está aberto à dúvida, mas não podemos duvidar de tudo ao mesmo tempo ou não teremos como decidir se nossas dúvidas são justificadas. A dúvida é um projeto a ser realizado aos poucos.

tanto que quantificam sua incerteza. Isso os torna alvos fáceis para aqueles que gostam de suscitar dúvidas.

Rex e eu começamos a conversar sobre isso recentemente. Eu o ensino a duvidar, a fazer perguntas. Mas quero que ele reconheça que nem todas as perguntas são feitas de boa-fé. Então, eu o ensino a questionar os questionadores. Essa pessoa realmente quer entender as coisas? Ela está interessada nas provas? Se ela descobrir que sua visão é falsa, será que posso confiar nela para me contar? Ou será que ela vai esconder o que descobriu?

Pinillos sugere outra estratégia. Em público, devemos falar sobre probabilidades, mais que sobre o que sabemos. Óbvio, há alguma chance de que o consenso científico esteja errado, que nossas emissões de carbono não causem alterações climáticas. Mas os cientistas podem quantificar essa chance, e ela é pequena. Devemos apostar o futuro de nossos filhos na pequena chance de que a ciência esteja errada? Isso é o que os criadores de dúvidas estão nos pedindo para fazer.

Não precisamos *saber* para agir. Raciocinamos com probabilidades o tempo todo. Pinillos faz uma analogia com a loteria. Você não *sabe* que vai perder. Lógico, as chances estão contra você. Mas há uma alternativa relevante que você não pode descartar: você pode ganhar! Então você sonhará com o prêmio. Mas jamais *fará planos* em função dele.

Os céticos do clima insistem que não *sabemos* se as emissões de carbono estão causando mudanças climáticas. Por qualquer padrão razoável, eles estão errados. Nós sabemos. Mas não precisamos entrar em um debate sobre o que sabemos, já que os céticos sempre podem insistir em padrões impossivelmente altos. Em vez disso, devemos devolver a questão: por que eles estão dispostos a apostar nosso futuro na pequena chance de que a ciência esteja errada? Talvez ganhemos na loteria. Mas não devemos fazer planos em função do prêmio.

É IMPORTANTE PREPARAR AS crianças para a publicidade — ensiná-las a avaliar evidências e identificar fontes confiáveis de informação. Rex

CONHECIMENTO

às vezes concorda em participar dessas conversas, mas prefere ideias mais radicais. Sua favorita ultimamente tem muito em comum com a possibilidade de sermos cérebros em cubas. Ele quer saber se vivemos em uma simulação de computador. Na verdade, está obcecado com a ideia de que tudo em nosso mundo (incluindo nós mesmos) pode ser simplesmente um conjunto de operações em um computador, que vivemos em uma versão de altíssima resolução do jogo *The Sims* (ou algo parecido).

Esse tem sido um tema da moda desde que um filósofo de Oxford, Nick Bostrom, disse achar que há uma boa chance de estarmos vivendo em uma simulação computadorizada. O argumento atraiu muitos luminares, incluindo o empresário Elon Musk, que declarou ser provável que sejamos Sims.

Bostrom é diretor fundador do Instituto para o Futuro da Humanidade da Universidade de Oxford, um grupo interdisciplinar que se preocupa com as maneiras pelas quais o mundo pode dar errado. Os itens mais assustadores da lista incluem catástrofes climáticas, alienígenas e inteligência artificial fora de controle. Em outras palavras, o instituto tenta nos manter fora dos filmes do Keanu Reeves.

Mas Bostrom é mais conhecido por sugerir que já estamos em um deles. Ele acha que podemos estar vivendo uma simulação, como em *Matrix*. Por quê? Eis uma versão aproximada de seu argumento. Se as pessoas puderem simular mundos, elas provavelmente o farão. Se fizerem, provavelmente farão mais que uma vez. Na verdade, elas podem simular muitos mundos — centenas, milhares, milhões — se isso for elucidativo (ou divertido) o suficiente. Nesse caso, deve haver muitos mais mundos simulados que mundos reais, e as probabilidades são de que estejamos em um mundo simulado.

Como eu disse, essa é apenas uma versão grosseira do argumento. Bostrom não aceita totalmente a conclusão, pois há espaço para dúvida a cada passo.

Para começar, pode não ser possível simular mundos como o nosso. Várias pessoas acham que um dia será. Elas estão impressionadas com o progresso desde o jogo *Pong* até os dias atuais, e projetam esse progresso nos anos futuros. Mas o progresso pode ser interrompido.

Ou pode ser necessária muita energia para executar uma simulação realista. (De acordo com alguns cálculos, os computadores precisariam ser do tamanho de um planeta.)

Ou pode não ser possível criar criaturas conscientes em computador.

A essas preocupações, devemos acrescentar: mesmo que as pessoas pudessem simular mundos como o nosso, elas poderiam não fazer isso. Bostrom sugere que os cientistas executariam simulações para aprender sobre seus ancestrais. Mas talvez preferissem usar seu conhecimento de computação para outros fins. Ou talvez tivessem reservas éticas sobre criar criaturas que sofreriam como nós. Novamente, é difícil dizer.

Mas Bostrom acha que há algo que podemos dizer com certeza. Pelo menos uma destas proposições é verdadeira:

a) Não é possível simular mundos como o nosso.

b) É possível, mas as pessoas não fazem isso com muita frequência.

c) Quase certamente somos Sims.

Perguntei a Rex qual proposição ele aceita. Ele respondeu que "a" ou "c". Ele não tem paciência para "b".

— Pelo que conheço das pessoas — proclamou ele —, faríamos isso se pudéssemos.

Rex também acha que seremos capazes de fazer isso algum dia. Então se inclina para "c". Ele acha que somos Sims. Em alguma realidade mais fundamental, as pessoas descobriram como simular mundos e configuraram o nosso.

Eu sou mais cético. Mesmo que fosse possível simular mundos como o nosso, suspeito que as demandas de energia seriam extremas demais para que as simulações fossem feitas com frequência. Certamente seria necessária muita energia para simular todo o universo até a escala quântica. Então as pessoas teriam de escolher as partes que gostariam de incluir: talvez cérebros humanos e seus ambientes imediatos. E isso traria outro problema. Elas precisariam de uma compreensão refinada da maneira como nosso cérebro funciona, e não estamos nem perto disso.* Avanços em inteligência artificial poderiam solucionar qualquer um ou todos esses problemas. Mas o futuro do pretérito é a chave em cada passo do argumento.

O ARGUMENTO DA SIMULAÇÃO é especulativo. Mas é muito interessante.

Ele suscita questões éticas. Você criaria um mundo no qual as pessoas sentissem dor? Qual seria um motivo bom o suficiente para deixar as pessoas sofrerem com a escravidão ou o Holocausto? Se a resposta for (como suponho) "nenhum", isso altera as chances de estarmos em uma simulação?

Também suscita questões teológicas. Se o argumento de simulação estiver correto, a maioria dos mundos tem criadores — os engenheiros que os projetaram. E esses criadores são, em relação a seus mundos, onipotentes e oniscientes. São deuses?

Ele suscita questões metafísicas. Temos livre-arbítrio se os criadores controlam o curso da história? Ou estamos escravizados, já que existimos apenas para servir a seus propósitos — e somente enquanto nos quiserem?

Suscita ainda questões práticas. Se você acha que está em uma simulação, o que deve fazer? Rex quer escrever uma mensagem para os Engenheiros Todo-Poderosos. Ele imagina esculpindo-a no campo, como um círculo em uma plantação. "Oi! Sabemos que estamos em uma simulação. Mais unidades do restaurante de fast food Shake Shack, por favor!" Mas isso pode ser perigoso. E se eles não quiserem

---

* De certa forma, seria mais fácil simular o universo inteiro. Você estabelece as condições iniciais, deixa o sistema rodar e vê o que acontece.

que saibamos? Eles podem destruir o mundo inteiro ou editá-lo e nos excluir. Ops.

FINALMENTE, O ARGUMENTO DA simulação suscita questões sobre o que podemos saber. Na verdade, parece uma versão tecnológica da história do gênio malvado. É o cérebro na cuba, mas, dessa vez, não há cuba, já que seu cérebro também é simulado.

E, mais uma vez, parece que tudo o que você pensa saber está errado. Se está em uma simulação, você não está segurando este livro. Não há livro. E você não tem mãos para segurá-lo. É tudo uma ilusão elaborada.

Ou talvez não.

David Chalmers é uma espécie de astro do rock entre os filósofos. Por muito tempo, ele se pareceu com um — jaqueta de couro e cabelo comprido (cortado quando ficou grisalho). Ele é professor universitário de filosofia e ciência neural na Universidade de Nova York e um importante especialista em consciência, entre outros tópicos.

Chalmers não está preocupado com a possibilidade de vivermos em uma simulação de computador. E ele não acha que isso ameace nosso conhecimento. Você crê que tem mãos, diz Chalmers, e tem, mesmo que vivamos em uma simulação. Além disso, elas são feitas de matéria — elétrons, quarks e assim por diante — exatamente como você pensava. A única diferença é que a matéria é feita de algo surpreendente: bits de computador!

Mas suas mãos ainda são reais. Elas não são falsas, como adereços de filmes, ou imaginárias, como as de um personagem fictício. Mãos imaginárias não servem para muita coisa, exceto em mundos imaginários. Mas suas mãos são boas para fazer muitas coisas. Elas podem segurar livros, cozinhar jantares e fazer dezenas de outras coisas, habilmente. Sem dúvida, você sentiria falta delas se as perdesse. Essa é a marca de algo real.

Mas minhas mãos não são reais!, você insiste. Elas são somente simuladas. Os Engenheiros Todo-Poderosos podem ter mãos de verdade, mas nós estamos limitados a tristes simulacros. Na verdade, *somos* tristes simulacros.

Há uma sutil confusão aqui. Temos mãos, como sempre as entendemos. Isso não mudará se descobrirmos (ou supusermos) que vivemos em um mundo simulado. Tudo o que aprenderemos é que a realidade tem um caráter diferente do que pensávamos; ela é fundamentalmente computacional, não física.

Para entender o que quero dizer, pense nas mãos de Rex. Ele sabe que as tem, e sabe há muito tempo. Ele até sabe um pouco sobre elas: que há ossos e músculos lá dentro. E, agora, ele sabe um pouco mais: que seus ossos são feitos de moléculas, e que essas moléculas são feitas de átomos.

Em algum momento, ele aprenderá que os átomos são feitos de prótons, nêutrons e elétrons. E, depois, que prótons e nêutrons são feitos de quarks. E, além disso, pode aprender que os elétrons não são bolinhas orbitando o núcleo dos átomos, como é frequentemente descrito em livros didáticos. Eles estão espalhados, como nuvens.

A cada passo, Rex aprenderá um pouco mais sobre a natureza de suas mãos. Mas em nenhum momento fará sentido ele dizer: "Ah, não! Eu não tenho mãos. Mãos são feitas de músculos e ossos. Mas essas coisas presas na ponta de meus braços são feitas de elétrons e quarks!" Se ele dissesse isso, responderíamos que suas mãos são feitas de músculos e ossos. Acontece que músculos e ossos são feitos de elétrons e quarks.

Se vivermos em uma simulação, poderemos estender essa história um pouco mais. O material físico fundamental será feito de algo computacional, como bits de computador. Se Rex descobrir isso, ele terá aprendido mais sobre a natureza de suas mãos e não que elas não são reais ou que ele não as tem.

É fácil ficar confuso sobre isso, porque é tentador assumir a perspectiva dos Engenheiros Todo-Poderosos. Se *eles* vivem em um mundo fundamentalmente físico, então acharão que nosso mundo é virtual, uma versão simulada de sua realidade. Do ponto de vista deles, somos pessoas virtuais, com mãos virtuais. Mas, de nossa perspectiva, somos pessoas com mãos, como sempre fomos.

E vou um passo além de Chalmers: da perspectiva dos Engenheiros Todo-Poderosos: *não somos* pessoas virtuais. Somos pessoas. Ser uma pessoa é ter certo status moral, ser portador de direitos e responsabilidades. E esse status moral não depende de ser feito de matéria ou bits. Depende de reconhecer a razão, sentir dor e assim por diante.

Qualquer um que se proponha a simular mundos com pessoas enfrentará sérias questões morais, uma vez que essas pessoas serão objeto de preocupação moral. Essas perguntas têm algo em comum com aquelas que os futuros pais enfrentam ao decidir ter um filho, pois toda vida humana envolve algum sofrimento. Elas também têm algo em comum com as questões que Deus enfrentou ao escolher criar o mundo (se de fato existe um Deus). A simulação é um ato de *criação*, não de *imaginação*. Espero que qualquer sociedade avançada o suficiente para simular mundos reconheça isso.

De qualquer modo, nossa realidade não é ameaçada pelo argumento da simulação, tampouco a maioria de nossas crenças. O argumento de simulação não é uma hipótese cética. É uma hipótese *metafísica*. Ele descreve uma maneira como nosso mundo poderia funcionar; não diz que nunca poderemos saber.

As crianças adoram fingir — supor que o mundo não é o que parece. Suspeito que é por isso que gostam de argumentos céticos e da hipótese da simulação.

Por um tempo, o ceticismo dos sonhos foi a filosofia favorita de Rex. E isso a tornou minha favorita também. Na verdade, um de meus momentos favoritos como pai foi cortesia de Descartes.

Rex tinha 7 anos. Ele fez um cartão de aniversário para mim. Do lado de dentro, escreveu: *Eu te amo, logo existo*.

Assim, proponho que substituamos o *cogito* [penso, em latim] pelo *te amo*. Funciona igualmente bem. Qualquer estado mental funciona. Então, quando olhar para dentro, procure amor.

Mas, antes de desmaiar de emoção pelo meu relacionamento com Rex, deixe-me assegurar que ele ama muito mais Julie.

Ele confirmou isso certo dia, quando estávamos voltando da escola para casa. Rex estava no terceiro ano e falávamos sobre o ceticismo dos sonhos. Naquela época, tínhamos um jogo. Rex tentava encontrar uma maneira de provar que não estava sonhando. Eu destruía seu argumento.

— Não seria estranho — disse ele —, se a gente estivesse tendo o mesmo sonho? E *temos* que ter o mesmo sonho se estamos conversando um com o outro.

— Sim, seria estranho. Mas, e se eu não for real? E se for apenas um personagem em seu sonho?

Isso o deixou boquiaberto. E ele levou algum tempo para processar a hipótese. E repeti-la. E estendê-la.

— Então meus amigos podem ser personagens também?

— Isso mesmo.

Estávamos dobrando a esquina. Julie acabara de chegar em casa com Hank.

— E a mamãe? — perguntou Rex, apontando para a frente.

— Ela também pode ser um personagem de seu sonho.

Subitamente, ele pareceu muito desanimado. E disse baixinho:

— Então não quero acordar.

9

VERDADE

— Eu aprendi sobre um novo animal — disse Hank.

— Que animal?

— Ele se chama duobraquium esparquisai. (Não consigo escrever fielmente a maneira como um aluno do terceiro ano diz isso.)

— Que legal. Você sabia que havia um *Duobrachium sparksae* em minha turma do segundo ano?

— Não havia, não — respondeu Hank. — Eles acabaram de ser descobertos. Os cientistas nem sabiam que eles existiam antes de 2015.

— Eles deveriam ter dado uma olhada na sala da professora Doseck. Porque um dos garotos era um *Duobrachium sparksae*. O nome dele era Sparky.

— Isso não é verdade — disse Hank.

— Lógico que é — redarguiu Rex. — Tinham muitos animais na escola do papai. Ele sentava ao lado de um pinguim e o melhor amigo dele era um macaco.

Eu costumava dizer isso. Rex já superara essas brincadeiras, mas fiquei grato por sua ajuda.

— Qual era o tamanho dele? — perguntou Hank.

— Do tamanho do segundo ano — respondi.

— Eles não são do tamanho do segundo ano — disse Hank. — São bem pequenos.

— Eu sei — retruquei.* — Eu só estava tentando guardar o segredo de Sparky. Na verdade, ele era três *Duobrachium sparksae* empilhados dentro de um casaco. Eles se revezavam no topo.

— Eles vivem na água — disse Hank, desdenhosamente. — São tipo águas-vivas bem pequenas.

Teria sido útil ter essa informação desde o início.

— Sim — respondi. — Dava para ouvi-los chapinhando dentro do casaco. Uma vez Sparky me deixou olhar, e cada um deles estava dentro de um aquário, segurando o de cima.

— Como eles andavam? — perguntou Hank.

— Nunca soube. O casaco era bem longo e se arrastava pelo chão.

— Aposto que o de baixo usava seus tentáculos — disse Rex.

— Ou talvez Sparky tivesse um patinete — concordei, recebendo um aceno de cabeça de Rex. — Se eu o vir na próxima reunião de colegas de turma, vou perguntar.

— Eles não têm rostos — disse Hank, bruscamente.

— Bem, não no oceano. Mas Sparky desenhou um rosto com uma caneta.

Hank bateu o punho na mesa.

— Mentira! — gritou ele. — PARA DE FALAR MENTIRA!

Eu me sinto mal quando pressiono muito Hank. Mas não me sinto mal por pressioná-lo. Essa parte foi divertida. E deu a Hank a chance de ser mais esperto que eu. Em vez de repetir o que aprendera, ele usou seu conhecimento para provar que eu estava errado.

No entanto, isso o deixou meio frustrado. Ele achou que eu estava mentindo. Será que tinha razão? Acho que não. Eu certamente disse coisas que não eram verdadeiras — e sabia disso.

Mas estava apenas fingindo, e Hank sabia disso. Então não acho que estivesse mentindo. Mas a linha aqui é mais difícil de traçar do que você imagina.

---

* Eu não sabia.

VERDADE

— Qual a diferença entre mentir e fingir? — perguntei a Rex alguns dias depois.

— Quando você mente, diz alguma coisa que não é verdade — respondeu Rex.

— Você não diz coisas que não são verdadeiras quando está fingindo?

— Sim, mas, quando mente, você está tentando enganar alguém.

— Você não pode fingir para enganar alguém, como depois de um teste de matemática?

O sinal mais seguro de que Rex arrasou em um teste de matemática é a cara triste que ele faz antes de nos dizer sua nota.

— Acho que sim — disse ele lentamente. Ele acabara de perceber o quão difícil era a questão.

De certa forma, toda mentira é um fingimento. Quando mente, você age como se algo fosse verdadeiro, mas não é. Portanto, há fingimento envolvido. E, mesmo assim, Rex estava errado. Quando mente, nem sempre você diz algo falso.

Ele percebeu isso sozinho alguns dias depois. Na hora de dormir, ele disse:

— Eu tava pensando sobre mentira e sobre aquele Gettier, e tenho um caso para você.

— Vá em frente — disse.

— Ok, é segunda-feira à noite e você pergunta se eu tirei o lixo. Eu acho que não, mas digo que tirei de qualquer maneira, porque não quero ter problemas. Mas, na verdade, eu tirei, só esqueci que tinha tirado. Estou mentindo?

— O que você acha?

— Eu disse a verdade, mas foi por acidente. Eu achei que era mentira. Então acho que menti.

— Eu também acho — concordei. Então percebi que era segunda-feira à noite. — Rex, você tirou o lixo?

— Talvez — respondeu ele com um sorriso. (Ele tirou.)

Achei legal que Rex tenha feito uma conexão entre mentir e o Problema de Gettier. Superficialmente, as duas coisas não têm muita relação. O Problema de Gettier é sobre o que você sabe, não o que diz.

230   AVENTURAS PELA FILOSOFIA COM MEUS FILHOS

Mas há uma conexão. Em um caso Gettier, você acredita que algo é verdade, mas é sorte, já que sua evidência não é tão boa quanto você achava que era.* No caso de Rex, ele disse algo verdadeiro, mas isso foi pura sorte, já que ele acreditava que sua afirmação era falsa. (O motivo pelo qual Gettier recebe tanta atenção é que sua estratégia geral — as coisas dão certo, mas apenas por sorte — é frutífero em toda a filosofia.)

Ainda mais impressionante: Rex estava certo. Uma mentira pode ser verdadeira. Mas existe algo falso em cada mentira. É a forma como você se apresenta. Quando mente, você afirma acreditar em algo que na verdade não acredita.

Normalmente, você faz isso para enganar seu público. Mas nem todas as mentiras visam a enganar. Aprendi isso com minha amiga Seana Shiffrin. Ela também é filósofa do direito. Há vários anos, ela me surpreendeu ao me apresentar ao boliche com pinos em forma de velas, que é muito melhor que o regular. (Shiffrin diz que vai me levar ao boliche com pinos em forma de patos, mas eu me recuso a acreditar que isso exista.) Mas o boliche é somente uma atividade secundária para Shiffrin. Ela estuda promessas, contratos, liberdade de expressão e... mentiras.

A maioria dos mentirosos pretende enganar. Mas as pessoas podem ter outros motivos para mentir sobre seus estados mentais. Shiffrin imagina uma testemunha no julgamento cometendo perjúrio, mesmo estando consciente de que todo mundo sabe que sua história é mentira. Ela não tem a perspectiva de enganar ninguém, e pode nem mesmo querer fazer isso. Por que mentir, então? Talvez ela queira evitar a verdade. Dizer a verdade pode implicar outra pessoa. Ou enfurecer

---

* Um lembrete rápido, para que você não precise voltar lá atrás. Em um caso Gettier, você tem uma crença verdadeira justificada, mas algo falha, então sua crença não conta como conhecimento. Nosso exemplo foi o seguinte: você acha que tem um exemplar do livro *Joy of Cooking* em casa, já que o possui há anos e o usou muitas vezes. Mas sua parceira emprestou esse exemplar. No entanto, uma amiga o presenteou com um novo, que está embrulhado em sua sala, esperando seu aniversário. Sua crença é justificada e verdadeira. Mas você não sabe que há um exemplar de *Joy of Cooking* em sua casa. É apenas por sorte que você está certo.

VERDADE

a multidão. Então ela conta uma história, embora saiba que ninguém vai acreditar.

Quando juntamos a história do lixo de Rex com o julgamento de Shiffrin, descobrimos que a primeira tentativa de Rex de explicar o que é uma mentira (uma declaração falsa, feita para enganar) estava errada em ambos os aspectos. Mas uma teoria melhor está próxima. De acordo com Shiffrin, uma pessoa mente quando afirma algo em que não acredita em uma situação na qual a sinceridade é razoavelmente esperada. Essa última parte é superimportante. Nem sempre esperamos sinceridade. Em um show de humor de improvisação, sei que os comediantes vão dizer coisas em que não acreditam. Caso contrário, haveria pouco sentido no show. Do mesmo modo, quando leio uma obra de ficção, não espero que o autor diga somente o que acredita ser verdade.

Shiffrin chama situações em que a sinceridade não é esperada de *contextos suspensos*. Mas precisamos ter cuidado com a ideia de que a sinceridade não é esperada. Se você mentir muito para mim, vou parar de esperar que você diga a verdade. Mas não é isso que Shiffrin tem em mente. Ela está interessada em situações nas quais há bons motivos para aceitar a insinceridade. Ela as chama de *contextos suspensos justificados*. Nessas situações, você não deve a verdade a alguém. Portanto, suas falsidades não contam como mentiras.

Estamos em contextos suspensos justificados mais do que você imagina. Quando vê pessoas que conhece, você diz uma série de gentilezas. *Que bom ver você. Seu cabelo está ótimo.* Esse tipo de declaração, diz Shiffrin, é "exigida pelo contexto social". Grosso modo, precisamos saudar um ao outro e afirmar nosso relacionamento. Mas um "ouvinte competente" sabe que esse tipo de declaração "não é oferecida para que seu conteúdo seja absorvido como verdadeiro". Então não há problema em ser insincero. Você pode dizer *tudo bem* quando, na verdade, tudo está horrível. Shiffrin sequer acha que você está mentindo quando faz isso.

Isso soa estranho para algumas pessoas. Elas diriam que se trata de uma mentira mais leve. Mas, presumivelmente, elas concordam:

não há problema em dizê-la. (Você não deve a todos um relato sobre sua vida, mesmo que perguntem.) Então não devemos ficar presos a rótulos. Podemos usar a palavra *mentira* de diferentes maneiras. O que importa é o argumento moral. Em um contexto suspenso justificado, não há problema em dizer coisas nas quais você não acredita.

Voltando, então, à nossa pergunta: qual a diferença entre mentir e fingir? Antes, dissemos que toda mentira é, em certo sentido, um fingimento. Mas muito fingimento ocorre em contextos suspensos justificados. Quando está brincando com uma criança, por exemplo — fingindo ser um super-herói ou um feiticeiro —, você suspende a expectativa de sinceridade para poder se divertir nesse mundo imaginário. Era isso que eu queria fazer quando disse a Hank que havia um *Duobrachium sparksae* na minha turma da primeira série.

Durante muito tempo, meus filhos gostaram de minhas histórias grandiosas. E ainda contam as próprias. Mas, pouco a pouco, estão deixando esse mundo para trás. O que, em minha opinião, é a parte mais triste de vê-los crescer.

APRENDI QUE NÃO DEVEMOS mentir quando eu tinha 3 anos. Meu irmão Marc tinha 7 anos. Meus pais achavam que estávamos fazendo muito barulho, então nos mandaram ir para fora de casa. Marc não estava disposto a deixá-los em paz assim tão facilmente. Ele me disse para ficar na porta da frente e fazer tanto barulho quanto pudesse. Pareceu divertido. Eu gritei. Cantei. Bati na porta. E então minha mãe abriu a porta e gritou comigo. Fomos chamados de volta para dentro.

— Marc me disse para gritar — confessei assim que vi que ela estava chateada.

Ele me culpou, e então entendi por que ele não participara da barulheira.

Minha lembrança do que aconteceu depois é nebulosa. Fomos interrogados em quartos separados. Ele manteve sua história por um tempo. Mas, em algum momento, cedeu e reconheceu que dera a ordem.

Não me lembro de qual foi nosso castigo, mas lembro que o dele foi mais severo que o meu. E me lembro do motivo: *ele mentiu*. (Isso foi dito em itálico.) Eu não sabia com certeza por que isso importava. Mas o que quer que ele tenha feito de errado amenizou as coisas para o meu lado. Então fiz uma anotação mental: não faça isso.

Mas por que não? Isso nunca foi devidamente explicado. E os filósofos tampouco são objetivos na resposta. Ao menos, não os filósofos da minha casa.

— O que há de errado em mentir? — perguntei a Hank certa noite durante o jantar.

— Você não está dizendo a verdade.

— Certo. Mas o que há de errado nisso?

— Você está mentindo.

Estávamos presos em um círculo.

— Mas o que há de errado nisso?

— Você está tentando fazer alguém acreditar em algo que não é verdade.

Isso foi um progresso. E colocou Hank ao lado de muitos filósofos. Muitos pensam que mentir é errado porque é enganoso.

Mas espere, o que há de errado nisso? Uma história padrão é mais ou menos assim. Quando engana alguém, você está manipulando o estado mental dessa pessoa para benefício próprio. Ao fazer isso, interfere na capacidade dela de manifestar sua vontade no mundo. Esse é um eco da ideia kantiana que já fomos apresentados: devemos tratar as pessoas como pessoas, não como objetos que podemos usar.

Essa história é boa, mas não abrange todos os casos. Como Shiffrin nos ensinou, nem todas as mentiras são enganosas. O perjúrio da testemunha não é uma enganação. Mas isso não a isenta da responsabilidade. É errado mentir no tribunal, qualquer que seja sua intenção. E esse não é o único problema com a ideia de que as mentiras são erradas porque são enganosas. A maioria das pessoas acha que mentir é pior que simplesmente enganar alguém. De fato, elas muitas vezes evitam contar mentiras mesmo quando enganam seu público.

Os filósofos adoram contar a história de Atanásio de Alexandria. Ele foi encurralado por pessoas que queriam machucá-lo ou até mesmo matá-lo. Mas elas não sabiam quem ele era, então perguntaram: "Onde está Atanásio?" Ele respondeu: "Não está longe." E elas foram procurá-lo. Espera-se que pensemos que Atanásio foi inteligente. Ele enganou seus agressores sem contar uma mentira! Mas qual o problema de mentir para pessoas que querem matá-lo? Por que não dizer que Atanásio estava muito longe ou já estava morto?

"Apenas vá em frente e minta", diz Jennifer Saul. Ela é uma filósofa da linguagem. E escreveu um artigo com esse conselho no título. Ela argumenta que mentir não é pior que só enganar. E oferece o seguinte exemplo. Dave e Charla estão prestes a fazer sexo pela primeira vez. Dave pergunta a Charla se ela tem aids. Acontece que Charla porta o vírus do HIV e sabe disso. Mas também não desenvolveu aids. Não querendo assustar Dave, ela responde: "Não, eu não tenho aids." Tranquilizado, Dave concorda em fazer sexo sem proteção.

Charla não mentiu. Ela respondeu com sinceridade. Mas enganou Dave de forma assustadora. Óbvio, ele poderia ter sido mais cuidadoso na maneira como formulou a pergunta; há diferença entre HIV e aids. Mas Charla sabia aonde ele queria chegar, e era certo que sua resposta o enganaria. "Parece completamente absurdo", diz Saul, "supor que a enganação de Charla foi um pouco melhor porque ela evitou mentir."

Na visão de Saul, mentir é errado porque é enganoso. E, na maior parte do tempo, o modo como se engana não importa. Se vai enganar alguém, diz Saul, é melhor mentir. Se sua enganação for algo errado, não será pior pelo fato de você ter dito algo falso. E, se sua enganação for justificada — se você tiver bons motivos para enganar —, você não terá feito nada de errado. Na verdade, isso é o que ela diria sobre Atanásio. Ele não mentiu, mas estaria tudo bem se tivesse mentido.

Concordo com essa última parte. Não acho que Atanásio devesse a verdade a seus agressores. Mas não estou convencido de que mentir é igual às outras formas de enganação. Com certeza, uma mentira que visa a enganar é errada se a enganação for errada. Mas, como Shiffrin explicou, mentiras também são erradas por outro motivo.

Para entender o motivo, temos de retornar à Introdução, onde consideramos o espectro invertido. Lá, estávamos preocupados com a nossa falta de acesso à mente das outras pessoas. Nós não temos uma conexão direta com os estados mentais de outra pessoa. E, às vezes, precisamos saber quais são. Dificilmente poderíamos viver juntos, muito menos trabalhar juntos, se não tivéssemos uma maneira de descobrir o que as outras pessoas estão pensando. A fala, diz Shiffrin, é nossa melhor ferramenta para superar a opacidade de nossa mente. Ela nos ajuda a alcançar uma compreensão mais profunda do que jamais seria possível sem ela.

Com esse entendimento, podemos cuidar uns dos outros, aprender uns com os outros e realizar projetos e planos conjuntos. Sem isso, levaríamos vidas empobrecidas. Portanto, temos motivos para respeitar a fala e preservar sua capacidade de nos tornar inteligíveis uns para os outros.

Mentir é errado, diz Shiffrin, porque representa erroneamente o estado mental do mentiroso. Ao fazer isso, reduz a capacidade da fala de fazer o que apenas ela pode fazer: nos ajudar a entender uns aos outros. Mentir gera estática no canal de comunicação, colocando em dúvida a confiabilidade das comunicações futuras. Se a mentira se tornasse comum, diz Shiffrin, perderíamos "o acesso confiável a um conjunto crucial de verdades".

A explicação de Shiffrin não é exclusiva. Mentiras também podem ser erradas por outras questões. Elas podem ser desrespeitosas, diminuir a confiança e podem enganar. Em qualquer caso, uma dessas questões pode superar a enfatizada por Shiffrin. A enganação de Charla expôs Dave a sério perigo. Isso por si só é horrível; uma mentira dificilmente pioraria as coisas. Mas, em muitos casos, enganar é um erro mais modesto. (Meus filhos costumam ser subjetivos sobre a quantidade de horas em que jogam *Minecraft*.) E, nesses casos, *há* algo bom em evitar mentiras descaradas. Isso mantém aberta a possibilidade de comunicação honesta.

— Ei, garotos, tenho uma pergunta. Alguém quer matar seu amigo, então você o esconde no sótão.

— Como ele se chama? — perguntou Hank.

— Jack. E o cara que quer matá-lo aparece e pergunta onde ele está.

— Como *ele* se chama? — perguntou Hank.

— Não importa.

— Vamos chamá-lo de Bob — disse Rex.

— Ok. Bob quer saber onde está Jack. O que você diz a ele?

— Ele não está aqui! — respondeu Rex.

— Então você mente?

— Não é mentira.

— Mas ele está no sótão.

— Sim, mas quando digo que ele não está aqui, quero dizer que não está bem aqui, onde estamos.

Aparentemente, estamos criando nosso Atanásio. Dois deles, na realidade.

— O que você diria, Hank?

— Eu diria que o vi na rua mais cedo.

— Isso é verdade?

— Sim, eu o vi na rua quando ele chegou, antes de subir para o sótão.

— Por que não mentir? Você poderia dizer que Jack deixou a cidade.

— Eu não acho que seja preciso mentir — disse Rex.

— Estaria tudo bem em mentir se fosse útil?

— Sim, acho que sim — respondeu Rex. — Eu não tenho que ajudar Bob a matar Jack.

Kant teria rejeitado categoricamente essa sugestão. Ao menos segundo a leitura mais comum de seu breve ensaio "Sobre o suposto direito de contar mentiras por motivos benevolentes". Nele, Kant considera o caso que apresentei a meus filhos — um assassino à porta, perguntando onde está sua vítima pretendida. E o ensaio parece dizer que você não pode mentir, mesmo para o assassino.

Isso é ridículo. Ninguém acha isso certo, nem mesmo os mais comprometidos kantianos. E Kant provavelmente também não pensava assim. A história decorre de uma discussão que ele teve com o teórico político suíço-francês Benjamin Constant. Allen Wood, um importante estudioso de Kant, traçou as origens da história, e afirma que ambos estavam interessados principalmente no "dever de dizer a verdade [...] em contextos políticos". De fato, Wood acha que Kant não imaginava um assassino à porta, e sim um policial exigindo informações sobre a localização de um suspeito. Wood acha que Constant discordou de Kant em parte porque suas experiências durante a Revolução Francesa o deixaram desconfiado sobre a linha que separa policiais de criminosos.

Wood sugere que um exemplo melhor para apresentar o argumento de Kant poderia ser o seguinte: você é testemunha em um julgamento, está sob juramento e lhe fazem uma pergunta cuja "resposta verdadeira previsivelmente resultará na condenação de seu amigo [...], que você sabe ser inocente, em uma acusação de homicídio". Essa é uma posição terrível de se estar, mas você tem de dizer a verdade, afirma Wood, a menos que "o processo legal seja ilegítimo ou falso". Caso contrário, você estaria "transformando o processo em farsa", assegurando-se de que seja realizado com base em uma mentira.

Kant podia concordar, mas não tenho certeza. Estou aberto à ideia de que, em casos extremos, a mentira pode ser justificada; depende dos detalhes da história. Mas deixemos isso de lado. O que devemos fazer com o caso original, aquele que atraiu tanta atenção — e escárnio? Logicamente, você pode mentir. E Shiffrin nos deu as ferramentas para explicar o porquê. Você está em um contexto suspenso justificado. O assassino não tem direito à sua cooperação, já que ele não pretende fazer nada bom. Como disse Rex, você não precisa ajudar Bob a matar Jack.

O ASSASSINO À PORTA recebe mais atenção do que merece. Poucos de nós irão enfrentá-lo. E mesmo Kant e Constant estavam primariamente preocupados com outra coisa: "o dever dos políticos e estadistas de serem verdadeiros."

Rex também estava interessado nisso.

— Não acredito como ele mente tanto — disse ele sobre Donald Trump em várias ocasiões. Ele gostava de ler a lista de mentiras publicada nos jornais.

É óbvio que muitos políticos têm uma relação tênue com a verdade. O que chamou a atenção em Trump foi sua franca hostilidade a ela. Em seu primeiro dia no cargo de presidente dos Estados Unidos, ele mentiu sobre a chuva em sua posse e permitiu que seu secretário de imprensa mentisse sobre o tamanho da multidão. E as mentiras só aumentaram a partir daí. No fim de seu mandato, ele insistia, contra todas as provas, que a eleição fora fraudada, preparando o terreno para a invasão do Capitólio por alguns de seus apoiadores.

— Donald Trump é um presidente ruim — disse Rex certa noite durante o jantar, logo após a insurreição.

— Ele é um presidente ruim para nós — discordou Hank. — Mas é um bom presidente para as pessoas que gostam dele.

— Não, ele é um presidente ruim.

— Para nós — insistiu Hank. — Mas é bom para as pessoas como ele.

— Hank, você quer dizer que as pessoas que gostam de Donald Trump pensam que ele é bom, mas estão erradas? — perguntei.

— Não — respondeu ele, enfaticamente. — Elas acham que ele é bom, e nós achamos que ele é ruim, *e não há nada no meio que diga quem está certo.*

— Alguém não tem de estar certo? — perguntei. — Ou ele é bom presidente ou não é.

— Não — disse Hank. — Nós estamos certos para nós, e eles estão certos para eles.

Isso é relativismo: a ideia de que pessoas diferentes têm diferentes verdades. E eu fiquei chocado ao ouvir isso em minha casa. Não é assim que vejo o mundo — ou converso com meus filhos.

Eu me perguntei quão profundo seria o relativismo de Hank. Muitas pessoas não acreditam na ideia de que exista uma única verdade em questões éticas — ou julgamentos de valor, como Donald Trump ter sido um bom presidente. Seria essa a visão de Hank? Ou seu relativismo seria mais profundo?

— Hank, suponha que nós dois vamos lá fora e eu digo que está chovendo e você diz que não está. Um de nós está certo?

— Estou certo para mim — respondeu ele. — E você está certo para você.

— Mas as gotas de chuva estão caindo do céu ou não. Não depende de decidirmos se está chovendo.

— Elas estão caindo para você, mas não para mim.

No começo, eu não tinha certeza de quão sério Hank estava sendo. Ele gosta de fazer brincadeiras. Durante anos, eu não soube dizer se ele conhecia o alfabeto. Cada vez que eu pedia para ele recitar, ele dizia algumas letras fora de ordem. Achei que ele estava brincando, já que eu costumava brincar com Rex dessa maneira. Mas ele foi tão persistente — e tão resistente à correção — que comecei a me perguntar se ele sabia que a ordem das letras era importante.

Quando ele chegou ao jardim de infância, ficou evidente que estivera me provocando — desde que tinha 3 anos. Na frente da professora, ele apresentou a ordem certa do alfabeto e de muitas outras coisas que não sabíamos que ele sabia.

Então, desconfio desse carinha, e estou sempre à procura do sorrisinho que ele dá quando está tramando alguma coisa. *Essa pode ser uma pegadinha épica*, pensei. *Aos 8 anos, ele identificou o conceito que mais me irrita*. Mas, ao longo daquela noite, ficou nítido que Hank realmente queria dizer o que disse. Ele pensou a respeito e decidiu que cada um de nós tem a própria verdade.

Por quê? A chave de seu modo de pensar foi o que ele disse a Rex: "Eles acham que ele é bom, e nós achamos que ele é ruim, *e não há nada no meio que diga quem está certo.*"

240   AVENTURAS PELA FILOSOFIA COM MEUS FILHOS

Ao dizer essa última parte, Hank colocou a mão na altura do nariz e a moveu para cima e para baixo, para ilustrar a ideia de que não havia nada no meio. Mas o que realmente significava era que não havia ninguém no meio, nenhum árbitro neutro para resolver a disputa.

De volta ao capítulo sobre direitos, disse que Hank gosta de ouvir sobre os casos jurídicos que ensino, e toda vez pergunta: "O que o juiz decidiu?" Ele quer saber a resposta certa e acha que o juiz soluciona a questão. Se não há juiz, há apenas respostas diferentes para pessoas diferentes.

Muitos de meus alunos são tentados por argumentos semelhantes — principalmente (mas não apenas) os que levam os esportes a sério. Durante a vida inteira, árbitros tomaram decisões: dentro ou fora, arremesso válido ou não, ponto ou não. E suas decisões sempre foram finais, sem direito à apelação. O que o árbitro dizia era o que valia. Se ele dizia que estava dentro, então estava dentro. Com certeza parecia que ele tinha o poder de tornar as coisas verdadeiras.

Mas nenhum árbitro faz isso, não de verdade. O replay deveria ter nos ensinado isso. Em uma partida de tênis, se a bola foi rebatida para dentro ou para fora depende de onde ela pousou em relação às linhas da quadra, não da decisão do árbitro. Idealmente, o árbitro rastreia a verdade; ele não a determina.

É útil lembrar às pessoas que é possível jogar sem árbitro. Podemos jogar tênis e decidir sozinhos se foi dentro ou fora. Na maioria das vezes, concordaremos. Às vezes, não. Temos diferentes pontos de vista, e o interesse próprio pode moldar a maneira como vemos as coisas. Esse é um dos motivos para termos árbitros. Mas eles são apenas mais pessoas no jogo, que podem estar certos ou errados. A verdade existe independentemente deles.

É fácil ficar confuso com isso, porque *existe* um sentido no qual vale o que o árbitro diz. Se o juiz de um jogo de futebol disser que um jogador estava impedido, agimos *como se* ele estivesse, independentemente de sua posição no momento do passe. O juiz tem o poder de determinar o que *trataremos como verdade* dali para a frente. Mas houve um fato antes de o juiz tomar a decisão, assim como haveria se ele não estivesse presente. A ausência de um árbitro neutro não implica, de forma alguma, a ausência de verdade.

Ainda assim, muitas pessoas são céticas em relação à ideia de verdade objetiva. Está na moda, em algumas bolhas, dizer que a verdade é socialmente construída. Mas, como aprendemos no capítulo sobre raça, o fato de nossos conceitos serem construções sociais não significa que os objetos que descrevem também são. Podemos decidir o que é um planeta. Mas, tendo decidido, Plutão é ou não é um planeta. E podemos estar enganados sobre isso, se julgarmos mal os fatos.

Com exceção de Hank, quase ninguém é relativista sobre a chuva. Quando se trata do mundo físico, a maioria de nós está confortável com a ideia de que há uma verdade final. Se Hank insistir que não está chovendo no meio de uma tempestade, não vou achar que ele tem a própria verdade. Vou achar que ele está maluco — ou me provocando.

Mas quando se trata de julgamentos avaliativos, Hank tem muito mais amigos. Donald Trump foi um bom presidente? O aborto é errado? Beethoven é melhor que Bach? Não há respostas certas, dizem alguns. Cada cabeça, uma sentença.

As pessoas que dizem isso não rejeitam totalmente a verdade. Elas rejeitam a verdade objetiva — aquela que vale para todos nós, não importando quem somos. Para resgatar a verdade, eles a relativizam. Não há uma resposta única para a questão sobre se o aborto é certo ou errado, dizem elas. Mas *há* respostas em relação a diferentes visões de mundo. Para a feminista que valoriza a liberdade reprodutiva, o aborto deveria ser permitido. Para o católico que segue os ensinamentos da Igreja, o aborto deveria ser proibido. Qual dessas cosmovisões está correta? Essa não é uma pergunta que se possa fazer, dizem eles. A feminista tem sua verdade e o católico tem a dele.

Essa é uma maneira ruim de ver o mundo, com todos nós isolados em campos. É um mundo no qual podemos entrar em conflito, mas não conversar. Nesse retrato, a feminista e o católico estão, em um

242 AVENTURAS PELA FILOSOFIA COM MEUS FILHOS

sentido importante, ignorando um ao outro. Ela está fazendo afirmações relativas à sua visão de mundo. Ele está fazendo reivindicações em relação à visão de mundo dele. Eles estão certos, na própria estrutura moral. Mas, de acordo com os Hank da vida, não há nada no meio que torne uma mentalidade melhor que a outra. Então, há pouco sentido em discutir. Qualquer tentativa de persuasão não pode realmente apelar à razão, uma vez que os motivos também são relativos às visões de mundo. (A feminista será movida por considerações diferentes das do católico. E não há nada no meio que diga quem está certo.)

Essa maneira de pensar é mais popular fora da filosofia que dentro dela. De fato, a maioria dos filósofos pensa que o relativismo completo (isto é, o relativismo sobre absolutamente tudo) é incoerente. Que tipo de reivindicação é *não existe verdade objetiva*? Uma reivindicação objetiva que se mostra verdadeira para todos nós? Se sim, ela é autodestrutiva. Ou ela é, em vez disso, uma alegação subjetiva, verdadeira em relação aos pontos de vista da pessoa que a afirma? Se sim, ela não contradiz a ideia de que existem verdades objetivas. Apenas nos diz algo sobre a psicologia da pessoa defendendo o argumento.

Um relativismo mais modesto não consumiria a si dessa maneira. É possível entender o relativismo moral. Não é autodestrutivo dizer que não há verdades morais objetivas. A questão é se isso é verdade ou não.

O argumento padrão começa com observações sensatas. Nós divergimos, às vezes descontroladamente, em nossas visões morais. Isso é verdade, mas é ainda mais verdadeiro em lugares longínquos ou no passado distante. Além disso, as visões morais que as pessoas têm são moldadas, em grande parte, pela cultura e pela comunidade em que cresceram. Se tivéssemos nascido em determinado tempo e espaço, pensaríamos de forma diferente sobre muitas questões morais. De fato, algumas de nossas crenças morais mais profundas não eram comuns no passado. Em muitos pontos da história, a escravidão foi amplamente aceita. Agora a achamos um crime contra a humanidade.

Além disso, muitas divergências morais parecem intratáveis. Pense em quanto tempo discutimos sobre o aborto e se ele deveria ser lega-

VERDADE

lizado. Falamos sobre isso há décadas — séculos, na verdade —, e as pessoas ainda se manifestam em ambos os lados.

O relativista nos oferece uma explicação — parecida com a de Hank. Não há nada no meio que determine quem está certo. Cada um de nós tem a própria mentalidade, nenhuma delas melhor que qualquer outra. Mas note que isso tem um custo. Isso significa que não há nada factual em a escravidão ser errada, exceto em relação às visões morais que temos. O mesmo se dá com o genocídio. Poderíamos dizer a um nazista: "Achamos que você não deveria matar judeus." Mas não poderíamos fornecer a ele um motivo para não fazer isso caso ele não aceitasse nossa visão de mundo. Teríamos de admitir que ele tem a própria verdade, assim como temos a nossa. O que começou sensato agora parece absurdo.

Então, talvez tenhamos tirado a conclusão errada de nossas observações iniciais. Foi o que pensou Ronald Dworkin. Ele gostava de dizer que discordância não implica indeterminação. Com efeito, sugere o oposto. Se estamos discutindo se o aborto é errado, é porque achamos que existe uma resposta certa — e ela importa. Podemos não chegar a um acordo. Mas acordos não estabelecem verdades. E desacordos não implicam sua ausência.

É verdade: poderíamos pensar de modo diferente se tivéssemos nascido em uma época ou lugar diferentes. Mas não são apenas nossas visões morais que seriam diferentes. Nossas visões científicas também. Num passado distante, teríamos certeza de que o Sol circunda a Terra. Agora sabemos que a Terra circunda o Sol. O fato de que já pensamos diferente não põe em dúvida esse julgamento. Podemos explicar onde erramos e por que a visão que temos agora é mais embasada. O mesmo se dá, quero crer, com a escravidão.

A contingência de nossas visões morais não questiona sua verdade. Em vez disso, sugere que devemos ter alguma humildade em relação a elas. Devemos nos perguntar se estamos errados e conversar com pessoas que pensam de modo diferente. E devemos estar dispostos a revisar nossos pontos de vista à luz do que aprendemos — mas não desistir da verdade ou da busca por ela.

244 AVENTURAS PELA FILOSOFIA COM MEUS FILHOS

Mas o que, exatamente, estamos procurando? O que é a verdade moral? Essa é uma das questões mais complicadas da filosofia. Como Dworkin observou, ninguém pensa que "o universo abrigue, entre suas numerosas partes de energia ou matéria, algumas partículas especiais — os *morons** — cuja energia e cujo momento estabeleçam campos que [...] constituam a moralidade ou imoralidade, ou a virtude ou vício, de atos ou instituições humanas particulares". Mas, se os *morons* não constituem a moralidade, o que a constitui? Não posso fazer justiça a esse debate neste livro. Mas posso mostrar como penso no problema. E é muito parecido com Dworkin.

A meu ver, a verdade moral repousa nos motivos que oferecemos em apoio a reivindicações morais. Como Dworkin indicou, se você perguntar a uma pessoa por que ela acha que o aborto é errado, ela não dirá que sua erroneidade está entremeada no tecido do universo. Ela fornecerá motivos. Ela pode dizer que Deus proíbe. Ou que é desrespeitoso com a dignidade inerente à vida humana. Ou que é errado matar inocentes. Uma vez que tenha oferecido seus motivos, podemos perguntar: eles são bons? Há algum que ela tenha esquecido? Ela raciocinou bem sobre o problema? Idealmente, faríamos isso com ela. Ou seja, raciocinaríamos juntos.

Agora imagine que estamos no meio dessa conversa quando um cético intervém. "Você está desperdiçando palavras", diz ele. "Esses motivos não são reais." Perguntamos por que ele pensa assim. E ele nos fornece seus... motivos. E então poderíamos perguntar: eles são bons? Há algum que ele tenha esquecido? Ele raciocinou bem sobre o problema?

Não há como fugir da razão. Como Dworkin disse uma vez: "Não podemos fazer nada melhor por qualquer afirmação, incluindo o argumento cético mais sofisticado, que determinar se, após o melhor raciocínio que julgamos apropriado, concordamos com ele." Se o fizermos,

---

* *Morons* é o termo o qual Dworkin chama ironicamente as "partículas morais". Essa escolha é feita em razão do trocadilho possível com a palavra inglesa "moron", que significa idiota, tolo, já que ela se parece com "moral", e a terminação "ons" é usada para nomear partículas físicas, como elétrons e nêutrons. [*N. do E.*]

é melhor acreditarmos nele — a menos e até que tenhamos razão para pensar o contrário.

O RELATIVISMO DE HANK não durou muito. Eu o destruí na hora de dormir.

Algumas noites, em vez de ler, temos o que ele chama de conversa de homem para homem. Na maioria das vezes, elas são bobas. Às vezes, são sérias. Naquela noite, continuamos a conversa sobre relativismo. Eu tentava fazer com que Hank parasse de acreditar nisso, mas não tinha sucesso. Só que eu tinha uma arma secreta, que mantive escondida por toda a noite.

Apaguei a luz. Cantei a canção de ninar favorita dele. E, quando estava prestes a sair do quarto, disse:

— Boa noite, Hank. Você é a criança de 6 anos mais fofa que eu conheço.

— Eu não tenho 6 anos — disse ele. — Tenho 8.

— Para você, talvez. Mas, para mim, você tem 6.

— Tenho 8 — insistiu ele, começando a ficar agitado.

— Isso não é verdade para mim. No que me diz respeito, você tem 6 anos.

— Tenho 8 anos — respondeu ele bruscamente. — *Algumas coisas simplesmente são verdadeiras.*

AMÉM. MAS POR QUE temos tanta dificuldade em concordar sobre a verdade? C. Thi Nguyen pensa muito sobre isso. Ele escrevia sobre gastronomia para o *L.A. Times*, o que é mais ou menos o emprego dos meus sonhos. (Nota aos editores de todos os jornais: Rex e eu estamos disponíveis para escrever críticas sobre food trucks que servem taco. Hank está disposto a fazer o mesmo com food trucks que servem sushi.) Mas Nguyen deixou a gastronomia pela filosofia. Ele escreve sobre confiança, jogos e as formas como as comunidades trabalham.

A chave para o pensamento de Nguyen é a distinção que ele traça entre *bolhas epistêmicas* e *câmaras de eco*. Uma bolha epistêmica, diz ele, é "uma rede da qual vozes relevantes foram excluídas por omissão". Cada vez mais, vivemos em tais bolhas. Nós nos classificamos geograficamente, então estamos cercados por pessoas que pensam da mesma forma. Os feeds de nossas redes sociais são preenchidos por amigos que compartilham pontos de vista semelhantes. E algoritmos adaptam a internet às nossas preferências.

As bolhas epistêmicas são ruins. Elas filtram informações que contradizem nossos pontos de vista, deixando-nos excessivamente confiantes. Elas nos convencem de que todos pensam como nós, mesmo quando isso está longe de ser verdade. E podem até mesmo esconder problemas inteiros. Mas, apesar de tudo isso, Nguyen não está preocupado com as bolhas epistêmicas. Elas são "facilmente estouradas", diz ele; tudo o que você precisa fazer é expor as pessoas "às informações e aos argumentos que elas perderam".

Nguyen se preocupa muito mais com as *câmaras de eco*. As expressões parecem semelhantes. Mas há uma diferença importante. Uma câmara de eco é *"uma estrutura social na qual vozes relevantes foram ativamente desacreditadas"*. O problema com a câmara de eco não é deixar informações de fora; é que fontes confiáveis de informação foram minadas.

Nguyen oferece Rush Limbaugh como exemplo de alguém que trabalhou ativamente para criar uma câmara de eco. Durante décadas, Limbaugh apresentou um popular programa de rádio que usou para promover pontos de vista conservadores. Seus ouvintes tinham acesso a informações externas. Muitos consumiam outras formas de mídia, então não estavam em uma bolha epistêmica. Mas Limbaugh os ensinou a não confiar em ninguém que discordasse dele. Ele pintou um retrato no qual seus oponentes o perseguiam e estavam dispostos a fazer o mesmo com seus ouvintes. E questionou sua integridade, então eles passaram a ser vistos como maliciosos, não somente enganados. Limbaugh se foi, mas a câmara de eco da direita que ele ajudou a criar, não. Na verdade, ela se expandiu dramaticamente, estimulada pelas notícias da TV a cabo e pelas redes sociais. A desconfiança que Limbaugh e pessoas como ele criaram preparou o cenário para a tomada do Capitólio: um grande número de pessoas estava pronto para acreditar em qualquer mentira que fosse contada, desde que viesse da direita.

Existem câmaras de eco também na esquerda (embora nenhuma com o alcance de Limbaugh). Em seu livro *Nice Racism: How Progressive White People Perpetuate Racial Harm* [Racismo cortês: como os brancos progressistas perpetuam os danos raciais, em tradução livre], Robin DiAngelo oferece uma lista de ações e atitudes racistas. Alguns itens da lista são objetivos: usar *blackface*, por exemplo, ou se recusar a aprender a pronúncia correta do nome das pessoas. Outros não são tão óbvios. Há margem para dúvida, por exemplo, de que seja racista incluir a neurodiversidade no "esforço por diversidade" de uma organização. (Afinal, não se trata de um jogo de soma zero. É possível erradicar o racismo e tornar o local de trabalho mais hospitaleiro para pessoas neuroatípicas.) Mas DiAngelo não quer ouvir qualquer dúvida sobre os itens de sua lista. Na verdade, ela diz que é racista ter essas dúvidas. O último item em sua lista é: "não entender por que algo nesta lista é problemático." Ao dizer isso, DiAngelo tenta proteger seus pontos de vista da crítica, desacreditando antecipadamente qualquer um que discorde dela, independentemente do motivo. Essa é uma boa maneira de ativar uma câmara de eco.

Nossa política certamente estaria em melhor forma se tivéssemos menos câmaras de eco. Mas, como indica Nguyen, nem todas as câmaras de eco são políticas. A comunidade antivacinação é uma câmara de eco. Ela ensina as pessoas a verem conspirações onde não existem, minando a confiança em médicos e cientistas. Também há câmaras de eco relacionadas a dietas, exercícios e esquemas de marketing multinível. Nguyen diz que você pode identificá-las com uma pergunta simples: "O sistema de crenças de uma comunidade diminui ativamente a confiabilidade de quaisquer pessoas de fora que não subscrevam seus dogmas centrais? Então provavelmente se trata de uma câmara de eco."

As câmaras de eco são mais resistentes que as bolhas epistêmicas. Você não pode simplesmente expor as pessoas a informações externas, pois elas as verão através das lentes fornecidas pela câmara de eco. Mas há saídas. As pessoas podem se libertar das câmaras de eco, diz Nguyen, se adotarem algo parecido com o projeto de Descartes: a dúvida radical. Elas precisam suspender as crenças que adquiriram na câmara de eco e recomeçar.

Mas o método de Descartes não funciona, diz Nguyen. Se você insistir na certeza, não terá nada sobre o que construir. Ele sugere uma reinicialização de seu sistema operacional epistêmico na qual você começa confiando em seus sentidos e nos outros, igual e abertamente. Você se expõe ao mundo, absorvendo muitas fontes de informação, sem assumir automaticamente que alguma delas não é confiável. Eventualmente, você terá de decidir em quais fontes de informação confiar. Mas, se conhecer todas elas com a mente aberta, é mais provável que confie nas que forem confiáveis.

Nguyen afetou a maneira como penso a paternidade. As famílias são bolhas epistêmicas, ao menos para as crianças pequenas. No início, elas absorvem quase todas as informações dos pais e, talvez, dos irmãos. É importante certificar-se de que recebam boas informações. Mas também é essencial não criar uma câmara de eco ensinando-as a não confiar em fontes de informação das quais você pode discordar.

Há um equilíbrio aqui. Quero que meus filhos saibam que nem todos são confiáveis. E que estejam atentos às pessoas que não são. Quero que eles saibam em quais fontes de informação eu mesmo confio. Mas, acima de tudo, que possam avaliá-las por conta própria.

No último capítulo, eu disse que encorajo Rex a questionar os questionadores: essa pessoa realmente quer entender as coisas? Ela está interessada nas provas? Se ela descobrir que sua visão é falsa, confio nela para me contar? Ou acho que ela vai esconder isso? Essas perguntas funcionam também para avaliar fontes de notícias. E a elas poderíamos acrescentar outras: são jornalistas experientes? Consultam especialistas? Publicam correções? Estão tentando me indignar ou me informar?

Rex já deixou nossa bolha epistêmica. Ele vagueia pela internet sozinho. Hank está prestes a segui-lo. Esperamos tê-los inoculado contra as câmaras de eco, ensinando-os a ter a mente aberta e fornecendo ferramentas para pensarem criticamente sobre em quem confiar.

O FATO DE AS FAMÍLIAS serem bolhas epistêmicas é a chave para sustentar as crenças mágicas da infância. Desde que você controle as informações, Papai Noel não soa tão implausível. É quando as crianças encontram outras crianças que sabem — ou têm dúvidas — que elas começam a duvidar.

Nós não dávamos muita bola para Papai Noel. Mas nos sentimos obrigados a sustentar a crença nele. Não queríamos que os garotos estragassem o Natal de seus amigos. Isso levou a muitas conversas cômicas nas quais Rex sugeria esquemas para fazer com que Papai Noel viesse a nossa casa. Ele não conseguiu, mas a Fada dos Dentes veio. E os garotos a amavam. Eles guardavam os bilhetes que ela escrevia — e as moedas de um dólar também. Rex e eu certa vez passamos todo o caminho para casa tentando descobrir o que a Fada faz com os dentes. Ele sugeriu que eles são uma forma de moeda no país das fadas. Tentei explicar que uma sociedade de criaturas mágicas gostaria de controlar sua oferta monetária. Minerar dentes é como minerar ouro: uma péssima maneira de administrar uma economia avançada.

Hank começou a ter dúvidas sobre a Fada dos Dentes bem antes de perder seu primeiro dente. Um amigo disse a ele que a Fada dos Dentes não era real; que mamães e papais faziam o trabalho. (Veja com que facilidade bolhas epistêmicas são estouradas.) Nós não queríamos que Hank perdesse essa experiência. Então mentimos. De fato, criamos uma pequena câmara de eco.

— Não sei por que ele diria isso, Hank. Acho que ele está confuso. A Fada do Dente visita Rex, e visitou a mim e à mamãe também.

Foram necessários uns seis dentes antes que as dúvidas ressurgissem. Mas, olhando para trás, eu me pergunto: foi certo mentir assim? Hank fez uma pergunta direta, e nós não dissemos a verdade.

Talvez estivéssemos em um contexto suspenso. Mais cedo, sugeri que fingir coloca você em um. Mas, na maioria dos casos, as crianças sabem que você está fingindo. Aqui, tentávamos ativamente ocultar esse fato de Hank. Estávamos brincando com ele em um sentido totalmente diferente. E talvez não devêssemos ter feito isso. Shiffrin sugere que você não está em um contexto suspenso justificado a menos que todos saibam — ou possam descobrir — que a presunção de veracidade foi suspensa.

Acho que ela está errada. E não apenas em relação às crianças. Você não está mentindo quando atrai alguém para uma festa-surpresa de aniversário. Lógico, você pode dizer algo que não é verdade: que vocês vão sair para um jantar tranquilo ou precisam correr para casa porque há uma emergência. Mas, dentro dos limites, todos temos um pouco de liberdade para contar inverdades como maneira de surpreender ou encantar alguém. E era isso que tentávamos fazer por Hank. Queríamos que ele aproveitasse a fantasia, ao menos por algum tempo. Então não acho que tenhamos mentido para ele, ao menos não em um sentido moralmente significativo.

TECER MUNDOS DE FANTASIA para Hank é um de meus passatempos favoritos. Uma vez eu disse a ele que Kirby Smart, o treinador do time de futebol americano da Universidade da Geórgia, queria que ele jogasse na próxima partida.

— Em que posição? — perguntou Hank.

— Running back. Ele acha que você conseguirá atravessar entre as pernas dos adversários.

— Eu também poderia montar nas costas de alguém.

— Boa ideia. Ninguém vai ver você lá.

— Ou poderia ficar em pé nos ombros do quarterback e arremessar.

— Tenha cuidado lá em cima. Parece perigoso.

Isso continuou por algum tempo. Mas Hank devia saber que não era real. Ele tinha 6 anos e já assistira a muitas partidas de futebol americano. Então fiquei surpreso quando ele perguntou:

— Isso é só fingimento, certo?

— O que você acha?

— Responda.

— Hank, você sabe.

— *Diga*!

Então eu disse. E durante anos, tive de fazer isso quase todas as vezes nas quais fingimos. Em algum momento, Hank perguntava: "Isso é apenas fingimento, certo?" E, se eu não o tranquilizasse imediatamente, ele ficava frustrado, implorando para que eu dissesse o que ele já sabia.

Shiffrin me ajudou a entender Hank. Aceitamos a falta de sinceridade em contextos suspensos justificados. Mas Shiffrin observa que precisamos de maneiras de sair desses contextos, de interromper a suspensão e retornar à suposição de que todos estão sendo honestos.

Suponha que sua amiga pergunte se você gosta da roupa que ela está usando. Ela pode querer sua opinião sincera. Ou pode estar buscando confirmação. Se você a conhece bem, provavelmente sabe a resposta que ela quer. E, se a resposta for a confirmação de que ela fez uma boa escolha, você está em um contexto suspenso justificado. Você pode dizer: "Está excelente!", mesmo que não pense assim.

Mas suponha que sua amiga então diga: "Não, falando sério. Diga o que você pensa. Eu quero saber." Então sua resposta deve ser honesta. Ela encerrou o contexto suspenso.

Shiffrin acha ruim mentir. Mas ela acha muito pior mentir depois de ter assegurado a alguém que você está dizendo a verdade. Ela faz uma analogia com a forma como a bandeira branca é usada na guerra. Ela sinaliza rendição ou um cessar-fogo e um convite à negociação. É crime de guerra abusar da bandeira branca — fingir se render para fins de surpresa ou sabotagem. Por quê? "Mesmo quando estamos na garganta um do outro", diz Shiffrin, "devemos preservar uma saída através da qual possamos negociar o fim do conflito."

Óbvio, a guerra é um tipo diferente de contexto suspenso. Mas a analogia de Shiffrin me ajudou a ver o que Hank realmente queria: saber que tinha uma saída. Ele adora fingir. Mas precisa saber que vamos dizer a verdade quando ele pedir. Ele precisa saber que sua bandeira branca funcionará.

Certa noite, na hora de dormir, Hank enfatizou esse ponto — e ratificou a escolha que fizemos sobre a Fada do Dente. Julie o estava colocando na cama e ele falava sobre o dente que perdera naquele dia.

De repente, ele ficou sério.

— Antes de eu ser pai — perguntou ele —, você vai me dizer se a Fada do Dente é real?

— Sim — garantiu Julie. — Eu vou dizer antes de você ser pai.

— Tudo bem então. Se devo fazer alguma coisa, eu quero saber antes, para não estragar tudo.

Depois ele foi dormir sem perguntar se a Fada dos Dentes era real. Hank queria saber que poderia saber. Mas não queria saber — ainda.

10

MENTE

Como deve ser viver como Bailey? Passamos muito tempo conversando sobre isso em casa. Bailey, como você deve se lembrar, é a nossa cadela, uma mini goldendoodle.

Rex adora narrar a vida dela. Mas não como um locutor esportivo. Não é: "Bailey está em uma perseguição acirrada ao esquilo Sammy... Ela vai pegar ele... Está mais perto do que nunca... Não! Ela deixou ele fugir pela milionésima vez!"

Em vez disso, ele fala como se fosse Bailey: "Oh, um esquilo. Vou pegar ele. Vou correr muito rápido. Oh, outro esquilo... A perseguição começou... Ou talvez eu tire outra soneca."

É engraçado porque temos certeza de que Bailey não tem um monólogo interno. Ela reconhece algumas palavras, mas só algumas. Também é engraçado porque atribui a Bailey motivações e pensamentos humanos, quando temos certeza de que sua cabeça funciona de maneira bem diferente. Por quê? Ela cumprimenta os cães cheirando seus respectivos traseiros. E também come cocô de coelho. (Inclusive pegou um parasita fazendo isso.) E ela late para balões, sem motivo aparente.

Às vezes, sabemos o que Bailey está pensando: quando ela está com fome, precisa fazer xixi ou quer brincar. Sabemos que ela não gosta de tomar banho. Ela ama Julie e nossos filhos, mas gosta menos de mim, e isso mostra seu bom discernimento.

Mas não sabemos como é ser Bailey. Mesmo que sensorialmente, ela deve experimentar o mundo de uma maneira muito diferente da nossa. Ela consegue muitas informações pelo olfato — muito mais que nós. Cientistas acreditam que o olfato de um cachorro é de dez mil a cem mil vezes mais aguçado que o de um humano. A parte do cérebro do cachorro dedicada ao olfato é (proporcionalmente) quarenta vezes maior que a similar no cérebro humano. E os cães têm um órgão que nós não temos, somente para detectar feromônios.

Como seria ter um olfato tão potente? Posso dar um palpite, mas não tenho muita noção. Se eu pudesse entrar na cabeça de Bailey — e perceber o mundo como ela o faz —, aposto que ficaria surpreso com quão diferentes as coisas seriam. Mesmo assim, não saberia como é ser Bailey. Para isso, eu precisaria de mais que percepções caninas. Precisaria de crenças caninas, desejos caninos e assim por diante.

Perguntei a Hank uma vez:

— Como deve ser viver como Bailey?

— Deve ser bem diferente — respondeu ele.

— Como assim?

— Ela obedece a regras diferentes.

Ainda não estávamos no mesmo comprimento de onda. Mas eu estava curioso.

— O que você quer dizer?

— Ela tem que fazer xixi lá fora. Eu não. E eu posso comer chocolate. Ela não pode.

— Você acha que ela experimenta o mundo de forma diferente da nossa?

— Sim — disse Hank. — Ela não pode ver todas as cores que vemos.

Isso é verdade. Os cães veem principalmente azul, amarelo e cinza.

— O que você acha que está se passando pela cabeça dela agora?

Bailey olhava para nós inexpressivamente enquanto mastigava um brinquedo.

— Não sei — disse Hank. — Pergunta pra ela.

Eu perguntei. Ela se virou em minha direção, mas não se dignou a responder.

Bailey é um membro muito importante de nossa família. Mas, na maior parte do tempo, sua mente é um mistério.

A MENTE DOS NOSSOS filhos também é um mistério para nós. Um pouco menos agora que eles sabem falar, porque às vezes eles compartilham seus pensamentos. Mas, quando eram bebês, eles eram mistérios ainda maiores que Bailey. Ela se mexe, então muitas vezes é possível ter uma ideia do que está pensando. Mas os bebês só ficam lá deitados, vendo a vida passar.

Minha mãe estava obcecada em saber o que se passava na cabeça dos netos. Quando eles eram novinhos, sua pergunta era sempre:

— O que está se passando pela cabeça dele?

— Ele quer saber quando você vai parar de perguntar isso — respondia eu.

Mas é lógico que eu também tinha essa dúvida. Acho que todo mundo que passa algum tempo com bebês se pergunta isso. Eles olham para o mundo tão intensamente. Mas seus pensamentos são completamente desconhecidos para nós.

Bem, não *completamente* desconhecidos. Os psicólogos estudam o funcionamento da mente dos bebês. Mas essa não é uma tarefa fácil, já que eles não sabem falar. Então os psicólogos os observam, tão intensamente quanto os bebês observam o mundo. Eles registram para onde eles olham e por quanto tempo. Quando os bebês são um pouquinho mais velhos, eles lhes oferecem jogos, para ver que tipo de habilidades cognitivas possuem.

Por mais limitados que sejam esses métodos, eles revelam muito. Se fizer um curso de Psicologia do Desenvolvimento, você aprenderá sobre como os bebês direcionam sua atenção, como a memória deles funciona e como descobrem o que causa o quê. Mas não aprenderá como é ser um bebê ou mesmo uma criança pequena. Ninguém sabe. Eles são tão estranhos para nós quanto os cães, talvez até mais.

É tentador pensar que a mente das crianças é igual à dos adultos, só que menos desenvolvida. Mas isso não é verdade. Como explica Alison Gopnik, um importante psicólogo do desenvolvimento:

As crianças não são apenas adultos menos desenvolvidos, adultos primitivos que gradualmente atingem a perfeição e a complexidade [...] Elas têm mente, cérebro e formas de consciência muito diferentes, embora igualmente complexos e poderosos, projetados para executar diferentes funções evolutivas. O desenvolvimento humano é mais uma metamorfose, como lagartas se tornando borboletas, que um crescimento simples, embora possa parecer que as crianças são vibrantes borboletas errantes que se transformam em lagartas avançando pelo caminho dos adultos.

A mente das crianças é capaz de feitos surpreendentes que a mente dos adultos não consegue acompanhar. Basta observar uma criança aprender um idioma e você desejará com todas as forças ainda ter a mesma habilidade que ela.

E não são apenas as habilidades que diferenciam as crianças. A imaginação delas é muito mais empolgante. Elas criam mundos diferentes constantemente. Já não somos assim. Temos de trabalhar, restando pouco tempo para brincar e fazer de conta. Mas não é somente o trabalho que nos atrapalha. Nosso cérebro funciona de maneira diferente. Estamos presos a este mundo. Podemos imaginar outros, mas não sentimos a mesma alegria em fazer isso.

Quando meus filhos eram mais novos e brincávamos de faz de conta, eu ficava maravilhado com o prazer que eles sentiam. E queria poder sentir o mesmo. Às vezes, eu me divertia, mas se tratava principalmente de ficar feliz com a felicidade deles. E muitas vezes eu ficava entediado, desejando que o jogo terminasse logo para que eu pudesse retornar a alguma tarefa mais sensata.

Eu deveria me sentir culpado por isso.

— Você vai sentir falta desses dias — diziam as pessoas.

Isso é verdade. Já sinto saudades dos meus filhos. E digo isso a eles.

— Como você pode sentir saudade? — pergunta Hank. — Eu ainda tô aqui.

— Você está aqui. Mas o menino que você era há um minuto acabou de ir embora, e ele não vai voltar.

Mas tanto quanto sinto falta dos meus filhos, sinto falta de mim mesmo. Eu já fui uma criança maluca, criando meus diferentes mundos, e não consigo recuperar isso. Sequer recordo de como era, exceto por algumas lembranças. Quando você passa algum tempo com crianças pequenas, não há como não desejar ver o mundo à maneira delas e brincar com tanta vontade e desprendimento.

Até os cientistas que mais conhecem crianças compartilham desse desejo. John Flavell, outro importante psicólogo do desenvolvimento, disse a Gopnik que "trocaria todos os seus diplomas e honrarias pela chance de passar cinco minutos na cabeça de uma criança, a fim de, mais uma vez, experimentar genuinamente o mundo como uma criança de 2 anos".

Adoro essa imagem: um eminente cientista migrando para a mente de uma criança, tentando conseguir de novo o que todos já tivemos. Isso mostra quão pouco sabemos sobre como é ser um bebê ou uma criança mais nova. Apesar de tudo que Gopnik, Flavell e outros descobriram sobre a mente dos bebês, suas respectivas mentes estão envoltas em mistério. Todos já fomos bebês, mas nenhum de nós sabe o que é ser um bebê.

As perguntas que temos feito — Como deve ser viver como Bailey? Como deve ser viver como um bebê? — lembram o título de um dos mais famosos artigos filosóficos do século XX, "Como é ser um morcego?", de Thomas Nagel.

Nagel tem uma amplitude extraordinária como filósofo. Ele escreve sobre altruísmo, objetividade, natureza da razão e... política tributária. Mas é mais conhecido por perguntar como é ser um morcego. É uma pergunta interessante, porque os morcegos podem fazer coisas que nós não podemos. Eles voam. E usam ecolocalização. Essa foi a parte que atraiu a atenção de Nagel. Os morcegos emitem sons e usam o eco para

258   AVENTURAS PELA FILOSOFIA COM MEUS FILHOS

coletar informações sobre seus arredores. Esse sonar permite que um morcego "faça distinções precisas de distância, tamanho, forma, movimento e textura, comparáveis às que fazemos usando a visão".

Como é ser um morcego? Não sabemos. E não está evidente como poderíamos descobrir. Nagel explica:

> Não adianta tentar imaginar alguém que tem membranas nos braços, que permitem voar ao amanhecer e ao entardecer pegando insetos com a boca; que tem uma visão muito ruim e percebe o mundo circundante pelos reflexos de um sistema de sons de alta frequência; e que passa o dia pendurado de cabeça para baixo no sótão de casa.

Fazer tudo isso, diz Nagel, daria a ele (na melhor das hipóteses) algum insight sobre como é ser uma pessoa vivendo como um morcego. Mas não é isso que ele quer, e sim saber "como é ser um morcego *para* um morcego". E ele não faz ideia de como descobrir isso, já que está limitado aos recursos da própria mente.

Alguns filósofos acham que Nagel é muito pessimista, em parte porque algumas pessoas *podem* ecolocalizar. O mais famoso talvez seja Daniel Kish, conhecido como o Batman da vida real. Kish é cego, tendo perdido a visão quando era um bebê. Mas logo começou a clicar, como um morcego faz com a própria língua, e a usar o sonar para coletar informações sobre seu entorno. Ele faz isso tão bem que consegue andar de bicicleta. Na verdade, ele diz que pode ver. E tomografias do cérebro de Kish sugerem que as partes que processam a informação visual realmente estão ativas, tornando plausível que sua ecolocalização gere uma experiência parecida com a da visão.

Então Kish pode nos dizer como é ser um morcego? Não, diz Nagel. As pessoas que conseguem ecolocalizar podem ter uma compreensão parcial de como é ser um morcego. Elas têm mais em comum com os morcegos que o restante de nós, então estão em posição melhor para assumir a perspectiva de um morcego. Mas não podem assumi-la completamente. O que Kish sabe é como um humano pode fazer algo que um morcego faz. Mas ele não sabe como é ser um morcego fazendo isso, assim como nós não sabemos como é ser um bebê fazendo coisas que também sabemos fazer.

O problema que enfrentamos aqui é o mesmo que enfrentei no jardim de infância, quando percebi que não sabia como era a cor vermelha para minha mãe. Eu queria saber como era ser ela olhando para algo vermelho. E percebi que não tinha como descobrir.

"E daí?", você pode se perguntar. Há muitas coisas das quais não sabemos sobre o mundo. Por que se preocupar com o fato de não sabermos como é a cor vermelha para outras pessoas? Não sabemos se há vida em outros planetas, se a fusão a frio é possível ou por que as pessoas se importam com a família Kardashian. O mundo é um lugar estranho.

Isso é verdade. Mas poderíamos descobrir essas coisas se tivéssemos tempo e recursos para investigar. O fato de eu não saber como é a cor vermelha para minha mãe decorre de problemas diferentes e aparentemente intransponíveis. Não está evidente se tempo ou dinheiro ajudariam. E nem perguntar a ela, mesmo que ela saiba. Minha mãe não pode me dizer como é a cor vermelha para ela, pois não temos palavras para descrever a vermelhidão do vermelho. Na linguagem dos filósofos, a experiência é *inefável*. E também é particular. As experiências dela são dela, e eu não consigo vislumbrá-las.

Cada um tem a própria perspectiva sobre o mundo, e não temos acesso à perspectiva de mais ninguém. Não é por acaso que não podemos entrar na cabeça uns dos outros. Na verdade, se você pensar a respeito, a ideia não faz sentido. Para experimentar o mundo como uma criança, você teria de ser uma criança e, de alguma forma, continuar sendo você. Mas, se continuar sendo você, não pode ser uma criança. Você não pode ter experiências que não são suas.

Não devemos superestimar o problema. Somos bons em ler a mente uns dos outros. Eu sei quando Hank está feliz ou triste. Sei quando ele está com fome ou irritado. Ele expressa suas emoções com o rosto.

E eu reconheço essas emoções, em parte porque tenho emoções semelhantes, que expresso de maneira semelhante. Quando os estados mentais se manifestam no comportamento, somos razoavelmente bons em detectá-los.

Mas cometemos erros. E nem todos os estados mentais se manifestam. Portanto, também não devemos subestimar o problema. De fato, nossa incapacidade de ler a mente alheia afeta profundamente a maneira como nos relacionamos. Isso me dá um pouco de privacidade. Posso manter meus pensamentos para mim. E permite que as pessoas me surpreendam, já que nem sempre sei o que elas estão pensando. Isso é bom, na maior parte do tempo. Mas há desvantagens. O fato de não podermos sentir o que os outros sentem torna mais fácil ignorar sua dor.

OBVIAMENTE ISSO PRESSUPÕE que as outras pessoas sentem dor. E talvez não devêssemos supor isso. O tempo todo, consideramos como certo que existe algo que é um bebê, uma Bailey, um morcego — ou até mesmo outra pessoa. Ou seja, consideramos como certo que outras criaturas têm consciência. Mas por que ter tanta certeza? Eu sei que sou consciente. Ou seja, eu sei que existe algo que é "ser eu". Na verdade, sei disso mais intimamente que qualquer outra coisa. Mas por que deveria pensar que você também está consciente, que existe algo que é "ser você"?

Talvez o demônio de Descartes tenha preenchido meu mundo com criaturas que parecem estar pensando e sentindo coisas, mas não experimentando o mundo. Ou talvez eu seja o protagonista de uma simulação de computador, o único que os programadores têm em mente. Talvez todos os outros sejam uma coisa vazia — apenas aparência, como personagens de um jogo de videogame. (Observe que você nunca se perguntou como é ser o Mario, em sua busca interminável para salvar a princesa Peach. Ou o Pac-Man, comendo repetidamente a mesma refeição.)

Quando os filósofos alimentam preocupações como essa, eles pensam em zumbis. Mas não o tipo de zumbi que faz parte da cultura pop.

Na filosofia, zumbis não querem comer seu cérebro. Eles são perturbadores de uma maneira totalmente diferente.

O que é um zumbi filosófico? A maneira mais fácil de entender essa ideia é pensar no zumbi que é meu gêmeo: ele é como eu em todos os aspectos, exceto um. Ele tem a mesma altura, o mesmo peso, a mesma idade — na verdade, ele é uma duplicata exata, até a última partícula de elétrons, quarks etc.). E age como eu ajo. Ele se move e fala da mesma maneira e diz exatamente as mesmas coisas nos mesmos momentos. Ele também está escrevendo um livro, que é igual a este, palavra por palavra. Ele é minha duplicata, com apenas uma diferença: não está consciente.

É importante definir o que queremos dizer com isso, uma vez que a consciência é um conceito perigoso. Às vezes, quando dizemos que alguém está consciente, queremos dizer que está ciente do mundo a seu redor. Você é consciente nesse sentido quando está acordado, não dormindo ou em coma. E meu gêmeo zumbi é consciente nesse sentido, ao menos na maior parte do tempo. Quando está acordado, ele está ciente do que acontece a seu redor e pode responder a isso; na verdade, responde exatamente como eu o faria.

Como ele é diferente? Falta-lhe o que os filósofos chamam de *consciência fenomênica*. Meu gêmeo zumbi é formado por comportamento, mas nenhuma experiência. Pense por um minuto sobre o que é comer comida mexicana, sobre a mistura de sabores em sua boca. Ou o que é ouvir o clássico Bach ou o rock dos Bachman-Turner Overdrive. Ou sentir a brisa em seu cabelo. Meu gêmeo zumbi não tem nenhuma dessas experiências. Ele é dessa forma porque, em todas as circunstâncias, age como eu. Mas está vazio por dentro. Inputs geram outputs, assim como uma calculadora ou um computador. Mas não há experiência — nenhuma vida — associada a nada disso, não para ele. Ele é vazio por dentro.

Então eis a questão: tenho certeza de que não sou um zumbi, pois sei que experimento o mundo.* Mas por que deveria achar que qual-

---

* É óbvio que meu gêmeo zumbi diria exatamente a mesma coisa.

262 AVENTURAS PELA FILOSOFIA COM MEUS FILHOS

quer outra pessoa também experimenta? Eu não consigo acessar as experiências de ninguém, então não posso distinguir entre um mundo no qual outras pessoas têm consciência e um mundo no qual não têm. Todo mundo a meu redor poderia ser zumbi, e eu não teria como saber.

Essa é uma hipótese cética, semelhante às que encontramos quando pensamos sobre o conhecimento. E acho que as colocamos em seu lugar adequado. É interessante notar que existe uma possibilidade que não posso descartar, dada minha perspectiva sobre o mundo. Mas vou continuar como se as outras pessoas fossem conscientes. Vou acreditar nisso. Na medida do razoável.

Como disse, sei que estou consciente. Duvidar que outras pessoas também estejam exige que eu ache que sou especial, de uma forma realmente surpreendente. Por que eu deveria ser a única pessoa que experimenta alguma coisa? Sou só um bobão que nasceu no subúrbio de Atlanta em 1976. A ideia de que o mundo existe para que eu, e somente eu, possa desfrutar dele é algo que não me ocorre desde o Ensino Médio. Pode ser verdade, mas é difícil entender o motivo. E eu não deveria levar essa ideia a sério, dado o que ela me diz sobre você.

Então não, não acho que você seja um zumbi. Mas a mera possibilidade de que seja pode apresentar um problema difícil.

A questão não é decidir se você está consciente e sim descobrir por quê. Por que temos consciência? Por que há algo como "ser você"? Ou um bebê, um morcego ou Bailey? Por que qualquer um de nós está consciente? Por que não somos todos zumbis?

Perguntei isso a Hank, de forma indireta. Ele tinha 8 anos.

— Você consegue tocar um dó médio no piano?

— Com certeza — respondeu. Ele estudava piano há anos.

Hank se aproximou e apertou a tecla.

— Como se produz esse som que ouvimos?

Ele explicou como funcionam os pianos: a tecla move o martelo, que atinge uma corda, que vibra para produzir o som.

— Sim, mas como isso faz algo acontecer dentro da nossa cabeça?

— Hum... Ondas sonoras?

— O que são ondas sonoras?

MENTE

— Coisas onduladas — respondeu Hank com um sorriso.

Então expliquei.

— Quando a corda vibra, ela esbarra em algumas moléculas de ar, que esbarram em outras e outras, e isso continua acontecendo até que as moléculas de ar em seu ouvido comecem a vibrar.

— Elas esbarram em meus tímpanos — disse Hank.

— Sim. E isso deixa os nervos do seu ouvido animados, e eles enviam um sinal para seu cérebro.

— Faz sentido.

— Sim, mas eis minha pergunta: quando seu cérebro recebe esse sinal, por que você experimenta isso como um som?

— Não sei — respondeu Hank, dando de ombros. — Não sou especialista nem nada.

Isso é verdade. Mas Hank sabe a resposta para essa pergunta tanto quanto qualquer outra pessoa, já que *ninguém sabe.*

Esse argumento foi apresentado de forma mais detalhada por Thomas Henry Huxley, um biólogo que viveu há mais de cem anos: "A maneira como", escreveu ele, "algo tão notável quanto um estado de consciência acontece como resultado da irritação do tecido nervoso é tão inexplicável quanto a aparição do gênio quando Aladdin esfregou a lâmpada na história."

Vamos definir o mistério um pouco mais precisamente. Os sinais transportados do ouvido de Hank para seu cérebro são processados em vários lugares diferentes, que têm tarefas únicas. Uma parte do cérebro decodifica a duração, intensidade e frequência do som. Outra identifica sua localização. Outra classifica o significado dos sons: são sirenes ou canções, lamentos ou palavras? Os cientistas sabem muito sobre como tudo isso acontece, e estão constantemente aprendendo coisas novas. O que eles não sabem é por que, quando isso acontece, você experimenta um som. Ou seja, eles não sabem por que ouvimos um dó médio. Eles não sabem por que não somos silenciosos por dentro.

David Chalmers (que nos ajudou a pensar sobre a hipótese da simulação) chama isso de *problema difícil da consciência.* Ele quer separá-lo de outros problemas que, em comparação, são fáceis de resolver (embora ainda não saibamos todas as respostas). Os problemas fáceis se relacionam com a maneira como o cérebro processa a informação: ele a identifica, integra a outras informações, armazena, disponibiliza para uso posterior e assim por diante. Esses são os processos que os neurocientistas estudam, e há motivos para pensar que, desde que continuem a estudá-los, eles os compreenderão. Na verdade, já compreendem muito.

O problema difícil é descobrir por que esse processamento de informações é ligado a uma sensação. Algum sistema em meu cérebro pode não somente detectar ondas sonoras na frequência de 262 Hz, como também dizer que essas ondas foram detectadas por outras partes do meu cérebro, a fim de que elas também possam usar a informação. Mas por que tudo isso me causa certa sensação quando ouço um dó médio? Por que isso me causa qualquer sensação?

OS FILÓSOFOS VÊM PENSANDO sobre a mente há muito tempo. Descartes acreditava que a mente e o corpo eram substâncias separadas. (Isso se chama *dualismo*.) Ele podia imaginar uma mente sem corpo — e um corpo sem mente —, então eles deviam ser coisas diferentes. A mente, disse ele, é uma coisa que pensa. O corpo é uma coisa que ocupa um espaço. Eles estão relacionados, é lógico. Mas a questão complicada é saber como. Descartes disse que a mente não estava no corpo, como um marinheiro em um navio. Em vez disso, estava misturada ao corpo para formar uma unidade. Descartes acreditava que a interação ocorria na glândula pineal, uma pequena estrutura no centro do cérebro.

Isso é anatomicamente absurdo. Agora sabemos que a principal função da glândula pineal é produzir melatonina. Mas os filósofos encontraram motivos para rejeitar a visão de Descartes muito antes de os cientistas descobrirem isso. Uma de suas primeiras críticas foi a princesa Elisabete da Boêmia, com quem ele trocou cartas. Elisabete pressionou Descartes a explicar como uma substância imaterial como a mente podia influenciar uma substância material como o corpo. Ela duvidava que ele pudesse fazer isso.

MENTE

Para apresentar o argumento de Elisabete em termos mais modernos, o corpo é físico e, até onde sabemos, o mundo físico é *causalmente fechado*. Todo evento físico tem uma causa física. Isso não deixa espaço para a mente influenciar as ações de um corpo físico.

Podemos resumir a crítica em uma pergunta: o que exatamente Descartes achava que a glândula pineal fazia? Como o fantasma na máquina a fazia se mover?

Hoje em dia, quase ninguém é dualista cartesiano. A visão dominante é a oposta. Ela sustenta que há apenas um tipo de coisa — aproximadamente a coisa estudada pela física — e tudo no mundo é essa coisa ou construído a partir dela. Em suma, nessa visão (comumente chamada de *materialismo*), a mente é o cérebro. E os estados mentais (crenças, desejos, sensações) são estados cerebrais.*

Essa visão tem muitas virtudes. Ela é amigável à ciência, pois não insere um fantasma na máquina. Para aprender sobre a mente, tudo o que temos a fazer é estudar o cérebro. Além disso, podemos ver nitidamente que existem muitas conexões entre mente e cérebro. Danos ao cérebro geralmente afetam a mente. Muitas doenças mentais estão enraizadas na biologia cerebral. E aprendemos constantemente sobre as maneiras como o cérebro faz coisas que a mente faz, como armazenar memórias.

Dito isso, nem todos concordam com a ideia materialista de que a mente é o cérebro. Para entender por que, vamos pedir ajuda a Rex... e a um filósofo chamado Frank Jackson. Jackson é um importante filósofo da mente e autor de uma das mais influentes histórias da filosofia contemporânea.

Uma noite, contei a história a Rex:

— Há uma cientista chamada Mary — comecei —, e ela mora em um quarto completamente preto e branco. Essas são as únicas cores no quarto.

— Por quê? — perguntou Rex.

---

* Alternativamente, alguns dizem que os estados mentais são uma função dos estados cerebrais. A distinção se destina a manter presente a possibilidade de que criaturas constituídas de forma diferente — digamos, robôs com CPUs de silício — possam ter os mesmos estados mentais que apresentamos, como dor. Essa provavelmente é a visão materialista mais plausível. Mas a do texto é mais simples, então vou me limitar a ela.

266   **AVENTURAS PELA FILOSOFIA COM MEUS FILHOS**

— Porque Mary está participando de um experimento. As pessoas que a colocaram no quarto não querem que ela veja outras cores além de preto e branco.

— O que ela está vestindo?

— Apenas roupas pretas e brancas. E elas cobrem cada pedacinho de sua pele. Além disso, não há espelhos no quarto, então ela não consegue se ver.

— Esse é um experimento muito estranho.

— Sim, e fica ainda mais estranho. Porque Mary estuda cores e a forma como as percebemos. E essa história acontece no futuro, então os cientistas sabem absolutamente tudo sobre cores e o que acontece em nosso cérebro quando as vemos. Mary também aprendeu tudo isso, em seus livros em preto e branco e sua televisão em preto e branco. Ela simplesmente nunca viu nenhuma cor além do preto e do branco.

— Ok.

— Então, um dia, eles decidem que é hora de Mary ver algo vermelho. Então eles dão a ela uma maçã.

— Ela deve ter achado legal — disse Rex, antecipando o ponto de vista de Jackson.

— Por quê?

— Porque descobriu como é a cor vermelha.

— Tem certeza de que ela já não sabia como era? Lembre-se, Mary sabe absolutamente tudo o que acontece no cérebro de uma pessoa quando vê algo vermelho.

— Sim — respondeu Rex —, mas ela não sabe como *realmente é* o vermelho. Ela teria de ver por si mesma para saber.*

---

* Um detalhe sobre Mary: é necessário muito trabalho para criar esse experimento mental, e ele é totalmente implausível. Seria preciso enrolar Mary em preto e branco, impedir que ela visse a si e torcer para que não experimentasse nenhuma cor ao fechar os olhos. Por isso, acho melhor imaginar que Mary é especialista em sexualidade humana. Ela sabe absolutamente tudo o que há para se saber sobre nossa resposta física ao estímulo sexual. Acontece que, por motivos religiosos, nunca teve um orgasmo. Um dia, ela tem um. Será que ela aprende algo? Acho que sim. Ela aprende como é ter um orgasmo. De fato, é fácil imaginá-la sendo surpreendida pela experiência, encantada (ou desapontada) ao descobrir as sensações que acompanham a atividade neural que estudou.

Se Rex estiver certo, o materialismo é falso. Mary conhecia todos os fatos físicos — o que os neurônios em seu cérebro fariam quando ela visse algo vermelho. Ainda assim, não sabia como era ver algo vermelho. Isso significa que existem fatos que não são físicos — por exemplo, como é ver a cor vermelha. Além disso, significa que há mais na mente que o cérebro, porque você pode saber tudo o que há para se saber sobre o cérebro e, ainda assim, não saber tudo sobre a mente.

Rex está certo? Antes de tentarmos responder essa pergunta, deixe-me apresentar mais dois argumentos contra o materialismo.

O primeiro é o que ofereci à minha mãe quando disse que não sabia como era a cor vermelha para ela. Podemos imaginar duas versões da minha mãe. Elas são fisicamente iguais em todos os aspectos. Uma experimenta o vermelho como eu. Mas a outra o experimenta como eu experimento o azul. Se é possível que ambas as versões de minha mãe existam — em algum mundo, se não neste —, então o materialismo é falso, já que os fatos físicos sobre o cérebro dela não determinam totalmente o que ela experimenta.

Para o segundo argumento, imagine uma terceira versão da minha mãe. Ela é fisicamente idêntica às duas primeiras, mas não experimenta nada. Ela é um zumbi. Novamente, se é possível que essa versão exista — em algum mundo, se não neste —, então o materialismo é falso, e pelo mesmo motivo. Os fatos físicos sobre o cérebro da minha mãe não determinam o que ela experimenta.

Uma maneira simples de entender isso é perguntar: quanto trabalho Deus teve para criar o mundo? (Por enquanto, vamos assumir que existe um Deus. Voltaremos a isso.) No cenário materialista, Deus terminou sua tarefa quando criou o mundo físico, já que ele é tudo o que existe. A mente fica livre, pois é apenas o cérebro. Porém, consideramos que Deus ainda tinha trabalho a fazer depois de criar os fatos físicos. Ele precisava decidir se alguma criatura deveria ser consciente e, em caso afirmativo, que tipo de experiência teria.

Esses argumentos — e outros como eles — empurram alguns filósofos de volta ao dualismo. Nos últimos anos, David Chalmers fez mais que qualquer outro para reacender o interesse pelo tema. Mas ele não adota o dualismo cartesiano, ou acha que exista um fantasma fazendo a máquina funcionar. Em vez disso, sugere que a mente e o cérebro podem ser dois aspectos diferentes de alguma realidade mais profunda e fundamental, que não é física nem fenomênica. Ele acha que a *informação* pode ser o bloco de construção básico do mundo, manifestando-se tanto como matéria quanto como mente. Aliás, ele sugere que toda matéria pode ter uma experiência associada a ela, em uma visão conhecida como *pampsiquismo*. Portanto, além de se preocupar se seus amigos e familiares estão conscientes, você também tem de se preocupar com sua balança de banheiro ter consciência ou não.

ANTES QUE VOCÊ SE preocupe demais, devo dizer que muitos filósofos rejeitam os argumentos contra o materialismo que acabamos de oferecer, e nenhum mais ferozmente que Daniel Dennett. Dennett adora velejar — e é um dos filósofos mais proeminentes dos Estados Unidos. Ele escreveu sobre livre-arbítrio, religião e evolução. Mas é mais conhecido por seu trabalho sobre consciência.

Dennett acha que Rex está errado sobre Mary: ela não vai aprender nada de novo ao ver uma maçã vermelha. E se diverte expandindo a história. Ele se imagina tentando enganar Mary, dando a ela uma maçã azul em vez de vermelha. Segundo ele, Mary reconheceria o a pegadinha instantaneamente, já que ela saberia que seu cérebro estava no estado azul quando maçãs devem ser vermelhas.

Como? Dennett insiste que, se Mary conhecesse todos os fatos físicos, ela seria capaz de identificar diferenças sutis na maneira como responderia ao azul ou ao vermelho. (Por exemplo, o azul poderia afetar seu humor de uma maneira que o vermelho não o faria.) Isso indicaria que tipo de experiência com cores ela estaria tendo. Acho que

Dennett está certo, mas não que isso seja suficiente para mostrar que Rex está errado. A questão não é se Mary seria capaz de descobrir que estava tendo a experiência de ver a cor vermelha, e sim se ela já saberia o que é ter essa experiência. E conhecer algumas maneiras pelas quais isso a afetaria não seria suficiente. Ela teria de saber tudo. Caso contrário, aprenderia algo novo. E, como disse Rex, é difícil saber como ela poderia antecipar a vermelhidão do vermelho.

Exceto que Dennett nega que haja algo que responda à descrição "vermelhidão do vermelho". Os filósofos da mente falam sobre *qualia*. Essa é uma palavra chique para a qualidade de nossas experiências: a vermelhidão do vermelho ou a azulzice do azul. Ou a sensação que você tem quando está cansado, com fome ou ansioso. Ou a dor que sente quando está ferido. Em suma, qualia é o material de sua consciência fenomênica. Ou assim diz a maioria das pessoas, mas não Dennett, que nega que qualia exista.

O que pensamos ser qualia, diz Dennett, são apenas julgamentos e disposições. Julgamos as coisas como vermelhas. E estamos dispostos a reagir às coisas vermelhas de certas maneiras. Mas não há experiência em ver o vermelho para além disso, e certamente nenhuma vermelhidão do vermelho. Estamos enganados se pensamos ter experiências particulares e inefáveis.

O que Dennett faz com o espectro invertido? Diz que é um absurdo. Na verdade, ele o chama de "um dos memes mais virais da filosofia". Não temos experiências particulares de vermelho ou azul, então elas não podem se confundir entre nós. Na verdade, ele diz algo mais ousado. Ao ponderar se é possível existir zumbis, escreve: "Se os zumbis são possíveis? Eles não são só possíveis, como reais. Somos todos zumbis."

Uau. Essa é uma afirmação desvairada. E é difícil dizer se Dennett acredita nisso. Em uma das notas de rodapé mais estranhas da filosofia, ele afirma que seria um ato de "desesperada desonestidade intelectual" citar essa última frase fora de contexto. Mas, para ser honesto, não tenho certeza de que contexto tornaria a afirmação menos maluca.* Os filósofos brincam que o livro *Consciousness Explained* [Consciência explicada, em tradução livre] deveria se chamar *Consciousness Explained Away* [Consciência desmentida, em tradução livre]. Mas, se ler o livro e realmente se esforçar para entender o que Dennett diz, você pode começar a pensar que ele está certo. Ele tem uma língua afiada, mas precisa. E pode lhe ensinar muito sobre seu cérebro. Mas, ao final, você se perguntará se perdeu o juízo — ou se nunca o teve, para início de conversa.

A visão de Dennett tem muitos adeptos, mas ele não convenceu todo mundo. Chalmers observa que, quando olha para dentro, ele encontra um rico conjunto de estados mentais (sensações e emoções) que Dennett nega ou redescreve de maneiras que não conseguem capturar como são. A sensação de ver a cor vermelha, por exemplo, não parece um julgamento ou disposição. A certa altura, Chalmers se pergunta se Dennett realmente é um zumbi. (Esses caras são severos um com o outro.) Mais caridosamente, ele sugere que Dennett se acostumou a pensar na própria mente pelo lado de fora (extrospecção, em vez de introspecção), uma vez que isso facilita certo tipo de investigação científica. Mas Chalmers insiste que há conhecimento a ser vislumbrado pela introspecção e que não pode ser explicado em um retrato materialista. Mary pode estudar o cérebro o quanto quiser: ela não saberá o que é ver a cor vermelha até que veja algo vermelho.

A polêmica continua. Muitos materialistas não se deixam convencer por Chalmers e seus argumentos inteligentes. E muitos neuro-

---

* Na passagem citada, Dennett rejeita a ideia de que temos qualia *epifenomênicos*. Dizer que algo é epifenomênico (nesse sentido) é dizer que não há quaisquer consequências causais. Se zumbis são reais, isso sugere que a experiência consciente é epifenomênica — que não afeta o que acontece no mundo —, já que os zumbis são como nós, com exceção da consciência. Dennett pode estar certo ao rejeitar o epifenomenalismo, já que ele é controverso mesmo entre os defensores da experiência consciente. Mas seu zumbinismo está em alta em outros lugares; em uma passagem anterior, ele sugere que os qualia são apenas "a soma total das disposições para reagir". A maioria de nós acha que há mais no vermelho que essas disposições. Há vermelhidão no vermelho. O mesmo acontece com a ansiedade. As disposições podem ser um problema, mas as sensações também incomodam.

cientistas duvidam que esse problema difícil seja mais difícil que os outros. Podemos ainda não ser capazes de ver como o material físico do cérebro dá origem à consciência fenomênica, dizem eles, mas dê tempo à ciência. Ela acabará descobrindo.

QUAL É MINHA OPINIÃO sobre tudo isso? Não tenho.

Jules Coleman é meu amigo e mentor há décadas. Ele foi meu professor na faculdade de Direito. E me ensinou uma das lições mais importantes que já aprendi.

Quando era estudante, eu o encontrei no corredor da faculdade e começamos a conversar sobre filosofia. Não me lembro qual foi a minha pergunta. Mas lembro de tentar compartilhar minha opinião.

— Na minha opinião... — comecei.

Ele me interrompeu.

— Você é jovem demais para ter opiniões. Pode fazer perguntas, ter curiosidades, ideias e mesmo inclinações. Mas não opiniões. Você não está pronto para opinar.

Ele estava defendendo dois argumentos. Primeiro, é perigoso ter opiniões, porque muitas vezes você se obstina em defendê-las. E isso torna difícil ouvir o que as outras pessoas têm a dizer. Uma das virtudes distintivas de Coleman como filósofo é sua disposição em mudar de opinião.* Isso porque ele está mais comprometido com as perguntas que com as respostas. Ele quer entender, e está disposto a ir aonde quer que seu entendimento o leve, mesmo que tenha de retornar ao ponto em que estava antes.

Em segundo lugar, você tem de merecer ter opiniões. Você não deve ter uma opinião a menos que possa defendê-la e explicar em que ponto os argumentos contrários estão errados. Quando Coleman

---

* Frank Jackson também tem essa virtude. Após décadas defendendo sua história sobre Mary, ele mudou de ideia e decidiu que ela nada aprenderia ao ver a cor vermelha. Mas não lhe deram ouvidos. A história adquiriu vida própria, e o debate continua.

disse que eu era jovem demais, ele não se referia à idade. (Eu tinha 26 anos.) Ele estava dizendo que eu era novo demais para a filosofia. Décadas depois, tenho muitas opiniões. Posso dizer por que as defendo e em que momento acho que os outros erram. Mas não tenho opiniões sobre todos os assuntos, porque não fiz o trabalho necessário para ter esse direito.

A filosofia da mente é um campo sobre o qual não estudei o suficiente para ter uma opinião. Leio muito, pois tenho dúvidas. Mas então percebo que pessoas brilhantes possuem uma gama gigantesca de opiniões. E os argumentos a favor e contra se acumulam mais rapidamente do que posso avaliá-los. Se você me pressionar a assumir uma posição, direi, como Hank: "Não sou especialista nem nada."

Mas isso não me impede de tentar descobrir como a consciência se encaixa no mundo. O fato de que outra pessoa sabe mais que você — leu mais, estudou mais, ponderou mais possibilidades — de forma alguma prejudica seus esforços para pensar sobre um problema. É gratificante descobrir algo e obter insights por conta própria. Você não precisa ser o melhor pianista do mundo para que valha a pena tocar piano. E não tem de ser o melhor filósofo do mundo para pensar filosoficamente.

De fato, é maravilhoso descobrir que existem filósofos que sabem mais que você, uma vez que isso lhe dá a chance de aprender com eles — mas não aceitando o que eles dizem só por aceitar. Você deve resolver o problema sozinho com a ajuda de pessoas mais experientes, não simplesmente acatar o julgamento delas. Esse é um dos motivos pelos quais nunca uso o argumento de autoridade com meus filhos. Eu não digo a eles o que pensar sobre uma pergunta, mesmo que revele o que penso a respeito. Prefiro que eles construam as próprias opiniões.

Como eu disse, ainda estou caminhando em direção à minha opinião sobre a consciência. Posso nunca chegar lá. Mas este é meu livro, então compartilharei minhas inclinações. A pessoa cujo trabalho acho mais intrigante nesse assunto é Galen Strawson. No capítulo sobre punição, aprendemos um pouco sobre Peter Strawson, pai de Galen. (A filosofia é de família.) Galen é um filósofo fenomenal por mérito próprio, um importante pensador sobre livre-arbítrio, identidade pessoal e a natureza da consciência, entre outros tópicos. Gosto de seu trabalho porque ele enfatiza quão ignorantes somos.

Strawson não tem paciência para o zumbinismo de Dennett. Ele o chama de "a mais tola alegação já feita", uma vez que nega aquilo que é mais evidente: nós experimentamos o mundo. Se a ciência for incompatível com isso, é a ciência que tem de mudar. Mas ela *não é* incompatível, diz Strawson. Na verdade, ele é um genuíno materialista, convencido de que tudo no mundo é físico, incluindo a mente.

Como pode? Strawson diz que o problema é a forma como pensamos nas coisas físicas (como matéria e energia). Partimos da suposição de que elas não experimentam o mundo, e então nos perguntamos por que certos arranjos físicos (um bebê, Bailey, um morcego) o experimentam. Strawson quer inverter essa perspectiva. Ele diz que sabemos com certeza que as coisas físicas experimentam o mundo, porque somos coisas físicas e o experimentamos. O problema não é explicar a consciência: sabemos exatamente o que ela é. De fato, sabemos mais disso que qualquer outra coisa. O problema é que não entendemos as coisas físicas bem o suficiente para saber como a consciência se encaixa nelas.

Strawson sugere que a hipótese mais simples é a de que toda matéria experimenta o mundo. O que nos traz de volta ao pampsiquismo. Strawson postula que a experiência é parte do mundo, mesmo na menor escala.

Como é ser um elétron? Ele não faz ideia. Talvez seja apenas um zumbido constante.

Como é ser uma mesa de jantar? Provavelmente nada. Dizer que toda matéria experimenta o mundo não é dizer que todos os arranjos da matéria experimentam o mundo. Os elétrons na mesa podem experimentar o mundo, mas a mesa pode não ser um ente individual.

Que tal sua balança de banheiro? É difícil dizer. Ela sente o seu peso, mas você não precisa ter medo de ela julgar você. O pampsiquismo não é a ideia de que tudo pensa, e sim a de que a experiência está entremeada ao tecido do mundo.

Isso tudo é extremamente especulativo. Mas, como Chalmers enfatizou, precisamos especular, já que há muita coisa que não entendemos. Estamos na fase em que precisamos de ideias para podermos ponderar as possibilidades.

Será que algum dia entenderemos como a consciência se ajusta ao mundo? Alguns filósofos dizem que não. Bailey nunca entenderá a relatividade geral. Está além de sua capacidade cognitiva. Talvez a consciência esteja além da nossa. Isso seria uma chatice, mas só há uma maneira de descobrir: temos de refletir a respeito.

Quando Hank era pequeno — 4 ou 5 anos —, tínhamos um jogo para quando ele se preparava para tomar banho. Eu dizia a ele que tirasse a roupa, e ele tirava. Então eu dizia a ele para tirar os joelhos ou os cotovelos. Uma vez, pedi a ele para tirar os pensamentos.

— É melhor não molhá-los — aconselhei.

— Cadê meus pensamentos? — perguntou Hank.

— Você perdeu seus pensamentos?

— Não. — Ele deu uma risadinha.

— Então tire.

— Não posso. Não sei onde eles estão.

— Hank, você tem que ser mais cuidadoso com as suas coisas. Mamãe e papai não vão continuar comprando pensamentos para você se não aprender a cuidar deles.

— Eu sei onde eles estão.

— Onde?

— Eles não estão aqui.

E saiu correndo do banheiro, pelado.

Rex e eu tivemos uma conversa semelhante quando ele tinha 10 anos.

— Eu me pergunto aonde está minha mente — disse ele.

— Onde você acha?

— Pode estar na minha bunda.

— Você tem problemas para pensar quando machuca a sua bunda?

— Sim, porque estou pensando sobre minha bunda.

Também temos conversas mais sérias sobre consciência. Recentemente temos falado sobre quão difusa ela pode ser. Questionamos se robôs ou computadores podem ser conscientes. Nós nos perguntamos se qualquer coisa é consciente. A certa altura, li para Rex a passagem de Huxley na qual ele se maravilha com o fato de que "qualquer coisa tão notável quanto um estado de consciência surja como resultado da irritação do tecido nervoso".

Conversamos sobre isso por alguns minutos. Então Rex encerrou a conversa.

— Podemos fazer uma pausa nesse assunto da consciência? — perguntou ele.

— Com certeza — respondi.

— Ótimo. Porque você está irritando meu tecido nervoso.

11

INFINITO

— O que você aprendeu na escola hoje?
— Nada.
— Sério? Nada? O dia inteiro?

— Sério — respondeu Rex, exasperado por eu ter perguntado. — Mas descobri uma coisa.

— O quê?

— O Universo é infinito.

— Na verdade, os cientistas não têm certeza. Alguns pensam que é infinito. Mas outros acham que é muito, muito grande, mas finito.

— Não, o Universo tem que ser infinito — disse Rex, com surpreendente convicção para uma criança de 7 anos cuja formação física consistia em um punhado de episódios da série *Como funciona o Universo*.

— Por que você diz isso?

— Bem, imagina que você pega uma nave espacial e vai até a beirada do Universo. E então dá um soco bem na borda — disse ele, esmurrando o ar a sua frente. — Sua mão tem que ir para algum lugar, né?

— E se ela simplesmente parar?

— Então alguma coisa tá impedindo a mão. E você ainda não chegou na borda do Universo!

•～•

REX NÃO É A primeira pessoa a defender esse argumento. Ele é comumente creditado a um antigo filósofo grego chamado Arquitas. Mas

278 AVENTURAS PELA FILOSOFIA COM MEUS FILHOS

isso é apenas uma questão de autoria. Provavelmente alguma criança de 7 anos pensou nisso primeiro.

Arquitas era amigo de Platão. Certa vez, Platão teve problemas com uns caras fortões na Sicília e Arquitas (que era político, além de matemático) enviou um navio para resgatá-lo.

Veja como Arquitas apresentou o argumento de Rex:

> Se eu chegasse à borda mais externa do céu [...] poderia estender minha mão ou meu cajado para tocar o que está do outro lado? Seria paradoxal não ser capaz de estendê-los. Mas, se eu os estendesse, o que estivesse do outro lado seria corpo ou lugar.

Espere, foi rápido demais. E soou estranho. O que seria paradoxal sobre não ser capaz de estender a mão na borda do universo?

Rex tinha uma resposta, e Arquitas também. Como disse Rex, se você não pode ir além, deve haver algo impedindo sua passagem. Digamos que seja uma parede feita de peças de montar. Se as peças durarem para sempre, o Universo será infinito — e, principalmente, feito de peças de LEGO.* Se a parede não for infinita e você encontrar uma maneira de atravessá-la, será capaz de continuar. Ao menos até que outra coisa fique em seu caminho. Mas, se encontrar outro obstáculo, tudo o que precisa fazer é repetir o argumento de Rex. A conclusão parece inevitável: o Universo é infinito.

Mas você não precisa aceitar a palavra de Rex. Ou mesmo a de Arquitas. O poeta e filósofo romano Lucrécio apresentou o mesmo argumento cem anos depois. Ele se imaginou arremessando um dardo em direção à borda do Universo. Ou o dardo passa, e nesse caso não há uma borda onde você achou que havia, ou algo faz o dardo parar, e nesse caso há algo além do que parecia ser a borda. Como os argumentos anteriores, você pode repetir esse indefinidamente. O espaço simplesmente não vai parar.

---

* A velocidade com que acumulamos peças de LEGO sugere que elas realmente são a principal forma de matéria do Universo.

Ou assim disse Lucrécio. Mas você provavelmente gostaria de ouvir a opinião de um cientista. Isaac Newton é bom o suficiente para você? Acontece que ele concorda com Rex: "O espaço se estende infinitamente em todas as direções", disse ele, "pois não podemos imaginar nenhum limite em qualquer lugar sem ao mesmo tempo imaginar que há espaço para além dele."

Newton estava certo? Sempre que imagina um espaço limitado, você também imagina um espaço para além dele? Reflita por um minuto e veja se consegue encontrar possibilidades que Newton não encontrou.

Enquanto você pensa nisso, algumas palavras sobre a escola: não faço ideia do que Rex deveria aprender naquele dia. Quase nunca me ligo nisso, já que Rex nunca diz como foi seu dia. Muitas vezes ele conta como ficou entediado. Mas o tédio tem seus benefícios. Nesse caso, um menino que não sabia a tabuada raciocinou como Isaac Newton e chegou à mesma visão do Universo.

Rex sente algumas das mesmas frustrações sobre a escola que eu experimentei quando era criança. Ela é muito rígida, e quase sempre tem de ser. Os professores precisam lidar com muitas crianças e têm um currículo para cumprir. Isso torna difícil adaptar a experiência a alunos específicos. É mais fácil em alguns assuntos que em outros. Quando se trata de leitura, por exemplo, qualquer bibliotecário que se preze pode ajudar uma criança a encontrar um livro que corresponda aos seus interesses e habilidades. Mas, no caso da matemática, é mais desafiador adaptar o currículo. Você pode ajudar as crianças a avançarem um pouquinho ou fazer com que se demorem mais em algum assunto, mas há uma progressão padrão pela qual se espera que todas passem. Há pouco tempo para os professores cuidarem de interesses individuais.

Tento preencher as lacunas perguntando aos meninos sobre o que eles têm curiosidade. E, na verdade, isso leva a conversas melhores do que descobrir o que aprenderam na escola. Um dia, Hank me disse que estava interessado no infinito. Muitas crianças estão. Depois de começar a aprender matemática, é natural perguntar: qual é o número mais alto?

Hank tinha certeza de que era infinito, mas não porque isso foi mencionado na aula. Ele ouviu de um amigo do segundo ano.

Mas seu amigo estava errado. O infinito não é o número mais alto. Não há um número mais alto. E Hank adorou saber disso.

— Escolha um número superalto — sugeri.

— Um milhão.

— Ok. Qual é o próximo número?

— Um milhão e um.

— Acho que você vai precisar de um número maior.

— Um trilhão.

— Ok. Qual é o próximo?

— Um trilhão e um.

Fizemos mais algumas rodadas, aprendendo as palavras quatrilhão e quintilhão. Então perguntei:

— Que tal um googol? Você sabe o que é?

— Não.

— É um número grande e muito louco. É o número um com cem zeros depois dele. É o maior número cujo nome eu sei.

— Esse é o maior número?

— Não. Que número você acha que vem depois dele?

— Um googol e um! — disse ele, exultante.

— E depois?

— Um googol e dois!

— Uau! Você acabou de me ajudar a aprender novos números.

Hank ficou orgulhoso de si. Então perguntei:

— Você acha que algum dia vamos ficar sem números? Ou podemos sempre adicionar outro?

— Sempre podemos adicionar outro — respondeu ele.

— Então existe um número mais alto?

— Não.

— Isso mesmo. *Infinito* é a palavra que usamos para falar sobre o fato de que os números continuam para sempre. Eles nunca acabam, não importa quanto tempo você conte.

Por muito tempo, quando perguntava a Rex sobre o que ele estava curioso, a resposta era: espaço.

Então vamos voltar a isso!

Você encontrou alguma possibilidade que Newton não encontrou? Quando imagina um espaço limitado, você tem de imaginar o espaço para além dele?

A resposta é não. Newton estava errado. E Rex também. Pelo que sabemos, o universo pode ser infinito, mas o argumento que Rex ofereceu não funciona.

Para entender por que, ter um balão ajuda. Então peguei um quando Rex terminou seu argumento.

— Vamos olhar para a superfície desse balão. Ele é finito ou infinito?

— Eu acho que é finito — respondeu Rex, hesitante.

— E se o abrirmos e o espalharmos sobre a mesa? Será que ele continuaria para sempre?

— Não — respondeu Rex, mais confiante dessa vez. — Ele é finito.

— Bom. Agora imagine que há uma formiga andando na superfície desse balão. Ela parte em uma direção e simplesmente continua indo. Ela alguma vez vai ficar presa ou bater em uma borda?

— Não — respondeu Rex, enquanto eu traçava o caminho da formiga com o dedo.

— O que acontece se ela simplesmente continuar andando?

— Ela vai voltar pro começo — respondeu Rex, também traçando o caminho no balão.

— Isso mesmo! Ela voltará para onde começou porque o balão se dobra sobre si mesmo.

Traçamos mais alguns caminhos para fixar a ideia. Então expliquei:

— A superfície desse balão é finita, mas uma formiga pode andar para sempre sem atingir uma borda porque não há arestas!

— A formiga pode pular? — perguntou Rex.

— Boa pergunta! Digamos que ela não possa. Imagine que a formiga é completamente plana. A superfície do balão é todo o Universo.

Não há espaço acima, abaixo ou dentro dele. Então não há nenhum outro lugar para onde ela possa ir, exceto na superfície do balão.

— Ok — disse Rex, ainda estudando o balão.

— O espaço tem três dimensões, não duas como a superfície de um balão. Mas alguns cientistas acham que ele funciona do mesmo jeito. É finito, mas não tem arestas.

Então perguntei:

— Se o Universo funciona assim, o que você acha que aconteceria se partíssemos em uma nave espacial e continuássemos sempre em frente?

— A gente voltaria pro começo!

— Sim!

— Legal!

— Mas lembre-se de que não sabemos se isso é verdade. O Universo pode ser infinito. Mas poderia ser finito e se dobrar sobre si mesmo.

O ARGUMENTO DE REX sobre o infinito me lembrou que também dupliquei uma discussão antiga quando estava entediado na escola. Eu era um pouco mais velho que ele. Estava no segundo ano do ensino médio.

Eu vi meu amigo Eugene na sala do Sr. Jones e decidi compartilhar algo sobre o que pensara o dia todo.

— Oi, G! Posso dar um soco em você?

Eugene era o maior garoto da escola — de longe. Quando ele ainda era um recém-chegado, o time de futebol teve de pedir ajuda ao Atlanta Falcons para conseguir um capacete, porque não conseguiram encontrar um que encaixasse em sua cabeça. Mais tarde, ele foi para a faculdade com uma bolsa de estudos.*

— Por quê? — perguntou ele.

— Quero testar uma coisa.

Agora ele também queria.

— Ok. Não é como se você pudesse me machucar.

---

* Eugene também estabeleceu o recorde local de asinhas de frango, comendo 176 de uma única vez. Ele só parou porque fez uma pausa para telefonar para casa e sua mãe lhe disse que o jantar estava pronto.

INFINITO

Recuei o punho. Então parei.

— Não posso socar você — disse.

— Tudo bem, pode me bater.

— Não, quero dizer, não posso socar você. Não é possível.

Então demonstrei o que queria dizer.

— Para socar você, tenho que mover meu punho pela metade da distância até você.

Movi meu punho até a metade.

— Então tenho que mover metade dessa distância.

Movi o punho novamente.

— E de novo. E de novo. E de novo.

Movi o punho um pouco a cada vez.

— Isso significa que não posso chegar até você. Não importa quantas vezes eu vá até a metade, sempre terei mais a percorrer.

A essa altura, o punho estava pressionado contra o peito de Eugene. Felizmente para mim, ele era um gigante gentil — e um nerd da matemática.

— Sei que parece que estou tocando você, G. Mas isso não é possível.

O Sr. Jones esteve por perto durante toda a conversa. E finalmente interveio:

— Quem lhe ensinou os Paradoxos de Zenão?

— Quem é Zenão?

— Pesquise sobre ele.*

---

* Uma breve nota sobre Billy Jones: Ele era um gênio na hora de manter seus alunos engajados. Ele ensinava latim, alemão e química, mas poderia ter lecionado uma dúzia de outras matérias. Para uma pessoa que estivesse assistindo de longe, suas aulas pareciam um caos, já que cada criança trabalhava em algo diferente. os alunos se moviam no próprio ritmo. Se você terminasse o exercício mais cedo, ele lhe dava um novo desafio. Muitos eram enigmas que ele mesmo inventara. Ele passava o dever de casa de química em um idioma que você não entendia, somente para torná-lo mais difícil. Ou lhe entregava um enigma e exigia que você respondesse com uma lista de elementos químicos cujos símbolos formassem a resposta (por exemplo, Arquita [Archytas] seria argônio, carbono, hidrogênio, ítrio, tântalo e enxofre [**Ar**gon, **C**arbon, **H**ydrogen, **Y**ttrium, **Ta**ntalum, **S**ulfur]). Ele também se interessava por nossos interesses, ajudando-nos a construir projetos em torno deles. Ninguém nunca ficou entediado na aula do Sr. Jones. Nós o amávamos por isso, e aprendemos mais com ele que com qualquer outro. Jamais conheci um professor melhor, e acho que também nunca conheci uma pessoa melhor.

Zenão de Eleia viveu pouco antes de Arquitas e Platão, por volta da mesma época que Sócrates (no século V a.C.). Ele era amigo de Parmênides, que teve uma das ideias mais impressionantes de toda a filosofia: há apenas uma coisa e ela não muda; todas as sugestões contrárias são ilusões. Os filósofos chamam isso de *monismo*.

Zenão desenvolveu muitos paradoxos que dão suporte a esse tipo de monismo. Os mais famosos são sobre o movimento. Minha demonstração na aula do Sr. Jones reproduziu o primeiro deles. Ele se chama *dicotomia*, e funciona assim: se está tentando se mover de um lugar para outro, você primeiro tem de chegar à metade. Então tem de percorrer a metade do caminho restante. E então a metade do caminho restante. E então a metade do caminho restante... *para sempre*. O que parece um problema.

Aqui está outra maneira de pensar sobre isso: Eugene está a uma distância fixa de meu punho. Para lhe dar um soco, preciso percorrer 1/2 dessa distância, depois 1/4, depois 1/8, depois 1/16, depois 1/32 e assim por diante, *infinitamente*. E, de novo, isso parece um problema. As distâncias ficam menores. Mas há um número infinito delas, então não sei como eu poderia percorrê-las.

Na verdade, é possível piorar o paradoxo ainda mais ao invertê-lo. No começo, tenho que ir até a metade. Mas, para ir até a metade (1/2), tenho de chegar à metade da metade do caminho (ou seja, 1/4) primeiro. E para percorrer 1/4 do caminho, primeiro tenho de percorrer 1/8. E para percorrer 1/8, tenho de percorrer 1/16. E assim por diante, *infinitamente*.

Isso é verdade não importando quão curta seja a distância que eu queira percorrer. Então parece que não posso me mover — nem um pouquinho. Para cobrir uma distância muito curta, eu teria de cobrir um número infinito de distâncias. Mas não tenho um tempo infinito, então estou preso. O movimento é apenas uma ilusão.

Ou assim disse Zenão. Ele não convenceu muita gente. Diz-se que, ao ouvir o argumento, Diógenes simplesmente se levantou e saiu andando, refutando a alegação com os pés. O que é fofo, mas não é lá grande coisa como refutação, já que o argumento de Zenão era justamente o de que as coisas podem não ser como parecem. Para mostrar que o movimento é possível, você tem de encontrar uma falha no raciocínio de Zenão.

Por muito tempo, achei que tivesse encontrado. Algum tempo depois, eu estava de volta à aula do Sr. Jones, dizendo a Eugene que tinha descoberto tudo. Para socá-lo, meu punho tinha de viajar através de muitas distâncias infinitamente finitas. E parecia que não haveria tempo para isso. Mas o tempo pode ser dividido da mesma forma que o espaço. Para cada ponto no espaço que eu tinha de atravessar, havia um momento no qual eu podia estar lá.

Uma imagem pode ajudar.

P1 P2

ESPAÇO

T1 T2

TEMPO

À medida que me movo de P1 para P2, tenho de passar por infinitos pontos no espaço. Mas existem infinitos pontos no tempo entre T1 e T2. Então tenho todo o tempo de que preciso. Na verdade, tenho exatamente um ponto no tempo para cada ponto no espaço pelo qual preciso passar.

Essa história me satisfez, então parei de pensar em Zenão. Foi somente anos depois que soube que Aristóteles também sugerira minha solução. Mas isso não resolve completamente o mistério (e Aristóteles sabia disso). O problema é que não está evidente como o tempo funciona nessa imagem. Para um único segundo passar, meio segundo tem de passar primeiro. Para meio segundo passar, um quarto de segundo tem de passar primeiro. E... bem, você entendeu a ideia. Isso continua para sempre, então parece que mesmo um único segundo deve ser infinitamente longo. E isso não faz o menor sentido.

FOI NECESSÁRIA A MATEMÁTICA moderna para desvendar o mistério, em particular a invenção do cálculo (por Newton e Gottfried Leibniz). Ainda há desacordo sobre os detalhes, mas o principal insight é que a soma de um conjunto infinito de distâncias finitas nem sempre é infinito. Com efeito, a soma da série que nos interessa (1/2, 1/4, 1/8, 1/16...) é 1. Então todas aquelas pequenas distâncias não se acumulam em uma distância longa demais para percorrer em um período de tempo finito.

Isso posto, há quem pense que a solução não está na matemática, mas na física. Zenão supõe que o espaço é infinitamente divisível, que podemos dividi-lo em pedaços cada vez menores. Mas isso pode não ser verdade. Avanços recentes na mecânica quântica sugerem que o espaço pode ter uma estrutura granulada em vez de contínua. Ou seja, ela seria composta de pequenos pedaços de espaço que não podem mais ser divididos. Se isso é verdade, meu punho não precisa passar por um número infinito de pontos para acertar Eugene. Ele só tem de viajar através de um conjunto finito de pedaços superpequenos de espaço, o que não é problema — desde que Eugene não revide.

ACABEI DE SUGERIR QUE a solução para o paradoxo de Zenão está na matemática ou na física, não na filosofia. E a resposta para a pergunta com a qual começamos — O Universo é infinito? — certamente está na ciência. Então o que essas questões estão fazendo em um livro sobre filosofia?

Elas estão aqui em parte para que possamos pensar sobre a relação entre a filosofia e outras áreas de estudo. Não é por acaso que Arquitas foi filósofo *e* matemático. A lista de pensadores que trabalharam em ambos os campos é longa e inclui nomes como Descartes e Leibniz. Isso não deveria surpreender ninguém, já que filósofos e matemáticos empregam mais ou menos o mesmo método: eles pensam cuidadosamente sobre enigmas e problemas. Aptidão para uns não é garantia de aptidão para outros, já que enigmas e problemas não são iguais. Mas algumas pessoas se destacam em ambos.

Os filósofos também estiveram frequentemente na vanguarda da ciência, incluindo Aristóteles. De fato, foi só recentemente que a ciência passou a ser vista como algo diferente da filosofia. Durante a maior parte de sua história, a ciência foi simplesmente chamada de *filosofia natural* para diferenciá-la de outros ramos da filosofia, como a *filosofia moral* ou a *estética*. Nós a vemos de forma individual principalmente porque ela emprega métodos diferentes. Os cientistas pensam com cuidado, é óbvio. Mas também investigam o mundo através da observação e da experimentação.

Os filósofos também têm essas ferramentas, mas as usam com menos frequência. Muitas das questões que mais interessam aos filósofos não se prestam a experimentos. Nenhum experimento lhe dirá o que é justiça.* Ou amor. Ou beleza. Nenhum experimento lhe dirá quando a punição é justificada. Ou se a vingança é justificada. Ou quais direitos temos. Nenhum experimento lhe dirá o que é o conhecimento. Ou se temos alguma esperança de adquiri-lo.

As principais ferramentas que temos para responder a esse tipo de pergunta são o raciocínio e o diálogo cuidadoso. E isso leva alguns cientistas a questionarem se a filosofia é uma fonte de conhecimento. É só conversa, pensam eles. Mas é importante dizer que, se a filosofia não é fonte de conhecimento, a ciência também não o é. No

---

* Ao menos, nenhum do tipo conduzido pelos cientistas. Alguns filósofos, como o pragmático norte-americano John Dewey, argumentam que fazemos experimentos com ideias éticas ao testá-las, ou seja, ao viver com elas e ver quais são os resultados. Acho que ele está certíssimo. E isso significa que o conhecimento ético, ao menos de certo tipo, provavelmente é gerado fora da academia, não dentro dela. Dito isso, ainda há espaço para os filósofos profissionais, refinando e gerando novas ideias, trabalhando com suas implicações e assim por diante.

fim das contas, todo experimento se baseia em um argumento — o de que *essa* é uma maneira de conhecer o mundo. E todo resultado requer interpretação. Como eu disse antes, os cientistas precisam pensar com cuidado, assim como os filósofos. Se seus argumentos não são bons, o fato de eles conduzirem experimentos não salva seu trabalho. A ciência se resume a raciocínio e diálogo cuidadoso, assim como a filosofia.

De fato, no sentido mais profundo, elas são o mesmo esforço. Estamos todos tentando dar sentido ao mundo, usando quaisquer ferramentas apropriadas à tarefa. O que vemos como campos separados — matemática, ciência e filosofia — são ramos da mesma árvore. Os filósofos passam problemas adiante quando outras disciplinas são mais adequadas para resolvê-los. Foi isso o que aconteceu com a pergunta de Arquitas sobre o tamanho do Universo. A ciência nos ajuda a olhar para as profundezas do espaço — e do passado — a fim de aprendermos sobre os limites do cosmos. Também foi isso o que aconteceu com os Paradoxos de Zenão. A matemática nos ajudou a entender melhor o infinito. E a ciência está desnudando a estrutura do espaço.

Mas, como estamos prestes a descobrir, existem enigmas sobre o infinito que são (por enquanto) totalmente da filosofia.

AQUI ESTÁ UM DESSES ENIGMAS. Suponha que o Universo *seja* infinito. O que isso significa para nós? Isso afeta o modo como devemos agir? Pode parecer que a resposta é não. Mesmo que o Universo não seja infinito, ele é incrivelmente grande. Em algumas estimativas, a região observável tem 93 bilhões de anos-luz de diâmetro. Nunca conheceremos a maior parte dela, é lógico. Poucos de nós escaparão desse ponto azul-pálido. No momento, Marte é o mais longe que alguém tem planos de ir. Assim, podemos nos perguntar: que diferença faz para nós se o Universo for infinitamente grande?

Nick Bostrom, que nos apresentou a hipótese da simulação, acha que pode fazer muita diferença. Ao menos se você for atraído por certa visão ética. Uma versão popular do *utilitarismo* nos diz que devemos tentar maximizar o equilíbrio entre prazer e dor no universo. Essa é uma ideia atraente. Nossas ações têm consequências. Queremos que elas sejam boas. E, sem dúvida, a medida mais importante para saber se são boas é o impacto que têm no prazer e na dor que as pessoas sentem. E não apenas elas. Se prazer e dor são aquilo que conta, então presumivelmente não importa quem — ou o que — os sinta. Daí a fórmula: agir de modo a maximizar o equilíbrio de prazer e dor no Universo.

Bostrom diz que essa fórmula é boa, desde que o Universo seja finito. Mas não funciona se ele for infinito. Por quê? Suponha que a parte do Universo que não podemos ver é igual a parte que podemos: cheia de galáxias, estrelas e planetas. Parece seguro dizer que há pessoas em alguns deles. Elas podem ser como nós. Ou talvez sejam diferentes, mas ainda o tipo de personagem que sente prazer e dor. Se sim, seus prazeres e dores contribuem para o equilíbrio de prazer e dor no Universo.

Quantas dessas pessoas existem? Se o Universo é infinito (e o restante é igual à parte que vemos), Bostrom diz que devemos esperar que haja infinitas pessoas nele. Apenas uma pequena porção de planetas pode abrigar seres humanos. Mas, se o Universo continuar para sempre, haverá um número infinito desses planetas. E isso é um problema. Se houver um número infinito de pessoas no Universo, então também haverá prazer infinito nele. E dor infinita também. E nada do que possamos fazer afetará o equilíbrio entre eles.

SE VOCÊ É UM nerd da matemática, já deve ter percebido o porquê. Mas não se preocupe se ainda não tiver entendido. Só precisamos aprender um pouco mais sobre o infinito. E podemos fazê-lo com um enigma que apresentei a meus filhos.

290 AVENTURAS PELA FILOSOFIA COM MEUS FILHOS

Imagine que você é o funcionário noturno de um lugar chamado Hotel Hilbert.* O hotel tem apenas um corredor. Mas esse corredor é longo. Na verdade, infinitamente longo, com infinitos quartos numerados consecutivamente. Hoje à noite, todos os quartos estão ocupados. Há um número infinito de hóspedes em seu hotel infinito. O negócio está prosperando! E você está pronto para descansar. Mas, assim que se instala em seu quarto, chega uma viajante cansada. Ela pergunta se você tem um quarto para ela.

— Desculpe — diz você. — Estamos totalmente lotados.

— Tem certeza de que não consegue um lugarzinho para mim? O tempo está horrível lá fora.

Você realmente gostaria de ajudar, mas simplesmente não sabe como. É verdade que tem um número infinito de quartos em seu hotel, mas eles estão ocupados. Por mais que ela caminhe pelo corredor, nunca encontrará um quarto livre.

Ela está prestes a ir embora quando você tem uma ideia. Você pode conseguir um quarto para ela. Só precisa incomodar um pouquinho seus outros hóspedes.

Já descobriu?

Meus filhos não descobriram quando perguntei a eles. Mas, agora que sabem a resposta, gostam de apresentar o enigma para outras crianças e adultos.

A solução é simples. Para começar, você pega o interfone e pede que todos os hóspedes arrumem suas coisas e passem para o quarto seguinte. O hóspede do quarto 1 vai para o quarto 2. O hóspede do quarto 2 vai para o quarto 3. E assim por diante, por todo o corredor.

Feito isso, todos os hóspedes terão um novo lugar para dormir, e o primeiro quarto estará vazio. Você terá o espaço de que necessita para acomodar a viajante cansada.

E há uma lição aqui: infinito + 1 é... infinito.

Melhor ainda, esse truque funciona para qualquer número finito de pessoas. Se você tiver dois viajantes cansados, peça que todos avan-

---

* Em homenagem ao grande matemático dos séculos XIX e XX, David Hilbert.

cem dois quartos. Se tiver três, três quartos. E assim por diante. (Não infinitamente — você não pode pedir às pessoas para avançar um número infinito de quartos.)*

E há uma lição aqui também: infinito + qualquer número finito é... infinito.

DE VOLTA A BOSTROM. Se há dor infinita no Universo, não há nada a fazer para aumentar sua quantidade. É óbvio que posso causar dor às pessoas. Mas, apesar do que minhas ex-namoradas possam dizer, só posso causar dor finita.** E, quando você soma dor finita à dor infinita, você simplesmente tem... dor infinita.

O mesmo vale para o prazer.

Eis o resultado: em um Universo infinito, o utilitarismo é completamente indiferente ao que fazemos. Não importa se machucamos as pessoas ou as ajudamos. O equilíbrio entre prazer e dor permanece o mesmo. Não podemos afetá-lo em nada. Então somos livres, suponho, para fazer o que quisermos, não importando quão terrível.

---

* Mas pode acomodar um número infinito de novos hóspedes! Basta pedir a todos que passem para o quarto cujo número é o dobro de seu quarto atual e coloque os novos hóspedes em todos os quartos com números ímpares. Há duas lições aqui. Primeira, infinito + infinito = infinito. Segunda, existem tantos números pares quantos números pares e ímpares somados. O que é meu fato matemático favorito.

E há muito mais que você pode fazer no Hotel Hilbert! Pode acomodar um número infinito de ônibus de turismo, cada um com um número infinito de hóspedes. Pode acomodar um hóspede para cada número racional (aqueles que podem ser escritos como frações). Mas existem alguns grupos tão grandes que você não tem como acomodá-los. Por exemplo, não pode acomodar um hóspede para cada número real. Por que não, se seu hotel tem uma infinidade de quartos? Porque existem diferentes tamanhos de infinito. O conjunto dos números reais (que inclui números irracionais, como o ϖ, que não podem ser escritos como frações) é incontavelmente grande: há mais deles que números inteiros, mesmo que cada conjunto (os inteiros e os reais) continue para sempre. A matemática é muito mais divertida do que parecia na escola.

** Estou brincando. Eu me casei com a minha namorada da escola, então não tenho nenhuma ex, em nenhum lugar do Universo. Às vezes, as pessoas dizem que, em um Universo infinito, tudo que pode existir existe. Isso não é verdade. Vasculhe o cosmos o quanto quiser e nunca encontrará uma ex minha, mesmo que Julie goste de dizer que eu facilmente poderia arranjar uma.

A menos que o utilitarismo esteja errado. O que é um tópico muito grande para abordar aqui. Mas eu acho que está. E o argumento de Bostrom é uma indicação disso. A meu ver, as pessoas importam individualmente, e não apenas como recipientes para o prazer e a dor.

O utilitarismo trata as pessoas como quartos a serem preenchidos. Se um número infinito de nós já está cheio de prazeres e dores, acrescentar mais um não fará diferença.

Prefiro tratar as pessoas como a viajante no hotel. Faz diferença se *ela* tem um lugar para ficar, mesmo que não possamos aumentar o número de pessoas que têm lugares para ficar ao lhe oferecermos um.

MAS ESPERE UM MINUTO. A viajante realmente importa? Ou, mais relevante ainda, já que eu a inventei: *nós* realmente importamos?

Há um livro ilustrado que gosto de ler com meus filhos. Chama-se *A Hundred Billion Trillion Stars* [Cem bilhões de trilhões de estrelas, em tradução livre]. Ele está cheio de números grandes. Conta que há 7,5 bilhões de pessoas no mundo. E dez quatrilhões de formigas. Mas o maior número no livro é o cem bilhões de trilhões do título. Isso são 23 zeros depois do um. E pode estar errado por uma ordem de magnitude. Em algumas estimativas, existem mil bilhões de trilhões de estrelas no universo que podemos ver. Ou simplesmente um septilhão. E, é lógico, infinitamente mais se o Universo for infinito. Mas vamos nos ater a um septilhão. Isso é mais que suficiente para nos fazer pensar.

Gosto de ler o livro com os meus filhos porque quero que eles ponderem sobre sua pequenez. Ou melhor, nossa pequenez. O Universo é inimaginavelmente grande, mesmo que não seja infinito. Ocupamos um pequeno espaço, e não há nada de muito especial nele. Pior ainda, ele não será nosso por muito tempo. Ficaremos nele uns oitenta anos, mais ou menos, se tivermos sorte. O Universo existe há mais de 13 bilhões de anos, e ainda tem bilhões ou trilhões de anos pela frente.

Na melhor das hipóteses, somos um pontinho. E isso nos faz parecer terrivelmente insignificantes.

— VOCÊ ACHA QUE nós importamos? — perguntei a Rex um dia, enquanto conversávamos sobre a escala do Universo. Ele tinha 10 anos.

— Acho que não.

— Por que não?

— Tem tanta coisa lá fora. Não imagino por que a gente importaria.

Continuamos caminhando e conversando. Depois de um tempo, perguntei:

— Posso te dar um soco na cara?

— Não — respondeu ele, surpreso.

— Por que não? Não importa.

— Importa para mim — disse ele com um sorriso.

Em um intervalo de dez minutos, Rex expressou dois pensamentos que são difíceis de conciliar.

Se der um passo para trás e considerar a si do ponto de vista do Universo, você será tão pequeno a ponto de ser insignificante. O mundo não seria diferente se você nunca tivesse nascido. E não será diferente depois que você morrer.

O mesmo vale para toda a nossa espécie. O Universo não seria assim tão diferente se nunca tivéssemos surgido. E não será tão diferente depois que formos embora.

Do lado de fora, tudo o que fazemos parece fútil. Mesmo que tenhamos sucesso, ele é irrelevante.

Mas, do lado de dentro, até as menores coisas podem parecer significativas.

Nós não importamos. Mas as coisas importam para nós.

VOCÊ SE LEMBRA DE TOM NAGEL? Nós o conhecemos no capítulo anterior. Ele é o cara que quer saber como é ser um morcego. Mas também está interessado na justaposição desses dois pensamentos: nós não importamos, mas as coisas importam para nós.

De acordo com Nagel, manter esses dois pensamentos em mente ao mesmo tempo dá à vida um ar absurdo. E ele quer dizer algo específico com isso. Nagel diz que algo é absurdo quando há um descompasso entre sua seriedade e seu significado. Como estudante de Direito, participei de um treinamento sobre como formatar citações para revistas jurídicas. O curso incluiu uma interminável e entusiasmada conversa sobre se certos pontos devem ser grifados em itálico. Não havia nada em jogo. É realmente difícil dizer se um ponto está ou não em itálico. E ninguém se importa com isso. Foi realmente uma discussão absurda.

Nagel acha que nossa vida é um pouco como aquela conversa. Nós a levamos a sério: nos preocupamos com nossa aparência, nossas roupas, nossa carreira, nossos projetos, nossos planos — e para quê? Nada, no fim das contas. Porque tudo vai acabar, não importando o que aconteça conosco.

Somos insignificantes. E sabemos disso. E, mesmo assim, continuamos em frente como se tudo fosse importante.

Absurdo.

ALGUMAS PESSOAS LUTAM CONTRA esse sentimento. Elas tentam se desapegar, tratar tudo como insignificante. Quando conseguem fazer isso, são menos absurdas. Mas quase ninguém consegue. (De fato, a tentativa muitas vezes é absurda.)

Outras insistem que o Universo foi feito para elas. Elas importam, dizem, porque importam para o deus que colocou tudo em movimento.

Sou cético em relação a Deus, por motivos que explicarei mais tarde. Mas mesmo que ele exista, acho presunçoso pensar que ele se importa conosco. Pelo que sabemos, na contemplação divina não contamos muito mais que dez quatrilhões de formigas. Para Deus, o drama pode estar em outro lugar. Não estamos no centro do Universo; não estamos nem no centro do nosso Sistema Solar. Por que Deus colocaria criaturas com as quais se importa tanto em alguma província distante? Ou se incomodaria com o restante da Criação? Se somos o que importa, para que serve o resto?

Eu sei, eu sei. Você acha que Deus tem um plano, por mais misterioso que pareça. E ele se preocupa com todas as suas criaturas, onde quer que estejam no cosmos. Talvez sim.

Mas eu tiro uma lição diferente desse tipo de apelo a Deus. O truque que alguns acham que ele pode fazer — tornar as coisas importantes simplesmente se importando com elas —, nós também podemos.

Não podemos fazer as coisas importarem em um sentido cósmico, é óbvio. Mas podemos torná-las importantes *para nós*. Tudo o que precisamos fazer é nos preocupar com elas.

E eu acho que isso é uma espécie de superpoder. Não é exagero dizer que criamos o próprio sentido no mundo. Não são muitas as criaturas que podem fazer isso.

Portanto, devemos nos preocupar com as coisas, mesmo que isso seja absurdo. Devemos nos preocupar com nossa família, nossos amigos, nossos semelhantes, nossos projetos, nossos planos. Eles dão sentido à vida.

Devemos nos preocupar com nós mesmos? Tendo a dizer que sim. Mas acabei de ler um artigo da minha amiga Sarah Buss que me faz pensar.

Buss é minha colega no Departamento de Filosofia da Universidade de Michigan. Meus filhos a amam, principalmente porque ela traz biscoitos todo Natal. Ela também é uma das filósofas morais mais astutas que conheço.

Ultimamente, ela vem pensando sobre a coragem moral — o que é e se pode ser cultivada. Ela quer saber por que algumas pessoas estão dispostas a colocar a própria vida em risco, fazer sacrifícios, opor-se à opressão e ajudar outros a um grande custo para si.

Buss não tem certeza; pode haver muitos motivos. Mas ela suspeita que a coragem de algumas pessoas decorra do fato de darem pouca importância a si e grande importância aos outros. Elas se veem como o cosmos poderia vê-las: pequenas a ponto de serem insignificantes. Mas permitem que outros sejam grandes.

Esse é um truque difícil, emocional e intelectualmente. As principais barreiras são o amor e a simpatia que sentimos por nós mesmos — e o medo que vem com esses sentimentos. Para ganhar coragem do tipo certo, você tem de ver a si como insignificante. Mas não basta reconhecer, intelectualmente, que o que acontece com você não importa muito. Você tem de *sentir* isso, da mesma forma que atualmente sente seu medo e seu amor-próprio. De outro modo, o medo tende a vencer quando há conflito.

É importante distinguir a atitude que Buss está descrevendo da baixa autoestima. Ela não quer que você pense que sua vida não vale a pena ou que você não é um ser digno de amor e respeito. Ela com certeza acha que você deve olhar para os dois lados antes de atravessar a rua. E esperar que os outros tratem você bem. Mas, quando o momento para a coragem chegar, você deve sentir sua insignificância com a mesma certeza que sente seu medo.

Há aqui um desafio intelectual sobre um desafio emocional. Se vê a si como insignificante, parece que você deveria fazer isso também com os outros. Mas isso é perigoso. Você não quer ser o tipo de pessoa que passa por cima de outras. E isso se tornará tentador se achar que as pessoas não importam. Então tem de sentir que os outros são importantes, mesmo quando deixa de sentir que você é.

Essa pode não ser uma maneira coerente de ver o mundo, mas é um lindo caminho. Um caminho altruísta. Um caminho amoroso.

E o amor nem sempre é coerente.

QUERO QUE MEUS FILHOS tenham coragem moral. Mas essa é uma expectativa enorme. Não acho que eu mesmo tenho esse tipo de coragem. É difícil saber até que você saiba.

No mínimo, quero que eles entendam que há um ponto de vista no qual eles não importam. Eu gostaria que eles praticassem ver o

INFINITO

mundo dessa maneira. Que fossem capazes de colocar as coisas em perspectiva ao adotar uma perspectiva que os vê — assim como a suas preocupações atuais — como insignificantes.

É por isso que falo com eles sobre o tamanho do Universo. E foi por isso que tirei o livro *A Hundred Billion Trillion Stars* da prateleira certa noite. Hank tinha 7 anos, e a situação da hora de dormir não estava indo muito bem. Julie tinha ficado muito irritada por causa do tempo que ele levara para se preparar para deitar. (Um tempo aparentemente infinito.) Então ele estava triste quando me acomodei para ler o livro.

Quando chegamos ao fim, fiz a ele a mesma pergunta que fizera a Rex:

— Com tudo o que existe lá fora, você acha que somos importantes?

— Não — respondeu ele. Então, por iniciativa própria, acrescentou: — Bem, somos importantes para nós.

— Com certeza. Você é muito importante para mim. Mas como você se sente quando pensa em todas as galáxias, estrelas e planetas lá fora?

— Isso não ajuda minha tristeza — respondeu ele, de uma maneira que sinalizou que entendera minha intenção.

Então cantei uma canção de ninar e encerrei a noite.

Mas vou continuar tentando.

Eu quero que meus filhos se importem com as coisas, com paixão. É assim que se dá sentido à vida.

Mas importar-se é fácil. O difícil é aprender que as coisas com as quais você se importa não importam muito, mesmo quando parecem sérias, mesmo quando envolvem vida e morte.

Se meus filhos conseguirem ver isso e continuarem a se importar, serão um pouco absurdos. Mas eles já são absurdos. E estão em boa companhia. O restante de nós também é absurdo.*

---

* Mas isso não importa muito.

12

DEUS

Zack tem botas de Deus.

— O quê? — perguntei, voltando minha atenção para Rex. Eu estava na cozinha preparando o jantar. Rex (então com 4 anos) estava à mesa, comendo o último de seus lanchinhos pré-jantar. Os lanchinhos têm um duplo propósito em nossa casa: permitir que preparemos o jantar *e* assegurar que nossos filhos não comerão o que preparamos.

— Zack tem botas de Deus — repetiu Rex, como se fosse uma revelação.

— ZACK TEM BOTAS DE DEUS?! — perguntei, como se realmente fosse uma revelação. (O entusiasmo exagerado é uma das minhas reações favoritas como pai. Coisas boas acontecem quando você deixa uma criança animada com uma conversa.)

— Sim! Zack tem botas de Deus! — concordou Rex com entusiasmo crescente.

— Qual Zack? O Zack grande? O Zack pequeno? O Zack adulto? — Havia um número absurdo de Zacks na Sala da Girafa, na escola.

— O Zack pequeno! — respondeu Rex, triunfalmente.

— Não me diga! O Zack pequeno tem botas de Deus?!

— Sim!

— Que legal! Mas... o que são botas de Deus?

— Você sabe — respondeu Rex, como se fosse óbvio.

— Não sei, amiguinho. O que são botas de Deus?

— São botas com Deus nelas.

— Deus está nas botas de Zack! — gritei, tratando isso como a chocante notícia que era. — Deus é pesado? Zack consegue andar com as botas? Ele está preso na escola? DEVEMOS AJUDÁ-LO?

— Não Deus, papai! Imagens de Deus.

— Ah, uau — baixei a voz. — Qual é a aparência de Deus?

— *Você sabe* — respondeu Rex, em tom conspiratório.

— Não sei, não — sussurrei. — Com quem Deus se parece?

— Com o homem do chapéu de caubói.

— Qual homem do chapéu de caubói?

— Aquele do filme.

Agora estávamos chegando a algum lugar. Rex só tinha visto três filmes. O primeiro fora *George, o curioso*.

— Você quer dizer o Homem do Chapéu Amarelo?

— Não — respondeu ele, com uma risadinha.

O segundo fora *Carros*.

— Você quer dizer o Tom Mate?

— Não! O Mate não usa chapéu de caubói — disse de uma forma que sugeria que era ele quem estava conversando com uma criança pequena, não eu.

Só restava *Toy Story*.

— O xerife Woody?

— Sim! DEUS!

QUANDO EU ERA PEQUENO, tinha certeza de que Deus se parecia com o Super-Homem. A menos que se parecesse com George Washington. Ele tinha superpoderes, o que sugeria o filho de Krypton. Mas também era superlegal e supervelho, e George Washington era meu principal modelo para essas qualidades.

Não tenho ideia de como Rex chegou à visão dele, mas, se você quiser ficar realmente assustado, imagine que Woody *é* Deus. Onde quer que você vá, o que quer que você faça, os olhos pintados de Woody estarão observando. Isso é assustador pra caralho.

Mas, pensando bem, o argumento padrão também é. A onisciência é oniassustadora.

Então, com quem deus se parece? George Washington? Woody? Super-Homem? Nenhuma dessas opções, dizem as principais religiões monoteístas. Na verdade, três em cada quatro teólogos dizem que Deus não existe no espaço e no tempo.* Ele criou o espaço e o tempo, então existe fora deles. Exceto que não existe realmente, porque existir ocupa espaço e fora é um lugar. E o ponto é que Deus não é um ser espaço-temporal.** Isso significa que Deus não se parece com nada.

Mas espere! Não fomos criados à imagem de Deus? E Deus às vezes não aparece na Bíblia? A maioria dos teólogos interpreta "feito à imagem de Deus" metaforicamente. A ideia não é que nos parecemos com Deus literalmente — que Deus tenha dois braços, duas pernas e um corpo. A ideia é que temos alguns dos atributos de Deus, como a capacidade de raciocinar. E, embora Deus faça aparições na Bíblia — pense em Moisés e na sarça ardente —, as pessoas nessas histórias não estão realmente vendo Deus, mas sim algo semelhante a um avatar de Deus.

Jesus é um caso mais complicado. E este judeu aqui não tentará explicar a Trindade a você. Mas direi que, mesmo de acordo com o cristianismo, Deus não é completamente espaço-temporal. Jesus certamente se parecia com alguém (embora certamente não com George Washington, Woody ou Super-Homem). Mas os outros aspectos de Deus — aqueles que se diz que ainda existem — não têm localização no espaço ou no tempo. O que significa que não podemos vê-los.

E isso é incrivelmente conveniente.

---

* O quarto teólogo recomenda Colgate. (Estou brincando. Todo mundo sabe que Sensodine é a melhor pasta de dentes.) Mas a estatística não é, de fato, um fato: eu a inventei para sinalizar que há disputa sobre o relacionamento de Deus com o espaço e o tempo. Existem robustos debates sobre se, entre outras coisas, Deus é atemporal (ou seja, não existe no tempo) ou eterno (ou seja, existe em todos os pontos no tempo). Os detalhes mais sutis da teologia não importam para nossos propósitos.
** Então sinto muito, mas ele não está olhando para você *lá de cima*.

Antony Flew foi um filósofo ateu* que deu aula em várias universidades da Inglaterra na segunda metade do século XX. Ele contou uma história que adaptou de um filósofo de Cambridge, o improvável, mas impecavelmente nomeado John Wisdom [João Sabedoria, em tradução livre]. Dois caras estão andando por um bosque. Eles chegam a uma clareira onde encontram flores, mas também muitas ervas daninhas. O primeiro diz ao segundo: "Um jardineiro deve cuidar desse lugar."

O segundo cara diz: "Não há jardineiro nenhum."

Eles são homens de poucas palavras. Vamos chamá-los de Há e Não Há.

Os dois decidem armar uma barraca na clareira e esperar um pouco. Eles não encontram um jardineiro. Mas Há não se deixa dissuadir: "O jardineiro deve ser invisível." Assim, eles constroem uma cerca de arame farpado. E, como querem ter certeza de pegar o jardineiro, eletrificam a cerca. Eles também patrulham a área com cães de caça. Mesmo assim, nenhum jardineiro aparece. A cerca nunca estremece. Eles nunca ouvem um grito resultante de um choque. E os cães nunca soam um alerta. Mas Há ainda não está convencido. "Existe um jardineiro", insiste ele, um jardineiro "invisível, intangível, insensível a choques elétricos, que não tem cheiro e não produz som, que vem secretamente cuidar do jardim que ama."

Farto de tudo isso, Não Há explode: "Como um jardineiro invisível, intangível e eternamente esquivo difere de um jardineiro imaginário ou de nenhum jardineiro?"

Flew achava que falar sobre Deus era sem sentido. Há dizia que havia um jardineiro, então eles começaram a procurar por um. Quando não o encontraram, Há qualificou sua afirmação. E continuou a redu-

---

* Ao menos até sua conversão no fim da vida, que alguns atribuíram à demência.

zi-la até que estivesse completamente vazia, já que nada poderia se opor a ela.

Suponha que você e eu discordamos sobre haver frango na geladeira. Eu digo que há, você diz que não. Como resolveríamos a disputa? Bem, poderíamos olhar na geladeira. Suponha que olhamos e não vemos nenhum frango. Você reivindica a vitória, mas eu permaneço convicto. Eu nunca disse que o frango poderia ser visto. É um frango invisível. Então começamos a tatear, e nenhum de nós sente um frango. Você reivindica vitória novamente, mas eu me mantenho firme. Eu nunca disse que o frango poderia ser tocado. É um frango intangível.

Em algum momento, você vai decidir que sou uma pessoa perturbada. Ou infinitamente obstinada. Mas, de qualquer forma, não faria sentido continuar discutindo sobre se há ou não frango na geladeira, pois eu não aceitarei nenhuma prova do contrário.

Antigamente, as pessoas costumavam estabelecer um papel para Deus no mundo. Ele cuidava do jardim. Elas rezavam pedindo chuva ou que parasse de chover. Muitas pessoas ainda rezam, é lógico. E algumas até rezam pedindo chuva. Mas poucas acham que cada garoa reflete uma decisão divina. Nós podemos explicar por que as chuvas ocorrem, então não precisamos estabelecer um papel para Deus. Mas, como Deus se afastou dos papéis que atribuímos a ele, nós o reformulamos como personagem invisível e intangível cujos traços no mundo (se é que existem) são impossíveis de identificar. Isso suscita o temor de que Deus seja tão real quanto o frango invisível e intangível que, na verdade, não está na minha geladeira.

SERÁ? O FRANGO NÃO seria frango a menos que você pudesse vê-lo, cheirá-lo, saboreá-lo e tocá-lo. Cada frango tem um lugar no espaço e no tempo. Mas por que pensar que Deus tem de existir exatamente como o frango? Existem outros modos de existência.

LEVO SER TIO QUASE tão a sério quanto ser pai. Ou seja, não tão a sério assim. Certa vez, convenci meu sobrinho de que o número seis não existia.

— Ei, Ben, você consegue contar até dez? — perguntei quando ele tinha 5 anos.

— Um, dois, três, quatro, cinco, seis, sete... — começou ele.

— ESPERE! PARE! O que você falou?

— Sete.

— Não, antes disso.

— Seis.

— O que é seis?

— Um número.

— Não é, não.

— É sim!

— Não, Ben. Não é. Para contar até dez, você faz assim: um, dois, três, quatro, cinco, sete, oito, nove, dez.

Ele demorou a se convencer, mas sou persistente e persuasivo. Finalmente, ele recorreu à mãe.

— O tio Scott disse que não existe o número seis.

— Bem, o tio Scott é muito bom em matemática — respondeu ela. E, com isso, vamos fazer uma pausa para dizer que a mulher que meus filhos chamam de tia Nicole é incrível, inclusive porque me deixa pregar peças em seu filho.

Eu brinquei com ele até ele estar totalmente convencido de que o número seis fora uma criação do complexo industrial do jardim de infância. Mas, assim que ele aceitou a teoria da conspiração, falei a verdade: o número seis existe.

Mas não é uma coisa espaço-temporal. As perguntas "Onde está o número seis?" ou "Quando é o número seis?" não fazem sentido, pois o número seis não tem uma localização no espaço ou no tempo. Tampouco há motivo para perguntar como ele é, já que seis não é o tipo de coisa que pode rebater fótons em seu rosto.

Espere!, você deve estar pensando, *eu sei como é o seis. Ele é assim:*

6

Mas *6* é apenas um símbolo para o número, da mesma forma que a palavra de quatro letras *Deus* é um símbolo para a divindade todo-poderosa que chamamos por esse nome. O próprio número também pode ser simbolizado desta forma:

VI

Ou desta:

Seis

Ou de qualquer outra maneira que você queira, contanto que diga às pessoas o que seu símbolo significa. Mas o símbolo é uma coisa separada do número.

O QUE É o número seis? Por que ele existe? Os filósofos da matemática discutem sobre isso. No mínimo, poderíamos dizer que o seis existe por causa do papel que desempenha em um sistema. Ele é o sucessor do cinco e o antecessor do sete. E tem inúmeras outras relações com entidades cuja existência é mutuamente definida por essas relações. Foi por isso que tive de dizer a verdade a meu sobrinho. Sem o seis, o restante da matemática não faria sentido.

Mas dizer que o seis existe por causa do papel que desempenha em um sistema evita as perguntas difíceis: as pessoas criaram esse sistema ou o *descobriram*? Os números existiriam se nós não existíssemos? Estou inclinado a pensar que sim, embora não esteja em posição de defender esse ponto de vista, e você abandonaria este livro se eu tentasse. As coisas ficariam superdifíceis e superchatas super-rápido.

Mas meu argumento é o seguinte: nem tudo aquilo que existe o faz da mesma forma. O frango existe no espaço e no tempo. Assim como os jardineiros. Mas o número seis, não. E se o seis pode existir sem ter um lugar no espaço e no tempo, por que Deus não pode?

— DEUS É REAL? — perguntou Rex quando era muito novo. Nós o matriculamos em uma escola religiosa, então ele aprendeu muito sobre Deus, ou ao menos aprendeu as histórias que os judeus contam sobre Deus. Nós o matriculamos, em grande parte, para que ele conhecesse essas histórias. Queremos que ele se sinta em casa em sua comunidade e cultura.

Mas à medida que aprendia as histórias, ele perguntava, insistentemente: "Deus é real?" Por tudo o que contei até agora, você pode pensar que eu disse a ele que não. Mas não fiz isso, por dois motivos. Primeiro, porque não tenho certeza. Falarei mais sobre isso em um instante. Segundo, e mais importante, porque quando uma criança faz uma Grande Pergunta, acho essencial iniciar uma conversa, não encerrá-la.

Então nunca digo sim ou não. Em vez disso, compartilho uma série de pontos de vista: "Algumas pessoas acham que Deus é real e que as histórias que lemos na Bíblia aconteceram da maneira como nos contam. Outras acham que as histórias são apenas isso, narrativas que as pessoas inventaram para explicar coisas que não entendiam." Então, pergunto: "O que você acha?" E levo a resposta de Rex a sério, não como o fim da conversa, mas como o seu início. Se Rex diz que Deus é real, então quero saber o que o faz pensar assim, se ele notou que as histórias bíblicas são contraditórias (há duas histórias sobre a Criação, por exemplo) e por que tantas coisas ruins acontecem no mundo se Deus é real e pode impedi-las. Se ele seguir por outro caminho, se disser que as histórias são apenas histórias, então pergunto por que tantas pessoas as levam a sério, como ele explica a existência do mundo e assim por diante.

A conversa deve ser direcionada para as capacidades da criança. E não pense que Rex e eu passamos horas sentados em frente à lareira, bebericando conhaque e discutindo os mistérios da vida. A maioria dessas conversas é curta, muitas vezes durando apenas um ou dois minutos. Mas elas se somam. Às vezes, de maneiras surpreendentes.

— Deus é real? — perguntou Rex. Ele tinha 4 anos. Não havia se passado muito tempo desde a revelação sobre Woody.

Tínhamos tido essa conversa muitas vezes, então pulei direto para a pergunta:

— O que você acha?

— Acho que, de verdade, Deus é faz de conta e, no faz de conta, Deus é de verdade.

Fiquei atordoado. Esse é um raciocínio muito complexo para um garoto de 4 anos. E também é um raciocínio profundo para um homem de 40 anos. Pedi a Rex para explicar.

— Deus não é real — disse ele. — Mas quando fazemos de conta, ele é.

Os filósofos têm um nome para esse tipo de visão. Eles a chamam de *ficcionalismo*. Quando digo "Eu dou aulas na Universidade de Michigan", estou dizendo algo verdadeiro — aqui, agora, neste mundo. Mas suponha que eu diga "Dumbledore dá aulas em Hogwarts". Se essa fosse uma afirmação sobre este mundo, seria falsa. Hogwarts não existe neste mundo, nem Dumbledore, então ele dificilmente poderia dar aulas lá. Mas eles existem em um mundo diferente, o mundo fictício de Harry Potter. "Dumbledore dá aulas em Hogwarts" é verdade nessa ficção. E, quando digo essa frase, você entende imediatamente que estou falando da ficção, então ouve o que digo como verdade, mesmo que não seja verdade neste mundo.

Ser um ficcionalista sobre Dumbledore é apenas aceitar que ele existe em uma ficção e não em nosso mundo. Ninguém nega isso. Dumbledore é obviamente fictício. Mas alguns filósofos acham que devemos ser ficcionalistas sobre coisas que não são obviamente ficcionais. Por exemplo, alguns filósofos acham que a moralidade é ficcional. Para eles, os direitos são faz de conta, assim como Dumbledore.

Essa é uma ideia triste. As pessoas se preocupam com direitos. Elas lutam por eles. Seriamente. Seria péssimo se os direitos não fossem reais.

"Mas não se desespere!", dizem os filósofos que pensam que a moralidade é fictícia. "As histórias que contamos sobre direitos são boas histórias, com boas consequências, então devemos continuar a contá-las. Devemos lutar por nossos direitos fictícios!"

Eu não sou um desses filósofos. Acho que os direitos são tão reais quanto o frango visível e tangível na minha geladeira. Ou o número seis. Mas alguns filósofos diriam que estou errado sobre isso também. Eles acham que os números são fictícios. Não há sete ou 72, exceto nas histórias que contamos.

Essa é outra ideia triste. Pense nas horas perdidas naquelas longas divisões!

"Mas essas horas não foram desperdiçadas!", dirão esses filósofos. "As histórias que contamos sobre os números são iradas. Não podemos viver sem elas. Então, aconteça o que acontecer, não pare de falar sobre números, mesmo que certamente, definitivamente, nós os tenhamos inventado!"

Também não sou um desses filósofos. Não conseguiríamos dar sentido ao mundo sem a matemática. As leis da física (como $E = mc^2$ ou $F = ma$) são expressas em termos matemáticos. E certos números parecem estar escritos no tecido do Universo, como c, que denota a velocidade da luz no vácuo (aproximadamente 300 milhões de metros por segundo). Isso é o mais rápido que qualquer coisa aqui — ou em qualquer outro lugar — pode viajar. Seria estranho se a física se baseasse em algo fictício; se a matemática inventada fosse a chave para explicar o mundo como o encontramos. Então não sou ficcionalista sobre a matemática, assim como não o sou em relação à moralidade.

MAS DEVO CONFESSAR: acho que Rex está certo. Na realidade, Deus é faz de conta e, no faz de conta, Deus é real. Sou um ficcionalista sobre Deus.

Recentemente trocamos de sinagoga. Na antiga, o serviço era principalmente em hebraico, e eu não falo hebraico tão bem assim. Sei dizer todas as preces, mas não entendo o que a maioria delas significa. Assim, na sinagoga, eu cantava junto e deixava as palavras passarem através de mim. Eu gostava disso.

Na nova sinagoga, cantamos muitas das mesmas músicas e dizemos muitas das mesmas preces — mas boa parte delas em inglês. E eu acho isso quase intolerável. Eu gosto da minha religião inescrutável.

Simplesmente não acredito nas histórias que contamos. E ouvi-las em inglês me força a enfrentar isso repetidamente.

HÁ UMA VELHA PIADA que os judeus contam.

Uma criança chega em casa da escola dominical e o pai pergunta o que ela aprendeu.

— Hoje aprendemos como Moisés libertou os judeus da escravidão no Egito.

— Como ele fez isso?

— Eles partiram tão rapidamente que nem conseguiram assar o pão. E, quando chegaram ao mar Vermelho, os egípcios estavam atrás deles. Então tiveram que trabalhar depressa. Eles construíram uma ponte, atravessaram correndo e, quando chegaram ao outro lado, explodiram a ponte.

— Mesmo? Foi isso que te ensinaram? — perguntou o pai.

— Não — respondeu o garoto. — Mas, se eu te contasse o que eles me contaram, você também não acreditaria.

Eu sou o garoto dessa piada.

Eu não acredito, e nunca acreditei, desde a primeira vez em que ouvi as histórias.

Mas finjo crer. E não pretendo parar, porque fingir faz do mundo um lugar melhor.

Em nossa casa, acendemos as velas do shabat na noite de sexta-feira e, quando o fazemos, oramos a Deus. É um momento de paz em uma semana movimentada, e nos dá um motivo para nos reunir e dar graças por tudo o que temos.

Ao longo do ano, celebramos feriados, os alegres e os solenes. Quando fazemos isso, nos reunimos com nossa família e nossos amigos. Cantamos canções e proclamamos preces que nosso povo tem feito há gerações.

Marcamos os grandes acontecimentos de nossa vida com rituais religiosos: o bris ou nomeação do bebê recém-nascido, o bar ou bat mitzvah no fim da infância, o casamento para iniciar uma nova família e o descanso no fim da vida.

Existem maneiras de tornar esses eventos significativos sem Deus. Mas muitos descrentes perdem a oportunidade porque não conseguem moldar tradições alternativas.

A solução não é acreditar. É fingir.

Ao menos essa é a minha solução. Não invejo a fé de ninguém. Mas o que é a fé, exatamente? E por que não a tenho? Ludwig Wittgenstein foi um dos filósofos mais influentes (e enigmáticos) do século XX. Ele contava histórias muito curtas. Eis uma delas:

DEUS

Suponha que alguém fosse crente e dissesse "Eu acredito no Juízo Final" e eu respondesse "Bem, não tenho tanta certeza sobre isso. Possivelmente". Você diria que há um enorme abismo entre nós. Se ele dissesse "Há um avião alemão lá em cima" e eu dissesse "Possivelmente. Não tenho tanta certeza", você diria que estamos bem próximos.

Por que estamos próximos em um caso e distantes no outro? Quando discutimos se há um avião acima de nós, compartilhamos uma orientação em direção ao mundo. Estamos tentando descobrir os fatos. Discordamos somente sobre como avaliar as evidências. E nosso desacordo não é muito profundo. Acho que você pode estar certo sobre o avião; só não tenho certeza.

Na primeira conversa — sobre o Juízo Final —, algo completamente diferente acontece. Mesmo que diga que "acredita" no Juízo Final, você não está realmente me dizendo que avaliou as evidências e concluiu que, de fato, haverá um Juízo Final. Porque, sejamos honestos: as evidências não são boas. Em vez disso, você está professando sua fé. E, como a filósofa de Berkeley Lara Buchak indicou, a fé está mais relacionada à ação que às crenças.

Para entender o que ela quer dizer, vamos contar outra história. Suponha que você esteja preocupado porque nossa amiga está mentindo sobre algo importante. Eu ouço o que você tem a dizer e retruco: "Eu entendo por que você está preocupado, mas acredito nela." Quando digo isso, não estou discutindo com você. Nem estou dizendo que avalio as provas de uma forma diferente da sua. Em vez disso, estou dizendo que pretendo agir como se nossa amiga estivesse dizendo a verdade — que estou dando uma chance a ela —, mesmo em face de evidências que mostrem o contrário. E, se realmente tenho fé, então estou dizendo que estou disposto a ignorar as provas que temos. (Se eu tivesse pedido a você para conferir a história dela, isso seria um sinal evidente de *falta* de fé.)

Uma pessoa que tem fé em Deus está igualmente disposta a arriscar. Ela escolhe agir como se Deus existisse, sem esperar confirmação ou buscar mais provas. Ela pode admitir que há motivos para duvidar e talvez até confessar que as evidências não são muito boas. Mas está disposta a orientar sua vida em torno de Deus, apesar da dúvida.* Da mesma forma, quando afirma acreditar no Juízo Final, você diz que está comprometido em ver o mundo de determinada maneira e agir de acordo. Se eu retrucar "Bem, eu não tenho tanta certeza sobre isso. Possivelmente", estou dizendo que me falta o compromisso que você assumiu. Há um abismo entre nós, e ele é enorme. Você deu um salto de fé. Eu ainda estou do outro lado.

Devo dar o salto também? Acho que essa não é a pergunta certa, pois duvido que se possa chegar à fé em Deus através do raciocínio. Mas alguns filósofos discordam.

Blaise Pascal, o famoso matemático francês do século XVII, também se envolveu com a filosofia. Ele achava que era possível chegar à fé através do raciocínio. Seu argumento era o seguinte: suponha que exista um Deus. Se você apostar nele — acreditar nele —, ele ficará satisfeito e você colherá os benefícios por toda a eternidade. Mas, se você apostar no contrário, ele ficará chateado. E você pode tentar adivinhar os resultados. Agora suponha que não exista Deus. Acreditar não custará muito. Lógico, você perderá algum tempo na igreja ou fazendo boas ações. Mas boas ações têm valor mesmo sem a presença de Deus. E, se não tivesse ido à igreja, você provavelmente desperdiçaria seu tempo jogando Candy Crush. Ou, como disse Pascal antes do

---

* Curiosamente, se ela tem certeza de que Deus existe, ela não tem fé. A fé só faz sentido quando há o risco de você estar errado. Eu não diria, por exemplo, que tenho fé de que Tiger Woods é jogador de golfe. Tenho certeza de que ele é, nenhuma fé é necessária. Mas repare que posso ter fé de que Woods vencerá o campeonato Masters. Da mesma forma, uma pessoa que tem certeza de que Deus existe pode ter fé de que Deus cuida dela ou algo assim, desde que exista alguma dúvida. Como explica o Novo Testamento, "A fé é a certeza daquilo que esperamos e a prova das coisas que não vemos" (Hebreus 11:1, NVI).

Candy Crush, "se você ganhar, ganhará tudo; se perder, não perderá nada. Então aposte, sem hesitação, que ele existe".

Esse argumento é chamado de Aposta de Pascal. Mas você também pode chamá-lo de Aposta de Hank. Quando meu filho tinha 7 anos, eu perguntei se Deus era real. Conversamos sobre isso por alguns minutos e ele pediu para mudar de assunto.

— Não gosto de falar sobre isso — disse ele.
— Por que não?
— Porque se Deus for real, ele achará essa conversa um insulto.

Eu ri e ensinei a ele um pouco sobre Pascal.

— Você está pensando na mesma coisa que ele: que deve acreditar em Deus para não deixá-lo chateado se ele for real.
— Sempre pensei assim. É por isso que não quero falar nisso.

Os filósofos discutem se a Aposta de Pascal funciona. Não precisamos julgar. Mas vou dizer uma coisa: se você se comprometer com Deus apenas por interesse próprio, duvido que vá receber crédito total na vida após a morte. Então suspeito que Hank e Pascal estão errados, talvez muito errados, ao calcular os ganhos de suas apostas.

EMBORA EU NÃO ACHE que se possa chegar à fé por meio do raciocínio, posso explicar por que não a tenho — e por que não estou tentado a dar o salto de fé. Como acabei de dizer, uma pessoa que tem fé orienta sua vida em torno de Deus. De certa forma, isso é o oposto da orientação que adotei. Sou uma pessoa que questiona, que duvida, que quer entender o mundo e nosso lugar nele. Prefiro mergulhar em um mistério que assumir uma solução. A fé exige um compromisso que não posso assumir, ao menos não sem me transformar em uma pessoa diferente.

Para muitos funciona ao contrário e, como disse, não invejo a fé de ninguém. Na verdade, admiro muitos crentes pelas boas obras inspiradas por sua fé. O mundo é um lugar melhor por causa da arte e do ativismo religiosos. E não é coincidência. A fé é, para muitos, uma fonte de propósito, direção e profunda motivação. Para os judeus, o objetivo é *tikkun olam*, consertar o mundo. Mas muitas religiões — e muitas pessoas de fé — compartilham ambições semelhantes. E o mundo é sem dúvida melhor por causa de tudo o que elas fazem.

Mas a crença também gera ódio. E isso tampouco é coincidência. Ninguém que se apega à primeira parte da fórmula de Rex — na realidade, Deus é de faz de conta — é capaz de odiar em nome de Deus.* Eu posso contar minhas histórias, e você pode contar as suas. É somente quando acreditamos nelas que elas se tornam incompatíveis.

É possível, lógico, acreditar sem ódio, e muitas pessoas fazem isso. Mas o ódio religioso é fonte de tantos conflitos no mundo que eu gostaria que a visão de Rex fosse mais difundida. Se eu tivesse que escolher, seríamos ficcionalistas sobre Deus e colocaríamos nossa fé em outro lugar: uns nos outros e em nossa capacidade coletiva de reparar o mundo.

Se fizéssemos isso — se trabalhássemos juntos para consertar o mundo —, suspeito que Deus ficaria satisfeito. Se é que Deus existe. Você pode chamar isso de Aposta de Scott. É uma aposta melhor que a de Pascal.

CERTA NOITE, EU DISSE a Rex (então com 9 anos) que estava escrevendo sobre nossas conversas sobre Deus. Ele pareceu ansioso.

— Isso pode ser *ofendente* pra algumas pessoas.

Eu sorri. Sinto falta dos erros de linguagem de Rex. E não ousei corrigi-lo. Quero ter meu garotinho enquanto puder.

Rex está certo. Muitas pessoas não gostarão da ideia de que o Todo-Poderoso possa ser de faz de conta. Mas, como expliquei a ele,

---

* Tal pessoa pode, é óbvio, odiar por outros motivos. A afirmação que faço aqui não é comparativa. Quero dizer apenas que a religião é *uma* fonte de ódio. Estamos familiarizados com todas as outras: nacionalismo, racismo, sexismo etc. Todos esses sistemas de crenças partilham algo em comum com a religião: eles fornecem certo senso de superioridade para aqueles que se vêem como parte da multidão. E essa, desconfio, é a pedra angular de grande parte do ódio que eles geram.

um filósofo tem de dizer o que pensa, mesmo que saiba que os outros não vão gostar do que diz. Esse é o nosso trabalho.

Mas devo a você não somente minhas convicções, mas também minhas dúvidas.

Há tanta coisa no mundo que não entendemos. Não sabemos o que é a consciência, por que ela existe ou quão difundida é. E, mais fundamentalmente, não sabemos por que o mundo existe, por que as leis da física são como são ou mesmo por que elas existem, para começar.

Deus é a resposta dada por muitas pessoas. A maioria das religiões começa com uma história da Criação. Nenhuma delas é verdadeira. Mas, mesmo que fossem, não resolveriam o mistério. Apenas o empurrariam para um lugar diferente. Se existe Deus — e se Deus criou o mundo que conhecemos —, ainda assim temos que perguntar: por que Deus existe?

TALVEZ DEUS TENHA DE EXISTIR. Alguns filósofos pensaram assim. No século XI, Santo Anselmo disse ter um argumento que provava a existência de Deus. O argumento começava com uma ideia estranha: podemos conceber um ser maior que qualquer outro que possa ser concebido. O que é apenas uma maneira elegante de dizer que podemos pensar em algo mais incrível que qualquer outra coisa que possamos imaginar.

Vamos refazer o experimento. Pense na coisa mais incrível em que consegue pensar. Farei o mesmo.

Eu pensei em comida mexicana. E você? Também? Eu sabia!

Bem, Anselmo pensou em Deus. (Para ser justo, ele nunca comeu comida mexicana.) Além disso, disse que Deus deve existir, pois realmente existir torna o cara grande que é ainda maior. Deus é o melhor cara possível, disse Anselmo, então ele tem de ser real. Tchará! (Ou, como os lógicos gostam de dizer: QED.)*

---

* QED é a abreviatura de *quod erat demonstrandum*, que significa "como se queria demonstrar" e é usado para assinalar a conclusão bem-sucedida de uma prova.

Se sente que Anselmo está tentando enganá-lo, você não está sozinho. Seu argumento foi ridicularizado por um monge chamado Gaunilo quase antes de a tinta secar no pergaminho. Gaunilo disse que podia conceber uma ilha maior que qualquer outra ilha que pudesse ser concebida. Realmente existir faz uma grande ilha ser ainda maior. Então, pela lógica de Anselmo, aquele local perfeito para uma lua de mel tem de existir!

Os filósofos deram ao argumento de Anselmo um nome chique: argumento ontológico. Rex, só para constar, diz que ele é ridículo: "Só porque consigo pensar em algo, não torna esse algo real." Que é mais ou menos o mesmo diagnóstico feito pela maioria dos filósofos. Houve tentativas de melhorar o argumento ao longo dos anos, mas não conheço ninguém que acredite em Deus apenas com base no argumento de Santo Anselmo.

(Se você acredita, eu tenho uma ilha para vender. Gaunilo diz que ela é *incrível*.)

EM ÚLTIMA ANÁLISE, NÃO acho que Deus possa nos ajudar a explicar a existência do mundo. Como eu disse, Deus apenas desloca o mistério.

Então de que outra forma podemos explicar o mundo, se não através de Deus? Talvez algo mais deva existir para explicar por que o mundo existe. Albert Einstein disse uma vez que queria descobrir "se Deus teve escolha na criação do mundo". Mas Einstein falou de um *deus metafórico*. Ele não estava fazendo uma pergunta teológica, e sim questionando se as leis da física têm de ser como são. Suspeito que descobrir que as leis da física só poderiam ser do jeito que são é a única esperança que temos de encontrar uma explicação satisfatória para o mundo ser como é. Mas mesmo isso pode não nos dizer por que o mundo existe.

Por que existem leis da física, em primeiro lugar? Por que não o nada? Essa talvez seja a maior questão de todas.

Talvez não haja explicação para a existência do mundo. Talvez ele apenas exista. Talvez não possamos saber. Ou talvez eu esteja errado e Deus seja a solução do mistério.

Não insisto que Deus não existe porque esse é um compromisso mais forte do que estou preparado para assumir.

Eu duvido. E duvido das minhas dúvidas. Esse é o melhor estado de espírito para um filósofo. E é o que me esforço para cultivar em meus filhos.

— Você acha que Deus é real? — perguntei a Rex enquanto finalizava este livro. Ele tinha 11 anos.

— Não — respondeu ele sem hesitação.

— Por que não?

— Se Deus fosse real, ele não deixaria todas essas pessoas morrerem.

A pandemia estava no auge. Àquela altura, mais de 2,5 milhões de pessoas haviam morrido de Covid-19.

— Por que você diz isso?

— Deus deveria se importar com a gente. Essa situação toda não parece algo que você deixaria acontecer com quem você se importa, caso pudesse impedir.

Esse é o Problema do Mal — bem conhecido, suspeito, por todos que ponderam sobre Deus, mesmo que não por esse nome. O problema foi bem explicado por J. L. Mackie, um cético inveterado em relação tanto à moralidade quanto a Deus. "Em sua forma mais simples", disse Mackie, "o problema é este: Deus é onipotente e totalmente bom e, mesmo assim, o mal existe." Mackie achava que a presença do mal no mundo tornava irracional acreditar em um Deus onipotente e totalmente bom.*

Você pode resolver o problema abandonando a ideia de que Deus é tanto onipotente como totalmente bom. Remova qualquer uma dessas qualidades e será fácil explicar a existência do mal. Deus não pode

---

* Para mostrar como é irracional, observou Mackie, é preciso fazer algumas adições a sua declaração do problema: "Esses princípios adicionais são que o bem se opõe ao mal, de tal forma que uma coisa boa sempre elimina o mal na medida do possível, e que não há limites para o que uma coisa onipotente pode fazer."

318 AVENTURAS PELA FILOSOFIA COM MEUS FILHOS

impedi-lo ou não se dá ao trabalho de impedi-lo. Mas as coisas ficam mais complicadas se você insistir — como fazem muitos crentes — que Deus é onipotente e totalmente bom. Então a presença do mal representa um enigma, mais ou menos como enunciado por Rex. Por que um Deus totalmente bom permite que as pessoas sofram quando poderia impedir seu sofrimento?

As pessoas propuseram muitas respostas para essa pergunta, mas a maioria é mal fundamentada. Por exemplo, alguns dizem que o bem requer o mal, que o bem não pode existir sem o mal. Não está evidente por que isso seria verdade. Mas não importa, porque, se adotar essa visão, você estará questionando a onipotência de Deus. Há algo que ele não pode fazer: criar o bem sem o mal. Além disso, se o bem exige o mal, por que só um pouquinho de mal não basta? Ou absolutamente todos os males do mundo são essenciais? Por que não podemos ter um mundo exatamente como o nosso, sem aquela pontada de dor que senti na última terça-feira? Que tipo de Deus não pode me dar um pouco menos de dor no nervo ciático? Meu fisioterapeuta, Tony, faz minhas costas doerem menos, e sequer afirma ser uma divindade.

Mas é um herói. E alguns dizem que é por isso que Deus permite o mal no mundo. Ele não se importa com o prazer e a dor. Ele se importa com o que esses sentimentos tornam possível: a compaixão, a caridade e os atos heroicos, como Tony curando minhas dores nas costas. Obviamente, prazer e dor também tornam possível o rancor, a malícia e a insensibilidade. E não está evidente qual lado está ganhando. Em alguns dias, parece que os vilões estão levando a melhor.

"Mas isso não é culpa de Deus!", dizem seus apoiadores. Deus quer que tenhamos livre-arbítrio. Esse é o bem que ele procura. E, para obtê-lo, ele tem de abrir mão do controle. Se escolhemos mal, isso depende de nós, não dele. Essa é, historicamente, a resposta mais influente para a pergunta de Rex. Mas ela não me convence, pelos motivos apresentados por Mackie: "Se Deus criou os homens de tal forma que, em suas escolhas livres, eles às vezes preferem o que é bom e às vezes o que é mal, por que não criou homens que sempre escolhessem livremente o bem?" Não é resposta dizer que não seríamos livres se Deus garantisse que sempre escolheríamos o bem. Mackie não está imaginando que Deus controla nossas escolhas. Ele está apenas observando que Deus pode prever o que vamos escolher. Então ele poderia, se quisesse, criar pessoas que escolhessem o bem todas as vezes.

Alguns dizem que isso não é possível, nem mesmo para Deus. Lembra da Introdução, quando Hank reclamou que Julie preparara o hambúrguer antes de ele decidir o que queria comer no almoço? Alguns duvidam que a presciência do que o outro fará seja compatível com o livre-arbítrio. Eu não duvido. Foi Hank quem escolheu, mesmo que soubéssemos o que ele pediria. E Deus deveria ser ainda melhor nesse jogo. Ele deveria ser capaz de prever o que Hank faria em qualquer circunstância. E não apenas sobre Hank. Ele deveria ser capaz de prever o que qualquer um de nós faria em qualquer situação, uma vez que a onipotência implica a onisciência. Ou deveria ser assim. Mas, se você ainda quer dizer que seu Santo dos Santos não pode fazer isso, observe que ele está parecendo mais impotente que onipotente.

Eu acho que o Problema do Mal representa uma séria barreira à crença, e tenho pouca paciência com aqueles que usam clichês para tentar superá-la. Leibniz insistiu que vivemos no melhor dos mundos possíveis. Se pudesse haver um mundo melhor, Deus o teria criado no lugar deste. Assim, podemos repousar na certeza de que nossa situação é a melhor possível, incluindo dores no nervo ciático (e escravidão). Eu acho isso tolo. (Voltaire também achava.) Isso inocenta Deus de uma quantidade terrível de sofrimento, simplesmente pela suposição de que ele teria feito melhor se pudesse. Acho que o Problema do Mal exige uma solução mais persuasiva — e perspicaz.

O mesmo concluiu Marilyn McCord Adams. Ela era filósofa e sacerdotisa episcopal. Foi a primeira mulher a servir como professora régia de Divindade em Oxford. E, em 1978, ajudou a fundar a Sociedade dos Filósofos Cristãos, que mais tarde liderou. (Se eu o deixei

320 AVENTURAS PELA FILOSOFIA COM MEUS FILHOS

com a impressão de que há conflito entre filosofia e fé, Adams fornece objetivo testemunho do contrário. Historicamente, muitos filósofos foram extremamente devotos, e isso permanece verdadeiro até os dias atuais.)

Adams não achava que poderíamos resolver o Problema do Mal considerando o mundo como um todo. Ela achava que Deus tinha de responder pela presença de males horrendos na vida de determinadas pessoas, não todas de uma só vez, mas uma a uma. Ela listou os males que a preocupavam: tortura, estupro, fome, abuso, genocídio e outros horrores tão repulsivos que não os mencionarei aqui. Talvez, disse ela, tais males pudessem existir em um mundo cem por cento bom por motivos que teríamos dificuldade para entender. Mas ela não gostava da ideia de um Deus que deixava as pessoas sofrerem horrores como "um meio para seu fim de perfeição global". Ela se perguntou: "Será que o motorista de caminhão que acidentalmente atropela seu amado filho encontra consolo na ideia de que isso [...] foi parte do preço que Deus aceitou por um mundo com o melhor equilíbrio entre o bem moral e o mal moral que poderia conseguir?" Adams não pensava assim. Aos olhos dela, Deus não poderia ser considerado "bom ou amoroso" se permitisse que a vida de alguém fosse engolida pelo mal.

E, no entanto, muitas vidas parecem ser. Então como resolver esse problema? Adams não achava que houvesse uma solução secular. Qualquer resposta adequada para o Problema do Mal teria de se basear em ideias religiosas, do tipo que só se pode acessar ao dar um salto de fé. Ela argumentou que a intimidade com Deus poderia *engolfar* a vida de uma pessoa, tornando-a digna de ser vivida, por mais sofrimento que houvesse. Tudo empalideceria quando comparado ao amor de Deus. Porém, mais do que isso, argumentou ela, Deus poderia *derrotar* o mal em nossa vida ao incorporá-lo a um todo orgânico, que em si mesmo seria valioso parcialmente em virtude do sofrimento. (Para ilustrar a ideia, Adams observou que um pedaço de uma pintura pode ser feio por si mesmo, mas contribui para o valor estético da obra completa.) Como males horrendos poderiam contribuir para algo valoroso? Ela especulou que a "experiência humana dos horrores" poderia ser "um meio de se *identificar* com Cristo", uma vez que ele "participou de um mal horrendo por meio de sua paixão e morte". Alternativamente, sugeriu que Deus poderia expressar gratidão pelo sofrimento de alguém e, dessa maneira, modificar seu significado.

Adams não tinha certeza de qual era a resposta, mas tampouco estava preocupada com isso. Devemos aceitar, disse ela, que "existem motivos para estarmos cognitiva, emocional e/ou espiritualmente imaturos para compreender". Uma criança de 2 anos, explicou ela, pode não entender por que sua mãe permitiu que ela fizesse uma cirurgia dolorosa. Mesmo assim, poderia estar convencida do "amor da mãe, não por seus motivos cognitivamente inacessíveis, mas por seu cuidado íntimo e sua presença" durante a experiência dolorosa.

Para aqueles que sentem a presença de Deus ou têm fé de que a sentirão mais tarde, acho que Adams tem a resposta. E acho justo recorrer a ideias religiosas para defender uma doutrina religiosa. Mas, para ser honesto, tudo isso parece otimista demais para mim: uma história criada para justificar o injustificável. Pode ser porque cresci em uma tradição que não considera a bondade de Deus como garantida. De fato, Abraão, o primeiro judeu, discutiu com Deus sobre seu plano de destruir Sodoma e Gomorra.

— O senhor vai exterminar o justo juntamente com o ímpio? — perguntou Abraão. — E se houver cinquenta pessoas justas?

Deus disse que pouparia as cidades se encontrasse cinquenta justos.

— E 45? — perguntou Abraão. — O senhor as destruiria por estarem faltando cinco?

— Não — respondeu Deus. — Quarenta e cinco está bom.

— Quarenta?

— Certo.

— Trinta?

— Sim.

Abraão convenceu Deus a poupar as cidades se houvesse dez justos. Mas Deus devia estar brincando com ele, pois não encontrou se-

quer dez almas justas, então destruiu as cidades e tudo dentro delas.*
Ele sabia como seria, se de fato é onisciente.

Mas note que Abraão não presumiu que o plano de Deus era bom. Ele lutou por um plano melhor, e Deus cedeu.

Não espero encontrar Deus quando morrer. Se isso acontecer, pretendo seguir o exemplo de Abraão e discutir. Há sofrimento demais no mundo. Aliás, há sofrimento demais em toda vida humana.

Se Deus existe, eu quero respostas. Acho que nós as merecemos.

Depois que Rex insistiu que Deus não existia, perguntei se ele se lembrava do que dissera quando era pequeno.

Ele não se lembrava, então contei: "De verdade, Deus é de faz de conta e, no faz de conta, Deus é real."

— Isso soou inteligente — disse ele.
— Sim, também achei. Você ainda pensa assim?
— Talvez.

E conversamos sobre o assunto por algum tempo. Eu falei a ele sobre ficcionalismo e como, aos 4 anos, ele tivera uma ideia filosófica sofisticada. Então perguntei novamente:

— O que você acha? Você estava certo naquela época?
— Não tenho certeza — respondeu ele. — É complicado. Não sei o que pensar.
— Isso também parece inteligente.

A infância é efêmera. Assim como alguns dos pensamentos que vêm com ela. Acho que Rex estava certo quando era pequeno. Mas também aprecio a reticência que ele demonstra agora.

Ele está pensando a respeito. Espero que nunca pare.

---

* Eu me pergunto como Adams explicaria as pessoas que Deus matou. Elas foram engolfadas demais pela bondade de Deus? Cristãos de certas denominações diriam que elas mereceram. Mas, se qualquer um de nós pudesse ser condenado, pensava Adams, a vida humana seria uma aposta ruim — e inconsistente com a ideia de um Deus amoroso. Ela se importava tanto com os malfeitores quanto com aqueles que sofriam em suas mãos.

CONCLUSÃO

COMO CRIAR UM FILÓSOFO

Rex e seu amigo James estavam arrumando as mochilas para voltar para casa.

— O que faz desse armário esse armário? — perguntou Rex.

— Como assim? — perguntou James.

— Se você tirar essa porta e colocar uma nova, ainda será o mesmo armário?

— Sim. Só que com uma porta nova.

— E se você trocar a caixa que a porta fecha, ainda será o mesmo armário?

— Não sei. Essa é uma pergunta estranha.

— A caixa ainda estaria no mesmo lugar, mas não seria feita do mesmo metal.

— Acho que seria um armário diferente.

— Não tenho certeza — concluiu Rex. — Ainda seria meu armário.

REX ME CONTOU SOBRE a conversa quando voltou da escola.

— Perguntei a James sobre o Navio de Teseu! — disse ele. — Bem, não perguntei sobre o navio. Perguntei sobre meu armário e se ainda seria o mesmo se trocássemos a porta.

324 AVENTURAS PELA FILOSOFIA COM MEUS FILHOS

O Navio de Teseu é um antigo enigma sobre identidade. Rex leu sobre ele na série de livros *Percy Jackson e os olimpianos*. Ele estava animado para compartilhá-lo comigo — e surpreso por eu já ter ouvido falar desse enigma. Mas trata-se de um dos mais famosos enigmas da filosofia.

A versão clássica funciona assim: o navio no qual Teseu navegou para casa partindo de Creta foi preservado no porto de Atenas. Mas, com o tempo, as pranchas de madeira começaram a apodrecer. À medida que cada prancha apodrecia, era substituída por uma nova, até que todas as pranchas originais haviam desaparecido. Segundo Plutarco, os filósofos estavam divididos sobre se o navio no porto ainda era o navio de Teseu ou se era um navio inteiramente novo.

Se você está inclinado a dizer que era um navio diferente, pergunte a si: em que ponto ele deixou de ser o navio de Teseu? Quando a primeira prancha foi substituída? Isso não faz sentido. Você não pode conseguir um carro novo apenas substituindo o painel do carro antigo. Ou uma nova casa ao trocar o telhado. Parece que os objetos podem sobreviver a alguma mudança.

Mas quanta mudança? Aquele foi o navio de Teseu até o dia em que a última prancha foi substituída? Ou houve algum ponto de inflexão no meio — digamos, quando metade das tábuas foi trocada? Isso também não faz sentido, uma vez que sugere que uma única prancha fez a diferença, aquela que ultrapassou a marca dos cinquenta por cento. Mas como a identidade do navio poderia depender de uma única prancha entre centenas ou milhares de outras?

Se nem uma prancha pode fazer a diferença, talvez nenhuma faça. Talvez seja a disposição das tábuas que importe, não se eram originais. Nesse caso, o navio no porto ainda é o navio de Teseu.

Mas também não fique muito confortável com essa conclusão. Nosso velho amigo Thomas Hobbes acrescentou um novo enigma ao antigo. Ele supôs que, à medida que cada prancha era retirada do navio de Teseu, ela era guardada e preservada. (Talvez as pranchas não estivessem podres, mas somente sujas.) Quando todas as pranchas foram substituídas, um construtor naval as remontou.

COMO CRIAR UM FILÓSOFO

Certamente *esse* é o navio de Teseu! Ele tem todas as mesmas partes, organizadas exatamente da mesma maneira. (Se você desmontar seu carro e remontá-lo do outro lado da garagem, ainda será o mesmo carro, certo?) Mas, se o navio remontado é o navio de Teseu, de quem é o navio que está ancorado no porto? Eles não podem ser ambos o navio de Teseu, já que não são o mesmo navio.

Existe uma solução para esse enigma? Na verdade, acho que existem várias. Acho que as respostas para as perguntas sobre identidade dependem dos motivos pelos quais estamos interessados. Se você espera tocar em uma coisa que Teseu tocou, então não, o navio no porto não é o navio dele. Se você espera ficar boquiaberto com um objeto venerado há gerações, então sim, esse é o caminho certo. (Suponha que você volte para casa de sua viagem a Atenas e um amigo pergunte: "Você viu o navio de Teseu?" "Sim, mas percebi que não era realmente o navio de Teseu" é uma resposta coerente, refletindo diferentes maneiras de pensar sobre a identidade.) O problema original é intrigante porque não está evidente por que nos importamos com o fato de aquele ser ou não o navio de Teseu. Sem um motivo para nos importar, não sabemos dizer se é ou não.

Tal como acontece com muitos enigmas que vimos, o paradoxo do Navio de Teseu pode parecer tolo. Mas muita coisa pode girar em torno das questões de identidade. Por exemplo, uma pintura de Leonardo da Vinci é uma obra muito valiosa, mas suponha que os restauradores tenham removido ou coberto parte da pintura original de Leonardo. A pintura ainda seria um da Vinci? Se você disser que não, então nem mesmo a Mona Lisa conta como obra dele, já que foi retocada muitas vezes. Parece que uma obra de da Vinci não precisa ser apenas uma que ele pintou. Mas quanto podemos mexer na pintura antes que ela já não seja dele? Milhões de dólares podem depender da resposta.

E podemos tornar esse tipo de pergunta mais pessoal. O que torna você a mesma pessoa que era na semana passada? Ou no ano passado? Ou a pessoa nas fotos da sua formatura? Suas pranchas foram substituídas lentamente. Isso o torna uma pessoa diferente? Ou você é a mesma pessoa em um corpo diferente? Ou a mesma pessoa no mesmo corpo, ainda que ele não seja feito do mesmo material nem disposto da mesma maneira? De novo, acho que a resposta depende do motivo pelo qual estamos perguntando. Há sentidos nos quais sou a mesma pessoa que o garoto que você conheceu na Introdução — aquele que estava preocupado em saber qual era a aparência da cor vermelha para sua mãe. E há sentidos nos quais sequer sou a pessoa que escreveu a Introdução. Muita coisa aconteceu desde então. (Olá, Covid!)

Não levaremos esses enigmas adiante. Deixarei que você trabalhe neles por conta própria. Ou com seu próprio James. Todo filósofo precisa de um interlocutor, idealmente mais de um.

MEUS FILHOS SÃO MEUS interlocutores há muito tempo, mas achei superlegal quando Rex começou a falar de filosofia com seus amigos. A criancinha que adorava seu castigo tinha se tornado o Sócrates do terceiro ano. Eu só espero que as coisas terminem melhor para ele que para Sócrates. (Sócrates foi executado por corromper a juventude de Atenas ao... fazer perguntas irritantes.)

Há muito tempo, está evidente que estamos criando um filósofo — dois, na verdade. Será que você deveria tentar fazer o mesmo? Não acho que essa seja a pergunta certa. Se tem um filho pequeno, você *está* criando um filósofo, quer saiba disso ou não. A única questão é se você vai apoiá-lo, ignorá-lo ou tentar pará-lo. E não é nenhuma surpresa o fato de que eu acho que você deve apoiá-lo.

Por quê? Lembre-se do que Rex nos ensinou sobre filosofia logo no início: ela é *a arte de pensar*. E essa é uma arte da qual você quer que seu filho domine. O objetivo não é criar um filósofo profissional. É criar uma pessoa que pense com nitidez e cuidado, por conta própria. É criar uma pessoa que se importe com o que os outros pensam — e pense com eles. Em suma, o objetivo é criar uma pessoa que pense.

Como se cria um filósofo? A maneira mais simples é conversar com seus filhos. Faça perguntas e questione as respostas. As perguntas não precisam ser complicadas e você não precisa saber sobre filosofia para fazer perguntas a eles. Na verdade, um conjunto de perguntas sobre ações o ajudará na maioria das situações.

- O que você acha?
- Por que acha isso?
- Você consegue pensar em motivos pelos quais isso pode estar errado?
- O que você quer dizer com... ?
- O que é... ?

O objetivo é fazer a criança argumentar — e ver as coisas de outra forma. Então deixe-a falar. Mas não hesite em ajudar quando ela estiver empacada. E, acima de tudo, aborde isso como uma conversa entre iguais. Leve o que os seus filhos dizem a sério, mesmo que discorde, ou que pareça tolo. Raciocine com eles e resista à tentação de lhes dizer o que pensar.

Como se inicia uma conversa filosófica? Você escolhe os temas e, no apêndice, indicarei recursos que pode usar: livros, podcasts e sites. Quase todos os livros ilustrados abordam questões filosóficas; você só não as nota. E tudo bem. Eu também ignoro a maioria. Algumas noites, você só quer aproveitar a história. Ou chegar ao fim do livro. Mas é divertido conversar de vez em quando.

Dito isso, você não precisa de livros ou de qualquer outra coisa para iniciar uma conversa. Se simplesmente ouvir seus filhos — suas queixas e curiosidades —, questões filosóficas surgirão com frequência. Quando uma criança diz que algo não é justo, pergunte o que é justiça. Ou se é seu dever tornar as coisas justas. Ou se ela se beneficia da injustiça. Você não precisa saber as respostas para fazer as perguntas. Basta ver para onde a conversa vai.

É difícil ter uma conversa complexa com uma criança estressada. Mas, em minha experiência, a filosofia pode ajudar a acalmar uma criança. Lembra-se de Hank soluçando por pensar que não tinha direito a ter Rex para ele? Eu falei com meu filho em voz baixa e o levei a sério. E ele se controlou o suficiente para podermos ter uma conversa séria. Nem sempre funciona. Às vezes uma criança só precisa de um abraço. Ou de algum tempo para si. Mas ser levada a sério pode ser reconfortante.

A curiosidade funciona tão bem quanto a queixa. Não desperdice o assombro. E não se preocupe se não souber a resposta. Converse um pouco e pesquisem juntos. Faça isso com as questões científicas, mas faça também com *tudo*. Quando eu era criança, estava constantemente curioso para saber qual era o melhor de tudo. Meu pai sempre respondia.

— Qual é a melhor música?

— "Rhapsody in Blue".

— Qual é o melhor programa de TV?

— *O cavaleiro solitário.*

As respostas eram idiossincráticas a ele, mas também uma oportunidade perdida.

— Qual é a melhor música?

— Essa é uma boa pergunta — diria eu. — O que você acha que torna uma música boa?

E, com isso, começaríamos uma conversa sobre estética. E não, você não precisa saber tudo sobre estética para ter essa conversa. Eu com certeza não sei. Basta ouvir o que a criança tem a dizer e compartilhar seus pensamentos a respeito.

Acima de tudo, preste atenção nas perguntas estranhas que as crianças fazem. Se seu filho se perguntar se sonhou sua vida inteira, não o ignore. Se ele quiser saber por que os dias continuam se sucedendo, veja qual ele acha ser a resposta. E, se uma criança fizer uma pergunta e o deixar totalmente perplexo, pare e reflita sobre o mundo junto com ela.

COMO CRIAR UM FILÓSOFO

LEMBRA-SE DA NOITE EM que tentei convencer Hank a abandonar seu relativismo?

Tivemos nossa conversa "de homem para homem" na hora de dormir, e eu o venci insistindo que ele tinha 6 anos quando na verdade tinha 8.

Eu não contei o que aconteceu logo antes.

Enquanto discutíamos sobre a verdade, Hank perguntou por que eu me importava tanto.

— Sou filósofo — respondi. — Queremos entender tudo. Mas principalmente a verdade.

— Você não é um filósofo muito bom.

— Por que não?

— Seus argumentos não são convincentes.

Eu ri — e decidi que o relativismo dele não duraria até o fim da noite. Foi como a vez em que Rex me deu conselhos sobre como jogar hóquei de ar apenas alguns minutos depois de jogar pela primeira vez. *Você acha que não sei o que estou fazendo, garoto? Espere para ver.*

Então derrotei meu filho. Mas me arrependo um pouco, porque persuadir as pessoas não é realmente o objetivo da filosofia. Ou, ao menos, não é o meu objetivo na filosofia.

Roberto Nozick — um dos grandes filósofos políticos do século XX — descreveu um estilo que chamou de *filosofia coercitiva*. Seus praticantes procuram "argumentos tão poderosos que criem reverberações no cérebro: se uma pessoa se recusar a aceitar a conclusão, ela morre". Ninguém consegue fazer isso, é óbvio. Mas a ambição — subjugar os outros por meio da força do intelecto — é muito comum em nosso campo. Muitos pensam que a medida do sucesso é exatamente o que Hank sugeriu: quão convincente você tem sido? Quantas pessoas conquistou para o seu lado?

Minha ambição é entender as coisas de uma maneira mais profunda que antes. Se encontrar respostas, ótimo. Se outras pessoas virem promessa em minhas respostas, melhor ainda. Mas vejo a filosofia como Bertrand Russell: "A filosofia, se não pode responder a tantas questões quanto desejaríamos, tem ao menos o poder de fazer questões que aumentam o interesse do mundo e revelam o que há de estranho e maravilhoso sob a superfície das coisas mais comuns da vida cotidiana."

As crianças têm consciência dessas coisas estranhas e maravilhosas. Ao menos até as treinarmos para não mais prestarem atenção nelas. Espero que você ajude as crianças em sua vida a se manterem pensantes. E desejo, na mesma intensidade, que você redescubra essas coisas em sua vida.

AGRADECIMENTOS

— No que você vai trabalhar em seguida? — perguntou Rex, quando apresentei o esboço final deste livro.

— Tenho que escrever os agradecimentos.

— Já que você está contando histórias sobre mim e Hank, vamos receber agradecimentos seus?

É lógico, filho.

Para começar, minha enorme gratidão a Rex e Hank por me deixarem contar histórias sobre eles — histórias que são reais, mesmo quando eles não gostam de todos os detalhes. Também aprecio a disposição deles em dividir comigo suas ideias e deixar que eu as compartilhe com você. Meus filhos são, em aspectos importantes, os autores deste livro.

Mas devo a eles muito mais que isso. Rex e Hank me fazem sorrir — me fazem gargalhar com prazer. Os dois me provocam a pensar, e me inspiram — na filosofia e fora dela. E não fiz justiça a eles, nem de perto; há muito mais nesses dois meninos do que aparece nestas páginas.

Rex é a pessoa mais doce e gentil que conheço. Ele não é apenas inteligente, é sensato. E é engraçado. Quando eu crescer, quero ser um pouco como ele.

Hank ri com facilidade, e seu sorriso é o melhor que já vi. Ele tem mente afiada e bom coração. Está sempre aprontando alguma coisa, e (quase) sempre boa. Espero que ele jamais cresça — não completamente. Nós todos deveríamos ter um pouco de Hank em nós.

Conheci Julie em um ônibus a caminho de um acampamento. Ela tinha 16 anos, e eu 17. Ela era bonita e gentil, então procurei por ela durante o jantar. Essa continua sendo a melhor decisão que já tomei.

Julie é minha melhor amiga e uma parceira melhor do que mereço. Eu a amo mais do que consigo colocar em palavras. Ela é coadjuvante neste livro, mas a protagonista para todos que a conhecem — principalmente para aqueles que têm a sorte de viver com ela. Eu não teria começado este projeto sem o encorajamento de Julie, nem o teria terminado sem seu apoio. E isso é verdade em relação a mais ou menos tudo o que já fiz.

Quando as crianças eram pequenas, eu e Julie nos revezávamos na rotina noturna. Uma noite ela dava banho e eu colocava nossos filhos na cama; na noite seguinte trocávamos. Essa rotina foi interrompida quando surgiu a oportunidade de obter estabilidade em meu emprego. Julie fez as duas tarefas na maioria das noites enquanto eu corria para aprontar meu trabalho. Rex não ficou feliz quando voltei ao rodízio.

— Vá lá para cima digitar, papai! — exigiu ele na minha primeira noite de volta à tarefa de lhe dar banho. Ele queria a mãe. E eu entendo. Eu também gosto mais dela que de mim.

Anos depois, Rex realizou seu desejo. Passei muito tempo digitando, muitas vezes até tarde. Como resultado, estive cansado e mal-humorado mais vezes do que gosto de lembrar. Julie e nossos filhos não só me aturaram; eles me acolheram de volta mais prontamente do que Rex quando era pequeno. Sou abençoado por fazer parte dessa ninhada.

Aaron James foi a primeira pessoa a sugerir que eu escrevesse sobre meus filhos e filosofia. Este livro não existiria se ele não tivesse plantado a semente.

Anos depois, contei a Scott Shapiro sobre a ideia e ele gostou. Melhor ainda, ele contou a Alison MacKeen, e ela também gostou. E ela sabe como trazer um livro ao mundo. Eu não poderia ter uma agente melhor. Alison e sua equipe na Park & Fine têm sido ótimos defen-

AGRADECIMENTOS

sores da minha pessoa e do meu livro. Alison também tem sido uma grande amiga. (E o mesmo acontece com Scott há várias décadas.)

Conheci Ginny Smith Younce em uma conversa por vídeo. Foi amor à primeira chamada no Skype. Ela entendeu a ideia do livro imediatamente e o melhorou de inúmeras maneiras. O mesmo fez Caroline Sydney. Juntas, elas fizeram todas as perguntas certas e me salvaram de muitos erros. Toda a equipe da Penguin Press foi ótima.

Quando não estava escrevendo no andar de cima, muitas vezes o fazia no lago Michigan, na casa de David Uhlmann e Virginia Murphy. Quando Rex era pequeno, ele a chamava de "casa da praia", e o nome pegou. Eu acho que não teria terminado o livro sem a solidão proporcionada pela casa da praia — ou o apoio de David e Virginia, os melhores amigos que alguém poderia ter.

Angela Sun forneceu assistência de pesquisa de primeira linha e bons conselhos em muitos assuntos. Eu teria levado o dobro do tempo para escrever este livro sem ela, e ele não teria sido nem de perto tão bom.

Escrever um livro que aborda tantas questões filosóficas foi um grande desafio. E eu não poderia tê-lo encarado sem a ajuda de muitos amigos e filósofos.

Don Herzog leu cada palavra que escrevi. Sua influência foi enorme, mesmo quando discordávamos. Ele é um colega espetacular e um amigo ainda melhor.

Chris Essert também leu todo o manuscrito, encorajando-me quando eu precisava de incentivo e me contendo quando eu não precisava. Serei eternamente grato por seu bom julgamento.

Também sou grato à longa lista de pessoas que comentaram o manuscrito e conversaram comigo sobre partes importantes do texto: Kate Andrias, Nick Bagley, Dave Baker, Gordon Belot, Sarah Buss, Murrey Cohen, Nico Cornell, Robin Dembroff, Daniel Fryer, Megan Furman, Fiona Furnari, Daniel Halberstam, Jerry Hershovitz, Julie Kaplan, Ellen Katz, Kyle Logue, Alison MacKeen, Gabe Mendlow, William Ian Miller, Sarah Moss, Virginia Murphy, Kristina Olson, Aaron Olver, Steve Schaus, Scott Shapiro, Nicos Stavropoulos, Eric Swanson,

334 AGRADECIMENTOS

Laura Tavares, Will Thomas, Scott Weiner e Ekow Yankah. O livro é melhor em função de suas contribuições — e das contribuições de alguém que certamente estou esquecendo.

Um agradecimento especial a Aaron Olver e Scott Weiner, por aliviarem ansiedades e oferecerem bons conselhos, além de uma amizade de primeira.

Apesar de não ter vindo de uma família de filósofos, meus familiares me levaram a sério. Cresci em uma casa na qual as crianças não são apenas vistas, mas também ouvidas. Tivemos conversas reais. Meus pais sempre me deixaram argumentar. E meu irmão me tratou como igual, embora eu fosse muitos anos mais novo. Acho que minha família ficou intrigada por meu interesse pela filosofia, mas sem dúvida me ajudou a continuar como filósofo. Todas as crianças deveriam ter essa sorte.

APÊNDICE

—

FONTES SUGERIDAS

LIVROS PARA ADULTOS

SOBRE CRIANÇAS E PATERNIDADE

GOPNIK, Alison. *The Philosophical Baby: What Children's Minds Tell Us about Truth, Love, and the Meaning of Life*. Nova York: Farrar, Straus and Giroux, 2009.

KAZEZ, Jean. *The Philosophical Parent: Asking the Hard Questions about Having and Raising Children*. Nova York: Oxford University Press, 2017.

LONE, Jana Mohr. *The Philosophical Child*. Londres: Rowman & Littlefield, 2012.

_____. *Seen and Not Heard: Why Children's Voices Matter*. Londres: Rowman & Littlefield, 2021.

MATTHEWS, Gareth B. *Dialogues with Children*. Cambridge: Harvard University Press, 1984.

_____. *Philosophy & the Young Child*. Cambridge: Harvard University Press, 1980.

_____. *The Philosophy of Childhood*. Cambridge: Harvard University Press, 1994.

WARTENBERG, Thomas E. *A Sneetch Is a Sneetch and Other Philosophical Discoveries: Finding Wisdom in Children's Literature*. West Sussex: Wiley-Blackwell, 2013.

_____. *Big Ideas for Little Kids: Teaching Philosophy through Children's Literature*. Plymouth: Rowman & Littlefield Education, 2009.

SOBRE O DILEMA DO BONDE

EDMONDS, David. *Would You Kill the Fat Man?: The Trolley Problem and What Your Answer Tells Us about Right and Wrong*. Princeton: Princeton University Press, 2014.

SOBRE PUNIÇÃO

MURPHY, Jeffrie G.; HAMPTON, Jean. *Forgiveness and Mercy*. Nova York: Cambridge University Press, 1988.

SOBRE CONHECIMENTO

NAGEL, Jennifer. *Knowledge: A Very Short Introduction*. Oxford: Oxford University Press, 2014.

SOBRE CONSCIÊNCIA

DENNETT, Daniel C. *Consciousness Explained*. Boston: Little, Brown, 1991.

GODFREY-Smith, Peter. *Other Minds: The Octopus, the Sea, and the Deep Origins of Consciousness*. Nova York: Farrar, Straus and Giroux, 2016.

GOFF, Philip. *Galileo's Error: Foundations for a New Science of Consciousness*. Nova York: Pantheon Books, 2019.

KOCH, Christof. *Consciousness: Confessions of a Romantic Reductionist*. Cambridge: MIT Press, 2012.

SOBRE HISTÓRIA DA FILOSOFIA

WARBURTON, Nigel. *A Little History of Philosophy*. New Haven: Yale University Press, 2011.

MAIS FILOSOFIA DIVERTIDA

EDMONDS, David; EIDINOW, John. *Wittgenstein's Poker: The Story of a Ten-Minute Argument Between Two Great Philosophers*. Nova York: Ecco, 2001.

HOLT, Jim. *Why Does the World Exist?: An Existential Detective Story*. Nova York: W. W. Norton, 2012.

JAMES, Aaron. *Assholes: A Theory*. Nova York: Anchor Books, 2012.

_____. *Surfing with Sartre: An Aquatic Inquiry into a Life of Meaning*. Nova York: Doubleday, 2017.

SETIYA, Kieran. *Midlife: A Philosophical Guide*. Princeton: Princeton University Press, 2017.

LIVROS PARA CRIANÇAS

LIVROS ILUSTRADOS

ARMITAGE, Duane; MCQUERRY, Maureen. Série *Big Ideas for Little Philosophers*, incluindo títulos como *Truth with Socrates* e *Equality with Simone de Beauvoir*. Nova York: G. P. Putnam's Sons, 2020.

SOBRE O UNIVERSO

FISHMAN, Seth. *A Hundred Billion Trillion Stars*. Nova York: HarperCollins, 2017.

SOBRE REGRAS E QUANDO NÃO FAZ MAL IGNORÁ-LAS

KNUDSEN, Michelle. *Library Lion*. Somerville: Candlewick Press, 2006.

SOBRE O INFINITO

EKELAND, Ivar. *The Cat in Numberland*. Chicago: Cricket Books, 2006.

COMPÊNDIO SOBRE ENIGMAS FILOSÓFICOS (APROPRIADO PARA ADOLESCENTES)

MARTIN, Robert M. *There Are Two Errors in the the Title of This Book: A Sourcebook of Philosophical Puzzles, Problems, and Paradoxes*. Peterborough: Broadview Press, 2011.

OS LIVROS MAIS IMPORTANTES QUE VOCÊ PODE COMPRAR PARA UMA CRIANÇA

WATTERSON, Bill. *The Complete Calvin and Hobbes*. Kansas City: Andrews Mc-Meel, 2012. Calvin e Haroldo inspiraram minhas reflexões filosóficas quando eu era criança. Agora fazem o mesmo por Rex. E, é lógico, também o divertem. Não acho que exista uma porta de entrada melhor para a filosofia, seja para adultos ou crianças.

SITES

Teaching Children Philosophy (www.prindleinstitute.org/teaching-children--philosophy). Se você quer falar sobre filosofia com crianças, esse é o melhor recurso que encontrará. O site possui módulos educacionais para livros ilustrados, muitos dos quais você já deve ter, e fornece uma visão geral das questões filosóficas suscitadas por cada livro, sugerindo perguntas que você pode fazer enquanto lê.

University of Washington Center for Philosophy for Children (www.philosophyforchildren.org). Esse é outro recurso incrível para conversar sobre filosofia com as crianças. Ele tem módulos de ensino para livros ilustrados, planos de aula para professores e orientações para iniciar programas de filosofia em escolas. O centro também realiza oficinas para professores e pais.

Wi-Phi (www.wi-phi.com). Esse site tem muitos vídeos curtos explicando tópicos filosóficos. Eu e Rex gostamos de assisti-los juntos.

PODCASTS

Hi-Phi Nation (https://hiphination.org). Um podcast de filosofia baseado em histórias, voltado para o público adulto.

Philosophy Bites (https://philosophybites.com). Entrevistas curtas com filósofos importantes.

Pickle (www.wnycstudios.org/podcasts/pickle). Um podcast de filosofia da rádio pública de Nova York para crianças. Seu par australiano, *Short & Curly* (www.abc.net.au/radio/programs/shortandcurly/), tem muitos mais episódios.

Smash Boom Best (www.smashboom.org). Esse podcast é todo sobre discussões. É tolo, e não é exatamente filosofia. Mas Hank o adora.

NOTAS

Tentei tornar as notas que se seguem tão úteis quanto possível para o leitor leigo. Quando tive escolha, citei fontes gratuitas em vez de artigos pagos. Muitas notas também citam bibliotecas online — a *Stanford Encyclopedia of Philosophy* e a *Internet Encyclopedia of Philosophy* —, que estão disponíveis para qualquer um.

A *Stanford Encyclopedia*, em particular, é um excelente recurso. Há entradas sobre praticamente todos os tópicos filosóficos pelos quais você pode se interessar. E a bibliografia ao fim de cada entrada aponta a direção certa se você quiser se aprofundar na literatura acadêmica.

INTRODUÇÃO: A ARTE DE PENSAR

1. ***Espectro invertido***: Mais comumente, esse problema é apresentado através de uma inversão do espectro de cor: uma mudança de 180 graus do vermelho para o verde. Para uma visão geral do problema e suas implicações para a filosofia, ver Alex Byrne, "Inverted Qualia", *Stanford Encyclopedia of Philosophy* (outono de 2020), editado por Edward N. Zalta, https://plato.stanford.edu/archives/fall2020/entries/qualia-inverted.

2. **Seus alunos se lembram de pensar:** Daniel C. Dennett, *Consciousness Explained* (Boston: Little, Brown, 1991), 389.

3. **Imputação de Falsidade:** Eis o restante do que Locke tinha a dizer (como você verá, foi mais ou menos o que eu disse à minha mãe): "Pois isso nunca poderia ser conhecido, já que a Mente de um Homem não pode passar para o Corpo de outro Homem a fim de perceber que Aparências foram produzidas por esses Órgãos, nem as Ideias nem os Nomes seriam confundidos, nem haveria qualquer Falsidade. Pois todas as Coisas que têm a Textura de uma Violeta, produzindo constantemente a Ideia que ele chama de Azul, e aquelas que têm a Textura da Calêndula,

NOTAS

produzindo constantemente a Ideia que ele chama de modo igualmente consistente de Amarelo, quaisquer que sejam as Aparências em sua Mente, ele seria capaz, como regularmente faz, de distinguir para seu Uso em função dessas Aparências, e entender, e significar essas distinções, marcadas pelos Nomes Azul e Amarelo, como se as Aparências ou Ideias em sua Mente, recebidas dessas duas Flores, fossem exatamente as mesmas que as Ideias nas Mentes de outros Homens." John Locke, *Ensaio acerca do entendimento humano*, tradução Pedro Paulo Garrido Pimenta (São Paulo: Martins Fontes, 2012).

4. **Sarah (de 4 anos) perguntou:** Gareth B. Matthews conta a história em seu livro *The Philosophy of Childhood* (Cambridge: Harvard University Press, 1994), 1.

5. **Na época, Matthews ensinava:** Para uma visão geral do Argumento Cosmológico, ver Bruce Reichenbach, "Cosmological Argument", *Stanford Encyclopedia of Philosophy* (primavera de 2021), editada por Edward N. Zalta, https://plato.stanford.edu/archives/spr2021/entries/cosmological-argument.

6. **Pulga primeira:** Matthews, *Philosophy of Childhood*, 2.

7. **Estágio pré-operatório:** Matthews, *Philosophy of Childhood*, 2.

8. **Piaget simplesmente não entendeu:** Gareth B. Matthews, *Philosophy & the Young Child* (Cambridge: Harvard University Press, 1980), 37—55.

9. **Matthews não parou:** Gareth B. Matthews cita muitas de suas conversas com crianças em *Dialogues with Children* (Cambridge: Harvard University Press, 1984) e *Philosophy and the Young Child*.

10. **Garotinho chamado Ian:** Matthews, *Philosophy and the Young Child*, 28—30.

11. **Cultivar a ingenuidade:** Matthews, *Philosophy of Childhood*, 122.

12. **"Excursões espontâneas à filosofia":** Matthews, *Philosophy of Childhood*, 5.

13. **Aos 8 ou 9:** Matthews, *Philosophy of Childhood*, 5.

14. **"Um frescor e uma inventividade":** Matthews, *Philosophy of Childhood*, 17.

15. **Michelle Chouinard ouviu:** Michele M. Chouinard, P. L. Harris e Michael P. Maratsos, "Children's Questions: A Mechanism for Cognitive Development", *Monographs of the Society for Research in Child Development* 72, n. 1 (2007): 1—129. Para uma discussão do estudo de Chouinard, ver Paul Harris, *Trusting What You're Told: How Children Learn from Others* (Cambridge: Belknap Press, 2012), 26—29.

16. **Em outro estudo, os pesquisadores descobriram:** Brandy N. Frazier, Susan A. Gelman e Henry M. Wellman, "Preschoolers' Search for Explanatory Information within Adult-Child Conversation", *Child Development* 80, n. 6 (2009): 1592—1611.

NOTAS

17. **"O que é o tempo?":** Agostinho, *Confissões* 11—14, citado em Matthews, *Philosophy of Childhood*, 13.
18. **"A desajeitada tentativa":** David Hills, Universidade de Stanford, Departamento de Filosofia, acessado em 13 de outubro de 2021, https://philosophy.stanford.edu/people/david-hills.
19. **Cada parte traz algo diferente:** Ver Matthews, *Philosophy of Childhood*, 12—18 e Matthews, *Dialogues with Children*, 3.
20. **A filosofia é parcialmente um jogo:** Ver Matthews, *Philosophy and the Young Child*, 11.
21. *Dias continuam passando*: Em seu livro *Seen and Not Heard*, Jana Mohr Lone também relata ter conhecido uma mãe cuja filha fizera essa pergunta. (Lone pode muito bem ser a sucessora de Matthews no título de filósofa mais engajada com crianças; seu livro relata o que ela aprendeu durante incontáveis conversas sobre filosofia com crianças.) É possível que ambos tenham falado com a mesma mãe. Se não o fizemos, as crianças estão assustadoramente preocupadas com essa questão. Ver Jana Mohr Lone, *Seen and Not Heard: Why Children's Voices Matter* (Londres: Rowman and Littlefield, 2021), 8.
22. *Criação contínua*: Para uma introdução à criação contínua, ver David Vander Laan, "Creation and Conservation", *Stanford Encyclopedia of Philosophy* (inverno de 2017), editada por Edward N. Zalta, https://plato.stanford.edu/archives/win2017/entries/creation-conservation.
23. **Mas não ensina filosofia:** Jana Mohr Lone, "Philosophy with Children", *Aeon*, 11 de maio de 2021, https://aeon.co/essays/how-to-do-philosophy-for-and-with-children.
24. **De fato, achava:** Thomas Hobbes, *Leviatã*, tradução João Paulo Monteiro (São Paulo: Martins Fontes, 2008).
25. **"Sórdida, brutal e curta":** Hobbes, *Leviatã*.

CAPÍTULO I: DIREITOS

1. *"Posso tomar uma xícara de chá?"*: Sobre a intercambialidade de *poder* e *poderia*, ver "Usage Notes: 'Can' vs. 'May'", *Merriam-Webster*, acessado em 5 de julho de 2021, www.merriam-webster.com/words-at-play/when-to-use-can-and-may#.
2. **Teoria dos direitos:** Judith Jarvis Thomson, *The Realm of Rights* (Cambridge: Harvard University Press, 1990), 123.
3. **Ela é chamada de *consequencialismo*:** Para uma visão geral do consequencialismo, ver Walter Sinnott-Armstrong, "Consequentialism", *Stanford Encyclopedia of Philosophy* (verão de 2019), editada por Edward N. Zalta, https://plato.stanford.edu/archives/sum2019/entries/consequentialism.
4. *Levando os direitos a sério*: Ronald Dworkin, *Taking Rights Seriously* (Cambridge: Harvard University Press, 1977).

NOTAS

5. **Os direitos *triunfam* sobre as preocupações com o bem-estar:** Ronald Dworkin, "Rights as Trumps", em *Theories of Rights*, editado por Jeremy Waldron (Oxford: Oxford University Press, 1984), 153—167.
6. **Comumente chamada de Transplante:** Ver Judith Jarvis Thomson, "The Trolley Problem", *Yale Law Journal* 94, n. 6 (maio de 1985): 1396.
7. **A primeira de Observador na Alavanca:** Thomson, "Trolley Problem", 1397.
8. **Ela é chamada de Homem Gordo:** Thomson, "Trolley Problem", 1409.
9. **Kant insistia que:** Para uma visão geral da filosofia moral de Kant, Robert Johnson e Adam Cureton, "Kant's Moral Philosophy", *Stanford Encyclopedia of Philosophy* (primavera de 2021), editada por Edward N. Zalta, https://plato.stanford.edu/archives/spr2021/entries/kant-moral.
10. **Um subproduto infeliz:** Outra solução proposta para o Dilema do Bonde também explora o fato de que a morte do trabalhador no impulso do momento é prevista, mas não intencional. Essa é a famosa *doutrina do duplo efeito*, que figura de modo proeminente nos ensinamentos católicos sobre o aborto. De acordo com a doutrina, às vezes é permissível causar dano na busca de um fim digno, desde que o dano não seja intencional. Aliás, a primeira vez em que os bondes surgiram na filosofia foi em um artigo de Philippa Foot intitulado "The Problem of Abortion and the Doctrine of the Double Effect", *Oxford Review* 5 (1967): 5—15. Para uma visão geral da doutrina do duplo efeito e algumas dúvidas sobre ela, ver Alison McIntyre, "Doctrine of Double Effect", *Stanford Encyclopedia of Philosophy* (primavera de 2019), editada por Edward N. Zalta, https://plato.stanford.edu/archives/spr2019/entries/double-effect.
11. **Ela pensou na solução:** Thomson, "Trolley Problem", 1401—1403.
12. **Essa é chamada de Circuito:** Thomson, "Trolley Problem", 1402.
13. **Alguns filósofos acham:** Para uma exploração da possibilidade de que importe, ver John Mikhail, *Elements of Moral Cognition* (Cambridge: Cambridge University Press, 2011), 101—121.
14. **Homem Gordo no Alçapão:** Mikhail chama esse caso de Homem Caído. Ver seu *Elements of Moral Cognition*, 109.
15. **Às vezes é chamado de Bondologia:** Para um tour divertido pela Bondologia, ver David Edmonds, *Would You Kill the Fat Man? The Trolley Problem and What Your Answer Tells Us about Right and Wrong* (Princeton: Princeton University Press, 2014).
16. **Carta ao *Globe and Mail*:** A carta de Wilson foi reimpressa em Thomas Hurka, "Trolleys and Permissible Harm", em F. M. Kamm, *The Trolley Problem Mysteries*, editado por Eric Rakowski (Oxford: Oxford University Press, 2015), 135.

NOTAS 343

17. **Última palavra de Thomson:** Sobre esse tópico, discutido na nota de rodapé, ver Judith Jarvis Thomson, "Turning the Trolley", *Philosophy & Public Affairs* 36, n. 4 (2008): 359—374.

18. **Bondes foram introduzidos:** Foot, "Problem of Abortion".

CAPÍTULO 2: VINGANÇA

1. **Roubavam suas figurinhas:** Nadia Chernyak, Kristin L. Leimgruber, Yarrow C. Dunham, Jingshi Hu e Peter R. Blake, "Paying Back People Who Harmed Us but Not People Who Helped Us: Direct Negative Reciprocity Precedes Direct Positive Reciprocity in Early Development", *Psychological Science* 30, n. 9 (2019): 1273—1286.

2. **Buscam satisfazer a fome:** Ver Susan Cosier, "Is Revenge Really Sweet?" *Science Friday*, 1º de julho de 2013, www.sciencefriday.com/articles/is-revenge-really-sweet/; e Eddie Harmon-Jones e Jonathan Sigelman, "State Anger and Prefrontal Brain Activity: Evidence That Insult-Related Relative Left-Prefrontal Activation Is Associated with Experienced Anger and Aggression", *Journal of Personality and Social Psychology* 80, n. 5 (junho de 2001): 797—803.

3. **Vingança é doce:** Homero, *A Ilíada*, tradução de Peter Green (Oakland: University of California Press, 2015), 18, 108—110. Nessa passagem, Aquiles diz que o "ressentimento" é "mais doce que o mel", mas o que ele tem em mente é o ressentimento enquanto se contempla a vingança.

4. **"jantar regado a álcool":** A citação no rodapé vem de Simon Sebag Montefiore, *O jovem Stálin*, tradução Pedro Maia Soares (São Paulo: Companhia das Letras, 2008).

5. **Os papéis de devedor e credor:** Ver William Ian Miller, *An Eye for an Eye* (Nova York: Cambridge University Press, 2006), 68—69.

6. **"Minha é a vingança":** Romanos, 12:19 (Nova Versão Internacional).

7. **Aristóteles começou a escrever sobre a distinção:** Aristóteles, "Livro V: Justiça", *Ética a Nicômaco*, tradução de C. D. C. Reeve (Indianápolis: Hackett, 2014), 77—97.

8. **E bastante genial:** Miller, *An Eye for an Eye*, principalmente o Capítulo 4 ("The Proper Price of Property in an Eye").

9. ***A saga de Guðmundur, o Valoroso:*** Discutida em William Ian Miller, *Bloodtaking and Peacemaking: Feud, Law, and Society in Saga Iceland* (Chicago: University of Chicago Press, 1997), 1—2.

10. **"Disposta a pagar mais":** Miller, *Bloodtaking and Peacemaking*, 2.

11. **A honra era o que fornecia:** Miller, *An Eye for na Eye*, 101.

12. **o caso de Kay Kenton:** *Kenton v. Hyatt Hotels Corp.*, 693 S.W.2d 83 (Mo. 1985).

NOTAS

13. **Contava como compensação razoável:** Como explica Miller (*An Eye for an Eye*, 53—54), frequentemente havia costumes sobre o que contava como compensação razoável por injúrias particulares — como a que desdenhou quando estabeleceu o preço pela mão de Skæring.

14. **"Número ímpar para acertar as coisas":** Miller, *An Eye for an Eye*, 9.

15. **"Barata, suja e brutal":** Miller, *An Eye for an Eye*, 55.

16. **Pouco valor à vida e à integridade corporal:** Para essa e a citação sobre "menos de nossa virtude" na nota de rodapé, ver Miller, *An Eye for an Eye*, 57.

17. **"Toda fatalidade nas estradas":** Miller, *An Eye for an Eye*, 55.

18. **Escravo por dívida:** Miller, *An Eye for an Eye*, 54.

19. **O *autorrespeito* dele está em jogo:** Ver Pamela Hieronymi, "Articulating an Uncompromising Forgiveness", *Philosophy and Phenomenological Research* 62, n. 3 (2001): 529—555.

20. **Deveria sentir raiva e ressentimento:** Hieronymi, "Articulating an Uncompromising Forgiveness", 530.

21. **Uma questão de autorrespeito:** Jeffrie G. Murphy e Jean Hampton, *Forgiveness and Mercy* (Nova York: Cambridge University Press, 1988).

22. **Se Hank se ressente contra Caden:** Hieronymi, "Articulating an Uncompromising Forgiveness", 546.

23. **Corrigir as mensagens:** Ver Scott Hershovitz, "Treating Wrongs as Wrongs: Na Expressive Argument for Tort Law", *Journal of Tort Law* 10, n. 2 (2017): 405—447.

24. **Sobre Taylor Swift:** O argumento dessa seção foi adaptado de meu artigo "Taylor Swift, Philosopher of Forgiveness", *New York Times*, 7 de setembro de 2019, www.nytimes.com/2019/09/07/opinion/sunday/taylor--swift-lover.html.

CAPÍTULO 3: PUNIÇÃO

1. **Os transgressores têm um débito:** Para uma visão geral das diferentes maneiras de pensar sobre a retribuição, ver John Cottingham, "Varieties of Retribution", *Philosophical Quarterly* 29, n. 116 (1979): 238—246. Para o ceticismo em relação às principais formas da ideia, ver David Dolinko, "Some Thoughts about Retributivism", *Ethics* 101, n. 3 (1991): 537—559.

2. **Escola para adestradores:** Amy Sutherland, *What Shamu Taught Me about Life, Love, and Marriage* (Nova York: Random House, 2009).

3. **"O que Shamu me ensinou":** Amy Sutherland, "What Shamu Taught Me about a Happy Marriage", *New York Times*, 25 de junho de 2006, www.nytimes.com/2019/10/11/style/modern-love-what-shamu-taught-me-happy--marriage.html.

NOTAS

4. **"Um leão-marinho":** Sutherland, "What Shamu Taught Me about a Happy Marriage".
5. **Intitulado "Liberdade e ressentimento":** P. F. Strawson, *Freedom and Resentment and Other Essays* (Londres: Methuen, 1974), 1—25.
6. **"A ser administrado, manejado":** Strawson, *Freedom and Resentment*, 9.
7. **"Um pouquinho mais para perto da perfeição":** Sutherland, "What Shamu Taught Me about a Happy Marriage".
8. **Sentimos raiva e ressentimento:** Strawson, *Freedom and Resentment*, 6—7.
9. **Feinberg viu um problema:** Joel Feinberg, "The Expressive Function of Punishment", *The Monist* 49, n. 3 (1965): 397—423.
10. **"Hostilidade é santimonial":** Feinberg, "Expressive Function of Punishment", 403.
11. **"Escravizada das paixões":** David Hume, *Tratado da natureza humana*, tradução Debora Danowski (São Paulo: Editora Unesp, 2009).
12. **"Administradas, manejadas":** Strawson, *Freedom and Resentment*, 9.
13. **Bastante pesquisa:** Adam Grant reúne alguns dos estudos em "Raising a Moral Child", *New York Times*, 11 de abril de 2014, www.nytimes.com/2014/04/12/opinion/sunday/raising-a-moral-child.html.
14. **Você está realmente zangado:** Como disse Strawson, "O fingimento se modula imperceptivelmente na direção de exibições verdadeiras". Strawson, *Freedom and Resentment*, 19.
15. **A punição assinala:** Desenvolvi essa visão sobre justiça corretiva e retributiva em "Treating Wrongs as Wrongs: An Expressive Argument for Tort Law", *Journal of Tort Law* 10, n. 2 (2017): 405—447.
16. **Sentença imposta:** Chanel Miller conta sua experiência com a agressão e suas consequências em *Know My Name: A Memoir* (Nova York: Viking, 2019).
17. **A sentença gerou ultraje:** Ver Liam Stack, "Light Sentence for Brock Turner in Stanford Rape Case Draws Outrage", *New York Times*, 6 de junho de 2016.
18. **Por roubar algo:** Código Penal da Califórnia §§ 487—488 (2020).
19. **Mais pessoas *per capita*:** Roy Walmsley, "World Prison Population List", 12ª edição, Institute for Criminal Policy Research, 11 de junho de 2018, www.prisonstudies.org/sites/default/files/resources/downloads/wppl_12.pdf.
20. **"Em todo bom casamento":** Ruth Bader Ginsburg, "Ruth Bader Ginsburg's Advice for Living", *New York Times*, 1º de outubro de 2016, www.nytimes.com/2016/10/02/opinion/sunday/ruth-bader-ginsburgs-advice-for-living.html.

NOTAS

21. **"Levar os defeitos dele para o lado pessoal":** Sutherland, "What Shamu Taught Me about a Happy Marriage".

22. **"Entrincheirados demais, instintivos demais":** Sutherland, "What Shamu Taught Me about a Happy Marriage".

23. **"Tensão do envolvimento":** Strawson, *Freedom and Resentment*, 10.

CAPÍTULO 4: AUTORIDADE

1. **Distinção entre poder e autoridade:** Ver Joseph Raz, *The Authority of Law: Essays on Law and Morality*, 2ª edição (Oxford: Oxford University Press, 2009), 19—20.

2. **Poder sobre uma pessoa:** Ver, por exemplo, Joseph Raz, *Ethics in the Public Domain* (Oxford: Oxford University Press, 1994), 341 ("Ter autoridade é ter o direito de dar ordens àqueles que estão sujeitos a ela. E o direito de dar ordens traz consigo a obrigação de obedecer."); Robert Paul Wolff, *In Defense of Anarchism* (Berkeley: University of California Press, 1998), 4 ("Autoridade é o direito de comandar e, correlativamente, o direito de ser obedecido").

3. **Um assalto:** Ver Wolff, *In Defense of Anarchism*, 4.

4. **Obrigados a *assumir a responsabilidade*:** Wolff, *In Defense of Anarchism*, 12—15.

5. **Visa a agir *autonomamente*:** Wolff, *In Defense of Anarchism*, 13.

6. **Tem responsabilidades:** Wolff, *In Defense of Anarchism*, 13.

7. **Autonomia e autoridade são incompatíveis:** Wolff, *In Defense of Anarchism*, 18—19.

8. **Motivo para se submeter:** Raz, *Authority of Law*, 13—15.

9. **Só porque *você* decidiu:** Ver Scott J. Shapiro, "Authority", em *The Oxford Handbook of Jurisprudence and Philosophy of Law*, editado por Jules L. Coleman, Kenneth Einar Himma e Scott J. Shapiro (Nova York: Oxford University Press, 2002), 383—439; e Raz, *Authority of Law*, 3—36.

10. **Responsabilidades na proporção:** Em relação a essa nota de rodapé, ver Wolff, *In Defense of Anarchism*, 12—13.

11. **Ajudá-lo a fazer melhor:** Raz chama isso de *tese da justificativa normal*. Ver Joseph Raz, *Morality of Freedom* (Oxford: Clarendon, 1986), 53. Para meu esboço da tese — e preocupações com ela —, ver Scott Hershovitz, "Legitimacy, Democracy, and Razian Authority", *Legal Theory* 9, n. 3 (2003): 206—208.

12. **Concepção da autoridade como serviço:** Raz, *Morality of Freedom*, 56.

13. **Pode saber mais:** Raz, *Morality of Freedom*, 74—76.

14. **Chamam essas situações de *problemas de coordenação*:** Raz, *Morality of Freedom*, 49—50.

15. **É um motivo para os jogadores:** Raz, *Morality of Freedom*, 47.

NOTAS

16. **Comecei a tentar demonstrar:** Minha crítica da visão da autoridade de Raz está dividida em três artigos: Hershovitz, "Legitimacy, Democracy, and Razian Authority", 201—20; Scott Hershovitz, "The Role of Authority", *Philosophers' Imprint* 11, n. 7 (2011): 1—19; e "The Authority of Law", em *The Routledge Companion to the Philosophy of Law*, editado por Andrei Marmor (Nova York: Routledge, 2012), 65—75.

17. **O direito de mandar em você:** Ver Hershovitz, "Role of Authority"; Stephen Darwall, "Authority and Second-Personal Reasons for Acting", em *Reasons for Action*, editado por David Sobel e Steven Wall (Cambridge: Cambridge University Press, 2009), 150—51; e Ken Himma, "Just 'Cause You're Smarter Than Me Doesn't Give You a Right to Tell Me What to Do: Legitimate Authority and the Normal Justification Thesis", *Oxford Journal of Legal Studies* 27, n. 1 (2007): 121—150.

18. **Restante do papel:** A visão esboçada nessa seção é desenvolvida mais extensamente em meu artigo "Role of Authority".

19. **Princípio de Peter Parker:** Massimo Pigliucci, "The Peter Parker Principle", *Medium*, 3 de agosto de 2020, https://medium.com/@MassimoPigliucci/the-peter-parker-principle-9f3f33799904.

20. **Algum papel de autoridade:** Sobre a ideia de que a propriedade é um papel de autoridade, ver Christopher Essert, "The Office of Ownership", *University of Toronto Law Journal* 63, n. 3 (2013): 418—461.

21. **Placa política em seu jardim:** Robert McGarvey, "You Can Be Fired for Your Political Beliefs", *The Street*, 28 de abril de 2016, www.thestreet.com/personal-finance/you-can-be-fired-for-your-political-beliefs-13547984.

22. **Usar o cabelo:** Roger S. Achille, "Policy Banning Extreme Hair Colors Upheld", Society for Human Resource Management, 14 de março de 2018, www.shrm.org/resourcesandtools/legal-and-compliance/employment-law/pages/court-report-policy-banning-extreme-hair-colors-upheld.aspx.

23. **A maioria dos governos opressivos:** Elizabeth Anderson, *Private Government: How Employers Rule Our Lives (and Why We Don't Talk about It)* (Princeton: Princeton University Press, 2017).

24. **Fazem buscas nos pertences dos funcionários:** Ver *Frlekin v. Apple, Inc.*, 2015 U.S. Dist. LEXIS 151937, citado em Anderson, *Private Government*, xix.

25. **Eles determinam turnos:** Stephanie Wykstra, "The Movement to Make Workers' Schedules More Humane", *Vox*, 5 de novembro de 2019, www.vox.com/future-perfect/2019/10/15/20910297/fair-workweek-laws-unpredictable-scheduling-retail-restaurants.

NOTAS

26. **Regras para cabelo e maquiagem:** Achille, "Policy Banning Extreme Hair Colors Upheld".

27. **Funcionários de depósitos:** Colin Lecher, "How Amazon Automatically Tracks and Fires Warehouse Workers for 'Productivity'" *The Verge*, 25 de abril de 2019, www.theverge.com/2019/4/25/18516004/amazon--warehouse-fulfillment-centers-productivity-firing-terminations.

28. **Até mesmo suas idas ao banheiro:** Ver Oxfam America, *No Relief: Denial of Bathroom Breaks in the Poultry Industry* (Washington, 2016), https://s3.amazonaws.com/oxfam-us/www/static/media/files/No_Relief_Embargo.pdf, citado em Anderson, *Private Government*, xix.

29. **"Guerra de todos contra todos":** Thomas Hobbes, *Leviatã*, tradução João Paulo Monteiro (São Paulo: Martins Fontes, 2008).

30. **"O mais fraco tem força":** Hobbes, *Leviatã*.

31. **Não haveria máquinas, edifícios:** Hobbes, *Leviatã*.

32. **No estado natural, a vida:** Hobbes, *Leviatã*.

33. **Viu uma maneira de escapar:** Hobbes, *Leviatã*.

34. **Separação dos poderes:** John Locke, *Segundo tratado sobre o governo civil*, tradução Marsely de Marco Dantas (São Paulo: Edipro, 2014).

35. **Representação do povo na legislatura:** Locke, *Segundo tratado sobre o governo civil*.

CAPÍTULO 5: LINGUAGEM

1. **Para uma simples demonstração:** Neil deGrasse Tyson, *Astrofísica para gente com pressa: uma viagem rápida ao cosmos*, tradução Alexandre Martins (Brasil: Planeta, 2017).

2. **"Tentar bater uma porta":** Rebecca Roache, "Naughty Words", *Aeon*, 22 de fevereiro de 2016, https://aeon.co/essays/where-does-swearing--get-its-power-and-how-should-we-use-it.

3. **Ela chama de *escalada da ofensa*:** Roache, "Naughty Words".

4. **Não o tipo de história:** Ver Melissa Mohr, *Holy Shit: A Brief History of Swearing* (Nova York: Oxford University Press).

5. **Chamou isso de *moralidade convencional*:** Ronald Dworkin, *Taking Rights Seriously* (Londres: Duckworth, 1978), 73.

6. **Percebiam menos dor:** Richard Stephens, John Atkins e Andrew Kingston, "Swearing as a Response to Pain", *Neuroreport* 20, n. 12 (2009): 1056—60, resumido em Emma Byrne, *Swearing Is Good for You: The Amazing Science of Bad Language* (Nova York: W. W. Norton, 2017), 46—48.

7. **Palavrões fortes:** Richard Stephens resume esses estudos não publicados em Byrne, *Swearing Is Good for You*, 58.

8. **Dor causada pela exclusão social:** Michael C. Philipp e Laura Lombardo, "Hurt Feelings and Four Letter Words: Swearing Alleviates the

NOTAS

Pain of Social Distress", *European Journal of Social Psychology* 47, n. 4 (2017): 517—523, resumido por Byrne em *Swearing Is Good for You*, 61.

9. **Chimpanzés que aprendem:** Byrne, *Swearing Is Good for You*, 120.

10. **Linguagem emocionalmente carregada:** Byrne, *Swearing Is Good for You*, 21—45.

11. **"Bom para formar vínculos":** Byrne, *Swearing Is Good for You*, 94.

12. **Foda às vezes é um verbo:** Nessa seção, estou seguindo a dica de McCulloch, "A Linguist Explains the Syntax of 'Fuck'". Muitos dos artigos nos quais ela se baseia foram reunidos em *Studies Out in Left Field: Defamatory Essays Presented to James D. McCawley on the Occasion of His 33rd or 34th Birthday*, editado por Arnold M. Zwicky, Peter H. Salus, Robert I. Binnick e Anthony L. Vanek (Filadélfia: John Benjamins Publishing Company, 1992).

13. **Um linguista chamado James D. McCawley:** Nessa nota de rodapé, para ter uma visão geral do argumento de McCawley e um pouco da história por trás do artigo, ver Gretchen McCulloch, "A Linguist Explains the Syntax of 'Fuck'", *The Toast*, 9 de dezembro de 2014, https://the-toast.net/2014/12/09/linguist-explains-syntax-f-word.

14. **O épico artigo de John McCarthy:** John J. McCarthy, "Prosodic Structure and Expletive Infixation", *Language* 58, n. 3 (1982): 574—590.

15. **Prever como as pessoas reagirão:** Byrne, *Swearing Is Good for You*, 37—38.

16. **Aos 5 ou 6 anos:** Em relação a essa nota de rodapé, ver Kristin L. Jay e Timothy B. Jay, "A Child's Garden of Curses: A Gender, Historical, and Age-Related Evaluation of the Taboo Lexicon", *American Journal of Psychology* 126, n. 4 (2013): 459—475.

17. **O sagrado, o profano:** O contraste entre o sagrado e o profano foi introduzido por Emile Durkheim, mas estou usando a expressão de maneira diferente da dele. Ver seu *Elementary Forms of the Religious Life*, tradução de Joseph Ward Swain (Mineola: Dover, 2008).

18. **Um escândalo:** John McWhorter expõe esse argumento em "The F-Word Is Going the Way of *Hell*", *The Atlantic*, 6 de setembro de 2019, www.theatlantic.com/ideas/archive/2019/09/who-cares-beto-swore/597499. Ele sugere que *foda* está a caminho de deixar de ser um palavrão. Ele está rapidamente se tornando como "que inferno!" — uma expressão que só surpreende as crianças. Estendendo o argumento de Roache, poderíamos chamar esse processo de *amenização da ofensa*. Quanto mais dizemos uma palavra, mais nos acostumamos a ela e menos ofensiva ela nos parece.

19. **O que é um marrano:** Para discussão, ver Geoffrey K. Pullum, "Slurs and Obscenities: Lexicography, Semantics, and Philosophy", em *Bad*

Words: Philosophical Perspectives on Slurs, editado por David Sosa (Nova York: Oxford University Press, 2018), 168—192.

20. **A chave para entender os insultos:** Eric Swanson, "Slurs and Ideologies", em *Analyzing Ideology: Rethinking the Concept*, editado por Robin Celikates, Sally Haslanger e Jason Stanley (Oxford: Oxford University Press, no prelo).

21. **É um conjunto de ideias:** Swanson, "Slurs and Ideologies".

22. **Insultos *evocam* ideologias:** Swanson, "Slurs and Ideologies".

23. **Operar com essa ideologia:** Swanson, "Slurs and Ideologies".

24. **Carta de James Baldwin:** James Baldwin, "The Fire Next Time", em *Collected Essays*, editado por Toni Morrison (Nova York: Library of America, 1998), 291.

25. **Martin Luther King Jr.:** Martin Luther King Jr., *Letter from the Birmingham Jail* [Carta de uma prisão em Birmingham, em tradução livre] (São Francisco: Harper San Francisco, 1994).

26. **Carta de Ta-Nehisi Coates:** Ta-Nehisi Coates, *Entre o mundo e eu*, tradução Paulo Geiger (São Paulo: Objetiva, 2015).

27. **Seriedade moral de um insulto:** Em relação a essa nota de rodapé, ver Swanson, "Slurs and Ideologies".

28. *Esparsamente* **é a palavra-chave:** Para mais discussões sobre a distinção entre uso e menção, ver John McWhorter, "The Idea That Whites Can't Refer to the N-Word", *The Atlantic*, 27 de agosto de 2019, www.theatlantic.com/ideas/archive/2019/08/whites-refer-to-the-n-word/596872.

29. **"Ajude tanto a mãe dele":** Swanson, "Slurs and Ideologies".

CAPÍTULO 6: SEXO, GÊNERO E ESPORTES

1. **Questionarem sua feminilidade:** Em relação a essa nota de rodapé, ver Emilia Bona, "Why Are Female Athletes Criticised for Developing a 'Masculine' Physique?" *Vice*, 29 de julho de 2016, www.vice.com/en_us/article/pgnav7/why-are-female-athletes-criticised-for-developing-a-masculine-physique.

2. **Nenhum adulto disse isso:** Adultos às vezes dizem isso. Em um estudo da Women's Sports Foundation, quase um terço dos pais "endossou a crença de que meninos são melhores que meninas nos esportes". N. Zarrett, P. T. Veliz e D. Sabo, *Keeping Girls in the Game: Factors That Influence Sport Participation* (Nova York: Women's Sports Foundation, 2020), 5.

3. **Terminado a temporada de 2019 em 801º:** "Senior Outdoor 2019 100 Metres Men Top List", World Athletics, acessado em 27 de janeiro de 2021, www.worldathletics.org/records/toplists/sprints/100-metres/outdoor/men/senior/2019.

NOTAS

4. **Mais de uma dúzia de garotos com menos de 18 anos:** "U18 Outdoor 2019 100 Metres Men Top List", World Athletics, acessado em 17 de janeiro de 2021, www.worldathletics.org/records/toplists/sprints/100--metres/outdoor/men/u18/2019.

5. **Esse tempo é disputado:** Em relação a essa nota de rodapé, ver Nicholas P. Linthorne, *The 100-m World Record by Florence Griffith-Joyner at the 1988 U.S. Olympic Trials*, relatório para a Federação Atlética Amadora, junho de 1995, www.brunel.ac.uk/~spstnpl/Publications/IAAFReport(Linthorne).pdf; e "Senior Outdoor 100 Metres Women All Time Top List", World Athletics, acessado em 22 de agosto de 2021, www.worldathletics.org/records/all-time-toplists/sprints/100-metres/outdoor/women/senior.

6. **Ele foi o terceiro do mundo:** Ao menos, essa é a lenda familiar. Não conseguimos rastrear os registros das classificações. Mas sabemos, por um relato da mídia, que Benny participou de uma luta eliminatória no campeonato peso-mosca. Se tivesse vencido, ele teria enfrentado Midget Wolgast — que, a despeito do apelido, era 3,8 centímetros mais alto. Benny perdeu e não teve a chance de lutar contra ele. Uma lista de suas lutas profissionais está disponível em BoxRec, 17 de janeiro de 2020, https://boxrec.com/en/proboxer/431900.

7. **"Esportes quase completamente separados":** Serena acrescentou, "Eu adoro jogar tênis feminino. Só quero jogar contra mulheres, porque não desejo ser constrangida." Chris Chase, "Serena Tells Letterman She'd Lose to Andy Murray in 'Five or Six' Minutes", *For the Win*, 23 de agosto de 2013, https://ftw.usatoday.com/2013/08/serena-williams--playing-men-andy-murray.

8. **Exibindo jogadas ensaiadas:** Sarah Ko, "Off the Rim: The WNBA Is Better Than the NBA", *Annenberg Media*, 20 de setembro de 2019, www.uscannenbergmedia.com/2019/09/20/off-the-rim-the-wnba-is-better--than-the-nba.

9. **Parece haver diferenças biomecânicas:** Em relação a essa nota de rodapé, ver Reed Ferber, Irene McClay Davis e Dorsey S. Williams 3rd, "Gender Differences in Lower Extremity Mechanics During Running", *Clinical Biomechanics* 18, n. 4 (2003): 350—357.

10. **Morreu tragicamente jovem:** Michael D. Resnik, E. Maynard Adams e Richard E. Grandy, "Jane English Memorial Resolution, 1947—1978", *Proceedings and Addresses of the American Philosophical Association* 52, n. 3 (1979): 376.

11. **Publicou um artigo:** Jane English, "Sex Equality in Sports", *Philosophy & Public Affairs* 7, n. 3 (1978): 269—277.

NOTAS

12. **"Diversão pura e simples":** English, "Sex Equality in Sports", 270.
13. **"Não é motivo para negar a Matilda":** English, "Sex Equality in Sports", 270.
14. **"Pessoas de todas as idades":** English, "Sex Equality in Sports", 274.
15. **Recorde de seu grupo etário:** Resnik, Adams e Grandy, "Jane English Memorial Resolution", 377.
16. **Quem dirá chegar em primeiro lugar:** English, "Sex Equality in Sports", 271.
17. **Papel proeminente nos esportes:** English, "Sex Equality in Sports", 273.
18. **Ganhou a medalha de prata:** "Angela Schneider to Serve as New Director of ICOS", International Centre for Olympic Studies, acessado em 17 de janeiro de 2020, www.uwo.ca/olympic/news/2019/angela_schneider_to_serve_as_new_director_of_icos.html.
19. **"Posições de poder":** Angela J. Schneider, "On the Definition of 'Woman' in the Sport Context", em *Values in Sport: Elitism, Nationalism, Gender Equality and the Scientific Manufacturing of Winners*, editado por Torbjorn Tannsjo e Claudio Tamburrini (Londres: E & FN Spon, 2000), 137.
20. **"Sistematicamente afastadas das posições":** Schneider, "On the Definition of 'Woman'", 137.
21. **Luta contra a desigualdade racial:** Cindy Boren, "Michael Jordan Pledged $100 Million to Improve Social Justice Because 'This Is a Tipping Point'", *Washington Post*, 7 de junho de 2020, www.washingtonpost.com/sports/2020/06/07/michael-jordan-pledged-100-million-improve--social-justice-because-this-is-tipping-point.
22. **"Modelam e definem nossas imagens":** Schneider, "On the Definition of 'Woman'", 137.
23. **Se sairiam igualmente bem:** Schneider, "On the Definition of 'Woman'", 134.
24. **Os homens não se importam muito:** Melissa Cruz, "Why Male Gymnasts Don't Do the Balance Beam", *Bustle*, 11 de agosto de 2016, www.bustle.com/articles/178101-why-dont-male-gymnasts-do-the-balance--beam-this-olympic-event-could-use-a-modern-update.
25. **Arrasou na competição:** Jason Sumner, "Fiona Kolbinger, 24-Year--Old Medical Student, Becomes First Woman to Win the Transcontinental Race", *Bicycling*, 6 de agosto de 2019, www.bicycling.com/racing/a28627301/fiona-kolbinger-transcontinental-race.
26. **Terminou doze horas antes:** Angie Brown, "Nursing Mother Smashes 268-mile Montane Spine Race Record", *BBC News*, 17 de janeiro de 2019, www.bbc.com/news/uk-scotland-edinburgh-east-fife-46906365.

NOTAS

27. **Que traços os pesquisadores contam:** Em relação a essa nota de rodapé, ver Claire Ainsworth, "Sex Redefined", *Nature*, 18 de fevereiro de 2015, www.nature.com/articles/518288a.

28. **Dois iniciaram incêndios:** Sarah Moon e Hollie Silverman, "California Fire Sparked by a Gender Reveal Party Has Grown to More Than 10,000 Acres", *CNN*, 8 de setembro de 2020, www.cnn.com/2020/09/08/us/el--dorado-fire-gender-reveal-update-trnd/index.html.

29. **Morta por um canhão:** Nour Rahal, "Michigan Man Dead after Explosion at Baby Shower", *Detroit Free Press*, 8 de fevereiro de 2021, www.freep.com/story/news/local/michigan/2021/02/07/harland-cannon-explosion-baby-shower/4429175001.

30. **Bomba caseira:** Sandra E. Garcia, "Explosion at Gender Reveal Party Kills Woman, Officials Say", *New York Times*, 28 de outubro de 2019, www.nytimes.com/2019/10/28/us/gender-reveal-party-death.html.

31. **A regra geralmente aceita:** Citado em Jeanne Maglaty, "When Did Girls Start Wearing Pink?" *Smithsonian Magazine*, 7 de abril de 2011, www.smithsonianmag.com/arts-culture/when-did-girls-start-wearing-pink-1370097.

32. **Algumas crianças não se identificam:** Para uma útil visão geral das pesquisas atuais sobre crianças trans, ver Kristina R. Olson, "When Sex and Gender Collide", *Scientific American*, 1º de setembro de 2017, www.scientificamerican.com/article/when-sex-and-gender-collide.

33. **Homens trans praticando esportes masculinos:** Ver, por exemplo, Talya Minsberg, "Trans Athlete Chris Mosier on Qualifying for the Olympic Trials", *New York Times*, 28 de janeiro de 2020, www.nytimes.com/2020/01/28/sports/chris-mosier-trans-athlete-olympic-trials.html.

34. **Desempenho de atletas trans:** Katherine Kornei, "This Scientist Is Racing to Discover How Gender Transitions Alter Athletic Performance—Including Her Own", *Science*, 25 de julho de 2018, www.sciencemag.org/news/2018/07/scientist-racing-discover-how-gender-transitions--alter-athletic-performance-including.

35. **O problema é a testosterona:** Joanna Harper, "Athletic Gender", *Law and Contemporary Problems* 80 (2018): 144.

36. **Reduziram sua velocidade:** Briar Stewart, "Canadian Researcher to Lead Largest Known Study on Transgender Athletes", *CBC News*, 24 de julho de 2019, www.cbc.ca/news/health/trans-athletes-performance--transition-research-1.5183432.

37. **Em uma pesquisa Gallup recente:** Em relação à pesquisa citada na nota de rodapé, ver Jeffrey M. Jones, "LGBT Identification Rises to 5.6% in Latest U.S. Estimate", *Gallup*, 24 de fevereiro de 2021, https://news.gallup.com/poll/329708/lgbt-identification-rises-latest-estimate.aspx.

NOTAS

38. **Competidoras também eram mais lentas:** Joanna Harper, "Do Transgender Athletes Have na Edge? I Sure Don't", *Washington Post*, 1º de abril de 2015, www.washingtonpost.com/opinions/do-transgender-athletes-have-an-edge-i-sure-dont/2015/04/01/ccacb1da-c68e-11e4-b2a1--bed1aaea2816_story.html.

39. **Harper reuniu dados:** Joanna Harper, "Race Times for Transgender Athletes", *Journal of Sporting Cultures and Identities* 6, n. 1 (2015): 1—9.

40. **Seu estudo é controverso:** Para preocupações com o estudo de Harper, ver Rebecca M. Jordan-Young e Katrina Karkazis, *Testosterone: An Unauthorized Biography* (Cambridge: Harvard University Press, 2019), 188—189.

41. **Não há relação consistente:** O capítulo sobre atletismo em Jordan--Young e Karkazis, *Testosterone*, 159—201, fornece uma revisão geral da pesquisa sobre testosterona e desempenho nos esportes.

42. **"Proporcionar às mulheres":** Harper, "Athletic Gender", 148.

43. **"Não alterarem indevidamente":** Harper, "Athletic Gender", 148.

44. **Liga a elegibilidade das atletas:** "Eligibility Regulations for the Female Classification (Athletes with Differences of Sex Development)", International Association of Athletics Federations, 1º de maio de 2019, www.sportsintegrityinitiative.com/wp-content/uploads/2019/05/IAAF--Eligibility-Regulations-for-the-Female-Classi-2-compressed.pdf.

45. **"Depressão, fadiga, osteoporose":** Jordan-Young e Karkazis, *Testosterone*, 199.

46. **Esse foi um argumento apresentado por Veronica Ivy:** Ivy era previamente conhecida como Rachel McKinnon. Para conhecer seu argumento, ver Fred Dreier, "Q&A: Dr. Rachel McKinnon, Masters Track Champion and Transgender Athlete", *VeloNews*, 15 de outubro de 2018, www.velonews.com/news/qa-dr-rachel-mckinnon-masters-track-champion-and-transgender-athlete. Ivy escreve: "Se você olhar para o atletismo de elite, cada um dos competidores tem algum tipo de mutação genética que os torna fenomenais em seu esporte. A estrutura das articulações e a proporção corporal de Michael Phelps o tornam parecido com um peixe, o que é incrível. Mas não diríamos que ele tem uma vantagem competitiva injusta."

47. **20 centímetros mais alta:** Ver Rachel McKinnon, "I Won a World Championship. Some People Aren't Happy", *New York Times*, 5 de dezembro de 2019, www.nytimes.com/2019/12/05/opinion/i-won-a-world--championship-some-people-arent-happy.html.

48. **Recebido reconhecimento legal:** McKinnon, "I Won a World Championship".

NOTAS

49. **Se uma pessoa se vê:** Para um argumento similar, ver Rebecca Jordan--Young e Katrina Karkazis, "You Say You're a Woman? That Should Be Enough", *New York Times*, 17 de junho de 2012, www.nytimes.com/2012/06/18/sports/olympics/olympic-sex-verification-you-say-you-re-a-woman-that-should-be-enough.html.

50. **Homens não podem capturar:** Obrigado a Daniel Halberstam e Ellen Katz por me ajudarem com essa questão.

51. **Os atletas envolvidos fossem intersexuais:** Harper, "Athletic Gender", 141.

52. **Definir essa categoria:** Robin Dembroff, "Real Talk on the Metaphysics of Gender", *Philosophical Topics* 46, n. 2 (2018): 21—50.

53. **Conhecido como *ética conceitual*:** Ver Alexis Burgess e David Plunkett, "Conceptual Ethics I", *Philosophy Compass* 8, n. 12 (2013): 1091—1101.

54. **Aceitarmos a autoidentificação:** Para maiores reflexões sobre o significado da palavra *mulher* e outro argumento em favor de usar a palavra de maneira autoidentificatória, ver Talia Mae Bettcher, "Trans Women and the Meaning of 'Woman'", em *The Philosophy of Sex: Contemporary Readings*, 6ª edição, editado por Nicholas Power, Raja Halwani e Alan Soble (Lanham: Rowman & Littlefield, 2013), 233—250.

55. **Adotam a identidade:** Robin Dembroff, "Why Be Nonbinary?" *Aeon*, 30 de outubro de 2018, https://aeon.co/essays/nonbinary-identity-is-a--radical-stance-against-gender-segregation.

56. **Em uma pesquisa de 2015:** Em relação a essa nota de rodapé, ver S. E. James, J. L. Herman, S. Rankin, M. Keisling, L. Mottet e M. Anafi, *The Report of the 2015 U.S. Transgender Survey* (Washington: National Center for Transgender Equality, 2016), 44, https://transequality.org/sites/default/files/docs/usts/USTS-Full-Report-Dec17.pdf.

57. **Organização das relações sociais:** Ver Dembroff, "Why Be Nonbinary?" Ver também Dembroff, "Real Talk on the Metaphysics of Gender", 38: "Se o gênero for baseado na autoidentificação, preocupam-se eles, os sistemas sociais que eficientemente determinam expectativas sociais, estruturas familiares, disponibilidade sexual e divisão do trabalho baseada em gênero se tornarão confusas e ineficientes. Para mim, aqui, o *modus tollens* de um homem é o *modus ponens* de uma pessoa queer."

58. **Escolher em que competição entrar:** Ao menos um atleta não binário joga hóquei masculino *e* feminino. Ver Donna Spencer, "Non-binary Athletes Navigating Canadian Sport with Little Policy Help", *CBC Sports*, 26 de maio de 2020, www.cbc.ca/sports/canada-non-binary-athletes-1.5585435.

CAPÍTULO 7: RAÇA E RESPONSABILIDADE

1. *I Am Rosa*: Brad Meltzer, *I Am Rosa Parks* (Nova York: Dial Books, 2014).
2. *I Am Martin*: Brad Meltzer, *I Am Martin Luther King, Jr.* (Nova York: Dial Books, 2016).
3. *I Am Jackie*: Brad Meltzer, *I Am Jackie Robinson* (Nova York: Dial Books, 2015).
4. *When Jackie and Hank*: Cathy Goldberg Fishman, *When Jackie and Hank Met* (Tarrytown: Marshall Cavendish, 2012).
5. **Essas diferenças superficiais:** K. Anthony Appiah pesquisa a história desse tipo de visão em "Race, Culture, Identity: Misunderstood Connections", em K. Anthony Appiah e Amy Gutmann, *Color Conscious: The Political Morality of Race* (Princeton: Princeton University Press, 1996), 30—105.
6. **Biologia não funciona:** Appiah, "Race, Culture, Identity", 68—71.
7. **Tudo bobagem:** Para úteis visões gerais, ver Gavin Evans, "The Unwelcome Revival of 'Race Science'", *The Guardian*, 2 de março de 2018, www.theguardian.com/news/2018/mar/02/the-unwelcome-revival-of--race-science; e William Saletan, "Stop Talking About Race and IQ", *Slate*, 27 de abril de 2018, https://slate.com/news-and-politics/2018/04/stop-talking-about-race-and-iq-take-it-from-someone-who-did.html.
8. **"Não há base em fato científico":** Evans, "Unwelcome Revival of 'Race Science'".
9. **Variação dentro dos grupos raciais:** Paul Hoffman, "The Science of Race", *Discover*, 4 de novembro de 1994, citado em Appiah, "Race, Culture, Identity", 69.
10. **Um ancestral comum:** Ver Douglas L. T. Rohde, Steve Olson e Joseph T. Chang, "Modelling the Recent Common Ancestry of All Living Humans", *Nature* 431 (2004): 562—566.
11. **Como funciona a ancestralidade:** Ver Scott Hershberger, "Humans Are More Closely Related Than We Commonly Think", *Scientific American*, 5 de outubro de 2020, www.scientificamerican.com/article/humans-are-all--more-closely-related-than-we-commonly-think.
12. **Como explica o geneticista Adam Rutherford:** Citado em Hershberger, "Humans Are More Closely Related".
13. **Descendentes de uma única população:** L. Luca Cavalli-Sforza e Marcus W. Feldman, "The Application of Molecular Genetic Approaches to the Study of Human Evolution", *Nature Genetics Supplement* 33 (2003): 270.
14. **O *isoponto genético*:** Douglas Rohde, citado em Hershberger, "Humans Are More Closely Related".

NOTAS

15. **Nada como uma divisão rígida:** Para uma visão contrária, ver Quay-shawn Spencer, "How to Be a Biological Racial Realist", em *What Is Race?: Four Philosophical Views*, editado por Joshua Glasgow, Sally Has-langer, Chike Jeffers e Quayshawn Spencer (Nova York: Oxford University Press, 2019), 73—110. Spencer argumenta que a genética da população revela que os seres humanos se reúnem em cinco grupos raciais: africanos, asiáticos orientais, eurasianos, nativos americanos e oceânicos. Mas ele também deixa claro que esses agrupamentos não implicam que os grupos "diferem em quaisquer traços socialmente importantes (como inteligência, beleza, caráter moral, etc.)" (p. 104).

16. **Não combinam:** Ver Ron Mallon, "'Race': Normative, Not Metaphysical or Semantic", *Ethics* 116 (2006): 525—551; Naomi Zack, *Philosophy of Science and Race* (Nova York: Routledge, 2002); e Appiah, "Race, Culture, Identity".

17. **Estrutura uma hierarquia:** Para uma articulação desse tipo de visão, ver Sally Haslanger, "Tracing the Sociopolitical Reality of Race", em Glasgow et al., *What Is Race?*, 4—37.

18. **"Jim Crow":** W. E. B. Du Bois, *Dusk of Dawn: An Essay Toward an Autobiography of a Race Concept* (New Brunswick: Transaction Publishers, 2011), 153.

19. **Outras pessoas se tornaram brancas:** "As designações raciais 'branco' e 'negro' nasceram gêmeas". Kwame Anthony Appiah, "I'm Jewish and Don't Identify as White. Why Must I Check That Box?" *New York Times Magazine*, 13 de outubro de 2020, www.nytimes.com/2020/10/13/magazine/im jewish-and-dont-identify-as-white-why-must-i-check-that-box. html.

20. **"Ninguém era branco":** James Baldwin, "On Being White... and Other Lies", *Essence*, abril de 1984, 90—92.

21. **Às vezes eram linchados:** Brent Staples, "How Italians Became 'White'", *New York Times*, 12 de outubro de 2019, www.nytimes.com/interactive/2019/10/12/opinion/columbus-day-italian-american-racism.html.

22. **Estabelecimento do feriado do Dia de Colombo:** Staples, "How Italians Became 'White'".

23. **A raça é *socialmente construída*:** Ver Sally Haslanger, "A Social Constructionist Analysis of Race", em *Resisting Reality: Social Construction and Social Critique* (Nova York: Oxford University Press, 2012), 298—310; e Haslanger, "Tracing the Sociopolitical Reality of Race", 4—37.

24. **Outros objetos do tamanho de Plutão:** Adam Mann, "Why Isn't Pluto a Planet Anymore?" *Space*, 28 de março de 2019, www.space.com/why-pluto-is-not-a-planet.html.

NOTAS

25. **"Limpar a vizinhança":** Seção de Referência sobre Ciência, Biblioteca do Congresso, "Why Is Pluto No Longer a Planet?" Bibilioteca do Congresso, 19 de novembro de 2019, www.loc.gov/everyday-mysteries/astronomy/item/why-is-pluto-no-longer-a-planet.

26. **"A raça não viaja":** A citação na nota de rodapé foi retirada de Michael Root, "How We Divide the World", *Philosophy of Science* 67, n. 3 (2000), S631—S632.

27. **Quando essas conversas:** O livro mencionado na nota de rodapé é Beverly Daniel Tatum, *Why Are All the Black Kids Sitting Together in the Cafeteria? And Other Conversations About Race* (Nova York: Basic Books, 2003), 31—51.

28. **Menos de 15%:** Neil Bhutta, Andrew C. Chang, Lisa J. Dettling e Joanne W. Hsu, "Disparities in Wealth by Race and Ethnicity in the 2019 Survey of Consumer Finances", *FEDS Notes*, Federal Reserve, 28 de setembro de 2020, www.federalreserve.gov/econres/notes/feds-notes/disparities-in-wealth-by-race-and-ethnicity-in-the-2019-survey-of-consumer-finances-20200928.htm.

28. **O dobro da taxa de desemprego:** Jhacova Williams e Valerie Wilson, "Black Workers Endure Persistent Racial Disparities in Employment Outcomes", *Economic Policy Institute*, 27 de agosto de 2019, www.epi.org/publication/labor-day-2019-racial-disparities-in-employment.

30. **Gastamos mais para ensinar:** Clare Lombardo, "Why White School Districts Have So Much More Money", NPR, 26 de fevereiro de 2019, www.npr.org/2019/02/26/696794821/why-white-school-districts-have-so--much-more-money.

31. **As pessoas brancas vivem mais:** Max Roberts, Eric N. Reither e Sojung Lim, "Contributors to the Black-White Life Expectancy Gap in Washington D.C"., *Scientific Reports* 10 (2020): 1—12.

32. **Assistência médica melhor:** David R. Williams e Toni D. Rucker, "Understanding and Addressing Racial Disparities in Health Care", *Health Care Financing Review* 21, n. 4 (2000): 75—90.

33. **Propensão muito maior de passar algum tempo na prisão:** Becky Pettit e Bryan Sykes, "Incarceration", *Pathways* (edição especial de 2017), inequality.stanford.edu/sites/default/files/Pathways_SOTU_2017.pdf.

34. **Massacre de Tulsa:** Editores do History.com, "Tulsa Race Massacre", *History*, 8 de março de 2018, www.history.com/topics/roaring-twenties/tulsa-race-massacre.

35. **Crimes relacionados a drogas:** Equal Justice Initiative, "Study Finds Racial Disparities in Incarceration Persist", 15 de junho de 2016, https://eji.org/news/sentencing-project-report-racial-disparities-in-incarceration.

NOTAS

36. **Suas origens na opressão:** Chike Jeffers, "Cultural Constructionism", em Glasgow et al., *What Is Race?*, 75.
37. **"Estigmatização, discriminação, marginalização":** Chike Jeffers, "The Cultural Theory of Race: Yet Another Look at Du Bois's 'The Conservation of Races'", *Ethics* 123, n. 3 (2013): 422.
38. **"Alegria na negritude":** Jeffers, "Cultural Theory of Race", 422.
39. **Presente na cultura negra:** Jeffers, "Cultural Constructionism", 74—88.
40. **"A raça não é apenas":** Belle anteriormente publicou como Kathryn T. Gines. Essa citação é de seu "Fanon and Sartre 50 Years Later: To Retain or Reject the Concept of Race", *Sartre Studies International* 9, n. 2 (2003): 56.
41. **"Categoria positiva que engloba":** Gines, "Fanon and Sartre", 56.
42. **A branquitude foi forjada:** Em seu "On Being White... and Other Lies" (p. 91), James Baldwin escreve: "Os Estados Unidos se tornaram brancos — as pessoas que, como afirmam, 'colonizaram' o país, se tornaram brancas — por causa da necessidade de negar a presença negra e justificar a subjugação do negro. Nenhuma comunidade pode ser baseada em tal princípio — ou, em outras palavras, nenhuma comunidade pode ser estabelecida sobre uma mentira tão genocida. Os homens brancos — da Noruega, por exemplo, onde eram *noruegueses* — se tornaram brancos: ao massacrarem o gado, envenenarem os poços, chacinarem nativos norte--americanos, violentarem mulheres negras."
43. **Ações revelam defeitos:** Judith Jarvis Thomson, "Morality and Bad Luck", *Metaphilosophy* 20, n. 3—4 (julho/outubro 1989): 203—221.
44. **A empresa cortou custos:** Ver David Schaper, "Boeing to Pay $2.5 Billion Settlement Over Deadly 737 Max Crashes", NPR, 8 de janeiro de 2021, www.npr.org/2021/01/08/954782512/boeing-to-pay-2-5-billion--settlement-over-deadly-737-max-crashes; e Dominic Gates, "Boeing's 737 MAX 'Design Failures' and FAA's 'Grossly Insufficient' Review Slammed", *Seattle Times*, 6 de março de 2020, www.seattletimes.com/business/boeing-aerospace/u-s-house-preliminary-report-faults-boeing--faa-over-737-max-crashes.
45. **Thomas diz que as corporações mudaram:** W. Robert Thomas, "How and Why Corporations Became (and Remain) Persons under Criminal Law", *Florida State University Law Review* 45, n. 2 (2018): 480—538.
46. **Ou é isso que diz David Enoque:** David Enoch, "Being Responsible, Taking Responsibility, and Penumbral Agency", em *Luck, Value, & Commitment: Themes from the Ethics of Bernard Williams*, editado por Ulrike Heuer e Gerald Lang (Oxford: Oxford University Press, 2012), 95—132.

NOTAS

47. **Pessoa que se sente mal:** Enoch, "Being Responsible", 120—123.
48. **"Rachaduras, paredes arqueadas":** Isabel Wilkerson, *Caste: The Origins of Our Discontents* (Nova York: Random House, 2020), 15—20.
49. **"Muitas pessoas podem dizer, com razão":** Wilkerson, *Caste*, 16.
50. **"Somos os herdeiros":** Wilkerson, *Caste*, 16.
51. **Os signatários da Declaração:** Frederick Douglass, "The Meaning of July Fourth for the Negro", *Frederick Douglass: Selected Speeches and Writings*, editado por Philip S. Foner (Chicago: Lawrence Hill, 1999), 192.
52. **"Legada por seus pais":** Douglass, "Meaning of July Fourth", 194.
53. **"O grande pecado e a grande vergonha":** Douglass, "Meaning of July Fourth", 195.
54. **O que, para o escravo americano:** Douglass, "Meaning of July Fourth", 196.
55. **"Não me desespero por este país":** Douglass, "Meaning of July Fourth", 204.
56. **E jamais assumiram a responsabilidade:** A Câmara dos Representantes publicou um pedido de desculpas pela escravidão em 2008. O que é bom. Mas ela pode agir em nome dos Estados Unidos. Danny Lewis, "Five Times the United States Officially Apologized", *Smithsonian Magazine*, 27 de maio de 2016, www.smithsonianmag.com/smart-news/five-times-united-states-officially-apologized.
57. **Ta-Nehisi Coates publicou:** Ta-Nehisi Coates, "The Case for Reparations", *The Atlantic*, junho de 2014, www.theatlantic.com/magazine/archive/2014/06/the-case-for-reparations/361631.
58. **Reparar nossos relacionamentos:** Daniel Fryer, "What's the Point of Reparation?" (manuscrito não publicado, 11 de maio de 2021).
59. **Em sua primeira rebatida:** Stephen H. Norwood e Harold Brackman, "Going to Bat for Jackie Robinson: The Jewish Role in Breaking Baseball's Color Line", *Journal of Sport History* 26, n. 1 (1999): 131.
60. **Colidiu com Robinson:** Jackie Robinson e Wendell Smith, *Jackie Robinson: My Own* Story (Nova York: Greenberg, 1948), 96.
61. **"Olhe, não preste atenção":** Robinson e Smith, *Jackie Robinson*, 96—97.
62. **Convidou Robinson para jantar:** Robinson recusou o convite. Ele não queria causar problemas para Greenberg. Ver a autobiografia de Hank Greenberg, *The Story of My Life*, editado por Ira Berkow (Chicago: Ivan R. Dee, 1989), 183.
63. **O primeiro encorajamento:** Ver Robinson e Smith, *Jackie Robinson*, 96; e "Hank Greenberg a Hero to Dodgers' Negro Star", *New York Times*, 18 de maio de 1947, https://timesmachine.nytimes.com/timesmachine/1947/05/18/99271179.html.

NOTAS *361*

64. **"Nós o matamos":** Lenny Bruce, *How to Talk Dirty and Influence People* (Boston: Da Capo Press, 2016), 155.

65. **"Todo mundo culpa os judeus":** Citado em Dana Goodyear, "Quiet Depravity", *New Yorker*, 17 de outubro de 2005, www.newyorker.com/magazine/2005/10/24/quiet-depravity.

66. **"Os judeus não vão nos substituir":** Emma Green, "Why the Charlottesville Marchers Were Obsessed with Jews", *The Atlantic*, 15 de agosto de 2017, www.theatlantic.com/politics/archive/2017/08/nazis-racism--charlottesville/536928.

67. **Em ambas as direções:** E judeus negros frequentemente são pegos no meio. Deena Yellin, "Subjected to Anti-Semitism and Racism, Jews of Color Feel 'Stuck in the Middle'", NorthJersey.com, 27 de agosto de 2020, www.northjersey.com/story/news/local/2020/08/27/jewish-people--of-color-grapple-with-bigotry-two-fronts/5444526002.

68. **Integrou a Liga do Texas:** Norwood e Brackman, "Going to Bat", 133—134.

69. **Repreendeu outros líderes negros:** Ami Eden, "Remembering Jackie Robinson's Fight with Black Nationalists over Anti-Semitism", *Jewish Telegraphic Agency*, 15 de abril de 2013, www.jta.org/2013/04/15/culture/remembering-jackie-robinsons-fight-with-black-nationalists-over-anti-semitism.

70. **"Como podemos nos opor":** Jackie Robinson, *I Never Had It Made* (Nova York: G. P. Putnam's Sons, 1972), 159.

71. **Escrito por James Baldwin em 1967:** Em relação a essa nota de rodapé, ver James Baldwin, "Negroes Are Anti-Semitic because They're Anti--White", *New York Times*, 9 de abril de 1967, https://movies2.nytimes.com/books/98/03/29/specials/baldwin-antisem.html.

72. **As coisas eram muito piores para Jackie:** Hank Greenberg escreveu em sua autobiografia que "As coisas eram difíceis para Jackie, mais difíceis que para qualquer jogador. Eu era judeu, um dos poucos no beisebol, mas era branco e não tinha chifres, como alguns achavam que eu tinha [...] Mas eu me identificava com Jackie Robinson. Eu sentia empatia por ele, porque eles me tratavam da mesma maneira. Não tão mal, mas faziam comentários sobre eu ser judeu". Greenberg, *Story of My Life*, 183.

CAPÍTULO 8: CONHECIMENTO

1. **Uma vez Zhuang Zhou sonhou:** Zhuangzi, *The Complete Works of Zhuangzi*, tradução de Burton Watson (Nova York: Columbia University Press, 2013), 18.

2. **Descartes começou a duvidar de tudo:** Rene Descartes, *Meditações sobre filosofia primeira*, tradução Fausto Castilho (São Paulo: Editora Unicamp, 2004).

NOTAS

3. **Um sonho o iludira a pensar:** Descartes, *Meditações sobre filosofia primeira*.
4. **Dormir não muda o fato:** Descartes, *Meditações sobre filosofia primeira*.
5. **Um gênio do mal:** Descartes, *Meditações sobre filosofia primeira*.
6. **Descartes também entendeu isso:** Descartes, *Meditações sobre filosofia primeira*.
7. **Esse é um raciocínio legal:** Nem todo mundo pensa assim. Friedrich Nietzsche argumentou que o máximo que Descartes tinha o direito de concluir era que havia pensamento, não que havia um "eu" pensando. Estou inclinado a pensar que, nessa questão, o raciocínio de Descartes foi válido. Para as dúvidas de Nietzsche, ver *Além do bem e do mal*, tradução Mário Ferreira dos Santos (Petrópolis: Editora Vozes, 2014). Para uma defesa da posição de Descartes, ver Christopher Peacocke, "Descartes Defended", *Proceedings of the Aristotelean Society, Supplementary Volumes* 86 (2012): 109—125.
8. **Ter uma *crença verdadeira justificada:*** Para uma visão geral da análise tradicional do conhecimento e dos problemas encontrados nela, ver Jonathan Jenkins Ichikawa e Matthew Steup, "The Analysis of Knowledge", *Stanford Encyclopedia of Philosophy* (verão de 2018), editada por Edward N. Zalta, https://plato.stanford.edu/archives/sum2018/entries/knowledge-analysis.
9. **Não tinha escrito nada:** David Edmonds, "A Truth Should Suffice", *Times Higher Education*, 24 de janeiro de 2013, www.timeshighereducation.com/a-truth-should-suffice/2001095.article.
10. **Gettier disse que não:** Edmund L. Gettier, "Is Justified True Belief Knowledge?" *Analysis* 23, n. 6 (1963): 121—123.
11. **Nenhuma delas funcionou:** Para uma visão geral das possíveis respostas e problemas com elas, ver Ichikawa e Steup, "Analysis of Knowledge".
12. **Escreveu uma receita:** Linda Zagzebski, "The Inescapability of Gettier Problems", *Philosophical Quarterly* 44, n. 174 (1994): 69
13. **Uma das histórias de Zagzebski:** Zagzebski, "Inescapability of Gettier Problems", 67—68.
14. **Um erro tentar:** Timothy Williamson defende essa visão em *Knowledge and Its Limits* (Nova York: Oxford University Press, 2000).
15. **"Não tinha mais nada a dizer":** Gettier, citado em Edmonds, "A Truth Should Suffice".
16. **Dharmottara disse que não:** Essa história foi contada em Georges B. J. Dreyfus, *Recognizing Reality: Dharmakirti's Philosophy and Its Tibetan Interpretations* (Albany: SUNY Press, 1997), 292. Fui apresentado a ela (e à história na nota seguinte) por Ichikawa em "Analysis of Knowledge".
17. **Pedro de Mântua:** A história de Pedro é mais ou menos assim: "Presuma que Platão está perto de você e você sabe que ele está correndo, mas

NOTAS

você erroneamente acredita que ele é Sócrates, então crê firmemente que Sócrates está correndo. Presuma, não obstante, que Sócrates realmente está correndo em Roma, mas você não sabe disso." A história é contada em Ivan Boh, "Belief Justification and Knowledge: Some Late Medieval Epistemic Concerns", *Journal of the Rocky Mountain Medieval and Renaissance Association* 6 (1985): 95.

18. **Teresa de Ávila:** Christia Mercer, "Descartes' Debt to Teresa of Avila, or Why We Should Work on Women in the History of Philosophy", *Philosophical Studies* 174, n. 10 (2017): 2539—2555.

19. **Celebrar obras femininas:** Ver, por exemplo, *The Philosopher Queens: The Lives and Legacies of Philosophy's Unsung Women*, editado por Rebecca Buxton e Lisa Whiting (Londres: Unbound, 2020).

20. **Ela morreu jovem:** "Notes and News", *Journal of Philosophy* 75, n. 2 (1978): 114.

21. **Stine teve uma ideia:** G. C. Stine, "Skepticism, Relevant Alternatives, and Deductive Closure", *Philosophical Studies* 29 (1976): 249—261.

22. *Saber* **é sensível ao contexto:** Stine foi uma proponente precoce e influente da ideia de que os padrões de conhecimento mudam, mas não foi a primeira e esteve longe de ser a última. Para uma introdução detalhada a essa visão, ver Patrick Rysiew, "Epistemic Contextualism", *Stanford Encyclopedia of Philosophy* (primavera de 2021) editada por Edward N. Zalta, https:// plato.stanford.edu/archives/spr2021/entries/contextualism-epistemology.

23. **Vendo zebras:** Stine, "Skepticism, Relevant Alternatives, and Deductive Closure", 252.

24. **Em Tijuana, no México:** Amy Isackson, "Working to Save the Painted 'Zonkeys' of Tijuana", *NPR*, 8 de agosto de 2013, www.npr.org/2013 /08/08/209969843/working-to-save-the-painted-zonkeys-of-tijuana.

25. **Mude o contexto da conversa:** Stine, "Skepticism, Relevant Alternatives, and Deductive Closure", 256—57.

26. **Um** *zonkey* **é um animal híbrido:** Em relação a essa nota de rodapé, ver Emily Lodish, "Here's Everything You Wanted to Know about Zonkeys, the Great Zebra-Donkey Hybrids", *The World*, 30 de abril de 2014, www. pri.org/stories/2014-04-30/heres-everything-you-wanted-know-about- -zonkeys-great-zebra-donkey-hybrids.

27. **Sabemos muitas coisas:** Stine, "Skepticism, Relevant Alternatives, and Deductive Closure", 254.

28. **No contexto das mudanças climáticas:** N. Angel Pinillos, "Knowledge, Ignorance and Climate Change", *New York Times*, 26 de novembro de 2018, www.nytimes.com/2018/11/26/opinion/skepticism-philosophy- -climate-change.html.

NOTAS

29. **Nossas emissões de carbono são responsáveis:** Para uma visão geral das evidências, ver Renee Cho, "How We Know Today's Climate Change Is Not Natural", *State of the Planet*, Columbia Climate School, 4 de abril de 2017, https://blogs.ei.columbia.edu/2017/04/04/how-we-know--climate-change-is-not-natural.

30. **Não sei com certeza:** "On Energy, Election Commission, & Education, Sununu Casts Himself as More Pragmatist Than Politician", New Hampshire Public Radio, 10 de julho de 2017, www.nhpr.org/post/energy-election-commission-education-sununu-casts-himself-more--pragmatist-politician.

31. **"Enfatizaria a incerteza":** David Roberts, "Exxon Researched Climate Science. Understood It. And Misled the Public", *Vox*, 23 de agosto de 2017, www.vox.com/energy-and-environment/2017/8/23/16188422/exxon-climate-change.

32. **"A dúvida é nosso produto":** Phoebe Keane, "How the Oil Industry Made Us Doubt Climate Change", *BBC News*, 20 de setembro de 2020, www.bbc.com/news/stories-53640382.

33. **Não podemos duvidar de tudo:** Em relação a essa nota de rodapé, Ludwig Wittgenstein diz o seguinte: "Isso significa que as *questões* que suscitamos e nossas *dúvidas* dependem do fato de que algumas proposições são isentas de dúvida, são como dobradiças em torno das quais aquelas giram." Wittgenstein, *On Certainty*, editado por G. E. M. Anscombe e G. H. von Wright, tradução de Denis Paul e G. E. M. Anscombe (Nova York: Harper & Row, 1975), 44.

34. **Pinillos sugere outra estratégia:** Pinillos, "Knowledge, Ignorance and Climate Change".

35. **Incluindo Elon Musk:** Rich McCormick, "Odds Are We're Living in a Simulation, Says Elon Musk", *The Verge*, 2 de junho de 2016, www.theverge.com/2016/6/2/11837874/elon-musk-says-odds-living-in-simulation.

36. **Uma versão aproximada:** O argumento integral é apresentado em Nick Bostrom, "Are You Living in a Computer Simulation?", *Philosophical Quarterly* 53, n. 211 (2003): 243—255. Esse artigo e muitos outros examinando a hipótese estão reunidos em https://www.simulation-argument.com.

37. **Uma destas proposições:** Eu simplifiquei um pouco as alternativas de Bostrom. Para as originais, ver Bostrom, "Are You Living in a Computer Simulation?"

38. **Estamos, em certo sentido, escravizados:** Essas preocupações são abordadas em James Pryor, "What's So Bad about Living in the Matrix?"

NOTAS   *365*

em *Philosophers Explore the Matrix*, editado por Christopher Grau (Nova York: Oxford University Press, 2005), 40—61.

39. **Feita de algo surpreendente:** David J. Chalmers, "The Matrix as Metaphysics", em *The Character of Consciousness* (Nova York: Oxford University Press, 2010), 455—478.

40. **Sutil confusão:** Chalmers explica a confusão em "Matrix as Metaphysics", 471—472.

CAPÍTULO 9: VERDADE

1. **Afirma acreditar:** Ver Seana Valentine Shiffrin, *Speech Matters: On Lying, Morality, and the Law* (Princeton: Princeton University Press, 2014), 12—14.

2. **Uma testemunha no julgamento:** Shiffrin, *Speech Matters*, 13—14. Ela credita o exemplo a Thomas L. Carson, "Lying, Deception, and Related Concepts", em *The Philosophy of Deception*, editado por Clancy Martin (Nova York: Oxford University Press, 2009), 159—161.

3. **Uma pessoa mente:** Simplifiquei o relato de Shiffrin. Eis a maneira completa pela qual ela descreve uma mentira (*Speech Matters*, 12): a afirmação intencional de A para B de uma proposição P, na qual A não acredita em P, está consciente de não acreditar em P e intencionalmente apresenta P em uma maneira ou contexto que objetivamente manifesta sua intenção de que B trate P como representação acurada da crença de A.

4. **Show improvisado de humor:** Ver Shiffrin, *Speech Matters*, 16.

5. **Shiffrin chama situações:** Shiffrin, *Speech Matters*, 16—19.

6. **Se você mentir muito para mim:** Shiffrin diria que o contexto está *epistemicamente* suspenso, mas isso não libera você da obrigação de dizer a verdade. Ver Shiffrin, *Speech Matters*, 16.

7. **Ela as chama de *contextos suspensos justificados*:** Shiffrin, *Speech Matters*, 16.

8. **Suas falsidades não contam:** Shiffrin, *Speech Matters*, 18.

9. **"Exigida pelo contexto social":** Shiffrin, *Speech Matters*, 33.

10 **"Ouvinte competente":** Shiffrin, *Speech Matters*, 33.

11. **Manifestar sua vontade:** Shiffrin, *Speech Matters*, 22.

12. **Atanásio de Alexandria:** Ver, por exemplo, Alasdair MacIntyre, "Truthfulness, Lies, and Moral Philosophers: What Can We Learn from Mill and Kant?" (Palestras Tanner sobre valores humanos, Universidade de, 6 e 7 de abril de 1994), 336, https://tannerlectures.utah.edu/_documents/a-to-z/m/macintyre_1994.pdf.

13. **Escreveu um artigo com esse conselho:** Jennifer Saul, "Just Go Ahead and Lie", *Analysis* 72, n. 1 (2012), 3—9.

14. **Dave e Charla:** Jennifer Mather Saul, *Lying, Misleading, and What Is Said: An Exploration in Philosophy of Language and in Ethics* (Oxford: Oxford University Press, 2012), 72.

NOTAS

15. **"Parece completamente absurdo":** Saul, *Lying, Misleading, and What Is Said*, 72.
16. **É melhor mentir:** Saul apresenta algumas exceções, como mentir no tribunal. Saul, *Lying, Misleading, and What Is Said*, 99.
17. **Perderíamos "o acesso confiável":** Shiffrin, *Speech Matters*, 23.
18. **Seu pequeno ensaio:** Immanuel Kant, "On a Supposed Right to Tell Lies from Benevolent Motives", em *Kant's Critique of Practical Reason and Other Works on the Theory of Ethics*, tradução de Thomas Kingsmill Abbott (Londres: Longmans, Green, 1879), 431—436.
19. **"Dever de dizer a verdade":** Allen W. Wood, *Kantian Ethics* (Nova York: Cambridge University Press, 2008), 245.
20. **Policial exigindo informações:** Wood, *Kantian Ethics*, 244—248.
21. **Revolução Francesa:** Wood, *Kantian Ethics*, 249.
22. **"Condenação de seu amigo":** Wood, *Kantian Ethics*, 249.
23. **"O processo legal seja ilegítimo":** Wood, *Kantian Ethics*, 249.
24. **"Transformando o processo em farsa":** Wood, *Kantian Ethics*, 249.
25. **"Dever dos políticos":** Wood, *Kantian Ethics*, 249.
26. **Lista de mentiras:** Ver, por exemplo, David Leonhardt e Stuart A. Thompson, "Trump's Lies", *New York Times*, 14 de dezembro de 2017, www.nytimes.com/interactive/2017/06/23/opinion/trumps-lies.html; and Daniel Dale, "The 15 Most Notable Lies of Donald Trump's Presidency", CNN, January 16, 2021, www.cnn.com/2021/01/16/politics/fact-check-dale-top-15-donald-trump-lies/index.html.
27. **Ele mentiu sobre a chuva:** Dale, "The 15 Most Notable Lies"; e Nicholas Fandos, "White House Pushes 'Alternative Facts'. Here Are the Real Ones", *New York Times*, 22 de janeiro de 2017, www.nytimes.com/2017/01/22/us/politics/president-trump-inauguration-crowd-white-house.html.
28. **A eleição fora fraudada:** Jim Rutenberg, Jo Becker, Eric Lipton, Maggie Haberman, Jonathan Martin, Matthew Rosenberg e Michael S. Schmidt, "77 Days: Trump's Campaign to Subvert the Election", *New York Times*, 31 de janeiro de 2021, www.nytimes.com/2021/01/31/us/trump-election-lie.html.
29. **O árbitro rastreia a verdade:** Ver H. L. A. Hart, *O conceito de Direito*, tradução Antônio de Oliveira Sette-Câmara (São Paulo: WMF Martins Fontes, 2008).
30. **A maioria dos filósofos acha que o relativismo integral:** Ver Paul Boghossian, *Fear of Knowledge: Against Relativism and Constructivism* (Oxford: Clarendon Press, 2006), 52—54. Boghossian acha que o relativismo global pode superar o argumento exposto no texto, mas, mesmo assim, acha que ele é incoerente, pois requer fatos não relativos sobre o tipo de visão que as pessoas aceitam (p. 54—56).

NOTAS

31. **Foi o que pensou Ronald Dworkin:** Ver Ronald Dworkin, "Objectivity and Truth: You'd Better Believe It", *Philosophy and Public Affairs* 25, n. 2 (1996): 87—139.

32. **"O universo abrigue":** Dworkin, "Objectivity and Truth", 104.

33. **Entremeada no tecido do universo:** Dworkin, "Objectivity and Truth", 105.

34. **"Não podemos fazer nada melhor":** Dworkin, "Objectivity and Truth", 118.

36. ***"Uma rede de informações":*** C. Thi Nguyen, "Escape the Echo Chamber", *Aeon*, 9 de abril de 2018, https://aeon.co/essays/why-its-as-hard-to--escape-an-echo-chamber-as-it-is-to-flee-a-cult.

37. **Elas são "facilmente estouradas":** Nguyen, "Escape the Echo Chamber".

38. ***"Uma estrutura social":*** Nguyen, "Escape the Echo Chamber".

39. **Limbaugh os ensinou:** Para uma análise mais profunda da câmara de eco que Limbaugh criou, ver Kathleen Hall Jamieson e Joseph N. Cappella, *Echo Chamber: Rush Limbaugh and the Conservative Media Establishment* (Nova York: Oxford University Press, 2008).

40. **Robin DiAngelo oferece uma lista:** Robin DiAngelo, *Nice Racism: How Progressive White People Perpetuate Racial Harm* (Boston: Beacon Press, 2021), 45—47.

41. **"Esforço por diversidade" de uma organização:** DiAngelo, *Nice Racism*, 46.

42. **"Não entender por que":** DiAngelo, *Nice Racism*, 47.

43. **Tenta proteger seus pontos de vista:** Em uma entrevista a Isaac Chotiner, DiAngelo recuou nas implicações de sua lista, ao menos um pouco, admitindo a possibilidade de desacordos de boa-fé entre pessoas que aceitam os princípios centrais de sua visão. Isaac Chotiner, "Robin DiAngelo Wants White Progressives to Look Inward", *New Yorker*, 14 de julho de 2021, www.newyorker.com/news/q-and-a/robin-diangelo-wants-white-progressives-to-look-inward.

44. **Como indica Nguyen:** Nguyen, "Escape the Echo Chamber".

45. **"O sistema de crenças de uma comunidade":** Nguyen, "Escape the Echo Chamber".

46. **Ele sugere uma reinicialização:** Nguyen, "Escape the Echo Chamber".

47. **Não está em um contexto suspenso justificado:** Shiffrin, *Speech Matters*, 16, explica que, em um contexto suspenso justificado, a "presunção normativa de verdade é suspensa porque esses contextos servem a outros propósitos valorosos cuja realização depende da suspensão da presunção e de o fato e a justificativa para a suspensão serem publicamente acessíveis". Mais para a frente, no entanto, Shiffrin admite que a ambiguidade

sobre se estamos em um contexto suspenso pode contribuir para "arte, jogos, privacidade e autoexploração interpessoal" (p. 43), então ela pode ser mais flexível sobre o requerimento de acessibilidade pública que o sugerido pela primeira citação.

48. **Interromper a suspensão:** Shiffrin, *Speech Matters*, 42.
49. **Depois de ter assegurado a alguém:** Shiffrin, *Speech Matters*, 42—43.
50. **Meu crime de guerra:** Shiffrin, *Speech Matters*, 24—25.
51. **"Mesmo quando estamos em conflito":** Shiffrin, *Speech Matters*, 24—25.

CAPÍTULO 10: MENTE

1. **o nariz de um cachorro:** Peter Tyson, "Dogs' Dazzling Sense of Smell", PBS, 4 de outubro de 2012, www.pbs.org/wgbh/nova/article/dogs-sense--of-smell.
2. **Os cães veem principalmente:** Stanley Coren, "Can Dogs Ver Colors?" *Psychology Today*, 20 de outubro de 2008, www.psychologytoday.com/us/blog/canine-corner/200810/can-dogs-ver-colors.
3. **"As crianças não são apenas adultos defeituosos":** Alison Gopnik, *The Philosophical Baby: What Children's Minds Tell Us about Truth, Love, and the Meaning of Life* (Nova York: Farrar, Straus and Giroux, 2009), 9—10.
4. **"trocaria todos os seus diplomas":** Gopnik, *The Philosophical Baby*, 106.
5. **envoltas em mistério:** Para um palpite fundamentado sobre como é ser um bebê, ver Gopnik, *The Philosophical Baby*, 125—32.
6. **Esse sonar:** Thomas Nagel, "What Is It Like to Be a Bat?" *Philosophical Review* 83, n. 4 (1974): 438.
7. **Não adianta:** Nagel, "What Is It Like to Be a Bat?", 439.
8. **"Um morcego *para* um morcego":** Nagel, "What Is It Like to Be a Bat?", 439.
9. **O Batman da vida real:** Tania Lombrozo, "Be Like a Bat? Sound Can Show You the Way", NPR, 28 de janeiro de 2013, www.npr.org/sections/13.7/2013/01/28/170355712/be-like-a-bat-sound-can-show-you--the-way.
10. **Tomografias do cérebro de Kish:** Kish é apresentado em Alix Spiegel e Lulu Miller, "How to Become Batman", *Invisibilia* (podcast), produzido pela *NPR*, 23 de janeiro de 2015, www.npr.org/programs/invisibilia/378577902/how-to-become-batman.
11. **Não, diz Nagel:** Nagel, "What Is It Like to Be a Bat?", 442, n. 8.
12. **Se continuar sendo você:** A. J. Ayer explicou da seguinte maneira: "Sugere-se que, a fim de realmente saber o que outra pessoa está pensando ou sentindo, tenho de literalmente partilhar as experiências dela. Para partilhar as experiências dela, no sentido requerido, preciso ter as experiências dela e, para ter as experiências dela, preciso ser essa pessoa, de

NOTAS

modo que o que se exige de mim é que me torne outra pessoa enquanto permaneço eu mesmo, o que é uma contradição." A. J. Ayer, "One's Knowledge of Other Minds", *Theoria* 19, n. 1—2 (1953): 5.

13. **Não pode ter experiências:** Ayer, "One's Knowledge of Other Minds", 6.

14. **Não está consciente:** Aqui, sigo David J. Chalmers, *The Conscious Mind: In Search of a Fundamental Theory* (Nova York: Oxford University Press, 1996), 94.

15. **"A maneira como":** Thomas H. Huxley e William Jay Youmans, *The Elements of Physiology and Hygiene* (Nova York: D. Appleton, 1868), 178.

16. **Problema difícil da consciência:** David J. Chalmers, *The Character of Consciousness* (Nova York: Oxford University Press, 2010), 1—28.

17. **Um corpo sem mente:** Rene Descartes, *Meditações sobre filosofia primeira*, tradução Fausto Castilho (São Paulo: Editora Unicamp, 2004).

18. **O corpo é uma coisa:** Descartes escreveu que "O fato de que posso clara e distintamente entender uma coisa separada da outra é suficiente para me dar a certeza de que as duas coisas são distintas, já que podem ser separadas, ao menos por Deus". *Meditações sobre filosofia primeira.*

19. **A mente não estava no corpo:** Descartes, *Meditations on First Philosophy*, 56.

20. **Acontece na glândula pineal:** Ver Gert-Jan Lokhorst, "Descartes and the Pineal Gland", *Stanford Encyclopedia of Philosophy* (outono de 2020), editada por Edward N. Zalta, https://plato.stanford.edu/archives/fall2020/entries/pineal-gland.

21. **Elisabete da Boêmia:** Para uma visão geral das contribuições de Elisabete para a filosofia e sua correspondência com Descartes, ver Lisa Shapiro, "Elisabeth, Princess of Bohemia", *Stanford Encyclopedia of Philosophy* (inverno de 2014), editada por Edward N. Zalta, https://plato.stanford.edu/archives/win2014/entries/elisabeth-bohemia.

22. **Todo evento físico:** A mecânica quântica pode complicar essa história, mas não de uma maneira que permita que uma mente não física faça agir um corpo físico. Ver Chalmers, *Conscious Mind*, 156—158.

23. **Como o fantasma:** A metáfora do fantasma na máquina vem de Gilbert Ryle, *The Concept of Mind* (Nova York: Barnes & Noble, 1950), 15—16.

24. **Os estados mentais são uma função dos estados cerebrais:** Para uma visão geral da abordagem funcionalista da mente, mencionada na nota de rodapé, ver Janet Levin, "Functionalism", *Stanford Encyclopedia of Philosophy* (outono de 2018), editada por Edward N. Zalta, https://plato.stanford.edu/archives/fall2018/entries/functionalism.

25. **Mais influentes histórias:** Frank Jackson apresentou o quarto de Mary pela primeira vez em "Epiphenomenal Qualia", *Philosophical Quarterly* 32, n. 127 (1982): 130.

NOTAS

26. **Quanto trabalho Deus teve:** Saul A. Kripke expõe a questão dessa maneira em *Naming and Necessity* (Cambridge: Harvard University Press, 1980), 153—154 [O nomear e a necessidade, em Portugal].

27. **Empurram alguns filósofos:** Chalmers elabora e expande esses argumentos em *Conscious Mind*, 94—106.

28. **Bloco de construção básico:** Chalmers, *Conscious Mind*, 276—308.

29. **Visão conhecida como *pampsiquismo*:** Chalmers, *Conscious Mind*, 293—299.

30. **Ela reconheceria o ardil:** Daniel C. Dennett, *Consciousness Explained* (Boston: Little, Brown, 1991), 398—401.

31. **Nega que qualia existe:** Ver Daniel C. Dennett, "Quining Qualia", em *Consciousness in Contemporary Science*, editado por A. J. Marcel e E. Bisiach (Oxford: Oxford University Press, 1988), 42—77.

32. **Julgamentos e disposições:** Dennett, *Consciousness Explained*, 398.

33. **"Memes mais virais":** Dennett, *Consciousness Explained*, 389.

34. **"Os zumbis são possíveis?":** Dennett, *Consciousness Explained*, 406.

35. **"Desesperada desonestidade intelectual":** Dennett, *Consciousness Explained*, 406, n. 6.

36. **Mas, para ser honesto:** Para saber mais sobre se os qualia são epifenomênicos, ver Chalmers, *Conscious Mind*, 150—160.

37. **Chalmers se pergunta:** Chalmers, *Conscious Mind*, 189—191.

38. **"A soma total":** A citação na nota de rodapé foi retirada de Dennett, *Consciousness Explained*, 398.

39. **Ele mudou de ideia:** Em relação a essa nota de rodapé, ver Frank Jackson, "Mind and Illusion", *Royal Institute of Philosophy Supplement* 53 (2003): 251—271.

40. **"A mais tola alegação":** Galen Strawson, *Things That Bother Me: Death, Freedom, the Self, Etc.* (Nova York: New York Review of Books, 2018), 130—153.

41. **As coisas físicas experimentam o mundo:** Strawson, *Things That Bother Me*, 154—176.

42. **Toda matéria experimenta o mundo:** Strawson, *Things That Bother Me*, 173.

43. **Um zumbido constante:** Strawson explicou sua visão em uma entrevista a Robert Wright, "What Is It Like to Be an Electron? An Interview with Galen Strawson", *Nonzero*, 28 de junho de 2020, https://nonzero. org/post/electron-strawson.

44. **Estamos na fase:** Chalmers, *Conscious Mind*, 277.

45. **Dizem que não:** Ver, por exemplo, Colin McGinn, "Can We Solve the Mind-Body Problem?" *Mind* 98, n. 391 (1989): 346—366.

NOTAS

CAPÍTULO II: INFINITO

1. **Filósofo grego chamado Arquitas:** Obrigado a Gordon Belot por me informar que Arquitas usou primeiro o argumento apresentado por Rex.
2. **Enviou um navio para resgatá-lo:** Carl Huffman, "Archyatas", *Stanford Encyclopedia of Philosophy* (inverno de 2020), editada por Edward N. Zalta, https://plato.stanford.edu/archives/win2020/entries/archytas.
3. **Se eu chegasse:** Esse é um excerto do relato de Eudemo sobre o argumento de Arquitas. Carl A. Huffman, *Archytas of Tarentum: Pythagorean, Philosopher and Mathematician King* (Cambridge: Cambridge University Press, 2005), 541.
4. **Ou algo faz o dardo parar:** Lucrécio, *De Rerum Natura*, I.968—979. Para discussão, ver David J. Furley, "The Greek Theory of the Infinite Universe", *Journal of the History of Ideas* 42, n. 4 (1981): 578.
5. **"O espaço se estende infinitamente":** Isaac Newton, *Unpublished Scientific Papers of Isaac Newton: A Selection from the Portsmouth Collection in the University Library, Cambridge*, editado e traduzido por A. Rupert Hall e Marie Boas Hall (Cambridge: Cambridge University Press, 1962), 133.
6. **Há apenas uma coisa:** Para uma visão geral do pensamento de Parmênides, ver John Palmer, "Parmenides", *Stanford Encyclopedia of Philosophy* (inverno de 2020), editada por Edward N. Zalta, https://plato.stanford.edu/archives/win2020/entries/parmenides.
7. **Diógenes simplesmente se levantou:** Simplício, *On Aristotle's Physics 6*, tradução de David Konstan (Londres: Bloomsbury, 1989), 114, s. 1012.20.
8. **Aristóteles também sugerira:** "Consequentemente, o argumento de Zenão faz uma falsa suposição ao afirmar que é impossível uma coisa passar ou entrar em contato com coisas infinitas em um tempo finito. Pois há dois sentidos nos quais comprimento, tempo e, de modo mais geral, qualquer coisa contínua são chamados de 'infinitos': eles são chamados assim em relação à divisibilidade ou em relação a suas extremidades. Assim, embora uma coisa não possa entrar em contato com coisas quantitativamente infinitas em um tempo finito, ela pode fazê-lo no que diz respeito à divisibilidade, pois, nesse sentido, o próprio tempo é infinito. Assim, o tempo ocupado pela passagem sobre o infinito não é finito, mas infinito, e o contato com as coisas infinitas é feito através de momentos que, em número, não são finitos, mas infinitos." Aristóteles, *Physics*, tradução de R. P. Hardie e R. K. Gaye (Cambridge: MIT, s/d), Livro 6.2; disponível em https://www.google.com/books/edition/Physica_by_R_P_Hardie_and_R_K_Gaye_De_ca/A1RHAQAAMAAJ?hl=en&gbpv=1&bsq=1930.
9. **Não resolve completamente o mistério:** Ver Aristóteles, *Physics*, Book 8.8.

NOTAS

10. **Um único segundo:** Aqui e em toda a discussão do paradoxo de Zenão, fui auxiliado por Nick Huggett, "Zeno's Paradoxes", *Stanford Encyclopedia of Philosophy* (inverno de 2019), editada por Edward N. Zalta, https://plato.stanford.edu/archives/win2019/entries/paradox-zen.

11. **Desacordo sobre os detalhes:** Para uma discussão da solução padrão e das soluções alternativas, ver Bradley Dowden, "Zeno's Paradoxes", *Internet Encyclopedia of Philosophy*, acessada em 8 de novembro de 2020, https://iep.utm.edu/zeno-par.

12. **Distâncias não se acumulam:** Carlo Rovelli explica esse ponto claramente em *A realidade não é o que parece: a elementar estrutura das coisas*, tradução Silvana Cobucci (São Paulo: Objetiva, 2017).

13. **Pedaços superpequenos de espaço:** Para discussão, ver Rovelli, *A realidade não é o que parece: a elementar estrutura das coisas*.

14. **Fazemos experimentos com ideias éticas:** Para uma introdução à filosofia moral de Dewey, mencionada na nota de rodapé, ver Elizabeth Anderson, "Dewey's Moral Philosophy", *Stanford Encyclopedia of Philosophy* (inverno de 2019), editada por Edward N. Zalta, https://plato.stanford.edu/archives/win2019/entries/dewey-moral.

15. **Leva alguns cientistas a questionarem:** Neil deGrasse Tyson talvez seja o mais proeminente cientista a desdenhar da filosofia, mas ele não está sozinho. Ver George Dvorsky, "Neil deGrasse Tyson Slammed for Dismissing Philosophy as 'Useless'", *Gizmodo*, 12 de maio de 2014, https://io9.gizmodo.com/neil-degrasse-tyson-slammed-for-dismissing-philosophy-a-1575178224.

16. 93 billion light-years: Chris Baraniuk, "It Took Centuries, but We Now Know the Size of the Universe", *BBC Earth*, 13 de junho de 2016, www.bbc.com/earth/story/20160610-it-took-centuries-but-we-now-know-the-size-of-the-universe.

17. **Se o universo for infinito:** Nick Bostrom, "Infinite Ethics", *Analysis and Metaphysics* 10 (2011): 9—59.

18. **Infinito mais qualquer número finito:** Para uma introdução acessível ao Hotel Hilbert, ver World Science Festival, "Steven Strogatz and Hilbert's Infinite Hotel", vídeo do YouTube, 9:20, 7 de janeiro de 2015, www.youtube.com/watch?v=wE9fl6tUWhc.

19. *A Hundred Billion Trillion Stars*: Seth Fishman, *A Hundred Billion Trillion Stars* (Nova York: HarperCollins, 2017).

20. **Mil bilhões de trilhões de estrelas:** "How Many Stars Are There in the Universe?" European Space Agency, acessado em 8 de novembro de 2020, www.esa.int/Science_Exploration/Space_Science/ Herschel/ How_many_stars_are_there_in_the_Universe.

NOTAS *373*

21. **Um ar absurdo:** Thomas Nagel, "The Absurd", *Journal of Philosophy* 68, n. 20 (1971): 719; e Thomas Nagel, "Birth, Death, and the Meaning of Life", em *Visão a partir de lugar nenhum*, tradução Silvana Vieira (São Paulo: Martins Fontes, 2004).
22. **Absurdo quando há um descompasso:** Nagel, "The Absurd", 718.
23. **Não importando o que aconteça conosco:** Nagel, "Birth, Death, and the Meaning of Life", 215.
24. **A tentativa muitas vezes é absurda:** Nagel, "The Absurd", 725—726.
25. **Darem pouca importância a si mesmas:** Sarah Buss, "Some Musings about the Limits of an Ethics That Can Be Applied — A Response to a Question about Courage and Convictions That Confronted the Author When She Woke Up on November 9, 2016", *Journal of Applied Philosophy* 37, n. 1 (2020): 26.
26. **Esse é um truque difícil:** Buss, "Some Musings", 21—23.
27. **Amor e respeito:** Buss, "Some Musings", 17.
28. **Que sente seu medo:** Buss, "Some Musings", 21.
29. **Sentir que os outros são importantes:** Buss, "Some Musings", 18.
30. **É por isso que falo com eles:** Como indica Nagel, o tamanho do Universo não é, em si mesmo, um bom motivo para acharmos que somos insignificantes. Mas refletir sobre ele nos ajuda a sairmos de nós mesmos a fim de podermos perceber nossa insignificância. "The Absurd", 717, 725.
31. **Mas isso não importa muito:** Nagel também chegou à conclusão de que o fato de sermos absurdos não é muito importante em "The Absurd", 727.

CAPÍTULO 12: DEUS

1. **Ele contou uma história:** O original está em John Wisdom, "Gods", *Proceedings of the Aristotelean Society* 45 (1944—1945): 185—206. A adaptação de Flew está em Antony Flew, "Theology and Falsification", em *New Essays in Philosophical Theology*, editado por Antony Flew e Alasdair MacIntyre (Nova York: Macmillan, 1955), 96—98.
2. **"Invisível, intangível, insensível":** Flew, "Theology and Falsification", 96—98.
3. **"Nenhum jardineiro":** Flew, "Theology and Falsification", 96—98.
4. **"Suponha que alguém fosse crente":** Ludwig Wittgenstein, *Lectures and Conversations on Aesthetics, Psychology, and Religious Belief*, editado por Cyril Barrett (Berkeley: University of California Press, 1966), 53 [Aulas e conversas sobre estética, psicologia e fé religiosa, em Portugal].
5. **Lara Buchak indicou:** Lara Buchak, "Can It Be Rational to Have Faith?" em *Probability in the Philosophy of Religion*, editado por Jake

374 NOTAS

Chandler e Victoria S. Harrison (Oxford: Oxford University Press, 2012), 225—227.

6. **"Se você ganhar":** Blaise Pascal, *Thoughts, Letters, and Minor Works* (Nova York: P. F. Collier & Son, 1910), 85—87.

7. **Se a Aposta de Pascal funciona:** Para uma visão geral, ver Alan Hajek, "Pascal's Wager", *Stanford Encyclopedia of Philosophy* (verão de 2018), editada por Edward N. Zalta, https://plato.stanford.edu/archives/sum2018/entries/pascal-wager.

8. **Receber crédito total:** William James mencionou a mesma preocupação com a aposta em *A vontade de crer*, tradução Kamila Pereira (Brasil: Bibliomundo, 2014).

9. **Provava a existência de Deus:** Ver Anselm, *Proslogion*, tradução de David Burr, em "Anselm on God's Existence", Internet History Sourcebooks Project, 20 de janeiro de 2021, https://sourcebooks.fordham.edu/source/anselm.asp.

10. **Ridicularizado por um monge:** Para a resposta de Gaunilo, ver "How Someone Writing on Behalf of the Fool Might Reply to All This", tradução de David Burr, em "Anselm on God's Existence". Para análise, ver Kenneth Einar Himma, "Anselm: Ontological Arguments for God's Existence", *Internet Encyclopedia of Philosophy*, acessado em 20 de agosto de 2019, https://iep.utm.edu/ont-arg.

11. **Melhorar o argumento:** Para uma visão geral, ver Graham Oppy, "Ontological Arguments", *Stanford Encyclopedia of Philosophy* (primavera de 2020), editada por Edward N. Zalta, https://plato.stanford.edu/archives/spr2020/entries/ontological-arguments.

12. **"Se Deus teve escolha":** Aqui, Einstein é citado por seu assistente Ernst Straus. "Memoir", em *Einstein: A Centenary Volume*, editado por A. P. French (Cambridge: Harvard University Press, 1979), 31—32.

13. **Se as leis da física:** Sobre a pergunta de Einstein, ver Dennis Overbye, "Did God Have a Choice?" *New York Times Magazine*, 18 de abril de 1999, 434, https://timesmachine.nytimes.com/timesmachine/1999/04/18/issue.html.

14. **A maior questão de todas:** Para uma divertida visão geral das possíveis respostas, ver Jim Holt, *Why Does the World Exist: An Existential Detective Story* (Nova York: W. W. Norton, 2012).

15. **"O problema é este":** J. L. Mackie, "Evil and Omnipotence", *Mind* 64, n. 254 (1955): 200.

16. **Abandonando a ideia:** Mackie, "Evil and Omnipotence", 201—202.

17. **Você estará questionando:** Mackie, "Evil and Omnipotence", 203.

NOTAS

18. **"Esses princípios adicionais":** Em relação a essa nota de rodapé, ver Mackie, "Evil and Omnipotence", 201.

19. **A compaixão, a caridade e os atos heroicos:** Ver Mackie, "Evil and Omnipotence", 206.

20. **O rancor, a malícia e a insensibilidade:** Ver Mackie, "Evil and Omnipotence", 207.

21. **"Se Deus criou os homens":** Mackie, "Evil and Omnipotence", 209.

22. **Leibniz insistiu que:** Para uma visão geral dos pensamentos de Leibniz sobre o problema do mal, ver Michael J. Murray e Sean Greenberg, "Leibniz on the Problem of Evil", *Stanford Encyclopedia of Philosophy* (inverno de 2016), editada por Edward N. Zalta, https://plato.stanford.edu/archives/win2016/entries/leibniz-evil.

23. **Voltaire também achava:** Voltaire satiriza a visão de que vivemos no melhor mundo possível em *Candide and Other Stories*, tradução de Roger Pearson (Nova York: Alfred A. Knopf, 1992).

24. **Deus tinha de responder:** Marilyn McCord Adams, "Horrendous Evils and the Goodness of God", *Proceedings of the Aristotelian Society, Supplementary Volumes* 63 (1989): 302—304.

25. **Ela listou os males:** Adams, "Horrendous Evils", 300.

26. **"Meio para Seu fim":** Adams, "Horrendous Evils", 303.

27. **"Será que o motorista de caminhão":** Adams, "Horrendous Evils", 302.

28. **"Bom ou amoroso":** Adams, "Horrendous Evils", 302.

29. **Se basear em ideias religiosas:** Adams, "Horrendous Evils", 309—310.

30. *Engolfar* **a vida de uma pessoa:** Adams, "Horrendous Evils", 307.

31. *Derrotar* **o mal:** Adams, "Horrendous Evils", 307—309.

32. **Um pedaço de uma pintura:** Adams ("Horrendous Evils", 299) atribuiu a ideia a Roderick Chisholm.

33. **"Experiência humana dos horrores":** Adams, "Horrendous Evils", 307.

34. **Deus poderia expressar gratidão:** Adams ("Horrendous Evils", 305) credita essa ideia a Julian of Norwich, a primeira mulher conhecida a ter escrito um livro em inglês (em algum momento do fim da década de 1300). Para saber mais sobre Julian, ver "Julian of Norwich", *British Library*, acessado em 1º de maio de 2021, www.bl.uk/people/julian-of-norwich.

35. **"Imaturos para compreender":** Adams, "Horrendous Evils", 305.

36. **Convencida do "amor da mãe":** Adams, "Horrendous Evils", 305—306.

37. **Discutiu com Deus:** O que se segue é uma versão ligeiramente editada da conversa que ocorreu entre Abraão e Deus em Gênesis 18.

NOTAS

CONCLUSÃO: COMO CRIAR UM FILÓSOFO

1. **Segundo Plutarco:** Plutarco, *Plutarch's Lives*, vol. 1, tradução de Bernadotte Perrin (Londres: William Heinemann, 1914), 49.
2. **Hobbes acrescentou um novo enigma:** Thomas Hobbes, *The English Works of Thomas Hobbes*, vol. 1, editado por William Molesworth (Londres: John Bohn, 1839), 136—137.
3. **Milhões de dólares:** Para uma exploração divertida das questões sobre identidade e arte, ouça o podcast de Michael Lewis "The Hand of Leonardo", *Against the Rules* (podcast), https://atrpodcast.com/episodes/the--hand-of-leonardo-s1!7616f.
4. **Falar com seus filhos:** Para mais conselhos sobre como conversar com filosofia sobre crianças — e uma lista mais longa de perguntas que você pode fazer —, ver Jana Mohr Lone, *The Philosophical Child* (Londres: Rowman & Littlefield, 2012), 21—39.
5. **"Argumentos tão poderosos":** Robert Nozick, *Philosophical Explanations* (Cambridge: Belknap Press, 1981), 4.
6. **Como Bertrand Russell:** Bertrand Russell, *The Problems of Philosophy* (Nova York: Oxford University Press, 1998), 6 [Os problemas da Filosofia, em Portugal].

Este livro foi composto na tipografia Caslon
540, em corpo 11/15,5, e impresso em papel
off-white no Sistema Cameron da Divisão
Gráfica da Distribuidora Record.